U1071167

教育部人文社科重点研究基地清华大学高校德育研究中心资助

深化新时代学校思想政治教育改革创新研究

——第九届全国思想政治教育高端论坛论文集萃

艾四林　吴潜涛｜主编

人民出版社

目　录

前沿问题研究

教育教学研究

课程建设研究

队伍建设研究

前沿问题研究

论马克思、恩格斯人与自然关系理论的思想内涵[①]

杨峻岭[②]

［摘　要］马克思、恩格斯人与自然关系理论，是一个由人与自然的辩证同一关系、人与自然关系的实质及其矛盾对立的根源，以及如何实现两者关系的彻底和解等多方面内容构成的有机整体，其思想内涵极其丰富。全面深入地把握和认识马克思、恩格斯人与自然关系理论的思想内涵，对于我们深刻理解习近平新时代中国特色社会主义思想关于人与自然和谐共生的理念，积极推进美丽中国建设具有重要理论和实践意义。

［关键词］马克思；恩格斯；人与自然；关系

人与自然关系问题是哲学视域中的重要问题，也是马克思、恩格斯生态哲学思想中的核心问题。马克思的《1844年经济学哲学手稿》《德意志意识形态》《资本论》《历史学笔记》和恩格斯的《自然辩证法》《劳动在从猿到人转变过程中的作用》等著作，都曾从不同侧面对人与自然关系做过深刻论述。本文旨在基于学界同仁的诸多相关研究成果，从人与自然关系理论的认识论前提、人与自然的辩证同一关系、人与自然关系的实质及其对立、冲突的根源以及和解路径等方面，系统梳理和分析马克思、恩格斯人与自然关系理论的科学内涵。这对于我们深入理解习近平新时代中国特色社会主义思想关于人与自然和谐共生的理念、积极推进美丽中国建设具有重要的理论和实践意义。

---

① 本文系北京市哲学社会科学基金重大项目暨北京市习近平新时代中国特色社会主义思想研究中心重大项目“坚持人与自然和谐共生研究”（项目编号：18ZDL23）的阶段性成果。

② 杨峻岭，中国地质大学（北京）马克思主义学院院长，教授。

一、人与自然关系理论的认识论前提

通观马克思、恩格斯的生态哲学思想，我们发现，他们始终坚持辩证唯物主义的立场，建构人与自然关系理论，强调人与自然的客观现实性、自然之于人的先在性，以及劳动与科学技术在人与自然关系形成过程中的中介地位，并坚持运用劳动实践的观点阐释人、自然及其相互关系。这既是马克思、恩格斯人与自然关系理论形成的基本认识论前提，也是马克思、恩格斯唯物辩证自然观的鲜明体现。

首先，人与自然是客观现实的存在，且自然是优先于人的客观存在。马克思、恩格斯立足于唯物主义的立场、观点认识和理解人与自然及其相互关系，强调"人和自然界的实在性，即人对人来说作为自然界的存在以及自然界对人来说作为人的存在，已经成为实际的、可以通过感觉直观的，所以关于某种异己的存在物、关于凌驾于自然界和人之上的存在物的问题……实际上已经成为不可能的了"①，"当现实的、肉体的、站在坚实的呈圆形的地球上呼出和吸入一切自然力的人通过自己的外化把自己现实的、对象性的本质力量设定为异己的对象时，设定并不是主体；它是对象性的本质力量的主体性，因此这些本质力量的活动也必定是对象性的活动"，"它所以创造或设定对象，只是因为它是被对象设定的，因为它本来就是自然界。因此，并不是它在设定这一行动中从自己的'纯粹的活动'转而创造对象，而是它的对象性的产物仅仅证实了它的对象性活动，证实了它的活动是对象性的自然存在物的活动"②。由此可见，在如何认识人与自然的问题上，马克思既强调自然本身的客观实在性，也强调人的现实性。而且，马克思所说的人的现实性，是作为自然存在物的人通过自己的对象活动加以证实的，是现实的、肉体的人在社会实践过程中通过自身真实而具体的劳动验证了自己的对象性活动，证实了自身的活动是对象性的自然存在物的活动。不仅如此，马克思、恩格斯还主张自然界或物质之于人的先在性，以及自然本身的发展变化性特征。例如，马克思在《神圣家族》一文中指出："人并没有创造物质本身。甚至人创造物质的这种或那种生产能力，也只是在物质本身预先存在的条件下才能进行。"③ 恩格斯在《自然辩证法》一文中

① 《马克思恩格斯文集》第1卷，人民出版社2009年版，第196—197页。

② 同上书，第209页。

③ 《马克思恩格斯全集》第2卷，人民出版社1957年版，第58页。

则提出,“自然界不是存在着,而是生成着和消逝着”,整个自然界“都处于永恒的产生和消逝中,处于不断的流动中,处于不息的运动和变化中”①。

其次,劳动是人与自然关系形成发展的必要中介。人与自然的关系从来都不是抽象的,它是人类在长期的社会生产实践过程中,通过劳动将自身与动物、自然区别和区分开来,并逐渐建立起来的真实和具体的对象性关系。“劳动首先是人和自然之间的过程,是人以自身的活动来中介、调整和控制人和自然之间的物质变换的过程。”②劳动是“制造使用价值的有目的的活动,是为了人类的需要而对自然物的占有,是人和自然之间的物质变换的一般条件,是人类生活的永恒的自然条件”③。恩格斯说:“劳动是整个人类生活的第一个基本条件……劳动创造了人本身。”④在恩格斯看来,劳动不仅是人与自然关系形成的中介,而且是人与人关系确立的中介;劳动不仅促使类人猿直立行走与人手、语言、人脑、意识、思维以及推理能力的形成、发展,而且赋予人鲜明的社会属性;劳动不仅是人与自然相互作用的中介,而且是人与人相互影响的过程。人与自然的关系是在劳动中不断变化、发展、演进的。这个过程是一个自然进化和社会进化的双重演进过程。二者互为前提、相互作用、相互促进、有机统一,最终实现了人的自我生成和自然界对人的生成。因此,马克思指出:“整个所谓世界历史不外是人通过人的劳动而诞生的过程,是自然界对人来说的生成过程。”⑤

最后,科学技术是人与自然关系协调发展的重要手段。人能否认识自然?人何以认识自然?对这两个问题的正确回答,是分析人与自然关系时必须解决的认识论问题。马克思、恩格斯从实践观点出发,将认识自然、改造自然视为人类从事社会实践活动的两个重要环节,强调两者相互影响、相互作用、互为手段和前提,提出自然科学“只是由于商业和工业,由于人们的感性活动才达到自己的目的和获得自己的材料的”⑥,技术是“劳动者置于自己和劳动对象之间、用来把自己的活动传导到劳动对象上去的物或物的综合体。劳动者利用物的机械的、物理的和化学

① 《马克思恩格斯选集》第3卷,人民出版社2012年版,第852、856页。

② 《马克思恩格斯选集》第2卷,人民出版社2012年版,第169页。

③ 同上书,第174页。

④ 《马克思恩格斯选集》第3卷,人民出版社2012年版,第988页。

⑤ 《马克思恩格斯文集》第1卷,人民出版社2009年版,第196页。

⑥ 《马克思恩格斯选集》第1卷,人民出版社2012年版,第157页。

的属性，以便把这些物当做发挥力量的手段，依照自己的目的作用于其他的物”①。在马克思看来，科学技术本质上不过是自然生产力与人的理智力，自然发展规律与人的欲求、需要的有机统一。如果说劳动是人通过自身活动调节、控制人与自然的物质变换过程，那么，科学技术就是协调和发展人与自然关系的必要手段。这是因为，一方面，人类唯有借助科学技术，才能不断扩大和加深自身对自然作用的广度和深度，使自然力真正成为生产力，使自然愈益趋向或符合人类的欲求和需要；另一方面，科学技术的不断发展和广泛应用，又可以改进和完善人类的生存和发展条件，提升和促进人类文明进化程度和进步水平。也正是从这个意义上，马克思提出："现代自然科学和现代工业一起对整个自然界进行了革命改造，结束了人们对自然界的幼稚态度以及其他幼稚行为。"②与此同时，马克思、恩格斯也清晰地看到，私有制条件下承载于科学技术中的个人与集体、局部与整体、近期与远期，以及生产手段与生产目的之间的悖论，使得科学技术在现代工业文明发展的很长的一段历史时期内，一度沦落成为破坏生态环境、抑制自然资源可再生、阻碍人类文明发展脚步的罪魁祸首。科学技术如同私有制条件下的劳动一样呈现出日渐异化的趋势，使得资本主义生产中"工人的产品越完美，工人自己越畸形；工人创造的对象越文明，工人自己越野蛮；劳动越有力量，工人越无力；劳动越机巧，工人越愚钝，越成为自然界的奴隶"③。尽管如此，马克思依旧认为，如同私有制的存在有其历史合理性、必然性和进步性一样，私有制条件下的科学技术异化在人类文明发展史也有其存在的合理性和必然性。他说，"大不列颠的千百万工人……把自然界的破坏力变成了人类的生产力的现代工业"，从而为新社会的到来，"为使劳动本身成为高尚的事业……创造了物质手段"④。因此，现代社会消除技术异化的根本出路绝不可能是废除或取缔科学技术，回归人类的原初状态；而是从根本上变革不合理的社会制度，转变不合理的科技发展理念，推动科学技术发展走向深入。正如恩格斯所说："如果说机器也给工人带来了某种好处，那就只是它向工人证明了社会必须改造，使机器不再为害于工人，而是造福于工人。"⑤

---

① 《马克思恩格斯选集》第 2 卷，人民出版社 2012 年版，第 171 页。

② 《马克思恩格斯全集》第 10 卷，人民出版 1998 年版，第 254 页。

③ 《马克思恩格斯选集》第 1 卷，人民出版社 2012 年版，第 52—53 页。

④ 《马克思恩格斯全集》第 13 卷，人民出版社 1998 年版，第 134 页。

⑤ 《马克思恩格斯全集》第 1 卷，人民出版社 1957 年版，第 425 页。

二、人与自然之间的辩证同一关系

马克思、恩格斯坚持辩证唯物自然观，科学阐明了人与自然的客观现实性，以及劳动、科学技术在人与自然关系形成和发展过程中的地位和作用，并在此基础上深入阐释了两者之间的辩证同一关系。

首先，人与自然是相互依存、联系、不可分割的有机整体。马克思指出，“自然界中任何事物都不是孤立发生的”①，自然界中任何物种不能脱离自然界而独立存在。“一个存在物如果在自身之外没有自己的自然界，就不是自然存在物，就不能参加自然界的生活。”② 自然界各物种之间相互依赖、相互作用，共同构成一个完整不可分割的生命有机体。而且随着生产力的发展和科技的进步，人类对自然规律的认识和把握就越彻底，对自身与自然之间的一体性、同一性认识就越深刻，也会越来越深切地感受到，那种将人与自然对立起来的各种反自然的观点的愚蠢和荒谬。如同恩格斯所说：“我们一天天地学会更正确地理解自然规律，学会认识我们对自然界习常过程的干预所造成的较近或较远的后果。特别自本世纪自然科学大踏步前进以来，我们越来越有可能学会认识并从而控制那些至少是由我们的最常见的生产行为所造成的较远的自然后果。而这种事情发生得越多，人们就越是不仅再次地感觉到，而且也认识到自身和自然界的一体性，那种关于精神和物质、人类和自然、灵魂和肉体之间的对立的荒谬的、反自然的观点，也就越不可能成立了。”③

其次，人与自然具有内在同一性。人源于自然，从属于自然，依靠自然界生活。马克思将自然界称为“感性的外部世界”，认为它是人类物质生活资料的源泉。他说：“人靠自然界生活。这就是说，自然界是人为了不致死亡而必须与之处于持续不断的交互作用过程的、人的身体。所谓人的肉体生活和精神生活同自然界相联系，不外是说自然界同自身相联系，因为人是自然界的一部分。”④ 自然界也是人类物质生产资料的源泉，“自然界是工人的劳动得以实现、工人的劳动在其中活动、

① 《马克思恩格斯选集》第1卷，人民出版社2012年版，第996页。

② 《马克思恩格斯文集》第1卷，人民出版社2009年版，第210页。

③ 《马克思恩格斯选集》第1卷，人民出版社2012年版，第998—999页。

④ 同上书，第55—56页。

工人的劳动从中生产出和借以生产出自己的产品的材料”①。不仅如此，自然界还是“人的精神的无机界”，“从理论领域来说，植物、动物、石头、空气、光等等，一方面作为自然科学的对象，一方面作为艺术的对象，都是人的意识的一部分，是人的精神的无机界”②。恩格斯在综合研究当时自然科学诸多研究成果，特别是达尔文生物进化论思想的基础之上提出：“人本身是自然界的产物，是在自己所处的环境中并且和这个环境一起发展起来的”③，“我们连同我们的肉、血和头脑都是属于自然界和存在于自然界之中的”④。显然，在马克思、恩格斯看来，人作为自然界中有生命的自然存在物，一刻也不能脱离自然界而独立存在。自然界不仅是人类进行物质生产和物质生活的基础，而且是人类从事精神生产活动的源泉；离开了自然界，人类无法从事任何意义的生产活动。

再次，人在自然面前的受动性。人在自然面前的受动性，是指人类的活动必然受到自然环境、自然对象，乃至自身之自然的影响和制约。马克思指出：“人直接地是自然存在物。人作为自然存在物，而且作为有生命的自然存在物，一方面具有自然力、生命力，是能动的自然存在物；这些力量作为天赋和才能、作为欲望存在于人身上；另一方面，人作为自然的、肉体的、感性的、对象性的存在物，同动植物一样，是受动的、受制约的和受限制的存在物，就是说，他的欲望的对象是作为不依赖于他的对象而存在于他之外的；但是，这些对象是他的需要的对象；是表现和确证他的本质力量所不可缺少的、重要的对象。说人是肉体的、有自然力的、有生命的、现实的、感性的、对象性的存在物，这就等于说，人有现实的、感性的对象作为自己本质的即自己生命表现的对象；或者说，人只有凭借现实的、感性的对象才能表现自己的生命……为了使自身得到满足……需要自身之外的自然界、自身之外的对象。”⑤从马克思上述论断中，我们不难看出，马克思在承认人是“能动自然存在物”，是有天赋才能的存在的同时，也强调人在自然面前的受动或受限制性。马克思的人与自然关系逻辑清晰地告诉我们，自然界是人类生存和发展的物质基础；离开了自然，人类也就失去了自身赖以存在和发展的源泉。因此，人在自然面前的

① 《马克思恩格斯选集》第1卷，人民出版社2012年版，第52页。

② 同上书，第55页。

③ 《马克思恩格斯选集》第3卷，人民出版社2012年版，第410页。

④ 同上书，第998页。

⑤ 《马克思恩格斯文集》第1卷，人民出版社2009年版，第209—210页。

所谓能动、自觉或主体性特征，绝不可能通过摆脱或违背自然规律，以征服或抗争自然的方式来实现。正像恩格斯所指出的："自然界中无生命的物体的相互作用既有和谐也有冲突；有生命的物体的相互作用则既有有意识的和无意识的合作，也有有意识的和无意识的斗争。因此，在自然界中决不允许单单把片面的'斗争'写在旗帜上。"① 尽管人类"能在地球上打下自己的意志的印记"，"通过他所作出的改变来使自然界为自己的目的服务，来支配自然界"，"但是我们不要过分陶醉于我们人类对自然界的胜利。对于每一次这样的胜利，自然界都对我们进行报复。每一次胜利，起初确实取得了我们预期的结果，但是往后和再往后却发生完全不同的、出乎预料的影响，常常把最初的结果又消除了"②。可见，早在150多年前，恩格斯就已经天才地认识到前瞻性、预见性之于人与自然关系的重要意义。人类在利用自然和支配自然的过程中，不仅要考虑第一步的结果，而且要预见第二步、第三步之后更长远的未来。否则，人类非但不能实现自身未来长久、可持续的物质变换目的，而且会遭受到自然的无情"报复"。③ 因此，他告诫人们，我们绝不能"像征服者统治异族人那样支配自然界，决不像站在自然界之外的人似的去支配自然界"④。

最后，人对自然的能动创造性。马克思指出："人不仅仅是自然存在物，而且是人的自然存在物，就是说，是自为地存在着的存在物，因而是类存在物。"⑤ 马克思之所以将人称为"类存在物"，是因为人可以"使自己的生命活动本身变成自己意志的和自己意识的对象。他具有有意识的生命活动。这不是人与之直接融为一体的那种规定性。有意识的生命活动把人同动物的生命活动直接区别开来"⑥。也就是说，人类在改造自然的过程中，不仅可以凭借激情、理性和意志自由等人所特有的主体性因素，运用自己创造或发明的科学、宗教、艺术、道德等尺度进行生产或创造，而且可以把自身的内在尺度运用于其生产劳动对象，进而遵循美的规律进行设计和创造，使自然界成为"他的作品和他的现实"，并"在他所创造的世界中直观

① 《马克思恩格斯选集》第3卷，人民出版社2012年版，第986—987页。

② 同上书，第997—998页。

③ 杨峻岭等：《马克思恩格斯生态哲学思想及其对高校生态文明教育的启示》，《思想理论教育导刊》2015年第3期。

④ 《马克思恩格斯选集》第3卷，人民出版社2012年版，第998页。

⑤ 《马克思恩格斯文集》第1卷，人民出版社2009年版，第211页。

⑥ 《马克思恩格斯选集》第1卷，人民出版社2012年版，第56页。

自身”，实现人与自然的本质统一。[①] 这种统一绝不是人与自然直接融合为一体的统一，而是人类在处理人与自然关系的实践活动过程中，通过自身的能动创造性活动实现的“自然的人化”的统一。也正是在这个“统一”过程中，自然这个天然自在之物被深深地打上人类的印记，并不断地演化成为体现人类目的、满足人类欲求的为我之物。因此，马克思说，人类再生产或重新创造了整个自然界，在这种被复活了的自然界中，人成为现实的具有丰富个性的人，“自然界失去了自己的纯粹的有用性”[②]。因此，马克思认为，相对于人而言，自然也是一个“有缺陷的存在物”，因为它只能为人与动物提供某种生命可能性。动物也仅能利用外部自然界，简单地通过自身的存在在自然界中引起变化[③]，即按它所从属的种的尺度和需要进行生产或建造，或通过自身的存在消极地适应日渐改变的自然界。而人类则可以根据自身需要，能动地、创造性地改造和利用自然界。

三、人与自然关系的实质及其对立、冲突的根源

人与自然的关系是一切社会发展不容规避且必须要面临的关系。自然是“人类生活永恒的自然条件，因此，它不以人类生活的任何形式为转移……它为人类生活的一切社会形式所共有”[④]。马克思、恩格斯人与自然关系理论蕴含着这样一个内在逻辑：只要人类存在，人与自然之间的物质变换就不会中断，更不会结束。人类要想发展，必须正确认识人与自然的辩证同一关系，通过自己能动创造性的劳动，顺应自然、改造自然；人类要想长久可持续发展，必须从根本上认清资本主义制度下，人与自然关系的实质及其冲突异化的根源，进而寻求人与自然关系的彻底和解。

（一）人与自然关系的本质是人与人的关系

人与自然和人与人之间的关系是相互联系、相互交织的有机整体。马克思认为，历史应该从自然史和人类史两个方面进行考察，而且只要有人存在，这两个方面就是密切联系、彼此制约的。也就是说，现实世界不是人类世界与自然界的简单

---

① 《马克思恩格斯文集》第 1 卷，人民出版社 2009 年版，第 163 页。

② 同上书，第 190 页。

③ 《马克思恩格斯选集》第 3 卷，人民出版社 2012 年版，第 997 页。

④ 《马克思恩格斯选集》第 2 卷，人民出版社 2012 年版，第 174 页。

相加，而是二者有机融合形成的整体世界。这是因为，其一，人与自然的关系是人类在社会联系和社会关系范围内建立起来的。离开了人与人之间的社会联系，人类既无法建立起自身与自然之间的关系，也不可能从事任何意义的生产劳动。“人们在生产中不仅仅影响自然界，而且也互相影响。他们只有以一定的方式共同活动和互相交换其活动，才能进行生产。为了进行生产，人们相互之间便发生一定的联系和关系；只有在这些社会联系和社会关系的范围内，才会有他们对自然界的影响。”①其二，作为自然存在物的人，其本质只能通过其特有的社会属性表现出来。离开了社会生活，自然之于人的所谓现实性、先在性、依赖性特征将失去其赖以存在的基础。正如马克思所说，“自然界的人的本质只有对社会的人来说才是存在的；因为只有在社会中，自然界对人来说才是人与人联系的纽带，才是他为别人的存在和别人为他的存在，只有在社会中，自然界才是人自己的合乎人性的存在的基础，才是人的现实的生活要素”②，人“对自然界的这种特定关系，是由社会形式决定的”③，离开了人们在长期社会实践活动中建立起来的各种各样的社会关系，人类根本不可能建立起真正意义上的人与自然的关系。也正是从这个意义上，马克思提出：“人对自然的关系直接就是人对人的关系，正像人对人的关系直接就是人对自然的关系，就是他自己的自然的规定。”④

（二）人与自然关系对立、冲突的根源在于资本主义私有制

马克思、恩格斯人与自然关系理论具有鲜明而独特的批判性特征。这种特征突出表现在，他们以对资本主义制度下劳动和科学技术的异化的批判为切入点，深刻揭示了资本主义制度和资本主义生产方式的不可持续性，指出引发资本主义社会人与自然关系对立的根源在于资本主义私有制。

马克思、恩格斯关于资本主义社会人与自然关系的理论中潜存这样一个深层逻辑，即资本家凭借自身的资本霸权，雇用工人并占有工人的劳动及劳动成果，进而控制自然与社会。资本主义以物质生产为核心的人与自然的关系，反映的是以生产关系为核心的人与人之间的社会关系。这种以私有制为基础的资本主义的社会生产关系决定着资本主义的社会生产目的，进而决定着资本主义的生产和发展

① 《马克思恩格斯选集》第1卷，人民出版社2012年版，第340页。
② 《马克思恩格斯文集》第1卷，人民出版社2009年版，第187页。
③ 《马克思恩格斯选集》第1卷，人民出版社2012年版，第161页。
④ 《马克思恩格斯文集》第1卷，人民出版社2009年版，第184页。

方式，影响着人类认识和对待自然的态度；使得资本主义制度下的人们对自然的征服、改造和利用是人类历史上任何一个时期都无法比拟的，对自然的傲慢和蔑视态度也是人类历史上任何一个时期都无法超越的。这一态度带来的直接后果就是“使物质力量成为有智慧的生命，而人的生命则化为愚钝的物质力量”①。马克思在《政治经济学批判（1857—1858年手稿）》一文中曾深刻指出，资本主义制度下，资本的发展趋势就是不断扩大流通范围，不断将现有消费扩大到更大的范围来造成新的需要，并在此基础上发现和创造出新的使用价值。他说，资本“要探索整个自然界，以便发现物的新的有用属性……采用新的方式（人工的）加工自然物，以便赋予它们以新的使用价值……要从一切方面去探索地球，以便发现新的有用物体和原有物体的新的使用属性”②。马克思认为，除了有用性、工具性之外，资本眼中一无所有；以资本为基础的资本主义社会生产，在创造出一个普遍产业体系的同时，也创造出了一个普遍有用性的体系。在这个体系中根本不存在什么表现为“自在的更高的东西”或“自为的合理的东西”③。他说：“只有在资本主义制度下自然界才真正是人的对象，真正是有用物；它不再被认为是自为的力量；而对自然界的独立规律的理论认识本身不过表现为狡猾，其目的是使自然界（不管是作为消费品，还是作为生产资料）服从于人的需要。”④ 从马克思的上述论述中，我们不难看出，资本主义社会资本无限扩大的发展趋势，给自然界带来的唯一影响就是使自然界沦为资本实现其效用性目的的工具，沦为满足或服从人类不断变化和发展的新需要的工具。资本主义社会资本无限扩大的发展趋势及其效用工具性的本质属性，决定了资本探索自然，乃至地球一切事物的目的绝不可能在于自然和地球本身；自然界不过是资本实现自身价值增值的一个具体环节，完全失去自身感性及美的光辉与价值。而且，只要能够满足自身的有用性需要，资本就可以冲破或者破坏一切限制。正如马克思所说，“资本按照自己的这种趋势，既要克服把自然神化的现象，克服流传下来的、在一定界限内闭关自守地满足于现有需要和重复旧生活方式的状况，又要克服民族界限和民族偏见。资本破坏这一切并使之不断革命化，摧毁一切阻碍发展生产力、扩大需要、使生产多样化、利用和交换自然力量和精神

---

① 《马克思恩格斯选集》第1卷，人民出版社2012年版，第776页。

② 《马克思恩格斯选集》第2卷，人民出版社2012年版，第714—715页。

③ 同上书，第715页。

④ 同上书，第715—716页。

力量的限制”[①],最终“使自然界的一切领域都服从于生产”[②]。而且,只要能够获取利润,一切问题在资本家那里都可以被忽略不计。恩格斯说:“在各个资本家都是为了直接的利润而从事生产和交换的地方,他们首先考虑的只能是最近的最直接的结果。当一个厂主卖出他所制造的商品或者一个商人卖出他所买进的商品时,只要获得普通的利润,他就满意了,至于商品和买主以后会怎么样,他并不关心。关于这些行为在自然方面的影响,情况也是这样。西班牙的种植场主曾在古巴焚烧山坡上的森林,以为木灰作为肥料足够最能赢利的咖啡树利用一个世代之久,至于后来热带的倾盆大雨竟冲毁毫无保护的沃土而只留下赤裸裸的岩石,这同他们又有什么相干呢?”[③]恩格斯指出,资本主义社会占统治地位的生产方式中,“支配着生产和交换的一个个资本家所能关心的,只是他们的行为的最直接的效益。不仅如此,甚至连这种效益——就所制造的或交换的产品的效用而言——也完全退居次要地位了;销售时可获得的利润成了唯一的动力”[④]。的确,按照资本的逻辑,资本主义社会的一切东西都可以被贬低为追逐利润的工具,更何况是无偿天然的自然环境和自然资源。最大限度地追求剩余价值的生产目的与资本积累无止境性的特征,使得资本主义社会生产呈现出一种无限扩张的态势。为了最大限度地获取利润,资本家无节制、破坏性地开发和利用自然,使原本有限的自然资源日益稀缺,甚至灭绝;使原本和谐的人与自然关系,逐渐走向对立。[⑤]因此,马克思说:“私有制使我们变得如此愚蠢而片面,以致一个对象,只有当它为我们所拥有的时候,就是说,当它对我们来说作为资本而存在,或者它被我们直接占有,被我们吃、喝、穿、住等等的时候,简言之,在它被我们使用的时候,才是我们的。”[⑥]尽管资本主义生产方式极大地推动了资本主义社会生产力的发展进步,但资本对自然无节制地开发、利用、索取,却必然引发人与自然之间“物质变换的断裂”。这种“断裂”的突出表现就是,资本主义社会因人和自然关系的对立、冲突而显露出逐渐衰退的景

---

① 《马克思恩格斯选集》第2卷,人民出版社2012年版,第716页。

② 《马克思恩格斯全集》第47卷,人民出版社1979年版,第555页。

③ 《马克思恩格斯选集》第3卷,人民出版社2012年版,第1000—1001页。

④ 同上书,第1000页。

⑤ 杨峻岭等:《马克思恩格斯生态哲学思想及其对高校生态文明教育的启示》,《思想理论教育导刊》2015年第3期。

⑥ 《马克思恩格斯文集》第1卷,人民出版社2009年版,第189页。

象。“这种衰颓远远超过罗马帝国末期那一切载诸史册的可怕情景。”①

四、人与自然之间关系的彻底和解——实现共产主义

从上述论述中可以得出，坚持人与自然和谐共生，反对人类以征服、统治的方式对待自然是马克思、恩格斯人与自然关系理论的一贯原则。他们认为，人类征服、改造自然的历史，也是人类逐渐认识自然，正确运用自然规律，逐渐学会顺应、善待和呵护自然的历史。在这个过程中，人类绝不可能以征服、统治的方式从自然必然性中解放出来，而应以敬畏者、合作者的姿态，积极认识和把握自然必然性，与自然和谐共生。

在人类究竟如何才能从根本上消除人与自然的对立、冲突，实现人与自然关系的彻底和解的问题上，马克思、恩格斯的一贯主张，就是从根本上变革资本主义制度和资本主义生产方式。在恩格斯看来，要从根本上解决人与自然的冲突、矛盾，必须正确认识人与自然的辩证同一关系，科学把握和运用自然规律，同时要学会科学预测人类对自然干预、改造或利用过程中可能导致的或远或近的后果。他说：“要实行这种调节，仅仅有认识还是不够的。为此需要对我们的直到目前为止的生产方式，以及同这种生产方式一起对我们的现今的整个社会制度实行完全的变革。”②“要消灭这种新的恶性循环，要消灭这个不断重新产生的现代工业的矛盾，又只有消灭现代工业的资本主义性质才有可能。只有按照一个统一的大的计划协调地配置自己的生产力的社会，才能使工业在全国分布得最适合于它自身的发展和其他生产要素的保持或发展。”③马克思则进一步深入指出，自然是人类的“永远的共同财产”，人类要想从根本上解决现代社会人与自然冲突异化的问题，实现人与自然关系的彻底和解，必须依靠全人类的共同努力，最终实现共产主义。共产主义“是对私有财产即人的自我异化的积极的扬弃……作为完成了的人道主义，等于自然主义，它是人和自然界之间、人和人之间的矛盾的真正解决，是存在和本质、对象化和自我确证、自由和必然、个体和类之间的斗争的真正解决”④。而且共产主

① 《马克思恩格斯选集》第1卷，人民出版社2012年版，第776页。

② 《马克思恩格斯选集》第3卷，人民出版社2012年版，第1000页。

③ 同上书，第683—684页。

④ 《马克思恩格斯文集》第1卷，人民出版社2009年版，第185页。

义的人与自然的和谐，已完全不同于人类原初状态下的以自然为主宰的消极被动的和谐，而是人类在科学把握自然必然性的基础上，以人类自身为主导的主动自觉的和谐。据此，马克思对未来社会人与自然的关系进行这样生动描绘：只有在共产主义社会中“社会化的人，联合起来的生产者，将合理地调节他们和自然之间的物质变换，把它置于他们的共同控制之下，而不让它作为一种盲目的力量来统治自己；靠消耗最小的力量，在最无愧于和最适合于他们的人类本性的条件下来进行这种物质变换”①。就是说，只有从根本上消灭资本主义私有制，实现“资本逻辑”向“自然逻辑”的转变与回归，自然史才能真正走向人类史，人与自然的彻底和解才能实现，人类才能成为真正意义上自觉的自然主人。

---

① 《马克思恩格斯文集》第7卷，人民出版社2009年版，第928—929页。

人类命运共同体思想中的核心价值研究

李光宇　梁　策①

［摘　要］当今世界贸易保护主义抬头，单边主义、霸权主义盛行，恐怖主义时有发生。面对这些棘手的全球性问题，习近平总书记在十九大报告中指出："坚持和平发展道路，推动构建人类命运共同体。"然而，基于西方演绎逻辑产生的二元对立思维很难理解中华天下观和以"和"文化为代表的"王道"思想，这使得西方观察家在对"人类命运共同体"思想的使命和内涵进行解读的过程中有意或无意地产生偏差。"人类命运共同体"这一伟大构想标志着中国不仅有能力为国际治理提供智力保障，更体现了构建一种有别于"西方中心主义"的属于中华文明的话语体系的决心。在构建话语权的过程中，我们有必要对其思想产生的传统文化，即"王道"思想进行总结和厘清。在当前全球化、世界各种异质文明互相竞争的大背景下，建立一个文化的共同体，求同存异寻找共同的文化价值，继而建立起一种属于全人类的命运共同体有着巨大的意义。而在实现全球各民族和谐发展中，"人类命运共同体"本身就能够担当核心文化价值的使命。

［关键词］人类命运共同体；王道；文化

人类命运共同体思想是习近平总书记面对纷繁复杂的国际、国内形势新变化和突出的全球性热点问题，秉承中华民族特有的天下观这一高远的文化传统，所提出的旨要深远的战略举措。人类命运共同体思想站位之高、立意之远、格局之宏大，放眼人类文明史都是罕见的。"人类命运共同体"这一伟大构想标志着中国不仅有能力为国际治理提供智力保障，更体现了构建一种有别于"西方中心主义"的

① 李光宇，吉林财经大学马克思主义学院教授；梁策，吉林财经大学马克思主义学院副教授。

属于中华文明的话语体系的决心。人类命运共同体思想体现了我们的话语自信，标志着中国自近代以来正重新赢得话语权。然而，西方强势的文化已经主导世界数百年，“西方中心主义”至今有巨大的市场。尽管这种西方强加于世人的价值在今天的世界导演了一幕幕乱局，但西方的思维逻辑范式依然影响着世界。并且，基于西方演绎逻辑产生的二元对立思维很难理解有如“阴阳互生”“天下大同”等中华“和”文化思想，这使得西方观察家在对人类命运共同体思想的使命和内涵进行解读的过程中有意或无意地产生偏差。对于人类命运共同体的思想内核，持有“西方中心主义”的人不能理解甚至是排斥的。因而在构建中国话语体系的过程中有必要对中华文化思想的一些基本概念进行厘清。中华文明所推崇的“王道”政治及其思想，有着数千年实践积累的成功经验，彪炳着中华德性文明的恢宏气度，是对“西方文明中心论”的狭隘和偏执的有力回击，并且这一古老思想也正是人类命运共同体思想的文明源头。

一、中华传统“王道”思想正源

何谓“王道”？“王道”思想贯穿于中华文明5000多年的发展之中，“王道”思想的兴衰直接反映着中华文明的兴衰，可以说“王道”思想是直接融化在中国人的血脉里的。最早用文字记载这种思想的是《尚书·洪范》，其中提到“无偏无党，王道荡荡；无党无偏，王道平平；无反无侧，王道正直”。《洪范》是商代贵族总结出来的执政之法。孔颖达为《尚书》注释时将“王道”定义为“王者所行之道”。上古的“王道”思想只限定为极少数统治集团内部的治国经验，因而深处庙堂之高。孔子第一次将“王道”思想向统治集团外围的“士”这个社会阶层传播。他提出“有教无类”“雍也可使南面”的主张，破天荒地打破了贵族对于统治集团的垄断，认为“士”是可以突破血统的束缚，通过后天的学习和对于道德的修炼成为完人进而仕进成功、造福一方的。孔子希望诸侯施仁爱、尚礼乐无疑是继承了上古三代的思想，而他对人的价值的重新审视也赋予了“王道”思想全新的高度。

与孔子一样，孟子同样以三代盛世为标杆，以恢复“大一统”的天下为最高理想。所不同的是，孟子身处的时代是离圣王之治更为遥远的战国时代。此时，诸侯间的兼并战争此起彼伏，百姓生活苦不堪言。面对诸侯争雄的乱世局面，孟子希望一个有德性的诸侯能够统一天下，施行“王道”。孟子的思想是对“王道”思想的又一次与时俱进，并且“王道”思想在孟子的学说中得到了集中的阐释。他基于农耕社会对于美好生活的憧憬，将“王道之始”定义为“不违农时，谷不可胜食也；数罟不入洿池，鱼鳖不可胜食也；斧斤以时入山林，材木不可胜用也”。可见儒家的“王道”思想充满着农耕民族的特有属性。而农耕民族的生活方式则依赖于客观自然界的产出和重现。然而，当时的人类并不能理解自然产出的有限性和物种发展无限性之间的矛盾即“马尔萨斯陷阱”。一旦人口增长超出了土地承载能力的阈值，战争、饥荒和瘟疫就成为降低人口的重要方式。因而，在科学技术并未昌明的时代，人们将世界的苦难归因于德性的缺失。于是，追寻三代的圣王之治成了儒家学者自始至终追寻的目标。既然尧舜禹时期的大同社会已然不可得，那么追求小康社会成了必然的选择。

“王道”的对立面是“霸道”。《孟子·公孙丑上》对二者进行了比较：“以力假仁者霸……以德行仁者王”。可见两者的本质区别在于是用外在的强力还是靠道德来治理国家。在战国中晚期，诸侯间的吞并战争此起彼伏，各国没有时间教化子民，而必须在最短的时间内用严刑峻法实现富国强兵的目标。一时间法家思想成了社会主流。秦始皇极端蔑视“王道”，对“霸道”心向往之，以残酷的手段威慑人民，造成“赭衣塞路，囹圄成市”的社会状况。汉代总结“暴秦”的经验教训，提倡休养生息的黄老之术。文景之治后，逮国力日渐昌盛，汉武帝开始重视儒生，“王道”得以再兴。大儒董仲舒提出了“道之大原出于天”的政治主张，认为“天地者，万物之本”，天为道的本源，王朝的兴盛乃是天命庇佑。天道神格化进一步将“王道”也神格化了。他在《天人三策》中说，大一统是“天地之常经，古今之通谊也”，即统一是宇宙间普遍遵循的规律。“尽人之变合之天，唯圣人者能之，所以立王事也”，整个“天下”应该统一于“王道”。《春秋繁露·王道通三》说：“古之造文者，三画而连其中，谓之王”，用“王”字的写法来解释三贯通：“天地与人也，而连其中者，通其道也”，即王字的三横乃是天、地、人，而贯通三者的就是“道”了。也就是说，“王”乃是贯通天、地、人的灵媒和中介，“取天地与人之中以为贯，而参通之”。“唯天之施，施其时而成之……治其志而归之于仁”，董仲舒在取法乎天的基础上进一步提出仁爱、仁治的理念。在他看来，“王道”就是顺天应人，应用天道为人道立法，所谓圣王“法天而立道”。其影响深远之处在于将纷繁复杂的政治现象抽象化为一个有着一以贯之历史文化内涵的文明现象，并将之具象化为了一个绝对权威的人格神——天。“天不变，道亦不变”，主体性的道决定了文明和历史的演进方向。而一以贯之的文明主体“道”与人相互影响,形成所谓“天命”,也就是我们全体人的共同命运。全体人的命运共同体即“天命”与一以贯之的文明主体“道”互为因果,逻辑循环。对“道”的追寻决定于全体人的主观意愿和道德体悟,求则得,舍则失,体现了“王道”思想的人本原则。汉代总结秦朝二世而亡的历史教训,认为继承战国后不同地域文化的广大国家不能单纯靠暴力的“霸道”,应当尊崇“王道”,建立一个文化的共同体。这在当前全球化、世界各种异质文明互相竞争的大背景下,对如何求同存异寻找共同的文化价值,继而建立起一种属于全人类的命运共同体有着巨大的示范意义。而在实现全球各民族和谐发展中,“人类命运共同体”本身就能够担当核心文化价值的使命。

二、中华传统“王道”思想对于当今世界的价值

“王道”思想作为东方文化的产物,其本身带有一定的中华民族的价值属性,这不足为奇。在思维习惯和逻辑起点上,东西方两种迥异的思维方式的确存在殊异。因而在对“人类命运共同体”进行话语建构的过程中,应当让不同文化背景的人们了解中华文化的魅力,并与西方强势话语进行对话。在西方强势话语的冲击下,构建属于本民族的“文化主权”显得尤为关键。“王道”思想包含了许多对当今世界具有重要意义的观念,如天下观、“和”文化。

(一)天下观

毫无疑问,天下观是“王道”思想的重要组成部分,也是中华文化中的一块瑰宝。所谓“王道”政治的前提就是天、地、人这三重合法性叠加而成的政治合法性。而“天”是抽象化的道,即统一的文化价值的具象化的表现。因而凡是在这种统一文化价值笼罩下的所有人都是“道”这种统一的文化价值的承载者,自然也理应成为“道”的衡量者和评判者。这就是“王道”思想最为核心的价值——天下主义。这种天下主义在运用的过程中有许多表现形式,如春秋时代的天下秩序和后来统一的中央王朝出现后的朝贡制度所奉行的“无外”原则,它能够接纳各种不同的文化。这和西方文化中动辄剪除异端的文化价值向左,也与塞缪尔·亨廷顿所构建的“文明冲突”的体系完全不同。这个原则向来认为“四海之内皆兄弟也”,并且本着中国儒家传统中“家”的组成关系映射到“海内”“天下”中国家之间的关系。家的组成人员虽多,但每个人都不是完全对立的而是互相扶持的关系。这种不同

角色的互补恰巧弥补了彼此的不足。也就是说,家庭乃是整个社会的缩小版,国是大的家,天下是最大的家,也就是所谓"四海一家"。这种伦理制度下的政治安排构成了儒家"天命"观中民心向背的政治合法性的关键①。现代西方价值过分强调个人,同样,以西方价值所构建的民族国家主权制度不强调国家与国家之间的共同利益和共同合作。这种西方价值的无节制的散漫导致了许多全球性问题,如宗教冲突、领土争端、美国的"全球帝国主义"所导致的单边主义横行等问题。

中华文化高度重视"德性",认为政治与道德须臾不能背离。所谓"政者,正也",不论是执政者还是政治本身必须体现价值,并接受道德的监督,所有政治行为要依托于价值。《诗·大雅·烝民》:"天生烝民,有物有则。民之秉彝,好是懿德。天监有周,昭假于下。保兹天子,生仲山甫。"中华文明用漫长的岁月验证了一套一以贯之的文明准则,并体现在完整的修身、齐家、治国、平天下的政治伦理当中。孔子"祖述尧舜,宪章文武",怀念古代,推崇"郁郁乎文哉"的西周的礼乐教化与典章制度。正是周礼奠定了中华文明"德性"文明的基本准则,框定了中华文明发展的主体脉络。在政治伦理上高度崇尚道德,"道之以政,齐之以刑,民免而无耻;道之以德,齐之以礼,有耻且格"。其政治伦理强调"德主刑辅",人民才能"有耻且格"。将人心看作衡量天理道德的标尺,即所谓"天理即人心"。"天""地""人"乃是一个有机整体,而链接三者的是"道德",所以有"德配天地""以德配天"的相互转化。得民心则天理顺,反之必遭天谴。由此可见,中国的天下观是以道德为基础的政治伦理,即共存本体论(Ontology of Coexistence),或翻译成共在存在论。它主张"合作""共生共赢"而非"竞争理性"、排除"异己"②。与之相反,西方价值过分地强调"我"的独立和与"他"的竞争,由此产生了许多全球性问题,如单边主义横行,贸易保护主义甚嚣尘上。而中华"王道"思想在纷乱的世界中显得弥足珍贵。

(二)"和"文化

"和"文化是中华文明的一个标志性的符号,体现了中华文化的精妙、精华、精髓,是"王道"思想的重要表征。"和"文化为人类命运共同体提供了一个基础性的价值。习近平总书记就经常引用孔子的名言"礼之用,和为贵。先王之道,斯为美"。由此可见,"礼"与"和"互为表里。"喜怒哀乐之未发,谓之中;发而皆中节,

① 赵汀阳:《天下体系:世界制度哲学导论》,中国人民大学出版社2011年版,第150页。

② 赵汀阳:《天下的当代性》,中信出版集团2016年版,第128页。

谓之和。中也者，天下之大本也；和也者，天下之达道也。”《礼记·中庸》将“和”视为君子的一项基本素质。同时，《周礼》中的“以和邦国，以统百官，以谐万民”，将“和”视为治国安民的实现手段。西方思想家很难理解这种东方的思维方式。海德格尔认为“差异正是事物显出特性和意义的前提”，孔子说“和而不同”，“和”与不“和”恰恰是东西方文化中存在的差异。西方文明中心论抱持着一种文化普遍主义，即认为各种文明都会逐渐演化，并逐渐趋同。正如“李约瑟之问”——为什么中国在领先西方几千年后没能产生科学。由此产生出西方形式逻辑下对于文明优劣的评判，认为东方文明不如西方文明。实际上，这是一种典型的二元对立的思维模式。二元对立的思维在科学的进步中发挥了决定性的作用。二元对立思维是一种以构建为主的肯定性思维模式，强调“非此即彼”“有我无你”，长于科学研究如“分门别类”。但应用于人文领域的思考中，二元对立思维便很难理解“你中有我，我中有你”的人际交往模式。与西方的二元对立思维模式相比，中华文明的思维模式则是多元互补的。多元互补思维实际上是一种从正向思维向逆向思维的转换。老子是这一辩证思维方法的集大成者，“反者道之动”，“和其光，同其尘”等观点散发着思辨的魅力。而“阴阳互生”“太极生两仪”的思想透露着中国智慧的古朴和新生。老子明确提出国家无论大小，都应该平等相待、相互协作，“大邦者下流，天下之牝，天下之交也。牝常以静胜牡，以静为下。故大邦以下小邦，则取小邦；小邦以下大邦，则取大邦。”西方二元对立的思维则强调分辨，殊不知“尺有所短，寸有所长”，这种思维在自然科学领域作用巨大，然而应用在人类社会就衍生出社会达尔文主义、种族主义、纳粹主义等。这些思潮在整个十九、二十世纪成了危害人类生存的毒瘤。这种思维方式的极端表现是人类中心主义，表现在对自然环境的巨大破坏，如温室效应、环境污染。正如蕾切尔·卡逊描写的寂静的春天一样，人类制造提高农业产量的毒药，无异于饮鸩止渴，最终自食其果。这和中国古人所憧憬的“天人合一”的最高境界判若云泥。可见，中华文明的“和”文化可以促进人与人、人与社会乃至人与自然之间的和谐永续发展。

三、人类命运共同体思想对于中华传统“王道”思想的创造性转换

近代以来，社会达尔文主义充斥在国际政治当中，国际社会处于一种无政府

主义状况之中，国与国的关系更像是“狼与狼”的关系，也就是霍布斯口中的每个人对每个人的战争的自然状态，也即丛林法则。中华传统“王道”思想完全可以改造西方文化的“霸道”本性。中国作为一个文明型国家，它的发展不是崛起（Rising），而是一种复兴（Revival）。中华民族的文明类型决定了我们不可能走西方式的“国强必霸”的老路。正如习近平总书记指出的“强国只能追求霸权的主张不适用于中国”，“中国这头狮子已经醒了，但这是一只和平的、可亲的、文明的狮子”。中国特有的地理、气候禀赋和相对特殊的历史发展轨迹奠定了中华民族的文明类型，即特有的“德性观”和天下观。西方人无法理解为什么郑和下西洋时，拥有世界绝对统治力的大明海军不利用强大的武力征服、扩展殖民地；为什么诸葛亮七擒孟获而不选择一擒便从肉体上消灭孟获；为什么明太祖朱元璋要为子孙定下“十五不征之国”；为什么1962年中国在取得军事上巨大胜利之后选择退兵并归还印军俘虏和装备。这些都是不了解中华文化传统的西方人所难以参透的。诚然，用西方经济理论中“理性人”的逻辑前提很难解释中国人的心理动机。在从古希腊流传下来的重商主义传统和“形式逻辑”的支配下，西方人形成了“经济理性”本位主义，或者叫“知性主义”。这与中华民族强调“道德本位主义”的“德性文化”背道而驰。两者本无优劣可言，只是适应了不同的经济基础。中华文明在农业文明时代创造了最为完备的文明体系，而西方文明则开创了工业化的全新竞争模式。“经济理性主义”和社会达尔文主义，一方面鼓励了竞争，加速了经济创新，另一方面则催生了一系列全球问题，犯下了累累罪行。这一基于“经济理性主义”的现代性构建了以西方为中心的全球化格局。“资产阶级在它已经取得了统治的地方把一切封建的、宗法的和田园诗般的关系都破坏了”，使“人和人之间除了赤裸裸的利害关系，除了冷酷无情的‘现金交易’，就再也没有任何别的联系了”，“它把人的尊严变成了交换价值，用一种没有良心的贸易自由代替了无数特许的和自力挣得的自由”[①]。可以说，从西班牙人屠杀印第安人、纳粹屠杀犹太人到今天美国利益至上的一系列单边主义行为，都秉承着这样一种话语霸权。马克思在批判资本主义全球化野蛮扩张的同时，预言了未来全球化的全新路径，就是重新定位资本全球扩张的逻辑。而中华民族的“德性文化”和天下观则是一种对西方现代性进行重塑的力量。“人类命运共同体”正是对于“德性文化”和天下观的符合时代

① 《共产党宣言》，人民出版社1997年版，第31页。

要求的阐发运用。人类命运共同体思想是中华文明这样一个古老文明对于世界的新贡献,也是对马克思主义的创造性运用。早在2000多年前的春秋时期,会盟成了解决当时“国际”问题的外交方式,通过建立共同利益基础达到消弭冲突的目的,最终“尊王攘夷”代替了“礼乐征伐自诸侯出”的失序局面。期间出现了“衣裳之会”的盛况,这种国与国之间重礼守信的处理方式,正是人类命运共同体所致力于打造的文明型的国际关系的文化源头。中华文明是崇尚“和”的文明,孔子主张用仁爱的精神来实现“天下大同”,墨子的“兼爱”“非攻”思想和道家的“玄同”思想都体现了中华民族追求和平、共享大同的美好愿景。

然而,中华传统思想也并非完美无缺,“王道”思想也存在着诸多的历史局限性。如“王道”思想中有过于理想化的成分,认为道德对于人的感召力是无限的,进而忽视了天下主义必须以军事实力作为后盾,软实力必须站在硬实力的肩膀上。可以说,儒家想象的平等和谐的天下秩序几乎从来没有实现过。① 武力是维护天下秩序的合理方案。而儒家传统则偏好于空洞的说教,往往眼高手低、纸上谈兵,抽象理论有余,现实操作和精密计划不足,而且无视经世致用的实际动手能力。在关键时刻,儒家传统就显得捉襟见肘,陷入百无一用的尴尬。中华传统“王道”思想的局限性恰恰需要人类命运共同体思想的补足。而人类命运共同体思想则是对中华传统“王道”思想的一次基于当今世情国情的创造性转换。首先,苦练内功。政治的共同体必然基于文化的共同体,只有对“道”即一以贯之普遍遵循的价值的肯定,才有最基本的价值基石。一套让人信服的理论需要传播者首先深信不疑。要深耕社会主义和谐价值体系,使其在国民之中形成一种文化共识继而产生文化的自觉和推动力。而文化价值的共同属性取决于经济基础的底色,要打好脱贫攻坚战。同时,在社会矛盾已经转化的当下,要努力摆脱发展不平衡、不充分的社会矛盾,毕竟硬实力是软实力的基础,“打铁必须自身硬”。其次,文明互鉴。始终抱持开放包容的自信是共同体深入人心的前提。应更加扩大对外开放的力度,在思想上更多地吸纳西方文明的优长为我所用,绝不能故步自封、自我满足。中华文明经历了近代百年国耻,已经重新振作。当今世界能够驾驭东西方两种思维模式的民族将赢得更多的发展机遇,这是属于中华文明的“天命”。最后,要有周密的规划。人类命运共同体的使命重大,道阻且长。中华民族伟大复兴还

① 葛兆光:《对“天下”的想象——一个乌托邦想象背后的政治、思想与学术》,《思想》2006年第29期。

有许多极难险滩要过，需要有长远周密的战略规划。要早做准备、未雨绸缪、伐竹沉木。

历经数千年的演进，中华文明有这样一个历史趋势，即不断结合历史实践经验升华自身文化。但与此同时，高度繁荣辉煌的文化发展到一定程度时必然出现类似“异化”的现象，从而走向了它的反面，变得腐朽不堪，这被日本汉学家内藤湖南称为文化的“中毒”现象。而外来文化可以作为“解药”为已经“异化”的文化进行“解毒”。从这个文明兴衰的角度去衡量历史，无论是“五胡乱华”时代佛教的传播，还是近代西方文明的强势“入侵”，都可以视为中华文化不断吸收、消化外来文化的优秀成分并将之融入自身的核心价值之中的过程，从而实现了传统文化的创造性转化，并造就了绵延数千年未曾中断的中华文明。每次中外文化的碰撞融合仿佛都体现了一种文化的种间优势，涅槃重生的中华文化迭代升级往往迸发出比以往更为瑰丽的光彩。而传统文化的创造性转化的前提是守住中华文化的核心价值——“王道”思想。而人类命运共同体思想的内核实际上即是对中华传统“王道”思想的现代性升华。古今中外，一旦出现对外来价值观的盲目引进，就会造成文化的“精神分裂”，这一现象被历史学家汤因比（Arnold Joseph Toynbee）称为“文化溶血”。几个世纪以来，几乎所有的“非西方世界”都饱受这种“文化精神分裂”的折磨。在西方世界不遗余力地兜售西方的价值观念的“文化诱惑”之下，不少“非西方世界”的知识分子试图斩断自身与文化母体的脐带，“冲决罗网”“全盘西化”，试图拉着自己的头发离开地面。但是往往事与愿违，正如不同的血型的血不能相融一样，文化的脐带是难以被斩断并与其他文化嫁接的。这种“痛苦”使得普遍的“非西方世界”的知识分子开始意识到本土文化的价值，“文化保守主义”的思想开始在“非西方世界”发酵。当西方世界的知识精英也逐渐意识到“文化普遍主义”的狭隘时，西方保守主义者又开始将这种“文化的多样性”极端化为“文明的冲突”。代表性的人物是哈佛大学教授塞缪尔·亨廷顿（Samuel P. Huntington，1927—2008 年）。他在 1993 年美国《外交》季刊发表了一篇文章——《文明的冲突？》，核心观点可以概括为“正在出现的全球政治主要和最为危险的倾向将是不同文明集团之间的冲突”[①]。亨廷顿的理论指明了这样一个事实：西方世

① ［美］塞缪尔·亨廷顿：《文明的冲突与世界秩序的重建》（修订版），周琪等译，新华出版社 2018 年版，第 1 页。

界的保守主义精英在冷战结束之后并没有将意识形态领域的战火熄灭,反而将战火“引入了天国”。虽然“文明冲突论”的观点一出现就饱受世人诟病,但足以证明“举世和谐的乐观主义乃是自欺欺人”,未来世界文化软实力的竞争将会愈演愈烈。因而在当今世界,文化的竞争力乃是一个国家综合国力的核心要素,文化软实力是国与国竞争中成败的关键所在。塑造中华文化的核心竞争力就必须坚守“文化本位主义”,守护中华传统文化的核心价值,并以马克思主义为指导,兼容西学以为己用。

人类命运共同体思想即是这样一个符合“马魂中体西用”原则的新时代中华文化核心价值的现代性转化。面对当今世界秩序普遍存在的无政府主义、单边主义和霸权主义横行的现实,人类命运共同体思想提供了这样一种使人类社会摆脱“丛林法则”的公共产品。而其思想的核心价值正是来源于中华传统文化。在当今世界文化软实力的竞争和“文化话语权”的争夺战中,这些思想能够对冲甚至淹没西方所标榜的价值,赢得话语权的制高点。

“王道”思想基于天下观对“人”的设定,即普天之下的人都作为“道”的选民出现,不分国界、种族和阶级,都是“道”的实践者和选择者。这超越了西方民族主义的狭隘藩篱和“公民社会”的阶级局限,重新塑造了“个体”生命与“群体”间的关系。与此同时,“王道”与“霸道”相对作为评判“好政府”与“坏政府”的价值标尺。行“王道”从概念上接近于西方的“善治”(Good Governance),就是追求公共利益最大化的社会管理过程。所不同的是,“王道”治下的个体生命相比较于“善治”范畴更为广大。而“霸道”与“王道”相对,接近于“恶治”(Bad Governance),就是将个体利益置于公共利益之上从而寻求利益的最大化,也就是唯我独尊,如同当今世界中美国所奉行的单边主义、霸权主义。“王道”与“霸道”的分野重新定义了“群体”与“群体”之间的相处模式,并为之树立了价值尺度。历史学家汤因比将未来世界的希望寄托于中华文明,“中华文明将为未来世界转型和人类社会提供无尽的文化宝藏”,原因就在于中华文明的价值理性的层次高于西方文明。相比较于各种一神教文明(如基督教文明和伊斯兰文明等),中华文明并不强调宗教,而树立了一个不同的价值理性的抽象物——“天”,而“天”又是个体生命在实践中抽象出来的价值的神格化。所谓“以天为宗”“以德为本”,“天”在赋予了“王道”正统性的同时,每个个体生命的实践价值理性抽象出来的“德”也在为“天”立法。这不仅奠定了中华文明“以人为本”的底色,同时使中华文明比一神教文明更为包容、豁达。在文明冲突的悲观论的大背景下，中华文明为不同异质文明的交流提供了沟通融合的管道，为不同文明的交流互鉴提供桥梁。这正是人类命运共同体思想的使命和任务，而这一思想也将为人类提供更好的公共产品。

加速与虚体：思想政治教育所面临的挑战以及出路

余达淮　贾正宇①

［摘　要］思想政治教育总是时刻面临着许多挑战，这说明思想政治教育本身也在发展。挑战之一是加速社会的挑战，即加速钳制了社会，思想政治教育处于被加速的状态中，且逐渐被掏空；挑战之二则是数据时代的新式身体即虚体的挑战，其是现实自我数据投射的结果，也是数字世界的开放与自由性而形成的超越性的身体，具有一种溢出性，在思想政治教育中处于缺位的状态。因此，思想政治教育需要采取应对措施，第一，进行"伸缩性"双重建构，即一方面是精练压缩语言，使之适应加速时代的要求，另一方面建设牢固的理论地平以应对掏空；第二，进行环世界话语建构，即在虚体所关注的话语世界中，通过思想政治教育的隐性与显性话语占据数字世界话语主导地位，以增强思想政治教育的效果。

［关键词］加速社会；虚体；思想政治教育；伸缩性；环世界

时代总是向前发展的，而今进入了数字时代，同时这也是一个加速社会。在如此这般的社会中，人们的交往形式发生变化，行为模式亦是不同于以往，同样，人们的思维开阔程度也在发生变化。这也就意味着，在这样的时代中，思想政治教育就会面临着由时代所造成的困境。传统的思想政治教育面临新的情况，需要向新的时代转型。但此过程是一个不断探索完善的过程，并且社会是一个持续的动态发展过程，所以思想政治教育也需要时刻更新自我。但这是在坚守思想政治教育本质的前提下，顺应时代、国家的要求，推进思想政治教育更新的任务，是一个动态的

① 余达淮，河海大学教授，江苏省中国特色社会主义理论体系研究中心（河海大学）主任、研究员；贾正宇，河海大学马克思主义学院硕士研究生。

教育推进过程。因此,面对社会加速和数据时代的虚体式的个体的挑战,思想政治教育需要作出回应,以实现自身的目的。

一、加速社会的掏空运作

当今社会处于不断加速的时代,一切都在加速。社会的高速运转必然会对思想政治教育产生影响,因为思想政治教育本身是减速的力量,而加速则是客观现实的不可抗拒的力量。面对社会加速,思想政治教育的内容会逐渐被掏空与侵蚀,进而可能被抛在身后。

(一)加速社会

加速社会也就是社会加速,即日常生活相比于过去处于高速的状态,并且这种状态是由一个加速度持续推动社会进行加速的。但是,“并没有一个单一的、普世的加速模式提升所有事物的速度”①。据此,哈特穆特·罗萨提出一个分析的框架,即加速的三个面向。第一个面向是科技加速,科学技术的应用使运输、信息沟通与生产本身以及生产的导向过程的速度提升。这种科技的加速是一种代具性加速,也就是说,工具作为肢体的延伸越来越被依赖的同时,是一种加速工具。第二个面向是社会变迁的加速,即“社会组织团体与实践形式模式的转变,以及知识内涵的转变”②。这是社会本身的加速,环境、社会语词、团体等都越来越短暂易逝。第三个面向是生活步调的加速,主观而言,则是时间体验的加速流逝;客观而言,则是同样的时间内所完成的任务量的增加。因而,人们行动匆匆,企图在加速流逝的生活中抓住更多东西。

社会加速具有三重社会动力,以保持社会速率。首先是社会竞争。“提升速度或节省时间就直接与竞争优势的获得有关。”③时间的节约意味着先人一步,这样就能获得时间上的优势。另外,社会的竞争逻辑就是要投入越来越多的资源以增强自身的竞争力,也就是说时间上占据优势的同时,自身要在时间缩短的情况下尽可能地完成更多的任务。其次是文化动力,即观念世俗化。人们在日常生活中的追求是倾向于单向度的,即马尔库塞所言的单向度的人。因为,现代社会是一个世

① [德]哈特穆特·罗萨:《新异化的诞生》,郑作彧译,上海人民出版社2018年版,第12页。

② 同上书,第16页。

③ 同上书,第33页。

俗的社会，生活的重点从来都是当下即是的时刻。人们更加渴望的是对生活的更多的体验，比如各种新式产品。但是，人们所真实体验到的却赶不上社会所提供的，这就提供了一个加速的渴望，即在更短的时间内体验到更丰富的现实生活。最后则是加速循环，这是加速社会的内在推动机制。社会加速三重面向的内在循环加速过程是这样的：科技加速了沟通、运输以及生产的过程，改变了人们生活于其中的微观团体的流动速率和行动模式，最后的结果就是人们的生活步调在前两者的加速下不得不加速，而生活步调的加速又反过来要求更多的时间释放以求减速，但这又实质上推动了前两者的加速。

既然有加速则必然有减速，也就是说，加速社会也有其阻碍的力量即减速。一是客观的减速序列，即自然极限与社会加速的负面。自然极限是指一些自然现象加速到一定的极限就无法加速了，比如人的自然孕育过程、动植物的养育等。社会加速的负面则是因社会加速而造成的减速现象，比如交通拥堵。二是主观刻意的减速序列，即功能性减速与意识形态减速。功能性减速是指一种暂时的减速形式。“只有在学习或工作的过程中慢下来，才能增加全面的学习量或既定时间内的工作量，或是建议休息一下，好增加创新的能力与创造力。”①而意识形态减速则是对生活节奏慢下来的主观要求与希望。忙碌的生活造成了人的疲惫状态，需要减速以缓解疲劳。实际上，意识形态减速与功能性减速是同一减速过程的两面（主观与客观）。可以看出，减速与加速呈现结构性的不对称，减速实际上是加速的产物，是为加速服务的，退一步是为了进两步。因而，减速就是加速。思想政治教育则属于减速的序列。

（二）掏空运作

思想政治教育作为减速力量是被加速所掏空的。思想政治教育者是指“依据一定社会发展的要求，对思想政治教育对象的思想品德施加有目的、有计划、有组织的教育影响的个体或群体，既包括专职教育者，也包括兼职教育者，还包括那些在特定时间和空间对特定对象开展某种思想政治教育活动的人”②。而实际上，教育者与被教育者是一个双向互动的机制，都处在外在加速规范的钳制下的。于此过程中，思想政治教育的目的是使被教育者养成社会所要求的思想品德，而在科技

① ［德］哈特穆特·罗萨：《新异化的诞生》，郑作彧译，上海人民出版社 2018 年版，第 47 页。

② 陈万柏、张耀灿主编：《思想政治教育学原理》第 3 版，高等教育出版社 2015 年版，第 150 页。

加速、社会变迁加速以及生活节奏加速的影响下，这个过程被加速了。也就是说，科学技术的介入是为了增强教育的效果，但同时所谓的效果增强也就意味着速度的提升，即可以在更短的时间内输入更多内容。但是，被教育者的实际吸收速度是有一个自然极限的，这就造成了加速的减速。因而，思想政治教育的内容在输入的过程中是逐渐丢失的，最后真实输入的更多的是思想政治教育内容的非在场，即只有行为模式的授予而无触及心灵的真实内涵。前面提到减速就是加速，在这里，思想政治教育原本是一个减速过程，思想政治教育成为加速过程其实是一个深度被浅化而得以提速的过程。

实际上，加速需要一个稳定的平台，但同时又在否定这个平台。“只有在由这些制度所形成的稳定框架中，我们才能发现……，以及长时间加速的必要前提”①。加速从来都不是抽象的加速自身，加速是需要加速载体的加速，而社会框架就是这个载体。只有社会框架足够的稳定，速度才能得以提升，而加速到一定的限度却反过来破坏这种稳定性，因其无法支撑进一步的加速。思想政治教育其实是为稳定的社会框架服务的，以塑造人的思想观念、行为模式促使社会和谐安定。思想政治教育主要是一种话语式教育。“话语不仅反映和描述社会实体与社会关系，还建构社会实体与社会关系。”②思想政治教育通过话语建构的实体与社会关系形成社会框架，只要社会框架足够稳定就可以实现思想政治教育的加速运转。但是，加速却又在破坏这个框架，进而侵蚀、掏空思想政治教育所塑造的稳定性。

这种掏空是基于虚空能指平台而得以实现。虚空能指是“没有所指的能指”③。所有的能指的建立都是依靠所指而建立一个符号性自我，虚空能指的出现意味着原初所指的意义位移，即能指基础符号的缺席。此处借用这样一个概念，以表示思想政治教育过程中所指的失真。思想政治教育实质上是将生产意识系统模式的意识系统嵌入每一位社会成员的意识之内。而问题在于任何意识系统都具有差异性，具有差异的意识系统都在企图填充能指的虚空位置。社会加速也是一套意识系统，区别在于加速意识系统是一种无意识的系统，思想政治教育是一种有意识的

---

① ［德］哈特穆特·罗萨：《新异化的诞生》，郑作彧译，上海人民出版社2018年版，第48页。

② 毕红梅、付林溪：《新媒体语境下高校思想政治教育话语转换探析》，《思想教育研究》2015年第5期。

③ ［英］欧内斯特·拉克劳：《虚空能指缘何对政治重要？》，李西祥译，《郑州轻工业学院学报》（社会科学版）2019年第1期。

模式系统，而且前者可以附着于任何意识系统上，通过加速的现实社会动力侵蚀其所附着的意识系统的内容，也就是说加速其所附着的意识系统以高速逐渐甩开耗时性的意识系统建构过程，继之以能够跟上加速系统速度的意识系统的片段。其实，这种加速的意识系统是一种功能性的系统，只有一个目的即加速。因而，思想政治教育被加速的结果就是所指链的断裂与异质性所指的补入，所以在这个虚空平台上掏空的操作得以运行。

二、被教育对象主体虚化

得益于高科技的发展，我们创造了一个数字世界，也创造着我们自身，即一个虚化的身体：虚体。这样的虚体是对自我的数据投射。数据世界可以数据身体行动，避免了真实的实体性创伤，也在一定程度上使人获得了自我的超越性。所以，虚体的出场无可避免地溢出了传统思想政治教育的框架，虚体在思想政治教育中缺位了。

（一）主体虚化

主体虚化后就形成虚体。所谓虚体就是数字化时代依托于网络虚拟世界由现实的主体投射出的虚拟主体，其构成是一个个的数据包。这种虚体在数字化世界组成了一个个相互交往沟通的节点，这些沟通的节点组成了数字界面的现实社会关系，它是现实世界社会关系的投射，而投射方式是以自然身体的不在场而以数据符号形式展现出来的，比如个人的基本信息等。马克思说："人的本质不是单个人所固有的抽象物，在其现实性上，它是一切社会关系的总和。"① 也就是说，人之为人是因为于社会关系的支撑，不会因主体虚化而改变。这样，一方面，虚体由数据界面的数据身体构成（账号等）；另一方面，伴随而来的是数字化界面人的本质性社会关系的生成。所以，虚体是数据化时代人的身体的非自然性构成，数据网络中介了人的沟通与交往。在此过程中，沟通的数据载体逐渐就形成了自然性身体的数据性代言人，以其特有的不可接触与不真实可见性生成了一个不同于自然性原我的虚构自我。

虚体具有三个特征。首先，虚体是数字网络的基本构成单位。"在数字化网络

① 《马克思恩格斯选集》第1卷，人民出版社2012年版，第135页。

中，只能通过虚体来参与到数字化的交往当中。”① 现实世界的原我是无法真实地挤入数字网络而参与其中的，只能通过建立一个数据包性的虚体，才能在数字网络中再现自我。而且只有一个个虚体之间不断地信息交互才能形成信息传递的网络，才能形成数字网络。其次，虚体从根本上说是数据组合。虚体是由真实的原我以自身为模板，在数字网络中建立数据信息而形成的数据式的自我，而虚体间的交往也只是数据与数据的交换。最后，虚体与现实的原我是非同一的。虚体本身就意味着其是虚构的，因其本身是数据身体，它的根本构成是数字细胞，没有一个稳定的身体结构，这就存在着不断重组建构的可能性。这样，现实中的原我可以任意构造一个数据身体与虚构数据人格，在任意不同虚体间穿梭。所以，虚体是没有身体的身体，由无形的数据构成，被现实的原我所操纵，生活在数字网络的社会中。其实，虚体是自然社会空间虚化扩展的结果。

现实原我的功能分裂，被虚体所分有。现实中的自我的功能是维持自身生存与生活，以及必要的社会交往，但是后者的功能逐渐弱化，逐渐转移并成为虚体的主要功能。也就是说，原我作为身体性具有自我意识的我与叙述性交往的自我出现了分裂。自我意识的我被齐泽克称为“独体”，其是一个不可穿透的原子性封闭主体。而亚里士多德说：“人是天生的政治动物。”从根本上说，人离不开共同体而生活，这在马克思那里则被表述为社会关系是人的本质。在这样的共同体中，最重要的就是交往和沟通。通过话语相互之间有了初步的了解进而才能够展开社会生活，而这就是打破“独体”的叙述性交往自我。这样的叙述性自我不仅有纯粹的符号语言参与，还有肢体语言与情感的渗入，而叙述性自我被虚体占有后呈现的是经常性纯粹符号式交往，语言与肢体动作交往由表情包和主体的想象来补足。虚体交往成为主导，而原我有被遗忘的风险。

（二）虚体缺位

虚体缺位指思想政治教育未能有效地将虚体纳入教育对象的范围，即虚体对思想政治教育的缺席。如果原我被遗忘，被虚体的超越性所越出，那么思想政治教学的效果也会被遗忘。原我是思想政治教育的对象，虚体由原我所操纵。虚体是一种溢出性的数据身体，这样的数据身体在数字网络界面中交互所形成的社会关系不同于现实的原我间的社会关系，数字界面本身就是一个符号秩序，具有虚拟

① 蓝江：《一般数据、虚体、数字资本——数字资本主义的三重逻辑》，《哲学研究》2018年第3期。

性，在这样的场域中思想政治教育的社会规范就会弱化。具体而言，在数字网络形成的世界中，虚体具有无组织性与自由性，而且“人们将更多的生活移植在网络上，这种生活样态可以称之为网络化生存方式，变革了传统的组织结构，改变了传统社会交往、社会关系的内核，个体从现实组织、集体的束缚中解脱出来”[①]。因为没有实质性的身体，每一个虚体都是一个更加个性化的自我，是对公共领域的逃逸，在一定程度上逃离了社会规约。虚体所有的行动都会转变为语言式的叙述与态度表达，因而主要针对原我的社会规范在以数据构成的世界中就会不再适用。所以，网络化生存方式中，原我是被遗忘的，加上思想政治教育在数字网络中的不适性，使得虚体无法成为被教育的有效对象。

虚体虽然是由原我操纵的，但实际上虚体正抵抗着原我的操纵，也抵抗着思想政治教育的规约，这样虚体就在规约中缺位了。原我与虚体间的关系更像是皮影戏的艺人与人物剪影之间的关系。皮影戏是一种用灯光照射由兽皮或者纸板所做成的人物剪影，投射于幕布上以表演故事的民间戏剧。原我就是艺人，人物剪影则是虚体，幕布则是一个数字虚拟世界。人物剪影由艺人通过几根木棍操纵在幕布上表演故事，这里的艺人其实可以说是被人物剪影承载的故事所支配的，人物剪影有自身的叙事模式与规则，操纵杆也有自身的轨迹，一旦错乱，人物剪影就会行为错乱而无法完成戏剧演绎，就无法被观众认可。艺人为了获得观众的认可，就必然遵循皮影戏的既定规则。同样，数字世界及存于其中的虚体有一套自己的规则，为了进行虚体间的活动就必须遵循这样的规则，否则就会被抛出数字交往世界，或者说成为数字世界的“独体”。虽然虚体交往规则以现实的规则秩序为模板建构，但是数字世界的虚拟性决定了其与现实实体世界的不同，适用于原我间的规则必然被抵抗。因此，思想政治教育的规约作为现实世界的行为准则同样是被抵抗的。

虚体的数据构成以及数字世界的虚拟性导致了一个开放的虚拟社会，每一个虚体都能生成自己的话语，话语与话语的交流与碰撞导致一个主导性的话语叙事，因而思想政治的话语叙事则被挤压，这就导致虚体在思想政治教育中的话语叙事缺位。“随着互联网信息技术的普及，原本处于被动接受状态的受教育者能够享有自己的话语权，成为话语表达的主体，因而在传统思想政治教育过程中被遮蔽的个

---

① 任小艳、傅佩缮：《网络时代思想政治教育的困境、归因与超越》，《求实》2013 年第 3 期。

体话语和生活话语在网络空间中得以成长。”①但是这样的成长也产生了以下这个过程，即数字世界每一个虚体的每次交互都会产生庞大的数据量，数据间相互碰撞、淘汰、筛选与融合，就会形成一种主导的数据流，而数字世界的话语交互根本上就是不同数据流的流动，因而，这样的数据流就会在数字世界被翻译成主导的话语，形成一种数字意识形态，钳制着每一个进入数字世界的虚体。而从思想政治教育的角度来看，虚体组合成的世界里缺少了有意识的规范性的话语，主导性的话语叙事是一种无意识的叙事，虽然对于数字虚体有法律法规等约束，但是话语行动的内在软性的力量却没有得到有力的建立，话语的道德规范处于缺失状态。这样，思想政治教育的话语就被边缘化了。

三、思想政治教育的出路

面对加速社会与数字虚体的挑战，思想政治教育一方面要稳固发展自我以加大深度，从而应对新的时代挑战；另一方面则要与时俱进，将自我时代化，适应新的情况，在此过程中改进自我，以保证思想政治教育的效果。

（一）“伸缩性”双重建构

所谓“伸缩性”，原意是指由外力作用，使物体缩短或伸张的属性，而在这里，缩短是指思想政治教育应该适应加速社会的要求，将思想政治教育语言精练压缩成口号以及碎片化的说理，以加快思政理念教育；而伸张是指思想政治教育作为加速社会的减速力量以及稳定社会框架的重要一方面，要不断夯实思想政治教育的理论基础，建立牢固的理论地平，以及综合运用各种方式增强教育效果。当然，这两个方面并不是相互分离的，而是同一过程的两个方面，两者是相互结合、相互联系的。缩短性的建构是浅化了内容以形式化、符号化，因而相对缺少理论深度，因此，需要通过伸张性的建构逐渐弥补理论的深度，以求达到两者的统一。也就是说，一方面，适应加速社会快节奏的社会生活的速度；另一方面，面对加速对社会框架稳定性的侵蚀，不断加固社会框架的稳定性。实际上，加速社会的现象是生产力发展的表现，只不过是新的异化式的表现，这是一个必然的过程，是通向未来自

① 胡恒钊、王揽：《新时代思想政治教育网络话语权的缺失与重塑》，《广西社会科学》2018年第11期。

由王国所必须付出的代价。思想政治教育在此过程中的社会规约需要发挥其应有的效果。

加速社会是不可逆的，为适应时代条件，缩短性建构就尤为必要。时代和科技的进步是无法倒退的，因此教育必须及时调整从而适应时代的节奏。只有适应加速社会的步伐，思想政治教育本身才能实现其目的和增强效果。加速社会的三重面向即科技加速、社会变迁的加速以及生活步调的加速其实都指向了社会生活中每个个体本身的行为加速，三重面向都只是人本身行为加速的表现。因此，应对人本身的提速和增强思想政治教育的效果，就需要思想政治教育本身“加速”，即缩短性建构。缩短性建构具有辩证的一面，即思想政治教育内容一方面形式化，另一方面又非完全形式化。因为单就形式与内容而言，两者本身不可分离，形式源于内容，内容外显为形式。所以，思想政治教育缩短化是内容与形式并存的，只不过内容未触及思想政治教育的深处，或者说对教育对象的影响有一定的限度。本质上，此方式就是在教育对象思维中建立一个思想政治教育规约的整体性框架，而内容深化或者触及被教育对象的灵魂则交由“减速”的教育。

伸张性建构作为减速的方面，其目的是提高思想政治教育效果以稳定加速的社会框架，因此需要增强减速方面的力量。首先，思想政治教育的效果保证，需要其本身与时俱进，不断丰富理论内涵。加速社会不仅仅是表面的变化，因为人们行为模式的改变也意味着文化意涵的转变，而这就需要思想政治教育辨别与剔除不利于社会稳定与发展的部分，同时接纳、丰富、发展有利于社会发展的部分。其次，需要综合运用各种方式以增强思想政治教育效果。一方面，技术参与教学；另一方面，综合运用说理、形象熏陶、典型示范、比较鉴别等方式。同时，优化教育主体形象，使之贴近生活，增强思想政治教育的亲和力。最后，思想政治教育的建设应是系统的、多方面的，要满足社会对人才的培养需求。通过系统的与多方面的建设，“建立起一种便于教育者与被教育者双方接受的良好和谐的教育模式”①。总之，思想政治教育的伸张性建构就是要适应时代的发展，增强思想政治教育的效果，建立稳固的思想政治教育理论地平，以应对加速时代的掏空。

（二）环世界话语建构

环世界是由德国生物学家尤克斯考尔所提出的，其意是指在日常生活中我们

① 刘全振：《思想政治教育只有“接地气”方能“有人气”》，《人民论坛》2018 年第 7 期。

并不是与全部世界都发生直接联系，而是通过感官刺激所反馈的信息组合成世界。从根本上说，环世界指认了我们所处的周围世界的有限性，而作为虚体之身体其实是扩大了周围的世界，但也意味着感官的部分缺失，比如触觉。所以虚体的环世界是一种剥离了部分感官的虚拟世界，其是由虚体所触及的话题所构成的。这样的虚体环世界相比于实在身体的环世界的扩展其实是有限度的，这样的限度仍然是受限于实在的自我的，因为其是为实在自我所服务的。而我们所要建构的环世界就是建立有思想政治教育规约影响的环世界，以影响虚体的话语行动。因为虚体本身仅是现实自我的思维意识投射，思想政治教育虚体其实就是在建立一个思想政治教育的虚体环世界。

思想政治教育的环世界建构，首先是一种隐性主导话语建构。虚体间的话语碰撞会形成一种无意识的主导话语，这种主导话语其实就是形成了一种共同承认的“故事”。拉克劳的“话语政治”理论指出，政治根本上就是在讲“故事”，而政治抗争就是“故事”间抗争，只要“故事”有说服力，就会有人服从。虚体的话语就是在讲述故事，由于数字世界的开放性，或者说言论自由，每个人都在讲自己的故事，故事间的抗争结果是跟随某种故事的人数扩大到一定程度，而形成一种主导话语。因此，思想政治教育需要以一种故事性存在进入数字世界的话语叙事，这种话语不再是传统的思想政治教育的话语灌输，需要一种讲“故事”的转化。也就是说，在面对虚体的环世界内的各种话语时，以一种无意识的有意识状态解构其他的话语。换而言之，有意识地点出其他故事的盲区或者欺骗性等，并且引出一个故事的大略脉络或者框架，剩下的故事情节交由虚体的话语参与补充完整，而思想政治教育者要做一个故事维护者，在讲“故事”中适当纠偏与对抗其他的话语，以使思想政治教育的对象自己教育自己，实现思想政治教育主客体的统一。

同时，思想政治教育的环世界建构也要进行显性的话语建构，即进行思想政治教育话语的“说理性”转换以及增强亲和力。说理是一个相对于说教的概念，说教是“以教制人”，即预定了一个不可逾越的前提，以此“制服”被教育者；而说理则是“以理服人”，即摒弃前提，通过话语的讲述或者论证而达到一个所应遵守的结论。环世界的话语建构恰恰需要“说理”的模式以引导虚体进入思想政治教育的故事话语，而这个“说理”的过程也就是增强亲和力的过程。虚体环世界是虚体所关注的世界，而没有亲和力的思想政治教育的话语是无法进入虚体的关注范围的，因为虚体剥离了部分现实感官以及数字世界的开放性和自由性，可以自主屏蔽不具亲和力的话语甚至会与之对抗。“说理”是思想政治话语转换后的基本模式，是从形式上增强了亲和力。而思想政治教育话语时代性以及多维性则是从内容层面增强亲和力。也就是说，思想政治教育话语要采用数字时代不断更新的流行词汇，跟随着话语时代的脚步；同时，思想政治教育话语要具有多样性，以跟随不同的虚体进入不同的话语频道，以及应对广泛的具有差异性的虚体。

四、结　语

一方面，加速社会的科技面向是造成虚体产生的客观条件；另一方面，虚体摆脱了实在性身体的束缚就可以在数字世界加速交往。因此，可以说虚体是数据加速的产物，反过来，虚体的形成也促进了加速。而伸缩性双重建构是为了建立一个稳定的社会框架，增强思想政治教育的效果，环世界话语建构则是在数字世界建立一个稳定的社会框架，以保证社会的平稳运行。所以，伸缩性双重建构以及环世界话语建构两者本身也是紧密联系的。而且从根本上说，加速存在于现实世界与数字世界中。思想政治教育的两种出路，既应对了加速，也应对了虚体的挑战。伸缩性双重建构在跟上加速的同时，深化自身以跟上时代。虚体也是时代的产物，其内在就要求建构深化自我的理论地平以应对虚体。环世界话语建构是以思想政治教育的话语规约虚体，但也是在应对虚体的加速，即以思想政治教育占据虚体环世界主导话语位置，渗入虚体本身，以防被加速掏空。总之，思想政治教育在应对时代的挑战时，既要考虑单个挑战本身，也要考虑不同挑战间的联系，从而以总体性的方式应对时代的挑战。

学科范式理论视野下的网络思想政治教育：问题、进展与方向

夏永林　聂心怡①

［摘　要］自1999年第一篇关于网络思想政治教育研究的论文发表至今，网络思想政治教育研究走过了20多年历程，已经成为思想政治教育学科研究的重要领域。随着研究的深化，网络思想政治教育研究向学科化发展是其必然演进趋势。本文以库恩的学科范式理论为视角，对网络思想政治教育研究现状进行考量，指出其在学科化进程中面临的问题，概述当前网络思想政治教育研究的重点与前沿，为网络思想政治教育研究者提供借鉴。

［关键词］网络思想政治教育；学科范式；学科化；研究综述

随着互联网的发展，网络空间已经成为与现实并行的人类生活场域。近年来，习近平总书记针对互联网发展的当前形势，提出了建设网络强国的战略要求。"要加强网上正面宣传，旗帜鲜明坚持正确政治方向、舆论导向、价值取向……推进网上宣传理念、内容、形式、方法、手段等创新，把握好时度效，构建网上网下同心圆，更好凝聚社会共识，巩固全党全国人民团结奋斗的共同思想基础。"② 网络思想政治教育是网络强国战略的重要支撑领域。随着网络思想政治教育研究的重要性和吸引力进一步提升，从科学化到学科化的发展是其必然的演进趋势和价值归宿。本文将以库恩的学科研究范式理论为视角，对网络思想政治教育研究现状进行定

---

① 夏永林，西安电子科技大学马克思主义学院党委书记、教授；聂心怡，西安电子科技大学马克思主义学院硕士研究生。

② 《习近平在全国网络安全和信息化工作会议上强调　敏锐抓住信息化发展历史机遇　自主创新推进网络强国建设》，《人民日报》2018年4月22日。

量和定性的考量，指出其在学科化进程中面临的问题，概述当前网络思想政治教育研究的重点与前沿，为网络思想政治教育研究者提供借鉴。

一、学科范式理论视角下网络思想政治教育研究现状及其在学科化进程中面临的主要问题

科学哲学家托马斯·库恩在其代表作《科学革命的结构》中提出了“范式”这一概念。他指出：“范式是某一科学共同体在某一专业或学科中所具有的共同信念，这种信念规定了他们的共同的基本观点、基本理论和基本方法，为他们提供了共同的理论模式和解决问题的框架，从而成为该学科的一种共同的传统，并为该学科的发展规定了共同的方向。”①库恩的学科范式理论的内涵包含着：以共同价值观为基础的学科理论范式，体现学科形成的社会支持的共同体范式，展现科学研究的方法的研究工具范式。网络思想政治教育研究经历了从无到有、从被动回应到主动探索的过程，日益从学科研究领域向分支学科发展。从库恩学科范式理论视角分析近年来网络思想政治教育研究现状，指出其与成熟学科的差距，有利于网络思想政治教育研究进一步从科学化向学科化迈进。

（一）从以共同价值观为基础的学科理论范式的形成来看，网络思想政治教育研究起步晚，研究步伐整体落后于网络发展。近两年来论文产出下降，研究动力不足，深度研究占比偏低等问题阻滞了网络思想政治教育研究理论范式的研究步伐

论文的发表数量是衡量一门学科研究成果的核心指标。网络思想政治教育研究起步较晚，发展总体落后于互联网的发展步伐，被动回应式研究较主动探索式研究多，具体表现为期刊论文发表的数量增长缓慢，近两年来不升反降；相关国家社科基金立项数量极不稳定且重复研究多；学位论文产出不足，落后于网络思想政治教育学科化的发展步伐等现象。自《中国地质教育》1999年刊发第一篇网络思想政治教育相关论文探讨计算机与计算机网络能否作为思想政治教育的载体以来，CNKI中国知网期刊库已经收录近7000篇网络思想政治教育研究相关论文②，

① 张九海：《意识形态的内在结构探析——从库恩的“范式”理论谈起》，《上饶师范学院学报》2005年第2期。

② 本文中的期刊论文数据均来源于CNKI中国知网数据库，检索方式为“主题=网络思想政治教育”“词频=模糊”，检索时间为2019年8月。

其中,核心论文共920篇,占网络思想政治教育发文总数的13.3%,大致与思想政治教育研究核心期刊发文率(13.4%)持平;网络思想政治教育研究论文数量占思想政治教育领域研究论文发文总量的3%左右。(见表1)近十年来①,随着互联网的发展和研究的进一步深化,网络思想政治教育相关论文发表数量大体保持稳步增长的趋势,但近两年来略有下降。核心论文占比在2010年达到最高比例,为16.19%,但近三年核心论文占比均在均值比例(12.83%)之下,尤其是2018年,核心论文占比跌到最低点,仅有9.92%。(见表2)论文数量的增产却没有带来核心论文占比的增长,说明当前网络思想政治教育研究中高质量论文产出不足。学位论文体现着一门学科的发展水平和研究水平,学位论文的产出反映着本领域的知识水平和繁荣程度。截至2019年8月1日,CNKI知网共收录以"网络思想政治教育"为主题的学位论文838篇,其中硕士学位论文809篇,占思想政治教育研究总硕士学位论文的3%,博士学位论文29篇,占比2%,占比率与网络思想政治教育核心期刊登载率接近。按年份梳理,以"网络思想政治教育"为主题的硕士学位论文数量自2013年起呈下降趋势,博士学位论文的数量近三年呈先上升后下降趋势。(见图1)学位论文是学科领域深入研究的具体呈现,其数量的下降反映了网络思想政治教育深入研究动力不足的问题。

国家社科基金项目是我国公认的最高级别的人文社科类科研项目,对学科发展有着重要的导向意义。在国家社科基金项目数据库中按年份梳理2009年至2018年国家社科基金资助项目,可以发现,包含"思想政治教育"题目的国家社科基金立项项目共有124项②,其中有28项与网络思想政治教育研究相关,占比22.58%,但立项数量极不稳定。其中,2010年与2011年没有国家社科基金项目与网络思想政治教育研究相关,2015年仅有一项,2012年、2013年与2018年均有两项相关,而2016年与2017年网络思想政治教育研究是国家社科基金立项的重点领域。(见表2)从项目研究内容来看,相关立项研究方向的重复性较强,偏重于应用研究,忽视基础理论研究。国家社科基金项目数据库显示,在28项网络思想政治教育相关项目立项中,偏重基础理论研究的项目仅有"网络思想政治教育原理研究"一项。2017年的8项网络思想政治教育相关项目立项中,以"大数据"与

① 由于时间原因,未收录2019年发文数据,"近十年"指2009年至2018年,下同。

② 数据来源:在国家社科基金项目数据库中以"思想政治教育"为题,年份限定为2009年至2018年,搜索共得到项目124项,包括重大项目、一般项目、青年项目和西部项目。

“自媒体”为题的研究共有 6 项，占比 75%；2016 年的 7 项网络思想政治教育相关项目立项中，以“大数据”为题的研究共有 5 项，占比达到 71.43%。由此可见，“大数据”是 2016 年至 2017 年立项的重点方向，这反映了网络思想政治教育研究存在着一定的盲目性，跟风研究多于创新研究的现实。

表 1　CNKI 中国知网期刊库论文收录检索情况

CNKI 学术期刊检索	核心期刊（篇）	全部期刊（篇）	核心论文占比
篇名 = 网络思想政治教育	856	6505	13.2%
关键词 = 网络思想政治教育	356	2122	16.8%
主题 = 网络思想政治教育	920	6896	13.3%
主题 = 思想政治教育	32816	245077	13.4%

表 2　近十年来 CNKI 中国知网收录以“网络思想政治教育”为主题的期刊论文、核心期刊论文数量以及国家社科基金立项数量

年份	期刊论文篇数	核心论文篇数	核心论文占比	国家社科基金立项（项）		
				网络思想政治教育相关	思想政治教育相关研究	网络思政相关研究占比①
2018 年	494	49	9.92%	2	11	18.18%
2017 年	548	65	11.86%	8	25	32.00%
2016 年	528	54	10.23%	7	9	77.78%
2015 年	538	87	16.17%	1	11	9.09%
2014 年	543	65	11.97%	5	20	25.00%
2013 年	533	65	12.20%	2	21	9.52%
2012 年	570	66	11.58%	2	12	16.67%
2011 年	463	69	14.90%	0	8	0.00%
2010 年	457	74	16.19%	0	5	0.00%
2009 年	313	46	14.70%	1	2	50.00%
合计	4987	640	12.83%	28	124	22.58%

① 计算方法：网络思政相关占比 = 网络思想政治教育相关立项数 / 思想政治教育相关研究立项数。

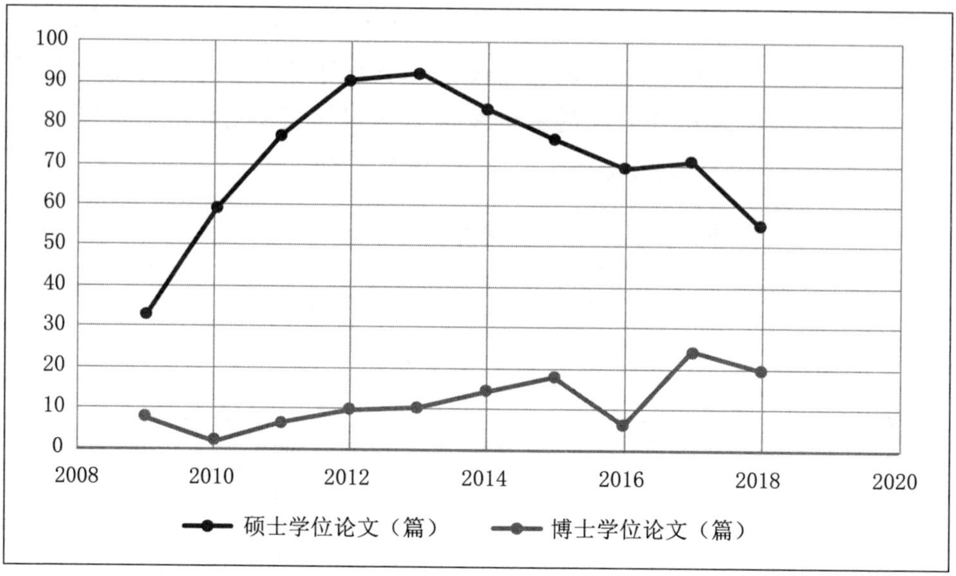

图1　近十年来以“网络思想政治教育”为主题的学位论文发表数量变化趋势图

（二）从促进学科形成、体现学科发展社会支持的学科共同体范式来看，网络思想政治教育学术架构不足、支撑力量薄弱是网络思想政治教育研究学科化的重要障碍

近年来，网络思想政治教育研究发展呈现某种程度上的虚假繁荣现象。国家高度重视网络思想政治教育研究，因而思想政治教育研究人员将网络思想政治教育作为研究的热门领域纷纷“试水”，但实际上网络思想政治教育仍然面临着研究主体力量薄弱、研究者专注度偏低、研究机构少、研究合作程度不足等问题。网络思想政治教育作为思想政治教育的重要研究领域，其博士点的设置对于网络思想政治教育的进一步深化研究具有重要的导向作用。依据中国研究生招生网提供的2018年博士招生目录，目前我国思想政治教育学设博士点高校中明确将网络思想政治教育作为博士点招生方向的只有三所高校，分别是复旦大学、福建师范大学与江西财经大学，其研究方向分别为网络思想政治教育、网络思想政治教育理论与实践和大数据思想政治教育研究。博士点设置少反映了网络思想政治教育研究人才培养体系的不健全，这难以满足网络思想政治教育发展的需要和网络思想政治教育进一步学科化的诉求，进一步加剧了网络思想政治教育研究者的不足和研究的表面化现象。

对网络思想政治教育有专注力的研究者的不足是网络思想政治教育学科研

究共同体尚未形成的主要原因。近十年来，在CNKI中国知网收录的网络思想政治教育研究期刊论文中，发表三篇以上论文的研究者仅有40人，他们共发表论文200篇，占发文总数的3.77%，其余作者均只发表了两篇及以下的论文，绝大多数学者只发表了一篇论文，网络思想政治教育研究仅是其"试水之作"。从CNKI中国知网收录网络思想政治教育相关论文篇目数量前十的学者来看（见表3），其中有3位学者的第一篇与最近一篇论文的发表间隔在五年（含）以内，反映了长期专注于网络思想政治教育研究的学者人数的匮乏。网络思想政治教育研究领域仍然缺乏大量有归属感和长期坚守研究的学者。在网络思想政治教育研究人员的来源上，网络思想政治教育研究人员的构成较为单一，主要来自于高校的研究人员，而学工系统包括思想政治教育辅导员、高校从事思政工作的行政人员等大量直接从事网络思想政治教育实践的人员科研产出较少，这也阻滞了网络思想政治教育研究共同体的形成和发展。

网络思想政治教育研究机构的不足表明了网络思想政治教育研究领域的社会支持率低下。网络思想政治教育发文量排名前20位的研究机构均为高等院校，排名第一的电子科技大学总发文数72篇，涉及研究人员仅有9人，发文量排名19位的盐城工学院只有两位学者发文，而其中一人发文量为6篇，这也显示了网络思想政治教育研究机构研究学者人数不足、论文产出量不高的现实问题。研究机构的缺乏和研究人员的独行难以满足网络思想政治教育研究学科化、纵深化的发展要求。网络思想政治教育研究迫切需要壮大研究队伍，培养对网络思想政治教育研究有认可度和归属感的长期研究人员和研究机构，加大对网络思想政治教育领域的关注度和投入，为网络思想政治教育注入源源不断的活力，以回应网络时代对网络思想政治教育研究提出的高要求和新挑战。

表3　近十年来CNKI中国知网收录网络思想政治教育相关论文篇目数量前十的学者概况

排序	姓名	篇目数量	第一篇相关论文发表时间	最近一篇相关论文发表时间	所属研究机构
1	韦吉锋	19	2002年	2018年	广西教育学院
2	吴满意	14	2003年	2018年	电子科技大学
3	张瑜	12	2004年	2018年	清华大学
4	李奎刚	10	2010年	2015年	天津中医药大学

（续表）

排序	姓名	篇目数量	第一篇相关论文发表时间	最近一篇相关论文发表时间	所属研究机构
5	胡树祥	9	2009 年	2017 年	中央财经大学
6	胡恒钊	9	2013 年	2019 年	江西农业大学
7	宋元林	9	2008 年	2013 年	湖南科技大学
8	曾令辉	8	2003 年	2018 年	广西师范大学
9	洪　涛	8	2010 年	2017 年	兰州理工大学
10	蒋广学	8	2013 年	2017 年	北京大学

（三）从展现科学研究方法的研究工具范式来看，网络思想政治教育研究存在研究对象狭隘化与研究方式单一化、重复研究多、创新研究少等问题

专著的出版在很大程度上体现了学科的发展程度和重点研究对象。网络思想政治教育第一部研究专著为宋元林发表于 2002 年的《网络时代大学生思想政治教育导论》。截至 2019 年 8 月，中国国家图书馆数据库共收录以“网络思想政治教育”为主题的专著 180 本，每年出版的专著数量呈稳步递增的趋势。按研究内容划分，网络思想政治教育领域的专著包括网络思想政治教育基础理论研究、网络思想政治教育实践研究、网络思想政治教育领域研究、网络思想政治教育方法研究、网络思想政治教育与相关学科交叉研究、网络思想政治教育前沿和重大现实问题研究等方面。在 180 本著作中，以网络思想政治教育基础理论研究为主的著作共有 32 本，占总数的 17.78%。有关网络思想政治教育领域研究的专著共有 53 本，包括高校、大学生、军队、高职等领域，其中涉及高校和大学生的研究专著数量最多，共 50 本，占专著总数的 27.78%。有关网络思想政治教育实践研究、方法研究的专著共 10 本。网络思想政治教育交叉学科研究主要集中于网络心理研究，共出版 4 本专著。网络思想政治前沿研究近几年十分活跃，涉及新媒体研究、高校思想政治理论课与网络结合研究、自媒体、“互联网 +”、网络舆论及舆情研究等方向。网络思想政治教育相关专著的概况表明网络思想政治教育研究进一步深化，但存在重复研究多、创新研究少，研究对象过分集中于高校及大学生的网络思想政治教育研究，忽视其他群体，与网民构成比例不匹配。

针对以“网络思想政治教育”为研究主题的论文进行关键词词频分析（见

表 4）可以发现，网络思想政治教育研究目前存在着研究对象的单一化和理论研究不足等问题。近十年来，网络思想政治教育研究的趋势和视野随着网络技术的发展而转向，网络思想政治教育的研究热点和前沿也因网络技术的不断发展而改变。在关键词排序中，以“大学生”“高校”“高等院校”“高等学校”为网络思想政治教育研究对象的论文分列第 4、5、12、15 位，共占比 22% 左右，以“对策”“实效性”等应用研究为主的论文分列第 6 位和第 10 位，共占比 5% 左右，以“新媒体”“易班”“微博”等新兴网络载体为研究的论文关键词频次分列第 8、13、19 位。网络思想政治教育研究注重回应现实问题，应用性强，契合时代发展需要，但基础理论研究少，而理论研究的缺失会进一步限制实践应用研究的发展。网络思想政治教育研究应当在重视创新及应用研究的同时，回应基础理论研究的需求，二者相辅相成才能推动网络思想政治教育研究的发展及其学科化的诉求。

从研究方法上看，网络思想政治教育作为一门观照现实的经世致用之学，没有脱离传统思想政治教育研究方法的范畴。在近十年发表于核心期刊上的 723 篇网络思想政治教育论文中，以实证方法进行研究的网络思想政治教育论文不到 10 篇，体现了目前网络思想政治教育研究方法仍然禁锢于思想政治教育传统研究方法的思维中，缺少自身特色。

表 4　CNKI 中国知网收录以“网络思想政治教育”为主题的核心论文关键词前 20 名排序①

排序	关键词	频次	百分比	排序	关键词	频次	百分比
1	思想政治教育	2212	22.96%	11	网络环境	142	1.47%
2	网络思想政治教育	1528	15.86%	12	高等院校	118	1.22%
3	网络	1197	12.42%	13	易班	115	1.19%
4	大学生	1059	10.99%	14	辅导员	113	1.17%
5	高校	797	8.27%	15	高等学校	110	1.14%
6	对策	310	3.22%	16	网络文化	109	1.13%
7	创新	181	1.88%	17	挑战	95	0.99%
8	新媒体	167	1.73%	18	网络时代	95	0.99%
9	互联网	166	1.72%	19	微博	92	0.95%
10	实效性	159	1.65%	10	网络教育	74	0.77%

① 数据来源万方知识服务平台，具体内容由笔者整理分析。

二、学科范式理论视角下当前网络思想政治教育研究范式进展

“所谓范式,即相应学术领域中由基本学术旨趣、核心学术概念、主要研究方法、整体话语形态,且为本学术领域的人们广为认可、遵循、持用的学术研究的范例、模式。”①随着研究的不断深入,网络思想政治教育研究随着核心概念的不断明晰,建立起了包括网络思想政治教育基础理论研究、应用与现实问题研究、方法论研究、跨学科研究等内容的研究体系,形成了自身独特的研究范式和某种程度的话语边界。

(一)从网络思想政治教育核心概念出发所确立的网络思想政治教育独特的研究对象、领域、边界及研究体系

概念是对事物本质属性的反映。网络思想政治教育概念在网络思想政治教育研究范畴中处于核心地位,是网络思想政治教育学科化进程中迫切需要厘清的基础性问题,是网络思想政治教育学科理论体系的重要支撑点。网络思想政治教育概念经历了“工具论”到“本质论”再到“网络社会观”的发展阶段。一般认为,学界最早提出网络思想政治教育概念的是刘梅,她认为,“网络思想政治教育,是根据传播学和思想宣传的理论,利用计算机网络所进行的思想政治教育。”②对于网络思想政治教育下的第一个定义反映了网络思想政治教育研究的第一个发展阶段,即将网络视为现实思想政治教育的载体和工具而对思想政治教育进行研究,即“网络工具观”。这一时期对应的网络思想政治教育研究主题大体为“如何运用网络开展思想政治教育活动”。随着互联网技术的发展,学界对于网络思想政治教育概念的研究也进一步深化,其中韦吉锋在2003年提出的以网络本质论视角的网络思想政治教育概念较有代表性。他认为,“网络思想政治教育是指抓住网络本质、针对网络影响,利用网络有目的、有计划、有组织地对网民施加思想观念、政治观点、道德规范和信息素养教育方面的影响,使他们形成符合一定社会发展所需要的

① 沈壮海:《论思想政治教育理论研究的新范式与新形态》,《思想理论教育导刊》2007年第2期。

② 刘梅:《思想政治教育的现代方式——论网络思想政治教育建设》,《河南师范大学学报》(哲学社会科学版)2000年第2期。

思想政治品德和信息素养的网上双向互动的虚拟实践活动。”①这一概念提出了网络思想政治教育的研究对象、研究内容及研究目的。在这一时期，网络思想政治教育界出版了领域内的第一部专著《网络时代大学生思想政治教育导论》，从网络对大学生的产生的影响出发，探讨了网络思想政治教育方法、网络思想政治教育心理研究、网络思想政治教育主体研究和理论研究等内容，厘清了网络思想政治教育研究内容的大致形态。近年来，以“网络社会观”的视域定义网络思想政治教育概念被普遍接受，其中陈坤、曹良韬在2011年基于网络的工具属性、社会属性、教育属性以及传播属性将网络思想政治教育定义为“依托计算机及网络技术，基于虚拟社会的认知特点，应用网络传播和教育方法，对受教育者的思想道德、政治观念进行同化的信息化教育形式”②。二人对于网络思想政治教育概念的界定，符合学界对于网络形成了虚拟社会这一认识的发展规律，将网络作为现代人的生存方式，以社会属性的角度进行定义。随着网络思想政治教育概念的不断更新，网络思想政治教育也从最初将互联网作为思想政治教育的工具和载体的研究转向更注重网络思想政治教育的整体性研究。网络颠覆式地改变了人的生存方式和思想道德发展的规律，使思想政治教育开辟了新的研究领域，形成了新的研究范式。“总体而言，思想政治教育对互联网的认识从最初作为信息传递的工具和手段，逐渐成为一个虚拟交往的社会，以至于作为一种新的社会形态来研究。”③网络思想政治教育不是网络+思想政治教育，而是二者的深度融合。网络思想政治教育具有自身的整体性，这也是网络思想政治教育成为学科的基础。网络思想政治教育概念的厘清是网络思想政治教育区分于现实思想政治教育，向学科化发展的前提。虽然目前仍未有权威的有关网络思想政治教育的定义产生，但学界对于“网络社会观”基本达成共识。网络思想政治教育研究内容的发展基本上是跟随学界对于网络思想政治教育的概念的认识演进的。在网络社会观的视域下，由网络思想政治教育概念衍生出的网络思想政治教育研究主要包括网络思想政治教育基础理论研究，网络思想政治教育发生的领域、过程研究，网络思想政治教育的实践及其有效性研究和网络思想政治教育方法研究等内容。

---

① 韦吉锋：《关于网络思想政治教育界定的科学审视》，《学校党建与思想教育》2003年第2期。
② 陈坤、曹良韬：《网络思想政治教育概念探析与界定》，《黑龙江高教研究》2011年第4期。
③ 张再兴：《网络思想政治教育研究》，经济科学出版社2008年版，前言第2页。

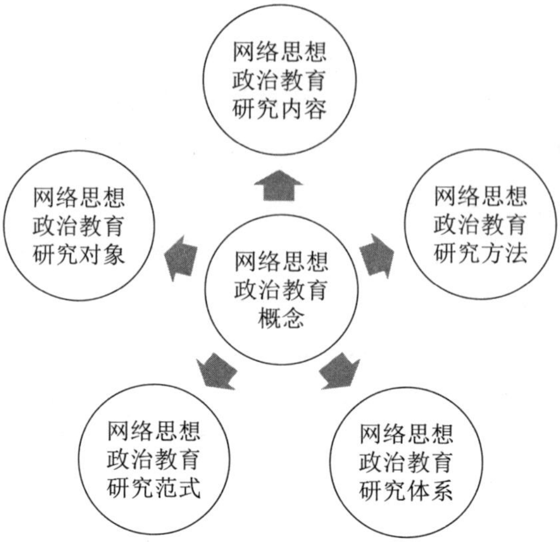

图 2　由网络思想政治教育概念所确立的网络思想政治教育研究体系

（二）以学科体系建构和基础理论产出为导向的网络思想政治教育基础理论研究

网络思想政治教育基础理论研究涵盖网络思想政治教育的对象即网民的思想政治品德和媒介素养形成与发展规律研究，网络思想政治教育主体即教育者研究、客体即接受网络思想政治教育的对象研究，网络思想政治教育主客体相互关系研究，网络思想政治教育内容研究等。"科学研究的区分，就是根据科学对象所具有的特殊的矛盾性。因此，对于某一现象的领域所特有的某一矛盾的研究，就构成某一科学的对象。"①网络环境下人的道德发展规律作为网络思想政治教育研究对象具有其特殊矛盾性。当前，对于网络环境下人的道德发展规律的研究构成网络思想政治教育的核心研究内容，对这一规律的把握决定了网络思想政治教育的科学化发展路径和学科化的发展道路，加强对这一规律的研究既是网络思想政治教育深化研究的基本要求，也是新时代推动网络思想政治教育学科化的基本路径。网络思想政治教育基础理论研究中的主客体及其相互关系研究是网络思想政治教育研究的焦点之一。"网络思想政治教育主体是具有思想政治教育的自觉意识和行

① 《毛泽东选集》第 1 卷，人民出版社 1991 年版，第 309 页。

为能力，实际参与到网络意识形态实践活动之中的人或组织。”① 网络思想政治教育客体泛指网络思想政治教育的接受者。网络时代受教育者的改变是当前网络思想政治教育研究关注的重点问题，如新媒体、短视频等新的网络空间的出现及其产生的一系列网络文化，包括网络话语对于思想政治教育接受者的影响，如新媒体信息来源的多元化可能会冲击主流意识形态，影响受教育者的价值判断和思想认知等。思想政治教育的主体和客体在网络思想政治教育领域具有其特殊性，主体是网络思想政治教育研究的重要范畴，当前对主体的研究集中在主体的“主体性”的发挥上，“主体性”是主体作用的能动体现，也是网络思想政治教育提升有效性的前提条件。网络思想政治教育主体研究历经了主体从现实思想政治教育领域的平行转移到主客体关系在网络空间的消弭，再到网络空间主体的重新确立的认识过程。与传统思想政治教育相比，网络思想政治教育的主客体有其特殊性，其载体、形态以及相互关系都呈现网络时代的新特点。网络空间将传统思想政治中教育的权威式的主客体关系解构为一种相对平等的主客体间的相互关系。网络思想政治教育的主客体关系讨论在网络思想政治教育基础领域方兴未艾，其中哲学领域“主体间性”概念的引进引发了网络思想政治教育领域主体间性的讨论。网络思想政治教育与其他学科的交叉研究是网络思想政治教育新兴的研究领域之一，目前网络思想政治教育研究同心理学的交叉研究比较成熟，包括网络思想政治教育过程中心理矛盾、心理接受规律、心理疏导等内容。社会学的文化研究与定量研究方法对于网络思想政治教育研究科学化起到了推动作用，计算机技术与网络舆情治理等研究的交叉研究成为热点和前沿。

（三）以提高网络思想政治教育有效性为导向的网络思想政治教育方法研究

网络思想政治教育方法研究是提升网络思想政治教育有效性的前提。“工欲善其事，必先利其器。”网络思想政治教育研究从网络思想政治教育方法研究起步，第一篇网络思想政治教育领域的论文就是讨论网络思想政治教育方法研究——《探讨互联网是否可以用作思想政治教育的途径和方法》。历经 30 年的发展，方法研究始终是网络思想政治教育研究的关注中心。网络思想政治教育方法研究与互联网一起成长，经历了从传统思想政治教育方法到向互联网移植，再到形

① 黄英燕、陈宗章：《网络思想政治教育主体的主体性》，《重庆邮电大学学报》（社会科学版）2017 年第 29 期。

成自身独特的方法体系的认识过程。对于网络思想政治教育方法讨论既包括一般原则探索,也包括具体方法的讨论。对于网络思想政治教育方法一般原则的讨论,既有吴倬、张瑜提出的高校思想政治教育原则具有“主体性、实践性、疏导性、前瞻性、渗透性”的观点①,也有徐建军提出的育人为本、共建共享、功能优化的原则②。关于网络思想政治教育具体方法的研究,学界积极探索,针对不断发展的互联网所面临的现实提出了众多有意义的研究方法。杨直凡、胡树祥在《网络思想政治教育方法的构建与创新》一文中提出了“思路对问题”的教育指导方法,眼睛对屏幕的信息获取方法,键对键、心对心的沟通交流方法。③宋元林在《网络思想政治教育方法体系的构建》中提出了虚拟现实法、信息库法、信息隐匿法、主体交互法、网上与网下教育结合法。④网络思想政治教育方法研究与提升网络思想政治教育实效性密切相关,但是目前网络思想政治教育方法在一定程度上存在着理论与实践相分离的问题。从事网络思想政治教育的实践者缺乏将实践向理论升华的动力,而从事网络思想政治教育方法理论研究的学者难以将其与实践结合起来,导致网络思想政治教育方法研究在一定程度上存在着理论脱离现实的情况。

(四)以实践为导向的网络思想政治教育创新应用研究

思想政治教育学科是一门应用性强,以回应重大现实问题为理论使命的学科,目前网络思想政治教育研究也集中在以实践为导向的创新应用研究领域。网络思想政治教育创新应用研究从网络思想政治教育的核心概念延伸开来,贯穿网络思想政治教育研究始终,主要方向有网络环境研究、网络思想政治教育载体研究、网络空间治理研究、网络思想政治教育过程研究等内容。网络环境是网络思想政治教育活动发生的场域,对于它的特殊性进行科学认识是网络思想政治教育研究的起点。从最初的高校 BBS 和红色宣教网站的研究到如今对于社交媒体平台诸如微信、微博等新媒体的研究,再到新兴的短视频社交平台等研究内容,网络思想政治教育对于网络社区的研究与网络技术同步,走在时代的前列。随着互联网技术的发展,特别是“互联网 +”、大数据、新媒体以及短视频等技术的发展,网络发展出独特的网络文化,如网络偶像文化、网络语言等。对于网络社区的研究还包括对网

① 吴倬、张瑜:《论高校网络德育工作的几个基本原则与方法》,《思想教育研究》2009 年第 1 期。
② 徐建军:《大学生网络思想政治教育理论与方法》,人民出版社 2009 年版。
③ 杨直凡、胡树祥:《网络思想政治教育方法的构建与创新》,《思想理论教育导刊》2007 年第 7 期。
④ 宋元林:《网络思想政治教育方法体系的构建》,《思想政治工作研究》2009 年第 2 期。

络亚文化、网络流行语等与思想政治教育结合的研究。网络思想政治教育的载体研究是目前研究的热点之一。以“新媒体”为主题在CNKI知网搜索收录论文，涉及“思想政治教育”的论文有1139篇，涉及“微博”的有1621篇，涉及“短视频”的有34篇，涉及“微信”及“微信公众平台”的有419篇。网络思想政治教育研究紧跟互联网时代发展的前沿趋势，关注现实中的重大问题，回应互联网时代对思想政治教育提出的新需求。网络空间治理研究主要是网络思想政治教育研究者主动回应时代，对于如何营造风清气正的网络空间的一种理论探索，包括网络话语权、网络意识形态领导权的研究以及网络舆论和网络舆情研究等内容。如何在互联网时代把握网络意识形态的领导权、加强舆论引导是网络思想政治教育的重点研究内容。网络思想政治教育的过程研究主要集中在如何利用网络及其衍生物对思想政治教育接受者进行思想政治教育，使其形成符合新时代社会要求的政治思想和道德水平，包括网络技术进思想政治教育课的研究，高校校园网站建设研究，利用微信、微博等新媒体平台进行的思想政治教育活动，利用短视频等新形式进行的思想政治教育实践过程。

三、网络思想政治教育研究学科化的演进趋向

（一）坚持马克思主义理论为导向，加强基础理论研究，推动研究的体系化和纵深化，推进理论与实践相结合，培育网络思想政治教育研究队伍和人才，提升网络思想政治教育的吸引力和影响力

坚持马克思主义理论的指导是网络思想政治教育研究学科化的前提和根本保证，思想政治教育作为马克思主义理论下的二级学科，其深厚的马克思主义理论基础是其学科特色和发展基础。网络思想政治教育研究作为思想政治教育的研究领域，其在向学科化发展的过程中，应当坚守马克思主义这一理论前提。网络思想政治教育目前存在着研究表面化和基础理论研究薄弱的问题。网络思想政治教育研究应该积极向网络思想政治基础理论研究发力，尤其是加强对于网络社会中人的思想道德形成和发展基本规律这一网络思想政治教育领域的特殊矛盾的研究，同时对于网络思想政治教育的原理、目标、价值、内容、功能等方面加强本质性和根本性的基础理论研究。网络思想政治教育研究机构的增加和研究队伍的壮大是网络思想政治教育进一步深化研究和学科化的动力，研究队伍不仅包括高校及各研究

机构中对于网络思想政治教育的研究者,也应当包括实际从事网络思想政治教育的实践者。理论与实践的结合是网络思想政治教育学科化发展的动力,也是网络思想政治教育的特色。网络思想政治教育本身的应用性倾向使网络思想政治教育研究有学科化的可能。网络思想政治教育研究应当建立自身特色,抓住网络思想政治教育应用性强的特点,进一步加强实证研究,推进网络思想政治教育研究学科化。在新时代条件下,要将习近平新时代中国特色社会主义思想作为指导思想和核心内容,解决因网络开放所带来的社会思潮的冲击、网络舆论的混乱、人们思想的动荡问题,充分彰显网络思想政治教育的应用性价值,回应时代需求。

（二）以回应重大现实问题为己任,张扬学术思维,在“经世致用”中推进网络思想政治教育学科的建立

网络思想政治教育处在发展的最好时期,因为现代人所面临的最大现实就是“互联网+”一切的人类生活。坚持问题意识是网络思想政治教育研究的发展动力。随着互联网的进一步发展,网络思想政治教育从思想政治教育的领域研究向网络思想政治教育学科迈进是历史所趋。历经 30 年的发展,网络思想政治教育仍然是思想政治教育研究的前沿领域之一,网络思想政治教育研究随着网络社会的形成也在逐步成长起来。目前,我国的网络思想政治教育研究具备了一些学科化的基础,对于网络思想政治教育研究而言,对于网络思想政治教育领域的特殊矛盾有了一定程度的共识,形成了一批理论与实际相结合的研究成果,吸引了一批网络思想政治教育研究人才。但是,目前网络思想政治教育离学科化仍有一定的距离,对于学科特有矛盾的科学认识、独特的学科话语体系的建立、学科研究范式与学科评价体系的研究尚在探索阶段。网络思想政治教育研究者应当以现有成果为基础,转化研究思维,将推进网络思想教育学科化为发展目标,推进研究的科学化和规范性,积累研究成果,做网络思想政治教育学科化发展的奠基人。

中国法理想与法律文化自信

杨秋生[①]

[摘 要]21世纪大国纷争,实力较量的本质在于文化的力量对比。中国法治现代化的历史进程,使中华族群自我法文化的解释成为一个现实问题,因为这关系到中国法律文化自信的实现。法律文化解释的意义在于,使法律在实现公平与正义的使命时,如何不断地焕发出非凡的精神和力量。对“情理法”文化精神这一法文化基因的全面文化解释是一个任重道远的历程。放弃这样一种努力,我们就会失去自我法文化的解释权和话语权,就是放弃中华族群的法律文化传统。与西方人的形式理性相比,中国人的“情理法”文化精神就是中华族群统合社会并借此了解社会结构及其变迁力量的伦理理性(实质理性或价值理性)。“情理法”文化精神的终极立场和方向,就是从中国传统的法道德原理出发,用符合中华族群民族特色的法思维来思考中国的现实问题,建构“道德人文型法治”模式,顺利实现以“良法善治”为表征的“和谐”法理想,坚定中国的现代法治自信和文化自信。

[关键词]法律文化解释权;“情理法”文化;法律文化自信

一、法治现代化的历史进程与法律文化自我解释权

法治是社会主义核心价值观社会层面的四个维度之一。法治,尤其是现代化法治图景,是中国百年来的憧憬。晚近40年来的社会变革使这一图景越来越清晰,但是还将有一段路要走。

---

① 杨秋生,辽宁工程技术大学马克思主义学院院长、教授。

法治的现代化一定基于现代化社会的现实“情境”。而当前中国社会的基本国情就是中国传统的城乡二元社会向现代工商城市社会转型,这种转型已经进行了40年,未来还有一段路要走。和谐的现代化法治社会图景的展现需要一个过程,这就是当代中国最重要最现实的社会“情境”。

面对中国转型变革下“法治秩序的解组与重构”,朱苏力教授提出,中国当前最重要最核心的问题,就是中国的法治所面对的中国社会最大的现实,即现代工商社会的建设历程。百年来中国法律生活的背景是中国社会的现代化追求与法的现代化。这涉及当前的中国处在现代化的什么阶段,何时实现现代化,中国现代化的历史进程与世界现代化的历史进程的时间和空间关系如何。这就决定了中国的法文化的现代化问题。

一直存在着一种争论,那就是西方现代化与后现代化的法律思维模式,到底应该在多大程度上影响中国法律文化的现代化。其实这是一个并不难以理解的问题。

关于现代化,一个是西方现代化,一个是中国的现代化。中国的现代化,又包括近代中国的现代化和当代中国的现代化。

西方社会的现代化最先是指欧美国家的西方化,也曾经称之为欧化、美国化。简而言之,就是指17世纪到21世纪的300多年间,欧美各国或者说西方各国,经济上由农耕文明向工业文明转化,伴随着资产阶级革命的胜利、民族国家的形成、宪政民主的实现体现出来的社会和文化的变迁历史过程。

伴随着这个社会和文化的变迁历史过程,西方形成了独特的法文化精神,或者就叫西方法意。西方的法文化精神,总体大旨无非就是建立在工业文明和商品经济基础上的,从商事习惯中演变出来,从保护个人权利出发,追求社会正义秩序与存在状态——当然也是为了分配经济利益而形成了西方特有的宪政,并在此基础上形成了西方特有的法意。那是西方人生的凝结。西方法的现代化大约经历了300年,所谓前现代、现代和后现代。

西方的这种法文化精神,既然是随着工业文明和商品经济的发展而生长,那就必然要摒弃奥古斯都和托马斯·莫尔的上帝法律思维,出现了神俗分离,转而汲取古希腊、古罗马的法律制度和法律文化精神为现代工业文明和商品经济服务。300年间欧美各国国力上升,互相进行资源争夺,共同掠夺世界范围内的财富,为我们展现了一幅血腥的但又似乎是美丽的图画。笔者认为,这就是西方法的现代化的历史进程。

许多学者口中的西方的后现代化,无非是近100年来,西方各国如何应付在工业文明达到兴奋点之后的经济停滞带来的困扰和纷繁复杂的社会现象。西方现代化法理和后现代法理的追问就是在这个背景上产生的。需要强调的是,这和中国无关。因此,完全没有必要在学术领域探讨后现代化的法治中国,因为那个时代还没有来到。现在就探讨后现代化的法治中国,是荒谬的。

中国的现代化首先是近代中国的现代化,向前可以追溯到鸦片战争对中国的政治文化的冲击,具体说从洋务运动开始,中国开始试图走上现代化进程。但是经济现代化以政治完全独立为前提。从清末一直到中华人民共和国诞生,中华民族其实一直在为一个伟大的目标而努力,那就是政治独立。19世纪40年代到20世纪40年代,中华民族用了100多年终于实现了政治完全独立这一目标。但是近代中国的社会结构被撕裂之后,实现经济的现代化是一个艰难困苦的历程。那么文化的现代化,尤其是法文化的现代化当然也需要一个过程。清末的变法修律,就是如此。

但是晚近40年来的社会事实,是中国社会结构发生了从“差序格局”到“多元格局”的变化。中国的社会结构发生了变化,说白了就是现代社会与传统社会并存。当代中国的现代化生活已经展现在我们眼前。现代工商社会的建设历程,就是由不发达的工业化与农业化的结合体,向现代工商城市社会转化的社会现实。围绕着这一现实来探讨法治中国,就是当今中国的真命题,就是中国人所处的“情境”。

现代城市人口和农村人口、现代城市农村人口、现代农村城市人口交叉并存,现代城市生活与农村生活多维存在,思维方式、生活方式、法律意识多维存在。2019年,1亿非户籍人口在城市落户被认为是全面推行新型城镇化的一个重要标志。在未来的20年里,还将有3亿人进入城市。中国的农民需要发展和就业的机会,需要新的知识和技能,需要教育和培训,需要对现代社会法律制度的认知和遵守。在这种社会变迁和文化变迁的过程中,中国的农民、新的城市人口和原本的城市人口面临的社会危险和风险,最重要的就是人身安全和财产安全的问题。徐玉玉事件就是一次折射,信息化使这一切风险被进一步放大化。新问题不断出现,朱苏力教授甚至提到了“颜值”所涉及的一系列法律问题。朱苏力教授以京津冀协调治理雾霾问题为例,认为法治一定要平衡社会各阶层的利益,要周到和缜密,因为很多法律人相信自己代表的是全社会的利益，其实他们所代表的可能仅仅是某个群体的利益。如果没有利益补偿机制，那么京津冀雾霾问题如何解决？

中国法的现代化历程就是自近代以来中国人法律精神生活样态的变迁史。

100多年来，伴随着“西法东渐”，西方法律文化不断冲击着中国的社会结构，中国固有的法律文化传统被割裂。因此，中西法律文化的冲突在所难免。这种冲突，从根本上说，是在生产方式或物质资料生活方式上，中国小农经济的解体，导致一直适用于这种小农经济的宗法制社会组织形式发生变化，从而最终导致中国人特有的精神生活样态发生了变化。

近代以来，在小农经济受到冲击、社会结构发生撕裂、人的精神状态受到波及的阶段，“西法东渐”开始。唐德刚先生的《晚清七十年》深刻描述了自鸦片战争至中华人民共和国成立之前，中国传统的农耕社会是怎样一步一步沦落为半殖民地半封建社会的。内忧外患迫使清政府采取多种手段企图保持一种君主专制的政体，从而保持民族国家的统一。大清立宪，又称为“立宪运动”，就是清政府继自强运动（即洋务运动，1861—1894年）、维新运动（1895—1898年）之后推动的第三次大型改革，时间跨度从1905年至1911年，目的是通过自上而下的政治体制改革，使大清帝国成为君主立宪政体的国家。当然，这没有成为现实。虽然辛亥革命胜利后，中国确立了共和政体，但是民族国家的统一没有最终实现，社会结构撕裂，法治处于梦魇阶段。

新中国成立至改革开放之前，由于经济社会结构中小农经济被公有制经济完全代替，社会结构政治固化，中国的社会结构因城乡二元结构出现了板块化，中国法学体系整体上照搬照抄了苏俄的法律框架，传统法文化观念被搁置。这时候个体的人，在政治上是平等的，在经济上似乎也是赤裸的平等的。随着国家政治的独立，每个个体在精神上也是平等的、自由的——虽然人们可供支配的个人消费品少得可怜，没有经济上的利益冲突。由于文化的匮乏，也就没有思维上的多元化，中国传统的法文化精神完全被政法一体的体制淹没了。

改革开放以来，中国的社会结构发生了巨大的变化。小农经济形态转化为市场经济形态，社会结构颠覆重组，发生了从“差序格局”到“多元格局”的变化，说穿了就是现代社会与传统社会并存。传统法文化观念与市场经济社会正处于融合重组碰撞阶段。如何树立法文化自信，用中国民族法文化精神思考和解决中国最大的现实问题和人生问题，走上一条现代法治之路，就成为学界一个需要重点思考的问题。

更重要的是，对法的内在理据的追问，涉及中国人自我法文化的解释权问题。张中秋教授强调尤其要寻求哪怕是零碎甚至是点点滴滴的资源，这对思考中国在社会转型时期建立一个怎样的法治社会有切实的意义。他同时强调，如果放弃了这样一种努力，我们就要失去对自我文化的解释权，中国就将成为一个没有自己法律传统和法理之根的国家。这直接关联到中国的法律文化自信。

相比西方的认知理性来说，我们似乎可以称中国人的情理法思维为情感理性。日本学者滋贺秀三这样描述中国人的情理法思维习惯："所谓'情理'，正确说应该就是中国型的正义衡平感觉。"①"情理"或游弋在法律之空隙，或覆盖法律之上，或给法律留有冰山一角。这就是传统中国情感理性的特点，这就是中国"法的内在理据"，也可以这样说，"情理"就是中国特色的"法理"。

也许，西方的形式理性对于解决外部纠纷是十分有效的，但是要从对心灵秩序的柔性抚慰来说，它却远远不如中国传统的法律文化孕育的伦理理性（实质理性）来得实在和温暖。

二、"情理法"文化精神是中国法律文化自信的密码

一个族群的法律文化自信源于本族群的法律文化自我解释。梁治平教授在《法律的文化解释》一文中提到，梁漱溟先生在《东西文化及其哲学》一书中把"文化"定义为"民族生活的样法"，而所谓"生活"则归于"没尽的意欲（will）"及其不断的满足与不满足。梁漱溟先生认为，了解文化源头上的"意欲"遂成为文化研究的关键。②梁治平教授认为，"意欲"是一个民族的主观偏好，它实际上是那种与露丝·本尼迪克特③所谓的"文化选择"相近的东西。④由此可以推断出，法律的文化精神，就是一个族群"法律生活的样法"，或者说是"法律文化模式的选择"。

---

① ［日］滋贺秀三等著，王亚新、梁治平编：《明清时期的民事审判与民间契约》，法律出版社1998年版，第13—14页。

② 梁漱溟：《东西文化及其哲学》，商务印书馆1987年版，第24页。

③ 露丝·本尼迪克特是美国当代著名文化人类学家，她的《文化模式》表述了其对文化相对主义、文化整合方面的思考，在西方文化界中的影响极为深刻。

④ 梁治平：《法律的文化解释》，载梁治平：《法律史的世界——梁治平自选集》，广州师范大学出版社2013年版，第182页。

这种“法律生活的样法”,对于一个族群来说,包括在法律活动中共享的心理态度和行为反应,与法律最密切关联的生活和行为的样式,还有这个族群的法律价值理念。对一个族群来说,这就是自身的法律文化自我解释。每个族群都有这个自我解释权,并且由此产生深深的民族法律文化自信。

对于中华族群来说,“情理法”文化精神,就是本民族法律文化自信的密码。一是中华族群在法活动过程中共享的心理态度和行为反应的规律和特征,表现为一切法律活动皆是基于传统差序格局的社会“情境”而作出的行动选择;二是中华族群与法律最密切关联的生活或行为的样式或模式,就是把情理法作为“支配性的法观念”或作为本族群的文化性状;三是“情理法”文化精神体现了中华族群在法律活动中形成了相对稳定的两个法律价值理念——“法本人情”和“情法两平”。“法本人情”是指法本于人情而立,当然这里的人情指的就是国情、民情;“情法两平”是指法律的实施需有“情”的照顾方为圆满,即所谓“情法两得”“情法两平”“情法兼到”。这是司法者追求的最高的圆满境界。

千百年来,“情”和“理”一直是中国人理解法律的基础。生物的性状作为生物体的特征千百万年来不会发生非常明显的变化,那是因为 DNA 上的生物基因控制了生物性状的基本规律和特征。法文化性状也是如此,一个族群的法文化基因不同,决定了它的法文化性状不同。

人类经历了千百万年的进化,在这个流变的世界里,仿佛什么都在不断地改变。但是,根据生物学家的研究,一直不变的是生物的遗传基因。性状是指生物体的根本性品格和显著特征,比如说狗会咬人,这是行为方式特征;人种分为黄色、白色、黑色和棕色,当然也可能还有绿色,这是形态结构的特征;俄罗斯人要比印度人更能抵抗寒冷,这是生理特征。以上这些性状经过几万年会不会发生变化?我们目前还不能有确定的答案。但是几千年来没有太大的变化是可以肯定的。为什么没有太大的变化呢?因为生物的性状一般是由 DNA 上的基因控制的。“现代遗传学之父”孟德尔通过豌豆实验,发现了分离规律和自由组合规律,这是 DNA 上的生物基因控制生物性状的基本规律和特征。

同样的道理,在一个大一统的多民族国家,可能人们的物质资料的生活方式和社会组织形式会随着时代的变迁发生巨大的改变,唯有文化遗传基因,经历了多少百转千回,也很难有质的变化,这是一个非常奇特的现象。中国法律文化遗传基因的核心就是情理法观念,对于中华族群来说,它不会随着时间的变化遽然发生质的变化。时至今日，情理仍然是中国人理解法律的基础。但它经历了一个曲折的产生、发展、成熟、割裂、有待复兴的演变过程。伴随着中国现代化的历程，情理法作为中国传统法文化意识形态，正在走向法文化精神复兴的路上。

对“情理法”观念关注较早的是范忠信教授，使“情理法”观念最早集中呈现在大众视野中的是《情理法与中国人》这本著作。范忠信教授在《情理法与中国人》中的最大的贡献，就是指出了中国人的法观念是一个复合的、多元的观念体系。一说到法，中国人很自然地把它看成“法上之法”(“天理”“礼”)、“法中之法”(律条、律例)、“法外之法”(伦常之情、人之常情)的总和。[①] 在中国这样一个没有国教的国度里，儒家学说使人们建立起系统而完善的信仰和价值观，这种信仰和价值观使人们摆脱了极端功利和庸俗的心灵境界。这些信仰和价值观没有法律的威严外表，但却无所不在地约束着人们，并且自人们的幼年起，就开始不知不觉地被输入人们的头脑之中，成为人们自发的习惯，甚至成为人们性情的一部分。这就是古代中国人的法观念，而在这一系列法观念中占支配地位的观念，就是天理国法人情为一体的“情理法”观念。

“法上之法”——天理是弥漫于整个宇宙的支配法则，它代表了古代中国人对公平、正义的理解，体现了人们积极向善的价值追求，是与西方“自然法”理念相通的范畴，制约着世界各个角落的所有自然人。

天理在中国传统法律文化观念结构中处于最高位阶，成为中国传统法律文化观念的源本性范畴。笔者认为，法文化的传承与转化，是人类法律理性之光延续不衰的秘诀，而法律文化观念结构的支配性范畴支撑着它的合理存在。据此，笔者大胆认为，“天理”即中国自然法之最高准则，这也正与范忠信教授所说的天理乃“法上之法”相吻合。如果说自然法是西方法治思想的基石，那么，天理观就是中国法治思想的基石。笔者在这里梳理从天理、伦理、原理到法理的演绎，是因为本文是在法治视野下来探讨“理”。其基本思维进入就是天理即人伦，天理即伦理，伦理即传统社会之原理(政治法律预设)，也就是当时之法理。是故当今社会之原理(政治法律预设)，自然也即当今之法理。在中国古代传统社会中，这种“原理”就体现为“名教伦理”，也称为“伦理纲常”。循此原理，可梳理出当时社会法律生活中的人身关系和财产关系的裁判准则。

---

① 范忠信、郑定、詹学农：《情理法与中国人》，北京大学出版社 2011 年版，第 10 页。

"定理"就是某一特定国家根据这个国家的法的来源或者说出于本国本土法律实践的经验而确定的"理",常常表现和被理解为"常理"。之所以说是从本国法的来源和本国本土法律实践经验的角度考察,是因为每个国家政治和法律产生的主要实践经验千差万别,各自具有不同的特征。

"公理"就是"公共之理",常常表现和被理解为"常识"。从保证政治结构稳定性的角度来看,就是为保证国家政治和法律上层建筑良性运转,国家在上述确定了的国家政治法律的基本"原理"和根据族群自身实际和本土经验而厘定的"定理"的基础之上,总结出来并确立的符合这一族群"公共意识"的"理",它具有最高效力。比如汉代王充在《论衡·答佞》指出:"故曰:刑故无小,宥过无大。圣君原心省意,故诛故贳误。""诛故贳误"就成为那个时候国家法理学意义上符合公共意识的"公理"。

"法中之法"源于习惯法。范忠信教授认为,任何一个比较稳定的族群,从开始共同生活之时起,就一定会有相应的行为规则。而这种行为规则最初当然是基于血缘纽带。伴随着族群的变大、变迁、变异,血缘纽带逐渐变得模糊,观念上拟制的血缘纽带开始成为族群共同体的行为依据的时候,这个共同体的行为规则、惯例或者习惯就开始产生了,这就规定了什么可以做、什么不可以做,什么时候做什么、什么时候不做什么。当为了维护这个族群的正常的生活秩序而规定了一系列规则的时候,习惯法就出现了。范忠信教授说:"法律是文明之光,只要有人类文明社会生活存在,就很难想象没有法律。"① 而关于法律的意识、观点和思想,就是人类烙印在头脑中的最初的但又是几乎永生难以改变的法观念。然而,在这个星球上,不同的地区、不同的国家、不同的族群、不同的民族,由于自然人文地理环境的不同和进化中的差异,有不同的文化基因,这就导致各个族群有不同的法观念。这一点是毋庸置疑的。

"法外之法"是指人之常情。笔者对"情"的事实描述,主要是借鉴了汪习根教授描述"情"的面相的提法。但笔者将"情"划分为主观方面和客观方面,又与汪习根教授的理解不尽相同,是借鉴了台湾学者林端教授的提法。

情的客观方面,可以称之为"情境"。"情境"又分为广义和狭义概念。笔者认为,广义的"情境",应当包括国家之情境、社会之情境、民众之情境,也被称为"国

① 范忠信、郑定、詹学农:《情理法与中国人》,北京大学出版社 2011 年版,第 3 页。

情”“世情”“民情”；狭义的“情境”，当然就是我们常说的“案情”“情节”“情况”。

情的主观方面，包括私人意志和私人情感、公众意志和情感。私人意志和私人情感，就是通常所说的“人之私情”，基本上是摒弃不谈的。公众意志应当是我们经常用到的“常情”，与“常理”互通。我们经常接触到的是公众情感，其实这是一种“公众直觉”，这时不再称之为“国情”“世情”，而称之为“民情”。这里的“民情”指的是公众的情感，是基于某一种临时的、偶然的事件显现出来的情感，而作为客观方面的“民情”，是指某一段历史时期的民众的基本“情境”“境况”。不过这两种“民情”常常混用。

关于法与人情的关系，则“法不外乎人情”，也就是说法律必须体现人情，两者没有也不应该有矛盾之处。管子所主张的“令顺民心”就是此意。当然这里所说的“人情”指的就是“国情”“世情”“民情”。目前常常影响案件审判甚至从情的主观方面所涉及的“公众情感”，称为“舆论民情”。这个问题固然有非常积极的一面，但也极容易出现“道德绑架”，比如彭宇案中老人摔倒扶不扶的问题。最初舆论一边倒地认为，彭宇扶起来摔倒的老人反倒惹了麻烦，事实上，彭宇最后当庭承认，双方确有肢体的接触。

三、以民族法律文化精神为依归实现中国法理想

在当代中国，传统与现代的法律观念并存、生存与发展的权利的维护、人生秩序的安排等社会表象，就是当代中国的客观“民情”。在社会转型时期，必得用民族的“法意”（法文化精神），思考和解决中国的现实问题和中国人的人生问题，以实现事实、规则、法意的圆融，增强法治自信与法文化自信。

世界上每个族群都有自己关于理想社会秩序与正义的设计。钱穆先生说过："我们过去的失败，并不在于体力上、知识上、智慧上比外国人差，而是不知道怎样做一个当前的理想的中国人。"①

张中秋教授认为，法律之于人类最重要的使命是秩序与正义，东西方均为如此。但是不同的族群法思维习惯在形式上确实具有差异，西方人强调权利的平等，充分的平等，需要详细的、烦琐的规则来保障，这也许就是我们所理解的形式正义；

① 钱穆：《新亚遗铎》，生活·读书·新知三联书店 2005 年版，第 115 页。

中国人所强调的是个体与群体的和谐，而这个和谐之中自然也就包括了权利实现，当然实现这种和谐所需要的不仅是详细的规则和规则的遵守，同时更强调道德的自律。而最终，权利的平等与秩序的和谐一样，都同样能给人以幸福，当然这种和谐，西方主要依靠正义的法律来实现，中国凭借道德自律和法律补充来达到。①

俞荣根教授认为，在现代法治建设过程中，绝对不能全盘引进西方的现代法律制度和价值体系，也不能彻底否定中国古老的法律传统。其实，关于法律移植可不可能的争论由来已久。孟德斯鸠曾说过："为某一国人民而制定的法律，应该是非常适合于该国的人民的；所以如果一个国家的法律竟能适合于另外一个国家的话，那只是非常凑巧的事。"②俞荣根教授认为，虽然法律制度可以移植，但蕴含于制定法和习惯法之中的法的价值、法的精神，还有全社会性、全民族性的法行为、法思维、法心理，是绝对难以从别的国家全盘继受而来的。中国的法治在很长的时间里必须把社会的安全和秩序摆在非常重要的地位来进行关注，而且中国气派和中国特色要体现法的民族性和本土化。俞荣根教授同时指出，"天理国法人情整合为治"就是中国的法治传统。

笔者认为，近代以来，虽然中国法治已经脱离名教色彩，当然也不再是君主主义工具型法治，但是，在走向法治现代化过程中，"天理国法人情整合为治"的民族法律文化精神，却从来没有停止过发挥作用，并且早已深入中国人的骨髓中。

张晋藩先生认为，清末变法之后，近代中国的法律制度经由日本选择了西方化的一条路径，名教伦理被束之高阁，西方实证主义法学渐入人心，但是后来的法律制度与中国的社会事实出现了许多不适应，并且几乎在同时，在西方本土，也并不是说法律生活就尽善尽美。海外学者余英时观察到："在现实世界中我们找不到任何一个具体的西方现代生活十全十美、足供借镜的（例子）。"③

季羡林先生说得好："西方形而上学的分析已快走到尽头，而东方的寻求整体的综合必将取而代之。"④这也许就是中国人经常所说的"三十年河东，三十年河西"吧。

---

① 钱穆：《新亚遗铎》，生活·读书·新知三联书店 2005 年版，第 64 页。

② ［法］孟德斯鸠：《论法的精神》（上），张雁深译，商务印书馆 1961 年版，第 6 页。

③ 余英时：《中国思想传统的现代诠释》，江苏人民出版社 2003 年版，第 30 页。

④ 季羡林：《21 世纪：东方文化的时代》，载季羡林：《阅世心语》，陕西师范大学出版社 2007 年版，第 107 页。

笔者认为，按照几位教授的思维展开，法治的内容在于高度重视社会的安全和秩序，法治的形式在于必须有中国气派和中国特色。在实现法治现代化的路上，“情理法”观作为中国传统的法意识，作为中华民族本土资源，其现代转化是一个必然趋势，最终走向必然是情理法理融合生长。那么，未来中国法治实现的图景，就将是整合天理人情入法，即“揆情（理）入法”，建构“道德人文型”法治模式，实现“和谐”法理想。笔者认为，还是采取张文显教授和张中秋教授的观点，建构“道德人文型”法治模式，实现以“良法善治”为表征的“和谐”法理想更为恰当。

张中秋教授认为，近代以来中国法治最显著的变化是放弃了中华法系宗法血缘性的名教伦理，转而进行对法的独立性与权威性的追求，这当然是历史性的进步。但他同时指出，接受实证主义法律观不应该放弃中国的道德人文法文化精神。道德人文是传统中国法的精神和文化本质所在。道德人文是以道德为核心的一种文化类型。①

中国法的人文性表现在“人为称首”上，这与西方的“以人为本”有异曲同工之妙。在中国传统观念中，人与万物共生，是万物之灵，所以人为贵。这个思想不仅是中国文化的精髓，也是传统中国法文化的精神特质。

中国法的道德性表现在它“德礼为本”上。《唐律疏议》在开篇《名例》中也说：“德礼为政教之本。”②道德原理是从中国人的有机宇宙观出发的。中华族群对世界的看法，首先是生，然后是生而有序。生而有序又分为等秩序和差秩序，但无论是等序还是差序，都是事物固有的。③

在“人为称首”的思想指导下的重生与讲礼的对立统一，乃是传统中国法的存在之“理”。④

道德人文精神的内核概念就是从重生与讲礼中演化出来的“万物有序”与“生生不息”的自然之“理”。

笔者认为，“万物有序”与“生生不息”的自然之“理”正为中国本土法治资源“情理”。重生，即所谓“生生不息”者，正是中国社会转型过程中，中国人的人生问题，也就是中国最大的“民情”之所欲；讲礼，即所谓“万物有序”者，正是中国人

① 张中秋：《传统中国法的精神及其哲学》，《中国法学》2014 年第 2 期。

② 岳纯之点校：《唐律疏议》，上海古籍出版社 2013 年版，第 3 页。

③ 张中秋：《传统中国法的精神及其哲学》，《中国法学》2014 年第 2 期。

④ 同上。

的人生问题的“合理安排方式”之所求。达成了此“民情”之所欲和理之所求，就是达成了中国法治的“合情合理”的理想状态，最终呈现的法治图景为“和谐”秩序，而这“和谐”之秩序的表征就是良法与善治，这就是中国的法理想。

中国的“合情合理”与西方的“平等”道不同而理同，西方以平等为原则，中国以合理为原则。

“和谐”是中国法的理想和终极目标。这种有差别的和谐就是公平正义。因为它合理，所以亦是理想的。

张文显教授认为，从人类社会的公共治理模式的角度来看，中国经历过两次革命，从人治到法治当然是第一次，这也是西法东渐以来我们理论上争论的焦点。但是张文显教授指出，当代的中国正在经历着第二次革命，那就是从工具主义的以法而治和依法而治，正在向以良法善治为表征的和谐法治迈进。①

张文显教授提出，“和谐”就是当代中国法治的理想和终极目标。和谐是至高至善的原则，是法的人类精神。张文显教授从美学本源、哲学基础和社会理念三个层面思考了和谐的内蕴，尤其是在社会理念层面认为和谐是高级的、文明的社会生活方式和生存方式，并且非常有利于把握和支持结构性社会平衡，从而达到安排中国人的人生秩序的目标。

和谐理想催生良法善治，故良法善治是和谐法治的表征，也就是要让法律止于至善，让社会臻于至善。为此，张文显教授提出，法律要做到“三个善待”。善待个人就是要充分地保障个人的权利和人权，尤其要善待弱势群体。冯书泉教授认为，当代中国的弱势群体主体主要包括下岗失业人员、“体制外的人”、进城的农民工、较早退休的“体制内人员”、收入较低的贫困农民、失地农民等。② 善待社会，就是坚持平等关怀与尊重原则、增量改革原则、公平的机会均等原则、统筹兼顾原则、政府中立原则，公正合理地调整利益关系，实现社会公正，“使富者足以示贵而不至于骄，贫者足以养生而不至于忧。以此为度而调均之，是以财不匮而上下相安，故易治也”③。善待自然，就是要确立天人合一的世界观，并且把伦理观从人与人的关系扩大到人与自然的关系上，同时建立健全人与自然和谐相处的法律机制。

---

① 张文显：《和谐精神的导入与中国法治的转型——从依法而治到良法善治》，《吉林大学社会科学学报》2010 年第 3 期。

② 冯书泉：《构建和谐社会必须关注弱势群体》，《人民论坛》2005 年 2 期。

③ 张世亮、钟肇鹏、周桂钿译注：《春秋繁露》，中华书局 2012 年版，第 284 页。

笔者认为,以良法善治为表征的和谐法理想设计,正是基于现代社会建设中传统与现代法律观念并存、人的生存与发展的权利如何维护、人生秩序如何安排等种种社会现实这一最重要的“民情”展开,“三个善待”尤其需要做到善待弱势群体,要站在法的价值高度上来思考中国的现实问题,思考中国人的人生问题,充分考虑中国的“公意情感”。诸多的法律纠纷,从许霆案到辱母杀人案,无不折射着当代中国的现实法律生活。善待个人、善待社会、善待自然,正是从“合理”的角度来解决中国问题,安排中国人的人生秩序,实现法治自信的充分体现。这是传统中国法文化在当代法学思想中的光辉。

大学生价值观自信的培育途径探析①

江传月　郑康洁②

[摘　要]在大学生中培育价值观自信要采取多种途径。要优化舆论环境，包括坚持对网络的引领、加强校园文化建设、注重形象塑造。要融入思想政治理论课教学，即教师要澄清学生的价值困惑，教学内容要突出价值观自信培育。要通过提升自我教育来实现，具体说就是在学习中提高认知、在批判中坚定立场、在实践中养成习惯。

[关键词]大学生；价值观自信；培育；途径

2014年2月24日，习近平总书记在主持十八届中央政治局第十三次集体学习时提出要“增强文化自信和价值观自信”③。2016年“七一”讲话中，习近平总书记指出“文化自信，是更基础、更广泛、更深厚的自信”④，使之成为中国特色社会主义的“第四个自信”。2017年4月，中共中央、国务院印发了《中长期青年发展规划（2016—2025年）》，指出要“引导青年传承弘扬中华优秀传统文化，增强文化自信和价值观自信”⑤。文化自信的核心和灵魂在于价值观自信。因此，探索在大学生中培育价值观自信的途径，有重要意义。

---

①　本文系广东省高校重大科研项目特色创新类项目“培育和践行社会主义核心价值观融入大学生思想政治教育研究”（项目编号：2016GXJK053）的阶段性成果。

②　江传月，广东财经大学马克思主义学院教授；郑康洁，广东财政大学马克思主义学院硕士研究生。

③　习近平：《习近平谈治国理政》第1卷，外文出版社2018年版，第164页。

④　习近平：《习近平谈治国理政》第2卷，外文出版社2017年版，第36页。

⑤　《中共中央国务院印发〈中长期青年发展规划（2016—2025年）〉》，《人民日报》2017年4月14日。

一、优化舆论环境

当前世界已经进入新媒体时代,高校必须加强社会主义核心价值观的宣传,优化舆论环境。

(一)坚持对网络的引领

互联网技术的广泛应用建构了一个虚拟社会环境,对大学生的学习、思想产生了重要影响。为此,高校要坚持以正确的价值指引,为大学生营造一个开放有序、风清气正的网络虚拟空间。

一是要坚持对网络舆论的价值引领。在移动物联网和社交媒体被广泛运用的时代,每一个社会焦点问题都有可能引发网民的普遍关注,形成对社会事务产生影响的舆论,近些年来还出现一些为博取眼球、吸引关注而擅自炒作的舆论案件。无论是偶发形成的还是有意为之的,如果一次次的公共舆论危机没有得到消解,就会使大学生产生对政府和社会的负面认识,或对人生价值感到迷茫,从而影响社会主义核心价值观自信。因而需要高校加大力度予以引领,在预防、研判、应急、反馈等过程都做好有效引导,注重引导的时效度,发挥舆论引导的正向作用。

二是要坚持对网络文艺的价值引领,用大学生喜闻乐见的网络文艺产品占领网络阵地,取缔和打击各种低俗、庸俗、媚俗的网络文艺作品,弘扬真善美,贬斥假恶丑。

(二)加强校园文化建设

学校要通过学校广播台、电台、校园宣传栏、校报、学生社团活动、学生辩论活动等方式以新闻、故事、诗歌、快板等多种形式进行校园文化建设。要充分利用网络宣传社会主义核心价值观,比如在学校信息门户上发布时政新闻、学校新闻,展示学校新风新貌等,引导学校舆论方向。要发挥学校论坛这个宣传阵地的作用。学校论坛是一个综合性的平台,校园职场、创业沙龙、健康时尚、笑谈天下、校园文苑、心情美文、校园公益、活动组织、考试杂谈、英语专区、考研论坛、高考论坛、校园休闲、动感影音、游戏动漫、美食旅游等栏目应有尽有,是全校老师和学生交流讨论新人新事新动向新思想的地方,应有专人管理并进行舆论引导和价值观渗透。另外,微博、微信是新发展起来的并得到广泛运用的不可忽视的大众传媒方式,大学生几乎人人都有自己的微博和微信。学校要利用好官方微博和微信公众号,加强社会主义核心价值观的宣传，并吸引学生关注官方微博和微信公众号，实现社会主义核心价值观的培育。

（三）注重形象塑造

形象塑造是指通过外表、理念、价值观和文化精神等的塑造，有计划地进行传播，使大众了解和认同该形象。现在，形象塑造已经成为争取公众认可的重要宣传手段，如品牌代理人、企业形象大使、形象代言人、品牌大使等。有时在重要活动中为了达到宣传和推广的目的，某些活动也会推出自己的形象代表，如城市形象大使、环保形象大使、公益形象大使等。

良好的形象对大学生而言本身就代表着一种动力，是一种无声的召唤，具有强大的吸引力和巨大的凝聚力。高校可以开展各种活动，从多个角度以社会主义核心价值观为中心成功塑造良好的大学生形象。比如可以评“感动 ××× 十大人物”“微时代十佳人物”。学校还可以以社会主义价值观为核心，以各方面成绩和先进事迹为依托，结合大学生综合素质评选大学形象大使、毕业形象大使或优秀毕业生、感动校园十大人物、大学年度人物等活动，成功推出良好的大学生形象。塑造形象后，在校园广而告之，并在活动中与广大学生互动，得到大学生的喜欢、认同，并鼓励他们采取相似的行为。

二、融入思想政治理论课教学

高校思想政治理论课是大学生思想政治教育的主渠道，也是培育价值观自信的主渠道。要根据五门思想政治理论课各自的内容和特点，将社会主义核心价值观有机地融入教学中，推进社会主义核心价值观进教材、进课堂、进学生头脑。

“基础”课主要是对大学生进行道德修养和法律基础等方面的教育，教学内容与社会主义核心价值观的联系最为明显、直接。4 门主干思想政治理论课中，“基础”课应该承担最主要的任务，因为在“基础”课 2018 年最新版教材目录中，“社会主义核心价值观”就出现了 6 次，全书正文出现了 77 次，第四章的标题就是“践行社会主义核心价值观”，整章就讲社会主义核心价值观。另外，社会主义核心价值观表达了中华民族共同的价值理想，这与第二章“理想信念”的章节相关；国家层面的“富强、民主、文明、和谐”的价值目标以及个人层面的“爱国”与第三章第二节“爱国主义及其时代价值”相关；社会层面的“自由、平等、公正、法治”与第五章“明大德守公德严私德”和第六章“尊法学法守法用法”相关；个人层面的“敬业、诚信、友善”与第五章第三节“遵守公民道德准则”相关。可以在这些章节结合道德与法律教育来讲解社会主义核心价值观的有关内容，在加强大学生道德教育、养成良好道德品质的同时，使他们认识到价值观自信有道德支撑和法律保障，从而增强对社会主义核心价值观的信心。

“概论”课是实施马克思主义中国化理论特别是21世纪中国的马克思主义的重要课程，社会主义核心价值观是马克思主义中国化理论成果的集中体现。教材第七章开始出现“社会主义核心价值观”，全书共出现了30次，第十章第三节第二目专门讲“培育和践行社会主义核心价值观”。要引导学生深刻理解社会主义核心价值观是我们党把马克思主义基本原理与新时期意识形态结合起来的理论创新成果。要培养大学生基于理论与实际的角度增强对社会主义核心价值观的自觉、自信，进而转化为投身于实现中华民族伟大复兴的社会实践的热情、信心和动力。

“原理”课是实施马克思主义基本原理教学的课程。“社会主义核心价值观”在第二章第二节第三目“真理与价值的辩证统一”中出现过4次。在教学中，应引导学生从总体上理解和把握马克思主义，阐发马克思主义的鲜明政治立场及其所具有的与时俱进的理论品质，在理论上打通大学生对马克思主义的基本认知阈限，进而使其在对马克思主义的合规律性与合目的性的理性认知的基础上，增加对社会主义核心价值观的信心。例如，在辩证唯物主义部分，要以辩证唯物的观点去分析各种价值观背后的现实基础。又如，在政治经济学部分，通过剩余价值的产生、流通与实现的深度剖析，让大学生明白资本主义制度下经济危机产生的必然性，强调社会主义代替资本主义的必然性，对社会主义的前途充满信心。在科学社会主义部分，要讲析“两个必然、两个决不会”的科学内涵，结合中国不断发展的实际，证明实现共产主义社会的必然性和可能性，说明从社会主义走向共产主义的道路的漫长曲折。要重点突出马克思主义指导思想中的自由观、平等观、公正观、法治观的教学内容，讲清楚马克思主义是社会主义核心价值观的理论源泉。

“纲要”课要向学生展示社会主义核心价值观深厚的历史沉淀和广阔的历史视野，从历史视角帮助学生理解党的十八大提出社会主义核心价值观的缘由。“社会主义核心价值观”在第十一章出现过5次。要注意运用历史材料向大学生阐释中华民族自近代以来探索救亡图存、追求国家富强的辛苦历程，通过对民族革命的历史讲解，使大学生不要简单地被“历史是任人打扮的小姑娘”的极端观点所误导,不被所谓的历史“考证”所迷惑,不被所谓的“民国热”所吸引,而要让大学生睁开双眼认识到近代西方价值对中国社会的渗透、影响和伤害,同时树立起对能够带领中国走向崛起的马克思主义的信心。要在红色革命的历史讲解中增强大学生对马克思主义中国化思想的理解、认同,明白我国选择社会主义道路的必然性,增强对中国道路的信心。在社会主义现代化建设史的讲解中,要以我国改革开放40多年来的成就等相关史实为依据,与大学生一同分享改革开放以来我国选择中国道路的成就体验,从而增强价值观自信。

“形势政策”课要通过课堂教学或专题报告等多种教学形式,让大学生了解国情、认清形势,加强社会主义核心价值观的教学,使大学生认同社会主义核心价值观,并树立坚定的自信。

三、提升自我教育

大学生价值观自信培育的过程,除了需要外部条件的支持,更要发挥自身的主观条件。

(一)在学习中提高认知

理性认知是主体对认识对象的基本内涵的深刻把握,是主体对对象产生自信的首要前提。

就学习内容而言,要把社会主义核心价值观的学习放到历史的坐标轴中,从它的萌芽、形成、发展、定型的历程去掌握其宏观全貌和微观构件,从而感受其历史悠久、绵延不绝的生命力和影响力,并理解其当代表现、现实意义。同时,要把社会主义核心价值观的学习放到当代国际国内多元价值观交流、交融、交锋的空间场域中,从社会主义核心价值观所处的国内外环境中去把握其面临的机遇和挑战,提高大学生对社会主义核心价值观优越性的认知。

就学习形式而言,一是组织理论学习。各高校一般都设有专家讲坛或讲座,大学生可以通过参加讲坛或讲座等方式,提高自身对社会主义核心价值观的思想性、理论性、权威性认知。另外,大学生还可以自己开办大学生讲坛,改“你讲我听”为“我们讲我们听”,加强大学生对价值观理解的主动性和积极性。例如,围绕党的十九大精神,组织沙龙、学习会或报告会一起学习近年来党和国家取得的历史成就,讲述自身对党的方针政策的体悟。又如,围绕国际热点问题,结合所需知识,从不同专业角度进行阐释。这样既可以使大学生加深对党和国家的方针政策理论的理解，也可以引导大学生反思，从而提高实效性。二是充分运用现代化手段进行学习。大部分高校都设有社会主义核心价值观专题教育网站，大学生可以通过上网浏览专题网站、论坛，在网站、论坛内就某一重大问题进行探讨，各抒己见，或请专家答疑解惑、澄清价值迷雾、增强价值自信。还可以利用多媒体学习相关知识。这样可以突破大学生学习的时空限制，逐渐增强其对社会主义核心价值观的自信。

（二）在批判中坚定立场

"辩证法不崇拜任何东西，按其本质来说，它是批判的和革命的。"① 要保持对社会主义核心价值观的自信，必须拿起批判的武器。所谓批判，就是澄清前提、划定界限。价值观具有多元特征，不同社会有不同的核心价值观，同一社会也有多种不同价值观并存。当前我国社会正处于急剧转型时期，传统的价值观尚未消解，而外来的价值观也在不断渗入，属于当代中国的社会主义核心价值观还需要经过一个长期的过程才能入脑入心。因此，培育大学生的社会主义价值观自信，就要让大学生学会运用唯物辩证法对包括传统价值观、当代西方普世价值观在内的多种价值观进行批判，既辨别这些观点的论据所引用的事实的真假，澄清事实；又揭穿其背后动机和价值倾向的错误之处，或与我国国情的相悖之处，从而与之划定界限。

第一，要批判对传统儒学价值观的极端崇拜。极端崇拜表现在学术研究上，有的学者主张"儒家红色化""中国共产党儒家化""以儒解马"，有的甚至主张全盘复兴中华传统文化；在商业活动上，一些打着"孝道""女德""中医"等旗号谋取利益的行为屡见不鲜；在教育活动，一些学校、家长不加选择的要求孩子"读经""学礼""习艺"等现象络绎不绝。对此，大学生必须明确：儒家价值观并不代表当代中国的全部价值观，更不代表当代中国社会的核心价值观；儒家价值观是传统农耕社会的产物，其不适应时代需要的因素不可否认；一些打着儒家价值观幌子的言论背后往往有政治、经济的目的。

第二，要批判对西方价值观的盲目崇拜。尽管中华民族迎来了从站起来、富起来到强起来的飞跃，社会主义核心价值观的科学性日益得以彰显，但仍然有一些国人对本民族文化感到自卑。例如，有人"言必称西方"，而对中华优秀传统文化置若罔闻；一些年轻人以过情人节、圣诞节、感恩节等西方节日为时尚，而以过元宵

① 《马克思恩格斯选集》第2卷，人民出版社2012年版，第94页。

节、端午节、中秋节等中国传统节日为“老土”；在一些城市建设中钟情于以“洋名字”命名住宅区、道路、学校。如果说这些是表层的，那么盲目批驳传统道德伦理、宣扬西方普世价值，则是对本民族文化的深层极度自卑。我们不否认西方文明的优秀成果，也不否定积极借鉴和吸收西方文明的态度和行动，但在西方价值观与中国价值观之间过分的厚此薄彼，一味匍匐在西方文明的脚下，不利于保持中华民族精神的独立性。

（三）在实践中养成习惯

只有立足于社会实践，人们才能“从他们进行生产和交换的经济关系中，获得自己的伦理观念”①。通过实践，大学生将其对价值观的自信外化为改造客观世界的行为，经过实践检验，从而巩固其对价值观的自信。因此，大学生要通过校内外实践，增强对社会主义核心价值观的体悟。

第一，在校内实践中提升价值观自信。一是在班会或各种社团活动中加强对社会主义核心价值观的学习、理解和运用。二是参加校园公益活动，做校园卫生志愿者、校园消防志愿者、植树护绿志愿者等，在与同学、团队为共同目标而奋斗中实现自我价值，以团队给予的信心和支持，增强自身价值观自信。

第二，在校外实践中提升价值观自信能力。一是通过社会调查了解和把握当前社会不同群体的价值取向，把握社会主流价值观，在调查中感受不同价值观的交流、交锋，通过比较分析，提高自身对社会主义核心价值观的自信。二是通过与社区、企事业单位对口服务，到偏远地区支农、支教等形式，了解地方民情、感受底层群众对美好生活的向往，从而增强自身的责任感和事业心。总之，走出社会，感受社会，在社会实践中才能更为深刻地强化价值观的信心和信念。

① 《马克思恩格斯选集》第3卷，人民出版社2012年版，第470页。

新中国公安思想政治工作的基本经验研究①

赵　颖②

[**摘　要**]新中国成立70多年来,公安思想政治工作围绕党和国家的中心任务和公安工作大局,在理论和实践上不断创新发展,积累了大量的经验,主要有:突出政治性——找准了紧密围绕党和国家的中心任务和公安工作大局开展工作的明确定位;突出战略性——始终掌握着公安思想政治工作的主导权;重视建章立制——增强公安思想政治工作的有效性和权威性;强调思想引导——有计划地部署并开展思想政治教育活动;坚持从优待警——解决思想问题与解决实际问题相结合;强调随警作战——开展战时思想政治工作。

[**关键词**]公安思想政治工作;经验

新中国成立70多年来,公安思想政治工作紧密围绕党和国家的中心任务和公安工作大局,在理论和实践上不断创新,以保证党的路线、方针和政策在公安工作中的贯彻落实,保证公安民警严格规范公正文明履行职责,保证公安机关人民警察的革命化、正规化、专业化、职业化建设。本文试图全面考察这一发展历程,总结多年积累的宝贵的工作经验。

---

① 本文系2019年中国人民公安大学基本科研业务费项目"公安院校思想政治工作质量分析与提升策略探讨"(项目编号:2019JKF512)的阶段性成果。

② 赵颖,中国人民公安大学马克思主义学院教授。

一、突出政治性——找准紧密围绕党和国家中心任务和公安工作大局开展工作的明确定位

公安思想政治工作以政治建设为着眼点，从政治上建设和掌握公安机关，突出政治性，通过一系列思想政治工作，引导民警增强“四个意识”，保持应有的政治定力；坚定“四个自信”，切实护航中国特色社会主义建设；做到“两个维护”，始终同党中央保持高度一致。这是新时代公安工作的基本要求。公安思想政治工作为了突出政治性，设立了专门机构，并严格依照中国共产党对公安工作的基本要求开展工作。

（一）设立党委领导下的政治工作专门机构，依照党的指示开展工作，努力实现党对公安工作的绝对领导

党和国家特别重视公安政治工作，公安部成立后不久就成立了专门的公安政治工作机构，安排专业人员开展工作。1949 年 11 月，中央人民政府政务院批准公安部成立人事局。大部分省、市、自治区先后设立了人事处 / 科。人事机构成立后就开始着手组建公安政治工作机构，使公安政治工作走上了正规化的道路。设立机构的重要依据是《关于建设公安部门政治工作的决议》（1952 年 10 月第五次全国公安会议通过），依据这一决议，各级公安部门一律设立了政治工作机关，配备了专职人员。此后，政治委员、教导员、指导员纷纷上岗开展工作。为了做好这项工作，公安部还专门印发了《公安派出所政治指导员暂行工作细则（试行草案）》（1962 年 11 月），其目的就是通过正规化的公安政治工作，保证党的绝对领导，保证党的方针政策得到切实贯彻，保证公安任务的顺利完成。

（二）明确了公安思想政治工作的组织管理及各级政工干部的职能定位

公安部特别重视公安思想政治工作的组织管理，强调要在同级党委领导和上级公安政工部门指导下开展工作，尤其是要形成以党委为核心，以政工部门为枢纽，以政工干部为骨干，以业务部门为依托，以基层党组织为基础的思想政治工作网络。《基层公安机关思想政治工作规范》（2011 年）还明确规定了政治委员、政治教导员、指导员在思想政治工作方面的主要职责。

（三）出台了公安工作和公安队伍建设的相关规定，为公安思想政治工作指明了方向

相关规定包括《中华人民共和国人民警察条例》（1957 年）、《关于公安人员

八大纪律十项注意的决议》(1958年)、《人民警察职业道德规范》(1994年制定，2011年修订)、《人民警察法》(1995年)、《公安机关人民警察内务条令》(2000年)、《公安机关人民警察奖励条令》(2003年制订，2015年修订)、《公安机关人民警察纪律条令》(2010年)《公安机关人民警察训练条令》(2001制订，2014修订)等。《中共中央关于加强公安工作的决定》(1991年)、《中共中央关于进一步加强和改进公安工作的决定》(2003年)和《中共中央关于加强新时代公安工作的意见》(2019年)确定了公安队伍建设的目标。2017年5月19日，习近平总书记提出“对党忠诚、服务人民、执法公正、纪律严明”的总要求，教育引导广大民警坚定理想信念，铸牢忠诚警魂，坚决维护习近平总书记党中央的核心、全党的核心地位，坚决维护以习近平同志为核心的党中央权威和集中统一领导。《中共中央关于加强新时代公安工作的意见》特别提出要建设“四个铁一般”公安铁军的发展目标，同时要求“把理想信念教育作为育警铸魂、固本培元的战略工程常抓不懈，坚持严在平时、管在日常，使全警真正养成知敬畏、存戒惧、守底线的高度自觉”。

明确工作的政治性，找准了自身定位，这是公安思想政治工作的首要经验。《全国公安机关思想政治工作规范》(2017年)明确指出：“公安思想政治工作是党在公安机关进行的理论武装、思想引导和教育管理工作，是增强公安队伍创造力、凝聚力、战斗力的重要支撑，是实现党对公安工作绝对领导的重要保证，是公安工作和公安队伍建设的生命线。”

二、突出战略性——始终掌握公安思想政治工作的主导权

新中国成立以来，公安机关从公安工作和队伍建设的全局出发，高位运筹，坚持不懈地加强和改进思想政治工作，为各项公安工作的开展提供了思想动力、精神支柱和政治保证。

(一)通过了关于公安政治工作的专门决议，突出工作的战略性

《关于建设公安部门政治工作的决议》(1952年)和《加强公安政治工作的决议》(1961年)是公安思想政治工作历史上具有政治工作条例性质的纲领性文件。决议强调了建设公安政治工作的必要性；明确了建设公安政治工作的指导思想和基本任务；确定了公安政治工作体制，建立了公安干部统一管理制度，规定了公安政治工作的方向、性质、地位、作用、方法，为公安政治工作的理论研究奠定了重要基础。

（二）召开公安工作会议和公安政治工作会议，全面部署公安思想政治工作

新中国成立以来召开了五次全国公安政治工作会议上，专门分析公安政治工作开展的基本情况，总结成绩，部署工作，明确了一个时期公安政治工作的基本任务、中心任务和具体任务。如1956年1月，公安部召开第一次全国公安政治工作会议。在这次会议上，罗瑞卿做报告，强调要把公安系统的思想工作搞好，把干部工作搞好，把警察队伍搞好，把公安机关的工作作风和生活作风搞好。他特别强调，做好思想政治工作，应注意三个问题：一是要学习马克思列宁主义，脑子里多一点马克思列宁主义，就可把错误的东西挤出去，就有了鉴别能力、判断能力、抵抗能力，就可以抵制错误的东西；二是要经常注意公安队伍的思想状态，发现了错误的东西，同党同人民利益相抵触的东西，就要进行斗争，不能熟视无睹，不能和平共处；三是要提倡正确的东西，就是说思想上要有界限、政治上要有是非，凡是正确的东西要提供、要支持，凡是错误的东西要反对、要抵制，不是采取自由主义态度。"我们的思想工作就是要把干部在思想上、政治上锻炼成为觉悟的、坚强的人，从政治上来保证公安工作任务的完成。"①

此外，全国公安宣传工作会议（1986年）、全国公安政治工作座谈会（1989年）、全国公安廉政建设工作会议（1990年）、基层公安队伍建设座谈会（1995年）全国公安宣传思想工作会议（1998年）和全国公安队伍正规化建设座谈会（2006年）等相继召开，对新时期公安队伍建设提出了要求。

2019年5月全国公安工作会议在北京召开。会议特别强调，坚持"政治建警、改革强警、科技兴警、从严治警"的公安工作基本原则，对新时代公安工作与公安队伍建设提出的新要求。会后，全国范围内开展了"不忘初心、牢记使命"主题教育活动。公安部还专门于2019年6月12日至30日举办了8期公安机关领导干部学习贯彻全国公安工作会议精神政治轮训班，统一思想，深刻认识新时代公安工作的职责定位，牢牢把握党和人民赋予的新时代使命任务，全力投身平安中国、法治中国建设伟大实践。

战略性、全局性是公安思想政治工作的工作战略。《关于进一步加强和改进公安思想政治工作的意见》（2005年）明确指出："各级公安机关尤其是领导干部要从加强国家政权建设的高度，从公安工作和队伍建设的全局出发，充分认识新形势

---

① 《罗瑞卿论人民公安工作》，群众出版社1994年版，第260页。

下加强和改进公安思想政治工作的极端重要性，始终坚持把政治建警放在首位，始终坚持政治工作的生命线地位不动摇。”

三、重视建章立制——增强公安思想政治工作的有效性和权威性

借助制度与规则的强制性、确定性、规范性和相对稳定性，公安思想政治工作的目标与内容的确立、过程的开展、方法的实施和环境的营造等会更具有规范化、层次化、具体化和切实可行性，防止虚化。

（一）制定了规范性文件指导公安思想政治工作

公安部政治部陆续印发了《关于进一步加强和改进公安思想政治工作的意见》（2005 年）、《关于进一步加强思想政治工作落实从优待警的若干意见》（2006 年）、《关于进一步加强公安民警身心健康保护工作的意见》（2007 年）、《基层公安机关思想政治工作规范》（2011 年）。随着战时大型安保工作的推进，为了做好这项工作，公安部又下发了《关于加强公安机关战时思想政治工作的意见》（2012 年），2017 年再次制定《全国公安机关思想政治工作规范》，以指导全国的公安思想政治工作，推进了公安思想政治工作的正规化建设。

（二）明确了基层思想政治工作的主要制度与主要方式

制度建设是公安思想政治工作规范化发展的重要内容。依据《基层公安机关思想政治工作规范》（2011 年），主要制度有：政治理论学习制度、民警思想状况分析报告制度、思想政治工作例会制度、谈心谈话制度、家访慰问制度、民警休假和体检制度、民警心理健康服务制度、警营文化生活制度。

基层公安思想政治工作的基本方式主要有：开展思想政治教育学习活动，增强对科学理论的政治认同和情感认同；组织开展集中教育和主题教育活动，以解决基层公安队伍中的常见性、多发性问题；开展规范化、经常性的思想政治工作；切实做好战时思想政治工作；发现、培养、宣传先进典型，适当运用反面典型进行警示教育；因地制宜组织开展群众性文体活动和警营文化建设；开展心理训练活动，加强心理疏导；通过社会实践与社会调查帮助民警正确分析和认识社会现象和社会问题等。

四、强调思想引导——增强思想政治教育活动的计划性和针对性

强化教育引导工作,就是组织民警认真学习党的理论、路线、方针、政策,不断提升政治理论水平,增强对使命责任的政治认同和情感认同。思想政治教育需要正面宣传灌输,公安思想政治教育的内容涉及:

1. 党的基本理论教育以及忠诚意识教育。学习马克思主义及其中国化的重大战略思想。各地公安机关用党的基本理论武装民警,以使公安队伍永葆忠诚的政治本色,坚定不移地捍卫党的领导、捍卫社会主义制度、捍卫人民民主专政的国家政权。

2. 党的基本路线、方针、政策教育。学习党的基本路线、基本纲领和基本经验,学习党和国家的重大方针、政策,坚持马克思主义指导思想,树立中国特色社会主义共同理想。

3. 公安机关与人民警察性质、宗旨、使命和优良传统教育。学习党对公安工作绝对领导的根本原则、以人民为中心的发展理念,公安机关与人民警察的革命历史;培育忠诚可靠、爱岗敬业、勇于奉献、机智勇敢的自觉意识;发扬听党指挥、服务人民、英勇善战的优良传统,有效履行好新时代公安机关与人民警察的职责使命。

4. 严格规范公正文明执法教育。学习依法治国、依法治警的理论和要求,学习国家的宪法、法律和公安机关与人民警察的条令条例以及各项规章制度,加强法制纪律教育。教育广大民警树立正确的权力观,加强执法规范化建设,转变执法观念,严格、规范、公正、文明执法。

5. 加强职业道德和人民警察道德教育。进一步增强广大民警的职业责任感和荣誉感,树立崇高的职业理想,秉持高尚的职业情操,养成良好的职业作风,始终做到忠诚可靠、秉公执法、英勇善战、热诚服务、文明理性、严守纪律、爱岗敬业、甘于奉献、清正廉洁、团结协作。

6. 形势政策教育。经常对民警进行国际、国内形势教育,引导民警正确认识和处理改革、发展、稳定的关系,准确把握公安工作面临的有利条件和不利因素,明确肩负的责任和使命,增强为全党全国工作大局服务的主动性和自觉性。

7. 反腐倡廉教育。坚持不懈地对民警进行反腐倡廉教育，把惩治和预防有机结合起来，狠抓示范教育、警示教育、谈话教育和公安廉政文化建设，在抓早、抓小、抓苗头上下功夫，防微杜渐，防患于未然，切实发挥教育在反腐倡廉中的基础性作用，培育民警的廉洁意识。

增强思想政治教育活动的计划性和针对性，是公安思想政治工作的主要方式。新中国成立以来，针对不同的历史时期的任务，公安机关有针对性地开展了强化教育引导工作。例如，1951 年，为配合当时的抗美援朝、镇压反革命和土地改革三大运动，开展了政治教育；1987 年，开展了坚持四项基本基本原则、反对资产阶级自由化的教育；1995 年，开展向济南交警学习活动；1996 年，开展"为人民服务、树公安新风"活动；1999 年，开展了"讲学习、讲政治、讲正气"的"三讲"教育；2000 年，开展了"全心全意为人民服务的宗旨教育，实事求是的思想路线教育，严格、公正、文明执法的法制教育"为主要内容的主题活动；2003 年，开展"学习十六大，全面建小康，公安怎么办？"大讨论活动；2007 年 3 月，开展社会主义法治理念教育；2008 年开始的执法规范化建设。2012 年人民警察核心价值观教育实践活动。2013 年以来党的群众路线教育实践活动、"三严三实"专题教育、"两学一做"学习教育、"不忘初心、牢记使命"主题实践活动接续推进。通过一系列教育活动，进一步增强了民警的政治意识、大局意识、群众意识和服务意识。

五、坚持从优待警——解决思想问题与解决实际问题相结合

2006 年，公安部专门制定了《关于进一步加强思想政治工作落实从优待警的若干意见》（公通字〔2006〕5 号），强调各级领导机关、领导干部要进一步树立以人为本的理念，走近民警、了解民警、关心民警、爱护民警、帮助民警，采取各种有效措施，多为民警办好事、办实事、解难事。《全国公安机关思想政治工作规范》（2017 年）进一步明确规定："公安思想政治工作必须坚持以警为本，尊重民警主体地位，做到从严治警与从优待警相结合、解决思想问题与解决实际问题相结合。"从优待警工作的基本内容包括：

1. 民警健康保护。组织民警开展体育锻炼和职业安全教育，每年组织体检和民警健康状况分析，建立健全民警健康档案，落实民警休假制度，建立民警医疗救助绿色通道。充分发挥民警医疗救助基金（会）的作用，多种途径解决民警医疗经

费问题,确保患重大疾病的民警得到及时救助。

2. 民警心理服务。2005 年,公安部就下发了《关于进一步加强公安民警心理健康工作的意见》(公发〔2005〕15 号),将民警心理服务作为公安思想政治工作的重要内容。各级公安机关要充分发挥思想政治工作的传统优势,建立健全训练、咨询、干预三位一体心理服务工作机制,开办心理健康网站,举办心理培训班,普遍开展心理训练。对遭遇重大突发事件和重大变故的民警,及时实施心理干预,提供心理危机支援服务。

3. 抚恤优待工作。《人民警察抚恤办法》以及公安部、教育部、民政部联合发布的《人民警察优抚对象及其子女教育优待暂行办法》规定,落实抚恤优待政策,做好抚恤优待工作。全面掌握因公牺牲民警家属情况,定期组织开展慰问,关心他们的生活状况,帮助解决实际困难,根据国家有关政策规定,积极落实公安民警工伤医疗待遇。

4. 解决民警实际困难。及时了解民警生活中的重大困难,尽力帮助民警解决住房、家属就业、子女入学等实际问题,对生活特别困难的给予补助,确保其基本生活得到保证。

从优待警是公安思想政治工作的基本原则之一。从优待警,从含义上可理解为从关心爱护民警出发,为解决民警的实际困难着想,把民警的呼声和需求作为第一考虑、第一选择,大力营造以警为本、关爱民警的良好氛围,将民警的切身利益维护好、实现好、发展好。公安思想政治工作既以正确的理论释疑解惑,又以真挚的情感温暖人心,切实增强思想政治工作的说服力、感召力、凝聚力,激励广大民警以更加饱满的热情和昂扬的斗志投入各项公安保卫工作中。

六、加强随警作战——战时思想政治工作的开展

伴随着国家大事要事的频繁增多,公安机关需要经常面对重大安保任务、维稳任务以及重大抢险救灾任务和打击整治行动。战时思想政治工作就是在这些特殊时期所开展的思想政治工作。2012 年底,公安部下发了《关于加强公安机关战时思想政治工作的意见》(公通字〔2012〕59 号),对战时公安思想政治工作进行部署。战时公安思想政治工作贯穿于战前、战中和战后,是保证战时任务圆满完成、战时工作有序进行的重要保障。基本内容包括:

1. 战前思想发动。临战前，围绕具体任务开展动员工作，确保参战民警思想统一，提高战时各项决策部署的执行力。思想发动通过主题教育、誓师大会、战前倡议、专题学习等形式进行。

2. 战时警务技能培训。有针对性地依据实战、实用、实效的要求，以专题辅导、教学练战相结合的方式开展警务技能培训，如警械和防护装备的使用、临场技战术、基本工作方法、相关的法律法规、现场处置程序等。

3. 整合警力资源与后勤保障。据战时任务实际需要，加强战略性谋划，打破警种职能和部门所辖界限，最大限度优化警力资源配置。

4. 舆论宣传引导。政工宣传干部深入一线，大力营造战时氛围。随警做好战时新闻发布，宣传战时战绩，做好舆情跟踪，妥善处置涉警舆情，为圆满完成任务营造良好的舆论环境。

5. 表彰激励与队伍管理。鼓舞士气、激励斗志，对战绩卓越的战时工作和战时队伍记功嘉奖，召开表彰大会，最大限度调动民警的积极性。政工干部亲临一线，随警作战，及时诫勉谈话，加强战时纪律作风管理。

6. 战时优抚措施。公安政工干部跟上战时工作的节奏，对参战民警思想、学习、工作、生活等情况进行滚动摸排，及时处理问题，凝聚警力，克服困难，消除民警的后顾之忧。积极开展心理疏导和干预工作，帮助民警释放压力、调适心情。如果发生民警开枪、目睹战友伤亡等应激情况，及时做好心理辅导和矫治工作。

网络青年亚文化现象梳理与特点探析[①]

刘东锋　张　琪[②]

[摘　要]青年大学生群体作为网络原住民,是网络青年亚文化的主要创造者、消费者和参与者。网络青年亚文化与青年大学生的健康成长密切相关。本文坚持问题导向,把消极负面的网络青年亚文化现象梳理归纳为网络暴力现象、网络低俗现象、网络泛娱乐现象、网络炫秀现象、网络佛系现象、网络偶像迷恋现象、网络怼主流现象、网络非理性消费八个类型,并在此基础上对网络青年亚文化现象的特点进行剖析,即网络青年亚文化现象具有混杂性与个性化、狂欢性与迷茫性、庸俗性与消费性、反抗性与变异性等特点。其有助于思想政治教育工作者加深对消极负面的网络青年亚文化现象及其特点的了解,为进一步做好大学生网络青年亚文化的教育引导工作提供助力。

[关键词]网络;青年亚文化现象;特点

主流文化是在时代社会背景下起着主导作用、占据支配地位的文化体系,又称主导文化。青年亚文化就是青年群体在主流文化背景下形成的独具自身风格的文化形态。毫无疑问,青年是每个时代最为活跃和最具生命力但又处于社会边缘的群体,以其为主体参与创造或者以其作为主要用户群体的青年亚文化是时代文化视域中最为引人关注的文化图景,也是亚文化族群中最为活跃的主体部分。可以说,研究亚文化,其主要内容之一就是关注青年亚文化,就是关注以青年为主体参

① 本文系山东省社会科学规划研究项目“社会思潮网络传播对大学生思想的影响现状及对策研究”(项目编号:17CSZJ20)、山东高校辅导员名师工作室建设的阶段性研究成果。

② 刘东锋,山东理工大学马克思主义学院教授;张琪,山东理工大学马克思主义学院硕士研究生。

与创造，或者青年乐于参与、消费、活跃、沉浸于其中，且与主流文化有明显区别的时代文化现象。

今天，作为网民的主要群体——青年群体，在他们纵横驰骋的网络空间，孕育出了斑斓多彩的网络青年亚文化现象。他们以特殊的文化实践活动涂抹着自己的青春岁月，以别样的形式抒发着自己的喜怒哀乐，以另类的方式表达自我并参与当下的文化生产和消费，形成了前所未有的多样化网络青年亚文化类型。① 网络青年亚文化虽然促进了时代文化的繁荣与发展，但其与主流文化有着或远或近的距离，呈现出与主流文化既相互合作又相互抵触的状态，特别是一些消极负面的网络青年亚文化现象在一定程度上挑战主流文化的权威，对正处于世界观、人生观、价值观发展成熟期的青年大学生造成程度不一的负面影响，而这正是思想政治教育工作者最为关注的课题。所以，梳理新媒体飞速发展背景下的网络青年亚文化现象，尤其是消极负面的网络青年亚文化现象及其表现，探析其主要特点，对于深入了解网络青年亚文化现象，努力做好大学生网络青年亚文化教育引导工作，具有重要的理论意义与实践价值。

一、网络青年亚文化现象梳理

伴随移动网络以及新媒体技术的快速发展，网络青年亚文化的种类、数量和规模出现了现象级的发展态势，黑客、越狱族、极客、掘客、Cosplay、御宅族、网游族、同人群、字幕组、拍客、微视频、恶搞等形形色色的亚文化种类竞相出现，层出不穷。② 本文不再按照表现形式或者青年人所展现的文化生活方式等中性的立场对网络青年亚文化现象进行分类，而是站在思想政治教育工作者的角度，关注青年大学生思想问题，对斑驳多彩的展现形式背后已经表现出的需要我们认真对待解决的消极负面的青年亚文化现象进行梳理总结。

（一）网络暴力现象

网络上暴力现象屡见不鲜，不少青少年参与网络暴力之中却毫不知觉，表现为：喜爱暴力血腥游戏，使用与性有关的恶劣语言、与动物有关的贬低性语言、侮

① 马中红、陈霖：《无法忽视的另一种力量：新媒介与青年亚文化研究》，清华大学出版社 2015 年版，第 72 页。

② 李其名、黄薛兵：《青年亚文化视域下的“全民直播”现象解读》，《中国青年研究》2017 年第 11 期。

辱性的绰号、诅咒式或威胁式言语嘲讽、羞辱、谩骂、恐吓他人，在网络上随意发布殴打或霸凌他人、虐待猫狗等动物、破坏公共财物等视频或图片，甚至用恐怖色情图片攻击他人，更甚者在网上直播自残、自虐、自杀等行为。除此之外，人肉搜索、对受害者的调侃娱乐、力挺施暴者、恶搞甚至侮辱先烈英雄、对警察公务员教师等特定群体污名化等网络行为给人们及社会造成的伤害也无异于暴力行为，实质上是一种更为恶劣的精神上的软暴力。从暴力指向来看，网络暴力既包括有明确指向个人或社会的网络泄愤和网络戾气，也包括没有明确指向的网络暴力宣扬。网络上常见的一言不合就开骂的键盘侠和网络喷子，以及被人们唾骂的公众号“二更食堂”等就是实施网络暴力行为的典型。网络暴力对青少年发展有百害而无一利。

（二）网络低俗现象

低俗就是低级庸俗。低俗的事物虽然最终会致使人萎靡、麻木、颓废，但却往往能契合人的本能低级趣味，利用感官刺激使人获取当下的片刻欢愉，所以在消费主义盛行的今天，网络低俗文化内容依然屡禁不止。而涉世未深的青少年，因为好奇常常对低俗文化来者不拒，甚至浸染其中，自得其乐。低俗不仅包含脏话、粗口等暴力性语言，还包括网络上的色情内容，尤其是打色情擦边球的暧昧灰色挑逗性语言、图像、视频在网络低俗内容中占据很大比例，如网络直播中的大尺度表演、花式撩妹等。此外，发表有伤风化式的语言，曝光、炒作名人出轨及婚外情等隐私，吹捧犀利哥和流浪大师们，富豪纸醉金迷生活的炫耀，不读书也能开宝马式的喧嚣，突破底线的荤段子，违背公序良俗的早孕妈妈 PK，本能欲望宣泄式的喊麦，博取眼球式猎奇标题党，为吸粉拼酒量、玩自虐、违法飙车，行为举止反常甚至令人作呕的各色身体操演，毫不掩饰的个人低级欲望诉求，以及各种解构戏说、无底线蹭热点造噱头传谣言等也是网络低俗的典型表现。不少网络低俗内容违背公序良俗，游走在道德法律边缘，影响恶劣。

（三）网络泛娱乐现象

娱乐是人们的一种正常休闲方式，泛娱乐则是超出正常诙谐幽默等娱乐范围，过度放大事物娱乐性功能，把包括严肃的、庄重的、高尚的、禁忌的事物在内的一切都拿来娱乐调侃，且可以动员更多青年人都来参与狂欢的文化现象。泛娱乐也只有在数字自媒体时代才能借助抖音、短视频、直播等网络载体的无限传播成为现实可能，所以泛娱乐即网络泛娱乐。网络泛娱乐背景下，各色网络流行语、咆哮体、跪求体、哭晕体、吓尿体、沸腾体、弹幕、表情包、无厘头、鬼畜嘻哈、雷人歌词、洗脑神曲等流行于网络,有些人更以恶搞、反讽、自嘲、调侃、戏谑等为能事,把古今文化名人、历史人物事件、影视明星、心灵鸡汤,甚至红色经典,任意裁剪、嫁接、演绎、戏说、解构、八卦,并不惜通过以丑为美、自身污名化、反智主义等手段来娱乐大众,更甚者以消费弱势群体、消费逝者、直播自杀、消费他人之不幸、高级黑低级红等来制造娱乐热点,营造出娱乐至死的网络氛围。娱乐一切、娱乐至上,无狂欢不娱乐、无娱乐不社交,成为网络世界的一大奇观。网络泛娱乐现象娱乐一切的特性必然导致娱乐低俗化,甚至暴力化,泛娱乐与低俗化就像一对孪生姐妹,两者形影相随,无法分割。

(四)网络炫秀现象

炫秀不是一般的自我展示,而是经过刻意准备,通过图片或者直播、抖音、短视频等有意识地展示自己想要表现的某些优秀技艺或者好的方面。其本意是炫目展示值得夸耀的一面。但随着网络"晒"行为的蓬勃发展,一些被公众普遍认为不该拿出来秀的东西也被"晒"出来,且"晒"行为过度,发展为无所不"晒",炫秀也就逐渐演变成炫耀卖弄。有人大晒金钱、豪宅、豪车、名酒、盛宴、名包,刻意炫富、炫耀性消费,无节制秀恩爱、秀美食;还有人秀智商下限、秀情绪下限、秀道德下限,炫弄低级庸俗的土味文化风俗,甚至炫秀闯进丹霞彩色丘陵、吃野生保护动物、超速飙车等;更有甚者秀粗口,刻意大金链子黑墨镜,刺青套装文上身,装扮所谓"社会人"炫弄,或者身穿日本侵略者军服摆拍等,以丑为美,在过度无节制标新立异炫秀中迷失了自我,浮华了社会,诋毁了历史。

(五)网络佛系现象

随着"葛优瘫""废柴"等表情包和"我差不多是个废人了""感觉身体被掏空"等网络流行语在青年人之间的快速传播,"丧文化"以其特具黑色幽默的消极颓废风靡网络,随后"都行""可以""没关系"等口头禅又乘势而来,网络上又刮起一股"看淡一切"的佛系之风,以无欲无求、顺其自然、消极待世、失之淡然、无论输赢的态度对待现实生活、标榜自我的"佛系青年"大量涌现。"丧"与"佛"表面上反映出青年丧失激情、丧失动力、丧失理想、追求安稳、不愿奋斗的精神状态,背后实际上则是青年面对经济社会急速转型、激烈生活竞争和难以把握未来等现实生存压力和焦虑时而采取自嘲方式妥协、逃避、自我安慰的一种生活窘态。是选择勇敢面对竞争还是在无欲无求中逃避,是处于现代社会价值和后现代社会价值选择夹缝中的青年一代不得不回答的问题。但不管怎样，只关乎自我感受，在自嘲中丢失自我、忘却家国责任的遁世是绝不可取的。

（六）网络偶像迷恋现象

人类社会偶像崇拜古来有之，是青少年成长前行过程中重要的外在引导和内心激励。一般来说，偶像崇拜对象主要是指有杰出才能或对社会发展有突出贡献并被大多数人视为学习榜样的代表人物，具有英雄化、崇高感等特征。但在当今网络社会，偶像天团、流量明星、各色网红、颜值鲜肉等，甚至御宅族，二次元、动漫世界及其延伸出来的西方漫威超级英雄、歌姬洛天依等虚拟偶像都成为不少大学生心目中的"爱豆"。更有甚者执迷于网络"云吸猫"，让人大跌眼镜。众多"死忠粉""圣母粉"组织"饭圈"，进行"同人创作"，以"战斗粉"的姿态自愿出钱出力为偶像打榜投票、招兵买马、送机接站、摇旗呐喊，为了维护偶像人设形象，"粉丝群"之间甚至会因为点滴小事就开战互撕互黑。还有不少青年人以网络"草根网红""土味网红"，甚至以出格、反常等形式张扬自我个性的另类偶像为榜样，不是拼才华，而是拼颜值、拼另类、拼流量，不惜走低俗恶搞炒作路线，千方百计想成为让别人崇拜的"网红"，结果却成为"网黑"。不少青年学生迷恋偶像，大部分休闲时间都泡在网上乐此不疲，成为令人担忧的御宅族。可以说，网络社会偶像迷恋五颜六色，频繁变换，令人眼花缭乱，但唯独缺失了对于为国家社会改革发展作出巨大贡献的英雄和楷模应有的崇敬和向往。而且偶像已经不单单与粉丝之间存在精神上的紧密联系，更多则成为粉丝投入大量金钱精力消费娱乐的对象。青年粉丝偶像迷恋的背后，则有不少幕后造星推手投其所好，制造出青年所喜爱的"人设"偶像，并从中赚得盆满钵满。

（七）网络怼主流现象

怼主流是指对政府和社会主流持有很深的成见，对主流信息经常性质疑、找毛病甚至故意抬扛对着干。如 2018 年因调侃南京大屠杀被封禁的女主播反而获粉丝疯狂刷屏、赠送礼物；作家周小平的爱国情怀被人挖苦为"无知无畏无耻"；复旦大学思政课女教师陈果在网络上被人质疑、围攻；"八一勋章"获得者韦昌进，在网络上与攻击邱少云的人进行激烈辩论时被围攻；有人在中美贸易战中大放厥词，认为华为的表态如此淡定是在打肿脸充胖子，更有甚者，认为中国离不开又必须依赖美国是发展的原创驱动力，并从制度层面分析，落后未必会挨打，不遵守规则才会挨打；还有人会完全否定官方媒体的文章或视频，刻意将重要新闻报道和资讯进行负面解读等。[①]青年人强烈的逆反心理和为普通阶层代言而生成的反抗心理是造成网络怼主流现象的主要原因。对社会事件进行客观理性分析基础上的批评是有益的，但本能的情绪化排斥主流，为反对而反对，甚至不惜断章取义、胡编乱造，受一些网络喷子蛊惑而唱衰中国，滑到历史虚无主义和民粹主义泥潭，进而走向社会主流的对立面，则会得不偿失，遗恨终生。

（八）网络非理性消费现象

经济发展日新月异，青年大学生已然成为消费主力，而网络移动终端支付和网络借贷的方便快捷，为大学生网络消费提供了极大便利。足不出户，手指一点，不仅所需要的日常生活用品，而且在学生时代并不必需的高档消费用品，甚至远远超出自身支付和偿还能力的奢侈用品就会通过网购被送到我们面前。每年大型网络购物平台举办诸如“6·18”“11·11”等众多购物节时，大学校园就会进入购物狂欢状态，重复购买、时尚购买、奢侈购买、炫耀性购买等非理性消费成为狂欢购物的主流。而“网红种草”引发的“拔草消费”冲动也不在少数，以至于一些青年学生网络购物成瘾，几天不网购就浑身不自在。还有一些大学生为所迷恋的网络偶像、网红、网络游戏投入大量金钱，以获取所谓的心理和精神满足。而疯狂网购、消费之后的金钱偿还则会难倒不少学生，一些学生不得已涉足消费贷，甚至无良害人的校园贷、套路贷，一步步陷入泥潭而不能自拔。而非理性消费在青年大学生心中播种下的消费主义种子则会不断消解其正确价值取向，导向崇尚外表消费和个人享乐的生活方式。

二、网络青年亚文化现象特点探析

（一）混杂性与个性化

上述八种网络青年亚文化现象相互混杂，你中有我、我中有你，形成当前网络青年亚文化大杂烩现状。网络暴力本身就是网络低俗的一部分，低俗与暴力又往往以网络泛娱乐和网络炫秀的形式展现出来，网络炫秀中的很多内容也属于网络低俗和网络非理性消费范畴，佛系青年语录也以泛娱乐形式加以表现，网络偶像迷

---

① 刘力波：《网络无政府主义对我国意识形态安全的威胁及我们的应对》，《马克思主义研究》2019年第2期。

恋中也不乏网络暴力、网络低俗、网络炫秀、泛娱乐和非理性消费内容,网络怼主流现象更是掺杂着讽刺、挖苦、恶搞等暴力和泛娱乐成分。而在各种网络青年亚文化现象相互混杂性背后,实质上也存在着内在同一性,都带有当代青年在网络社会中独特个性化展示的烙印,即在庸俗甚至低俗的自娱自乐或相互娱乐中过度表达正在成长中的浮躁和不成熟的自我。其主要特征就是放浪不羁,无所顾忌。

任何时代的青年亚文化都具有时代个性化印记。从20世纪80年代"愤青一代"的"呐喊"文化,到20世纪90年代"顽主一代"的"讽喻"文化,一直到今天"无厘头一代"的"嘲谑"文化,都是如此。只不过今天的青年亚文化因为移动网络自媒体技术平台的普及使用而使得青年得以广泛参与,而社会也对此越来越持理解包容态度。但今天青年亚文化所展现出的独特群体个性比"愤青一代"的"呐喊"文化和"顽主一代"的"讽喻"文化,少了许多关注社会发展的精神气质,多了不少自身缠绵的嬉笑怒骂情怀,伴随后现代主义气息一起碎片化、去中心化、去崇高化、反权威化,主要倾向关注个体琐碎独特的日常生活,在物质丰厚中张扬以自我为中心的个性,最后发展到只有跟着感觉走的地步。任何青年亚文化所展现出的个性都是时代变迁和社会转型的结果,只不过今天这种个性在网络上慢慢演化为青年群体单一的没有多少深刻思想内涵的模仿行为,其最有可能的结局是归于流俗或走向沉沦。

(二)狂欢性与迷茫性

网络青年亚文化有一个突出的表现方式,即狂欢。无所顾忌甚至突破底线地在网络上表达和张扬,实质就是一种狂欢。网络狂欢与严肃、秩序、权威、正常生活逻辑等针锋相对,其通过模仿、移植、嫁接、戏仿、解构、篡改、恶搞、颠覆等各种花样翻新手法来嬉笑怒骂他人、社会和自己,通过自创的"火星文"、表情包等青年人圈层化语言,甚至违背公序良俗的低俗行为来自我放纵和发泄,博得一刻欢愉或者他人的关注、模仿、点赞。如果说20世纪80年代的迪斯科、牛仔裤、摇滚是城市少数开放青年的一种狂欢展示的话,那么现实网络世界中成千上万青年的自我张扬则是一种覆盖面更广且更具特色的个人和集体狂欢。什么事情都可以拿来娱乐的泛娱乐自然是一种狂欢,网络暴力、低俗无疑是一种突破公序良俗底线的劣质狂欢表演,层出不穷的"生吃活章鱼""鞭炮炸裤裆"等另类网红直播炫秀、为粉丝狂刷流量的偶像迷恋、遇到购物节就狂买等都可以称得上是非理性的狂欢,就连宣泄社会焦虑的佛系青年也在网上掀起阵阵"云养蛙""云吸猫""拜锦鲤"等狂欢风潮,而调侃、嘲讽主流权威也容易借助社会事件在网络上掀起怼主流展演式狂欢。“无欢不网”“无狂不网”成为网络青年亚文化的突出特点。

但让人感到困惑不解的是，青年人在网络上的无尽欢腾却与实际生活中的寡言少语、现实孤独形成了强烈对比。造成这种社会现象的真正原因还需要从青年人成长的时代、生活的社会环境，尤其是独特的心理来挖掘。青年是从儿童或青少年逐渐被承认作为成年人的一个过渡期。处于儿童期和成年期之间的青年过渡期是一个半依赖期，年轻人试图完成个人的自主性，然而仍依赖他们的父母或国家。① 这就意味着，无论哪个时代的青年人，都必然在其即将真正长大成人的这一特殊阶段承担应有的社会压力，也必然存在人生探索中的困惑与迷茫。今天青年人生活的时代虽物质丰富，却也因社会快速转型给其带来不少压力。传统权威社会按部就班式生活的瓦解和经济社会的飞速发展，使得个体学习、就业竞争压力倍增，加之独生子女教养方式导致青年人自恋倾向加重，吃苦耐劳抗挫折能力下降，个人更难以在复杂变动的社会中把握自我发展际遇；尚不健全的社会运行制度与个体化生活要求的公平民主还有差距；尤其是整个社会对物质追求的过于专注而致使青年人极为关注物质世界，个人成功往往以拥有物质财富多少来衡量，但高物质欲望的精致生活却难以得到满足……诸种内外因素叠加，导致世俗社会个体化生存境遇下个体挫败与释压心理并存，精神失落和迷茫在所难免，找不到努力生活的真正价值和意义，价值虚无主义和犬儒主义凸显，必然导致人的强烈无根感、碎片化和生活中的患得患失。在快速变换的社会面前，人生的意义和价值只能维系在眼前可见的物质利益和随时可感的本能欲望欢娱上，而网络技术创造的自媒体平台又恰恰给青年人创造了这样一个可以即时宣泄又不用承担太多成本的生活空间，网络世界非理性、无厘头的狂欢浪潮便轰轰烈烈起来。但狂欢过后现实中的困惑与迷茫却依旧存在，所以唯有把自身发展与国家和民族的前途命运紧密相连，在实现中国梦的生动实践中放飞青春梦想，在为人民利益的不懈奋斗中书写人生华章，一步一个脚印经历实践磨砺，才能彻底消除这些困惑与迷茫。

（三）庸俗性与消费性

在一定程度上，网络青年亚文化展现出的狂欢就具有庸俗性。但网络青年亚

① The Commonwealth Secretariat：《代的希望：处于变化中的世界的年轻人》，纪秋发译，《北京青年研究》2018 年第 2 期。

文化的庸俗性更表现在其展现出的本能化、感性化、肤浅性、粗鄙性和物质化等方面。如网络低俗现象中不少“花样撩妹”等情色暧昧视频、文字信息就是赤裸裸的本能欲望展示和引诱；不少炫秀所展示的内容没有多少思想性，感性化凸显；另类偶像崇拜五花八门，却非常肤浅；网络暴力、泛娱乐、炫秀中低俗粗鄙内容也并不少见；而对于金钱等物欲追求更是大胆直白，司空见惯；佛系所倡导的安于现状、消极处世态度之庸俗性也自不待言。集媚俗、低俗甚至恶俗等为一体的庸俗可以说是网络青年亚文化现象的典型特点。其把低俗当幽默、把肉麻当有趣，以庸俗为时尚、以恶俗为能耐，流弊深远。① 网络青年亚文化庸俗性跟精英文化衰落与大众文化兴起紧密相关，大众文化与讲究高雅优秀的精英文化的最大区别就在于其生活化、草根性与世俗性，草根性、世俗性中天然就包含一定的庸俗性。然而，说大众文化并不意味着大众文化就不能高雅优秀，但市场经济条件下物质主义极大膨胀导致大众文化逐渐逃避崇高、放纵本能而流于庸俗，则是社会现实。我们已经身处消费社会之中，我们的整个文化体系就是建立在消费的基础之上。② 大众文化尤其是网络青年亚文化已经成为青年人必备的日常消费品。网络青年亚文化产品本身并不能带来经济收益，但其流量却能产生可观的经济效益，是资本眼中可以变现的最重要资源。为了吸引眼球变现流量，在资本引导下，不少自媒体放弃道德甚至法律底线，炮制出猎奇、窥视等庸俗低俗媚俗信息和表面精致实际低劣的图像，满足青年人的好奇心与低级趣味，迎合青年人对财富的焦虑、对阶层固化的恐惧和对社会制度不健全的怨愤，吸引青少年痴迷快餐式、感官化和从众化的亚文化消费，而自身却从其流量中吸金赚银。应该承认，网络青年亚文化庸俗性之原因，除青年自身为显示其独立特性而言行举止另类甚至无节操而庸俗之外，还跟其成为青年人特殊文化消费品的资本逻辑紧密相关。网络青年亚文化在一定程度上已经成为消费主义的产物，庸俗的消费逻辑导致网络上刮起各种毫无营养的“言情风”“解构风”“戏说风”“污民风”“网红种草风”，很大程度上遮蔽了文化产品应有的价值引领作用。与法兰克福学派批判资本主义庸俗娱乐“麻痹工人阶级的精神，由此消弭工人阶级的革命性”③一样，庸俗的网络青年亚文化对于青年高雅精神培养的

① 王宏：《给网络“消毒”》，《中国计算机报》2001 年 6 月 28 日。

② ［法］尚·布希亚：《物体系》，林志明译，上海人民出版社 2001 年版，第 222 页。

③ ［德］马克斯·霍克海默、西奥多·阿道尔诺：《启蒙辩证法：哲学断片》，渠敬东、曹卫东译，上海人民出版社 2006 年版，第 107—150 页。

损害无疑也是不容忽视的。

(四)反抗性与变异性

新一代青年人不在乎别人给自己贴上宅男宅女等另类、小众、怪异的标签,不理会来自主流规范与价值的质疑与嘲讽。相反,他们沉溺于自我独特的生活方式中,大胆地秀出自己与众不同的癖好,并以此获得存在感和满足感。① 网络时代赋予快速掌握网络新媒体工具的青年亚文化群体以新的权力,其借助开放自由的网络平台,在使用盗猎、篡改、解构、山寨、恶搞、讽喻、黑色幽默等手段戏谑、嘲弄、抵抗权威与崇高文化的同时,构建与众不同的亚文化自我。可以说,一定程度上网络青年亚文化就是青年人对于主流与传统的反抗性景观展示。网络暴力、网络低俗、网络泛娱乐、网络炫秀等现象中对主流价值和传统观念的越轨、颠覆乃至嘲讽,就是证明。

西方亚文化研究中,无论是芝加哥学派,还是伯明翰学派,都认为青年亚文化带有边缘、反抗等色彩,虽然后伯明翰时期,网络新媒体环境以及蓬勃的消费主义消解了亚文化针锋相对式,甚至阶级斗争式的抵抗色彩,更加关注青年亚文化所创造出的新的独特生活方式和圈层文化,但对于网络青年亚文化所展现出的软抵抗色彩依然不能掉以轻心。当前社会快速转型,利益多元,矛盾凸显,伴随各自不同的利益诉求,青年人往往会通过网络自媒体平台随意宣泄自身对社会的不同看法,如“逗比”“屌丝”“废柴”等自嘲式网络脏话虽然是对自己所处社会境遇的吐槽,但这种“丧”和“佛系”式的自我污名化吐槽背后是对现实无力感和社会不公正的怨恨和反抗,其很容易与对社会不满的其他情绪发泄合流,进而在观点一致的圈层中陷入“信息茧房”而导致极化,最终陷入盲目怼主流的非理性对抗泥潭。如中美贸易战中盲目指责中国等言论。而更令人担心的是,这种情绪上的非理性对抗又很容易进一步受到网络上与主导意识形态相对立的错误社会思潮诱导,而逐渐发展变异为认同、接受诸如西方普世价值、宪政民主、新自由主义等错误社会思潮,用西方的逻辑看待中国的发展和问题,走向与主流意识形态相对立的道路。这种反抗已经逾越单纯的青年阶段性发展特有的对世俗社会的非对立性抗争,而发展成为不认同乃至否定国家政治制度框架的颠覆性对抗,不仅会给国家社会发展造成

① 闫方洁:《“世俗化”与“崇高之殇”:从自媒体景观看当代青年的双重精神图景》,《中国青年研究》2018年第3期。

很大障碍,更会给个人发展带来极大问题。对此,我们绝对不能掉以轻心。

网络青年亚文化现象梳理及其四个特点剖析清晰展示了消极负面的网络青年亚文化现象的复杂性与潜在的危害。习近平总书记指出:“网络空间是亿万民众共同的精神家园。”① 丰富多彩、微观具体的网络文化承载着主流意识形态传播、核心价值观念涵养和精神家园建构的重要任务,毫无疑问,网络数字空间已经成为不断建构青年大学生生活经验和精神世界的主要渠道之一。青年大学生作为网络青年亚文化的主要创造者、消费者和参与者,其身心健康成长已经与网络青年亚文化密不可分,所以引导青年大学生正确认识对待网络青年亚文化,尤其是消极负面的网络青年亚文化现象无疑是一项长期重要任务。本文从问题导向入手,归纳整理较常见的消极负面的网络青年亚文化现象,尝试分析其主要特点,目的就是对当前众多大学生沉浸其中的网络青年亚文化现象做一个粗略的较全面梳理,尤其是加深对消极负面的网络青年亚文化现象及其特点的了解。但网络青年亚文化诸多课题庞大复杂,对其的探讨还需加倍努力,我们任重而道远。

---

① 习近平:《在网络安全和信息化工作座谈会上的讲话》,人民出版社 2016 年版,第 8 页。

新时代青年传承革命文化、培育文化自信路径探析

许冠亭　杨　鹏[①]

[摘　要]新时代青年传承革命文化、培育文化自信对实现社会主义现代化和中华民族伟大复兴的中国梦具有重要意义,必须深刻领会习近平总书记关于革命文化、青年工作与文化自信的重要论述,以坚定新时代青年传承革命文化、培育文化自信的政治方向;必须充分把握革命文化的精神价值,以激发新时代青年培育文化自信的内在动力;必须不断拓展革命文化的传播方式,以形成新时代青年培育文化自信的协同效应。革命文化的传承和文化自信的培育将成为激励新时代青年奋勇前进的强大精神力量,在实现中国梦的生动实践中放飞青春梦想,在为人民利益的不懈奋斗中书写人生华章。

[关键词]新时代;青年;革命文化;文化自信

十九大报告指明了新时代坚持和发展中国特色社会主义的"总任务是实现社会主义现代化和中华民族伟大复兴"[②],坚信"中华民族伟大复兴的中国梦终将在一代代青年的接力奋斗中变为现实"[③]。十九大报告又提出了新时代中国特色社会主义文化建设的目标是"坚定文化自信,推动社会主义文化繁荣兴盛"[④],强调"没

---

① 许冠亭,苏州大学马克思主义学院副院长、教授;杨鹏,苏州大学马克思主义学院研究生。

② 习近平:《决胜全面建成小康社会　夺取新时代中国特色社会主义伟大胜利——在中国共产党第十九次全国代表大会上的报告》,人民出版社2017年版,第19页。

③ 同上书,第70页。

④ 同上书,第40页。

有高度的文化自信,没有文化的繁荣兴盛,就没有中华民族伟大复兴”①。本文谨就新时代青年传承革命文化、培育文化自信的路径进行探析,推进广大青年传承革命文化,坚定政治方向,激发内在动力,形成协同效应,培育文化自信。

一、深刻领会习近平总书记关于革命文化、青年工作与文化自信的重要论述,坚定新时代青年传承革命文化、培育文化自信的政治方向

党的十八大以来,习近平总书记全面阐述了革命文化的重要价值、当代青年的历史重任和青年工作的深远意义、文化自信的丰富内涵,高度肯定了广大青年传承革命文化、培育文化自信的重要作用,深刻指明了广大青年传承革命文化、培育文化自信的政治方向。

(一)“中国革命历史是最好的营养剂”

新时代青年传承革命文化、培育文化自信,必须充分认识革命文化的重要价值。党的十八大以来,习近平总书记反复要求认真学习中国历史尤其是中国革命史、中国共产党史,强调“中国革命历史是最好的营养剂”②。这是因为中国共产党领导人民进行革命的长期奋斗历程中形成的优良传统,蕴含着无穷的政治智慧和道德滋养,是中华民族独特的精神标识,是无比宝贵的精神财富和丰厚的政治资源。无论时光流逝,它们都是激励人们奋勇向前、积极拼搏的精神动力。中国革命历史进程中所创造的革命文化“是中国道路、中国理论和中国制度发展的深厚土壤,是中国社会发展中不可或缺的优秀基因”③。红船精神、井冈山精神、苏区精神、长征精神、抗战精神、延安精神、西柏坡精神等不同革命时期凝结而成的革命精神,是中国特色社会主义文化的重要组成部分,成为我们“奋力走好新时代的长征路”的力量源泉。党的十八大闭幕后,习近平总书记带领新一届中共中央政治局常委们参观国家博物馆举办的“复兴之路”展览。党的十九大上,习近平总书记重申我们今天的工作就是要“奋力走好新时代的长征路”。党的十九大闭幕后,习近平总

① 习近平:《决胜全面建成小康社会　夺取新时代中国特色社会主义伟大胜利——在中国共产党第十九次全国代表大会上的报告》,人民出版社 2017 年版,第 41 页。

② 《习近平:党面临的“赶考”远未结束——再访西柏坡侧记》,《人民日报》2013 年 7 月 14 日。

③ 吴四伍:《革命文化何以铸就文化自信》,《人民日报》(海外版)2016 年 6 月 25 日。

书记带领新一届中共中央政治局常委们参观上海中共一大会址和浙江嘉兴南湖革命纪念馆。这一切充分体现了以习近平同志为核心的党中央对传承革命文化的高度重视。新时代青年传承革命文化、培育文化自信,必须了解中国革命历史的价值,认识中国革命精神的内涵,感受中国革命文化的魅力。新时代青年只有铭记中国革命的光荣历史,传承中国革命的伟大精神,理解革命文化的丰富内涵,才能不忘初心、牢记使命,在传承革命文化中坚定文化自信的政治方向。

(二)"青年兴则国家兴,青年强则国家强"

新时代青年传承革命文化、培育文化自信,必须充分认识当代青年肩负的历史重任和青年工作的深远意义。党的十八大以来,习近平总书记心系青年、关爱青年,围绕青少年和共青团工作发表了一系列重要论述,进一步指明了当代青年健康成长的正确道路,明确了青年一代的时代责任、青年工作的崇高使命。习近平总书记曾指出:"国家的前途,民族的命运,人民的幸福,是当代中国青年必须和必将承担的重任。"①在十九大报告中,习近平总书记强调:"青年兴则国家兴,青年强则国家强。青年一代有理想、有本领、有担当,国家就有前途,民族就有希望。中国梦是历史的、现实的,也是未来的;是我们这一代的,更是青年一代的。中华民族伟大复兴的中国梦终将在一代代青年的接力奋斗中变为现实。全党要关心和爱护青年,为他们实现人生出彩搭建舞台。"②关心和爱护青年,就必须重视革命文化之于青年的成长的重大意义。"革命文化深深植根于伟大的中华传统文明之中,尤其是与时俱进的政治理念、以人为本的社会文化等,并产生了伟大的革命集体主义精神,深刻的中国本土化实践,艰苦奋斗的革命作风,为人民服务的崇高信念等丰富内涵。"③这些丰富内涵能带给青年不断向上的正能量。"革命事业靠你们接续奋斗,优良传统靠你们继承发扬。"④加强新时代青年革命文化教育,既要注重知识传授,又要加强情感培育,引导他们树立正确的世界观、人生观、价值观,把人生理想融入国家和民族的事业中,珍惜韶华、奋发有为,勇做走在时代前面的奋进者、开拓者、奉献者,努力使自己成为祖国建设的有用之才、栋梁之材,为实现中国梦贡献出

① 习近平:《致全国青联十二届全委会和全国学联二十六大的贺信》,《人民日报》2015年7月25日。

② 习近平:《决胜全面建成小康社会 夺取新时代中国特色社会主义伟大胜利——在中国共产党第十九次全国代表大会上的报告》,人民出版社2017年版,第70页。

③ 吴四伍:《革命文化何以铸就文化自信》,《人民日报》(海外版)2016年6月25日。

④ 《习近平主席出席全军政治工作会议侧记》,《人民日报》2014年11月3日。

自己的青春力量。

（三）“文化自信，是更基础、更广泛、更深厚的自信”

新时代青年传承革命文化、培育文化自信，必须充分认识文化自信的丰富内涵。十八大报告提出，要坚定中国特色社会主义的“道路自信、理论自信、制度自信”①。党的十八大以来，习近平总书记又强调要坚定中国特色社会主义道路自信、理论自信、制度自信和文化自信，并强调“文化自信，是更基础、更广泛、更深厚的自信”②。在十九大报告中，习近平总书记指出：“文化自信是一个国家、一个民族发展中更基本、更深沉、更持久的力量。必须坚持马克思主义，牢固树立共产主义远大理想和中国特色社会主义共同理想，培育和践行社会主义核心价值观，不断增强意识形态领域主导权和话语权，推动中华优秀传统文化创造性转化、创新性发展，继承革命文化，发展社会主义先进文化，不忘本来、吸收外来、面向未来，更好构筑中国精神、中国价值、中国力量，为人民提供精神指引。”③文化是一个国家和民族的血脉，文化对个人的影响是极其深远的。“无论哪一个国家、哪一个民族，如果不珍惜自己的思想文化，丢掉了思想文化这个灵魂，这个国家、这个民族是立不起来的。”④“中国特色社会主义文化，源自于中华民族五千多年文明历史所孕育的中华优秀传统文化，熔铸于党领导人民在革命、建设、改革中创造的革命文化和社会主义先进文化，植根于中国特色社会主义伟大实践。发展中国特色社会主义文化，就是以马克思主义为指导，坚守中华文化立场，立足当代中国现实，结合当今时代条件，发展面向现代化、面向世界、面向未来的，民族的科学的大众的社会主义文化，推动社会主义精神文明和物质文明协调发展。要坚持为人民服务、为社会主义服务，坚持百花齐放、百家争鸣，坚持创造性转化、创新性发展，不断铸就中华文化新辉煌。”⑤新时代青年传承革命文化、培育文化自信，必须深刻理解文化自信的丰富内涵，如此才能建立革命

---

① 胡锦涛：《坚定不移沿着中国特色社会主义道路前进　为全面建成小康社会而奋斗——在中国共产党第十八次全国代表大会上的报告》，人民出版社 2012 年版，第 16 页。

② 习近平：《在庆祝中国共产党成立 95 周年大会上的讲话》，《人民日报》2016 年 7 月 2 日。

③ 习近平：《决胜全面建成小康社会　夺取新时代中国特色社会主义伟大胜利——在中国共产党第十九次全国代表大会上的报告》，人民出版社 2017 年版，第 23 页。

④ 习近平：《在纪念孔子诞辰 2565 周年国际学术研讨会暨国际儒学联合会第五届会员大会开幕会上的讲话》，《人民日报》，2014 年 9 月 25 日。

⑤ 习近平：《决胜全面建成小康社会　夺取新时代中国特色社会主义伟大胜利——在中国共产党第十九次全国代表大会上的报告》，人民出版社 2017 年版，第 41 页。

文化与文化自信的密切联系,才能树立文化自信极端重要的认识,才能明确培育文化自信的政治方向。

二、充分把握革命文化的精神价值,激发新时代青年培育文化自信的内在动力

新时代青年传承革命文化、培育文化自信,最为根本的就是要充分把握革命文化所传递的精神价值。新时代青年只有充分把握革命文化的精神价值,才能培育和践行社会主义核心价值观,加强思想道德建设,坚定传承革命文化的理想信念,激发培育文化自信的源源不断的内在动力。

(一)革命文化是培育新时代青年社会主义核心价值观的重要源泉

没有价值观的引领就不可能有文化自信,培育和践行社会主义核心价值观是培育文化自信的重要保障。这是因为"文化的核心是价值观","一种文化体系的性质,都由其内含的价值观决定、表征;任何一种文化体系的魅力,都由其内含的价值观培育、彰显;任何一种文化体系的发展,也都由其内含的价值观规约、引导"①。今天我们所倡导的社会主义核心价值观,"是当代中国精神的集中体现,凝结着全体人民的共同价值追求"②。培育和践行社会主义核心价值观,"要以培养担当民族复兴大任的时代新人为着眼点,强化教育引导、实践养成、制度保障,发挥社会主义核心价值观对国民教育、精神文明创建、精神文化产品创作生产传播的引领作用,把社会主义核心价值观融入社会发展各方面,转化为人们的情感认同和行为习惯"③。革命文化蕴含的精神内核与社会主义核心价值观具有内在的逻辑统一性。"近代革命的斗争中,中国人民的革命热情和革命勇气得到前所未有的开发与拓展,人们为了实现自己的权利与梦想,展现了巨大的斗争精神和崇高的革命勇气。"④革命人物可歌可泣的光辉事迹特别震撼心灵,也容易激发共鸣,革命文化因而为新时代青年培育和践行社会主义核心价值观提供重

① 沈壮海:《文化自信之核是价值观自信》,《求是》2014 年第 18 期。

② 习近平:《决胜全面建成小康社会 夺取新时代中国特色社会主义伟大胜利——在中国共产党第十九次全国代表大会上的报告》,人民出版社 2017 年版,第 42 页。

③ 同上。

④ 吴四伍:《革命文化何以铸就文化自信》,《人民日报》(海外版)2016 年 6 月 25 日。

要源泉。

(二)革命文化是加强新时代青年思想道德建设的有力支撑

习近平总书记在十九大报告中指出:“人民有信仰,国家有力量,民族有希望。要提高人民思想觉悟、道德水准、文明素养,提高全社会文明程度。”①青年时期是人生中思想道德意识形成和发展的重要阶段。只有加强新时代青年思想道德建设,才能抵御住不良思想和腐朽文化的侵蚀。在中国共产党领导下的革命斗争中生成和发展起来的革命道德是革命文化的重要内容,“中国革命道德,以实现社会主义和共产主义的崇高理想为最终目的,以全心全意为人民服务为宗旨和核心,以集体主义为基本原则,高举爱国主义与国际主义相结合的旗帜,形成了无私奉献、顽强拼搏、艰苦奋斗、勤俭节约等革命精神。中国革命道德是中华民族极其宝贵的精神财富,是当代中国时代精神的重要体现”②。革命道德能够激励青年奋发向上,促进青年形成健康向上的思想道德,成长为中华民族伟大复兴进程中的时代新人。因此,革命文化是加强新时代青年思想道德建设、坚定文化自信的强有力支撑。

(三)革命文化是坚定新时代青年理想信念的根本依靠

习近平总书记指出:“理想信念是共产党人精神上的‘钙’,理想信念坚定,骨头就硬,没有理想信念,或理想信念不坚定,精神上就会‘缺钙’,就会得‘软骨病’。”③新时代青年坚定文化自信与坚持理想信念关系密切。一方面,要依靠文化自信坚定理想信念,因为“没有中华优秀传统文化、革命文化、社会主义先进文化的底蕴和滋养,理想信念就难以深沉而执着”④;另一方面,青年只有坚定理想信念,才能够在世界多元文化激荡交融的复杂环境中坚定文化自信不动摇,才能够敢于摒弃本土文化的糟粕,正确对待、吸收外来文化。文化自信同理想信念是相互依存的,没有文化的支撑,理想信念就难以坚持,而没有理想信念的坚定,无论是革命文化,还是中华优秀传统文化和社会主义先进文化,都无从谈文化自信。孕育于党和人民伟大斗争中的革命文化,在不同的历史时期生成了鲜明的精神品格,为新时

---

① 习近平:《决胜全面建成小康社会　夺取新时代中国特色社会主义伟大胜利——在中国共产党第十九次全国代表大会上的报告》,人民出版社2017年版,第42页。

② 罗国杰:《中国革命道德》,中国人民大学出版社2013年版,第1页。

③ 习近平:《在全国组织工作会议上的讲话》,《党建研究》2013年第8期。

④ 《习近平在十八届中央纪委七次全会上发表重要讲话》,中国政府网2017年1月6日。

代青年树立了理想信念的风范。要把握好革命文化中永不磨灭的精神价值，使其成为坚定新时代青年理想信念的根本依靠。

三、不断拓展革命文化的传播方式，形成新时代青年培育文化自信的协同效应

要使新时代青年传承好革命文化，就必须向他们传播好革命文化。革命文化的传播力在一定意义上决定了其影响力。在传播革命文化的过程中，必须不断拓展革命文化的传播方式，增强传播手段的多样性和内容的丰富性，使其形成新时代青年培育文化自信的协同效应。

（一）发挥思想政治理论课教学优势，巩固革命文化传播阵地

大多数新时代青年都会有大学学习经历。"加强和改进大学生思想政治教育要坚持以人为本，贴近实际，努力提高思想政治教育的针对性、实效性和吸引力、感染力，培养德智体美全面发展的社会主义合格建设者和可靠接班人。"① 其中高校开设的思想政治理论课是思想政治教育的主渠道。充分发挥思想政治理论课在革命文化传播中的作用，就要将革命文化"请"进课堂，将革命文化的丰富资源充分融入思想政治理论课教育教学过程。充分发挥思想政治理论课的优势，就要充分尊重青年人的主体地位，打破传统教学单一模式，丰富教育手段。在开展教学活动中，要善于导入经典案例讲解，如狼牙山五壮士、八女投江等感人故事；要特别注重情感教学，以情动人，以情驭景，实现师生互动、生生互动，增强课堂吸引力，以饱满的热情和丰富的激情加强感染力，努力引发新时代青年对革命文化的情感共鸣，使之自觉认同并深入挖掘思想政治理论课的革命文化内容，巩固革命文化传播阵地。

（二）开展社会实践活动，增强革命文化体验

在新时代青年中传播革命文化，除了通过高校思想政治理论课课堂教学，还要重视开展社会实践活动。一方面，社会实践活动不仅是课堂传播模式的延伸和补充，也是让新时代青年由革命文化的学习转变到革命文化的体验上来的最佳途径。

---

① 教育部思想政治工作司组编：《加强和改进大学生思想政治教育重要文献选编（1978—2008）》，中国人民大学出版社 2008 年版，第 376 页。

学校和各个基层单位可以组织青年到爱国主义教育基地参观学习，让他们真正走进革命历史的发生地，使青年在特定的氛围和环境下感受和理解革命文化的深刻内涵，让他们通过文物、照片、讲解等自主建构一个真实的文化体验情境，营造一个情景交融的教育环境，实现寓教于乐的传播目的。革命文化教育基地在宣传普及革命文化、做好传播文化的工作中，首先要做好基地的文化建设，要重视革命文化的普及而不是过度追求经济利益，同时要提高公益性，逐步丰富陈列展品，提高服务人员的讲解水平，充分发挥好传播革命文化、弘扬革命精神的作用；其次要引进高科技技术，利用科技手段丰富陈展模式，诸如3D导游、光电成像等手段可以增强视觉冲击力和加大革命精神的震撼力。通过引导新时代青年积极参与社会实践，在社会实践中不断融入新元素，不断增强他们在社会实践中的革命文化的切实体验感，进而促进文化协同效应的形成。

（三）运用新媒体技术，推进革命文化融入生活

随着现代信息技术的飞速发展，从互联网到移动互联网的新媒体时代已经来临，革命文化的传播必须通过新媒体技术融入生活。运用新媒体技术传播革命文化方式能克服传统媒体在时间和空间方面的缺陷，比传统的传播方式更为高效、更为迅捷。具体来说，可以依托微信公众号、微博、贴吧等日常社交平台为新时代青年提供在线交流的机会，同时借助动态图像、动画、音频和视频等在线下开展如话剧演出、诗歌朗诵、红歌比赛等传统活动，做到线上线下相结合。同时还可以借助手机直播软件，录制相关的短视频。新媒体技术的运用也可以将青年喜爱的影视作品做得更有特色、更有亮点、更容易融入生活，在保持革命文化原有内涵的基础上创造出一种符合新时代青年的全新的、动态的、开放的文化形态。要运用新媒体技术将革命文化融入生活，将日常生活与革命文化传播的知识性、趣味性、娱乐性融为一体，使革命文化融入新时代青年的学习、生活和工作中。

总之，新时代青年传承革命文化、培育文化自信的路径，必须通过认真学习领会习近平总书记的重要论述，以坚定传承革命文化、培育文化自信的政治方向；必须通过把握革命文化精神价值与社会主义核心价值观培育的关系，融入思想道德建设，熔铸理想信念，激发传承革命文化、培育文化自信的内在动力；必须适应新时代特点、新媒体环境和青年特点，不断创新、拓展革命文化的传播方式，增强传播手段的多样性和传播内容的丰富性，运用新媒体技术推进革命文化融入生活，构建新时代青年传承革命文化、培育文化自信的协同效应。新时代青年

传承革命文化、培育文化自信的路径探索，必将促进新时代青年传承弘扬革命文化，坚定文化自信，使广大青年“坚定理想信念，志存高远，脚踏实地，勇做时代的弄潮儿，在实现中国梦的生动实践中放飞青春梦想，在为人民利益的不懈奋斗中书写人生华章”①！

① 习近平：《决胜全面建成小康社会 夺取新时代中国特色社会主义伟大胜利——在中国共产党第十九次全国代表大会上的报告》，人民出版社2017年版，第70页。

社交媒体时代粉丝典型行为表征与问题反思[①]

郭芙蓉[②]

［摘　要］与传统媒体时代相比，社交媒体时代的粉丝行为由以文本为中心转变为以偶像人物及其生活为中心，由原子式的个体行为转变为类互动的社群行为，由单一封闭的偶像崇拜到开放多元的泛偶像崇拜，由纯粹情感投射到被商业的资本逻辑裹挟，情感共鸣由宏大叙事转向个人生活叙事。随之而来的问题也不容忽视：粉丝之间的骂战到底是真心维护还是趁机宣泄？粉丝的类互动是成长的自我确认还是权力的乌托邦？对偶像私人审美偏爱是否会消解艺术作品的本真价值？粉丝偶像崇拜是否亦是一场媒体与粉丝合谋的华丽表演秀？粉丝追星如何逃离资本的权力布控从而避免沦为免费数字劳工？如何激发偶像作为"意见领袖"的社会责任感引导正确的网络舆论？这些都是网络思想政治教育需要深入回应的问题。

［关键词］社交媒体时代；偶像；粉丝行为；反思

社交媒体特指基于用户关系的内容生产与交换的网络平台。粉丝是最典型的社交媒体用户，"粉丝就是对于某种目标（人或物）拥有喜欢、关注、信仰等情绪，并愿意付出成本（时间、金钱等）的人"[③]。与传统媒体时代相比，社交媒体时代的粉丝行为极为不同，许多伦理问题值得反思。

---

① 本文系教育部人文社科青年基金项目"微时代主流意识形态微传播机制与策略研究"（项目编号：16YJC710009）及安徽省哲学社会科学规划项目"新时代网络舆情传播的意识形态风险及规制研究"（项目编号：AHSKY2018D47）的阶段性成果。

② 郭芙蓉，合肥工业大学马克思主义学院副教授。

③ 张蕾：《粉丝力量大》，中国人民大学出版社 2010 年版，序言第 15 页。

一、社交媒体时代粉丝行为的典型表征

(一)由以文本为中心转变为以偶像人物及其生活为中心

远古时代,生产和生活条件低劣,人类需要“偶像”为部族的生存发展寻求心灵的庇佑。法国人类学家德·布霍斯将非洲原始族群对“物神”的宗教崇拜称为“物恋”。“偶像”在古人那里,喻示某种善的力量,偶像崇拜寓意着人类对美好生活的渴望与憧憬。受传统儒家文化的影响,革命英雄、伟人、道德楷模一直是国人敬仰崇拜的偶像典范。改革开放以来至20世纪末,在社会主义市场经济和大众文化的助推下,粉丝崇拜的偶像类型也越来越多元。如果说神灵、英雄、道德典范的偶像崇拜是以社会价值取向为基础,那么娱乐明星崇拜则更多的是以个人感情的投射为导引,此阶段的粉丝追星行为,更多是基于对明星偶像作品本身的欣赏和陶醉。正像有人描述的那样:传统媒体时代,因条件所限,粉丝鲜有机会能与偶像近距离接触,只能通过报纸、杂志等少量版面了解偶像生活,粉丝往往就只沉浸在偶像文本的静观审美的迷恋之中,以个体化的孤独状态,展开单纯的文本消费,享受文本盗猎的快乐。从港台的校园民谣《外婆的澎湖湾》《乡间的小路》《光阴的故事》《恋曲1990》《大海》《冰雨》等音乐文本到琼瑶、金庸影视剧的各个经典的人物角色,仿佛歌中、剧中所表达的就是自己的心声。粉丝对文本静观式的审美沉浸,勾连起一幅去功利化的迷人的审美画卷。

在社交媒体时代,偶像文本的功能与角色正在不断弱化,代之而起的是有关偶像其人及其私生活的各种信息消费,即粉丝行为开始以偶像其人及其生活为中心。社交媒体的技术赋权,给予粉丝更多的猎奇偶像私人空间的机会。在“饭”上一个偶像之后,粉丝开始消费有关偶像的各种八卦新闻,并时刻关注偶像在生活中的一举一动。相应的,各种粉丝娱乐网站应运而生,如粉丝网、爱豆、星小班、魔饭生等,提供24小时不间断的明星资讯,偶像的“后台”行为成为颇具商业价值的营销卖点。一方面,它满足了粉丝们渴望真实,不愿意活在伪装世界被愚弄欺骗的猎奇心理;另一方面,偶像为迎合粉丝趣味的变化,拉近与粉丝之间的人际距离,也愿意呈现自己的“后台”生活。商业资本正瞄准粉丝偏好,故意制造情境,上演事先编排设计好的后台“剧本”。传统媒体时代,文化商业资本经营的是偶像作品,而社交媒体时代,偶像个人的一举一动都成为有商业价值的信息卖点。于是,

粉丝行为由过去简单的静观式审美沉浸，向探测偶像本人及其生活的审美聚焦。

（二）由原子式的个体行为转变为类互动的社群行为

粉丝是由英文“fans”直译而来。有学者指出fans这一词，本就是一个复数概念，“粉丝”的“丝”字更是形象地描绘了“黏在一起”的意思。粉丝追星等行为在以前是个体的私事，而在社交媒体时代则是类互动的社群行为，集群、生产、传播、分享使分散的网络个体又重新开始“部落化”。粉丝追星行为正经历着从无互动到浅互动，再到深度互动的转变。例如，以各路偶像为标签的论坛、贴吧、微博、微信群等网络社区为粉丝群体进行偶像文本的创作、分享（基于各种偶像文本的次文本创作）提供交流、展示和互动的平台，如虎扑直男社区、百度的明星贴吧等。关于粉丝社群的类互动现象，不同学者给出了不同解释。

斯图亚特·霍尔、德赛都、约翰·费斯克、詹金斯等研究西方“迷文化”的开路先锋，结合理论与实证分析指出，在网络赋权的社交媒体时代，粉丝有更多类互动的需要。粉丝从偶像文本的“盗猎者”“游牧者”，摇身一变成为创作者和生产者，一改粉丝作为被动消费者的受众形象。现在粉丝甚至僭越偶像，成为娱乐聚光灯下被凝视的主角。粉丝对偶像次文本的二次生产和创作，也急需观赏者、分享者和传播者。约翰·费斯克就指出“声明生产力”是粉丝创造行为之后的心理诉求：“当创造出来的意义被言说，并通过面对面的文化或口述文化分享时，它们就采取了一种可被称为‘声明生产力’的公共形式……粉丝的许多快感源自粉丝所引发的粉丝交谈。”①

社会学往往从社会群体入手观察、探究社会问题。社会学理论认为，现代生活节奏越来越快，在个体化的社会中，青年面临着“双重脱嵌”的尴尬。一方面，成长的需要迫使其从原生家庭中独立出来，步入社会；另一方面，步入社会的青年发现自身难以融入现实的城市社区的新生活。“刚刚踏入社会的青年群体在原子化动向愈加剧烈的当下承受着情感的疏离、个体的孤独，有着强烈的自我缺失感。”②于是偶像成为这部分青年粉丝的精神寄托。正如很多粉丝自述的那样：偶像就像是自己的人生导师一样，从她（他）身上，学到了很多做人的道理，而加入偶像的粉丝团，就如同找到了家的感觉，与志同道合的“家人们”在一起，既温暖又安全。

① ［美］约翰·费斯克：《粉丝的文化经济》，陆道夫译，杨玲校，《世界电影》2008年第6期。

② 蔡骐、卞寒月：《青蛙游戏：代际冲突下的青年成长》，《中国青年研究》2018年第8期。

除了粉丝社群内部围绕偶像信息的类互动行为，大量的互动还表现为粉丝群体与偶像本人的互动。前台行为后台化，后台行为前台化，当下偶像明星的前台与后台间的神秘感被不断地打破，粉丝可以在社交媒体上与偶像交流，集体应援、送礼物、打榜、刷票，寻找拉康眼中某种替代的“充盈”。后精神分析学派的代表雅克·拉康，不同于弗洛伊德注重从生物本能角度对粉丝“迷恋”心理的分析，采用结构主义分析方法，从文化而非生物学中寻找解释的依据。他认为，人一出生，就处于“匮乏”之中。因而人终其一生都在不断地想方设法克服这一“匮乏”状况，寻找“充盈”的瞬间。但“那是一个失落的客体，意指时光流逝中的一个想象的瞬间，人是无法抓住的，只能通过移情策略和替代品来进行自我安慰”①。按照拉康的理论，粉丝偶像崇拜在某种程度上是否亦是在寻找一种替代的“充盈”？无可否认的是，社交媒体时代粉丝的类互动已成为粉丝典型的行为表征。

（三）从单一封闭的偶像崇拜转变为开放多元的泛偶像崇拜

社交媒体时代是偶像丛生的时代。当下各种商业化的过度包装甚至是炒作，借助互联网、电视、广播、手机、网络视频等形成了多方立体传播的架势，能快速地制造各种各样的“明星”。偶像的制作速度越来越快，数量越来越多，而且类型多种多样，不可预测。“偶像”不再仅仅以英雄、伟人、道德楷模的样态存在，硬汉、草根、小鲜肉、时尚的物品、二次元文化中的ACG虚拟人物，甚至某个网络热词都可能成为人们膜拜的偶像。偶像丛生的泛偶像时代已经到来，粉丝对偶像的偏好也开始变得开放多元，甚至游移不定。

《2016年中国粉丝追星及生活方式白皮书》指出，初高中阶段的学生粉丝群体中，只喜欢一个偶像的人数占比超过三成，而大学及以上学历的粉丝中，人均喜欢2个或3个偶像。究其原因，詹金斯认为，粉丝不应被视为文本的消极受众，而是喜欢自由迁移游走的“游牧者”。“虽然存在一部分的粉丝会一直忠心于某个明星或某一个文本，但是绝大多数的粉丝都会在一系列广泛的文本中做出互文性的联系。”②“大部分的粉丝并不是在厌倦了一个粉丝群体之后，就消失了……在通过某个系列首次进入迷狂之后，粉丝会跟着别人转入各种类型的迷狂。”③粉丝的偶像崇拜不再是封闭和一元的，在去中心化的社交媒体时代，粉丝的偶像崇拜是动态可

① ［英］约翰·斯道雷：《文化理论与大众文化导论》，常江译，北京大学出版社2010年版，第123页。

② 杨襄：《亨利·詹金斯的粉丝文化理论研究》，扬州大学硕士学位论文，2016年。

③ 同上。

变的，"脱饭""退圈"是常见的粉丝行为。在成长的不同时期，他们可以有多个阶段性的偶像，喜好是随性随意的，求新求变赶新潮是新时代青年特有的群体特征。正如齐美尔对时尚的描述："对时尚来说，重要的并不是'连续性'，而是不停的变换"，"现代主体还在不停寻找客观世界对它的要求以及它自己的主观需求和愿望之间的协调和平衡。"① 在当下开放多元的社交媒体时代，粉丝对偶像的偏好产生得快，转移得也快。例如，当下粉丝群体以年轻女性为主体，一旦男偶像被爆出恋爱、结婚等新闻，粉丝量就会大减。这样看来，粉丝一系列追星行为似乎也不过是小孩子"过家家"式的娱乐而已。粉丝已由单一封闭的偶像崇拜转变为开放多元的泛偶像崇拜。在文化工业各种力量驱使下，粉丝泛化的偶像崇拜不可避免地堕入一种同质性的偶像"物恋"中。当下，这种同质性的偶像多集中于娱乐领域。有数据显示，娱乐明星与"网红"粉丝是当下最主要的两类粉丝。

（四）由纯粹情感投射到粉丝行为被商业的资本逻辑裹挟

粉丝文化指粉丝围绕偶像而产生的各种行为活动。粉丝文化的发展离不开技术、资本、市场等多种力量的把控和塑造。在社交媒体时代，文本实践、应援（花钱）、做数据（即花时间，将数据转化为金钱，数据快速变现）、购买偶像代言的产品……这些粉丝行为实践主要是因为喜欢和爱这样的情感。因为喜欢和爱，所以愿意心甘情愿为偶像付出时间和金钱。商业资本深谙此道，因而粉丝对偶像的情感投资时常被商业资本盗用，成为流量与数据变现的工具与手段。詹金斯说："对于文化产业来说，粉丝成为一个额外的市场，他们不仅经常大量购买'衍生'产品，而且提供了许多宝贵且免费的有关市场趋势和偏好的反馈。"②

在刷流量和做数据的互联网经济时代，偶像制作公司与互联网企业评估偶像潜力及广告商选择产品代言人，主要是看偶像的流量和数据。粉丝"一方面是最真实、直接的消费者，同时也是偶像的间接营销工具。"③ 粉丝出于对偶像的爱护，会自觉地帮助自己喜爱的偶像出名、积累人气，因而就会做数据、刷流量，最后用金钱和时间堆出"业绩"。如某明星的粉丝通过打榜、制作数据，一度使该明星的新歌登上某音乐榜的榜首，显示出粉丝强大的网络能量，引发网民围观。略显尴尬的是，粉丝自以为豪的卖力打榜、刷票行为，却可能不知不觉或虽已知，却也不得不

① 杨善华、谢立中：《西方社会学理论》上卷，北京大学出版社 2005 年版，第 238 页。

② ［美］约翰·费斯克：《粉丝的文化经济》，陆道夫译，杨玲校，《世界电影》2008 年第 6 期。

③ 姜明：《大众文化视域下的中国粉丝文化研究》，吉林大学博士学位论文，2016 年。

"心甘情愿"地掉进商业资本事先埋好的数据陷阱里，成为数字时代替资本打工的"免费劳动力"。意大利学者蒂兹纳·泰拉诺瓦指出："资本控制了媒介生产、分配和交换决策过程的大部分细节，同时也决定了如何吸纳受众劳动。"①"自愿和无薪并存、享受其中和被其剥削并存"是这种"免费劳动力"的特征，在传播商品化的时代，粉丝成为最典型的"免费劳动力"。

《偶像练习生》和《创造101》是两档较受欢迎的偶像养成节目。养成系偶像发展模式更形象地诠释了粉丝情感与商业资本的关系。"养成"系偶像依托于粉丝对其的"养成"，就像养育孩子一样，粉丝需要付出大量的心血（长时间的陪伴、耗费大量的精力、投入一定的经费）和情感力推其看好的偶像。对于偶像来说，她（他）需要与粉丝进行线上线下的亲密互动与接触，满足粉丝的情感投射，方能享受粉丝家长般的"关怀与照料"。粉丝则从偶像"养成"的过程中，刷存在感，收获自我价值的实现感。粉丝与偶像之间似乎形成了一种不言自明的"我关注你，你服务我"的共存共荣"合作契约"。而这个过程中，商业资本按照既定的偶像人设，比如走勤奋路线、邻家路线、文艺路线等包装、打造偶像，将偶像传奇的生活经历"拟真"般呈现给粉丝，因为"由多媒体所构造出来的真实表象比真实还要真实"②，粉丝的情感付出最终成就了生意人的生意。

（五）粉丝的情感共鸣由宏大叙事转向个人生活叙事

宏大叙事（Metanarrative）理论起源于法国哲学家让—弗朗索瓦·利奥塔。在《后现代状况》（1979）一书中，他指出后现代社会化呈现出对"宏大叙事的怀疑"以及"宏大叙事合法性机制的衰落"。宏大叙事的典型特点是以群体抽象为基础，追求同质性、统一性、全民性。"宏大叙事是一种同质性力量，其运作机制既包含吸收过程又包括排斥过程——将异化性话语纳入秩序的范畴并对其论资排位，对反抗的话语和声音则以'普遍规律'与'总体目标'之名坚决予以涤除。"③宗教与神学、科学与真理、理想与信念等都是宏大叙事的母题，成为人们评判是非的根本性依据。而在尊重个性与差异、诉求多元多变的后现代社会，宏大叙事被后

① 转引自：Karin Fast，Henrik Örnebring，& Michael Karlsson，M.，"Metaphors of free labor：a typology of unpaid work in the media sector"，*Media*，*Culture & Society*，No.38（March，2016）。

② 夏莹：《"诱惑"：对抗性生产的表象游戏——对鲍德里亚〈诱惑〉的一种解读》，《山东社会科学》2018年第12期。

③ ［英］约翰·斯道雷：《文化理论与大众文化导论》，常江译，北京大学出版社2010年版，第227页。

现代主义的个人叙事取代。换言之，个体的心理感受和情感体验成为人们关注的重点，粉丝的情感共鸣由关注宏大叙事转向后现代主义视域下的偶像与粉丝的生活叙事。

传统的粉丝追星行为，往往源自宏大叙事的激情召唤。“70后”“80后”的人们也许都不会忘记那一首首激起一代人情感共鸣的经典老歌。《壮志在我胸》：“管那山高水也深，也不能阻挡我奔前程，……茫茫未知的旅程，我要认真面对我的人生。”《爱拼才会赢》：“人生可比是海上的波浪，有时起有时落……三分天注定七分靠打拼，爱拼才会赢……”歌词本身就很动人，加上美妙的旋律，激动人心、催人奋进，表达了一代青年不惧输赢，勇往直前，用自己的奋斗改变命运的决心。

而社交媒体时代的粉丝行为更多的是一种后现代主义的个人生活叙事。“作为一种学术时尚，后现代主义更注重表象，而抛弃本质；注重流动，反对永恒。”①当下的“90后”“00后”因其生长在改革开放的年代里，物质生活的充裕，可能会削弱他们对劳动的敬畏感和对知识改变命运的体悟。关于集体、国家与民族的宏大叙事开始隐退，即时瞬间、碎片化的个人叙事成为粉丝情感消费的母题。例如，粉丝会因为制作公司没有给喜欢的偶像应有的待遇，上演与制作方之间的冲突闹剧，真真假假难辨真伪，有些闹剧是制作方故意制造出来炒热度的。正像有人感叹的那样，今天偶像文本已经褪去宏大叙事的辉煌意蕴，偶像制作的叙事母题转换为商业与市场力量主导的自编自演的个人“励志”故事。这在某种程度上也印证了时代在变，境遇在变，偶像的故事也在变。

二、社交媒体时代粉丝行为的问题反思

（一）粉丝之间的骂战到底是真爱偶像还是趁机泄愤？

偶像对于粉丝来说有一种投射的“神性”，这种“神性”道成肉身就是粉丝。在粉丝眼里，偶像就是自己的化身、替代物，容不得一丝一毫的亵渎，粉丝时常沉浸在“神性”维护的狂欢之中，寻找各自身份的标签和由这个标签带来的群体归属感。爆吧、恶意刷帖、掐架……不同偶像的粉丝群体间、同一个真人偶像团体内部

① 夏莹：《“后真相”：一种新的真理形态——兼与吴晓明、汪行福等教授商榷》，《探索与争鸣》2017年第6期。

的"团饭"与"唯饭"之间等相互撕裂的口水战如同现实生活中路人的口角纠纷，总能吸引"吃瓜群众"驻足围观。例如，某对娱乐明星在网上公布恋情，双方粉丝口诛笔伐，指责对方偶像配不上自家偶像，彼此骂得你死我活。维护自家偶像的声誉成为当前粉丝群体"义不容辞"的"伦理使命"。当偶像的声誉不佳或遭到社会谴责时，粉丝群体展开强大的"人防攻势"与之对抗，寻求集体的重生。例如，在快看App上，一位漫画家的作品中有一位人物的名字含有"坤"字，而且这个人物是反派，引起ikun（蔡徐坤粉丝）们的强烈不满，对漫画家的声讨控诉火速蔓延。诸如此类骂战，不知是真心维护还是趁机泄愤？粉丝与偶像是一个"命运共同体"，相互决定、互相增分。近年来，像玉米基金会、易烊千玺V公益等粉丝的慈善行动就不断提升偶像与粉丝的公众形象，但问题是如何才能将粉丝巨大的能量引流至一个理性和善的方向上去。

（二）对偶像私人审美偏爱是否会消解艺术作品的本真价值？

据一位大学二年级的学生粉丝自述："根据我自己和对其他粉丝群体的观察，粉丝们喜欢上自己的偶像的第一个契机就是其外貌。因为本身偶像群体的数量也很庞大，大家了解偶像最直观的途径是其外貌。当被外貌吸引之后，人们就会去有意地了解其相关活动，比如真人秀，音乐作品，vlog（视频博客），或者在微博上关注其账号和官方粉丝后援会的账号，以此深入了解这个人本身是什么样子的。但是现在的话，大家主要是为了偶像才去看他的作品，粉丝群体还是存在'纯颜饭'的。"

粉丝对偶像的艺术作品的欣赏很多时候并不是基于作品本身的艺术价值，而是基于偶像自身，偶像的颜值和个性更重要。例如，某娱乐明星偶像推出的"付费可见自拍"玩法，一夜间就吸金无数。粉丝审美的价值偏差和偏离，导致好的艺术作品无人问津，发生在偶像身上的各种故事替代了艺术作品。商业熏陶下的粉丝文化使偶像开始变得肤浅、平面、单一和同质。2013年，主要以粉丝趣味为导向、制作成本较低的粉丝电影开始涌现。为表示对偶像的喜欢和忠诚，粉丝可以连续包场，创下票房高纪录。这其中审美的对象已经完全由偶像艺术作品转移至偶像其人，这样连续的包场买单的粉丝消费行为将导致劣币驱逐良币，最后真正的艺术作品无人创作、投资与欣赏。粉丝对偶像的私人审美偏向极有可能消解和遮蔽真正的艺术作品的本真价值。正如《光明日报》对粉丝电影的批判那样：如何能走出颜值、流量的怪圈，真正进入文化艺术作品审美之中。

（三）粉丝追星行为是否亦是一场华丽景观表演秀？

粉丝是偶像舞台表演不可缺少的配角，电视评论家罗伯特·艾伦（1992）称之为理想受众或模范观众。《我是大明星》《疯狂粉丝团》等小品比较生动形象地阐释了粉丝对于偶像舞台表演的不可或缺性。在社交媒体时代，粉丝对媒介的征用较多，粉丝与偶像之间因共谋关系而距离较近，甚至粉丝超越了配角，成为会用各种创意进行二次创作的积极“产消者”和“粉飞客”，粉丝集网络文化生产、消费、传播于一身，既是消费者，又是生产者，是观众，也是演员。

粉丝对偶像文本及与偶像相关的文本的二次创作、传播和分享，使粉丝成为偶像文化侧溢出来的又一道亮丽的“风景”，并转而僭越为主角。在粉丝僭越星位的过程中，有时候为求关注，会动用出格手法。例如，某粉丝为求关注，用污秽的语言给某明星偶像留言，成为网络瞩目的焦点；而某卫视的某主持人在给明星偶像颁奖时，因为当场下跪，惹得舆论一片哗然。网络直播用户为博取主播的青睐、谋取较高的用户等级，常上演炫耀式打赏竞赛，而弹幕制造的强大视觉效应更是让观众成为直播中的焦点人物。社交媒体时代，真真假假，虚虚实实，让人眼花缭乱，粉丝的偶像崇拜行为是否亦是媒体与粉丝合谋导演的一场华丽表演秀？道格拉斯·凯尔纳指出：“技术资本主义已经发展到令人目眩神迷的信息/娱乐社会阶段。……在这样的背景下，媒体制作出一个又一个‘奇观’来吸引观众。”① 普通的大众网民是这场表演的观众，沉醉于观赏“少数人”（偶像与粉丝）制作和操控的奇观中。

（四）粉丝的类互动是成长的自我确认还是权力的乌托邦？

未来学家克莱·舍基指出，新媒体社会不是“干”而是“湿”的，“人和人可以超越传统的种种限制，基于爱、正义、共同的喜好和经历，灵活而有效地采用多种社会性工具联结起来，一起分享、合作乃至展开集体活动”②。社交媒体为粉丝的聚集互动搭建了平台，因共同尊崇的偶像而成为“一家人”，“家人们”聚焦在社交平台上，相互安慰、陪伴，这些有助于消除个体社会化的孤寂感，完成成长中的自我确证。

粉丝社群的类互动自然会形成一个内部的权力场。“任何既定的迷文化（即粉

① ［美］道格拉斯·凯尔纳：《媒体奇观：当代美国社会文化透视》，史安斌译，清华大学出版社 2003 年版，英文原版前言第 9 页。

② ［美］克莱·舍基：《未来是湿的：无组织的组织力量》，胡泳、沈满琳译，中国人民大学出版社 2009 年版，译者序第 7 页。

丝文化）不再只是一个社群，同时也是个社会层级。”①在这个权力等级的竞争场域中，人们用尽各种方法“争名夺利”，如网络直播间内，观众刷礼物、开守护、购买虚拟道具等打赏行为很多时候是为荣誉、权力、身份而进行的意义消费。金钱消费的越多，获得虚拟的荣誉、权力就越大，等级越高，身份就越“尊贵”。英国作家阿兰·德波顿在《身份的焦虑》一书中就提示我们，在基本的物质财富满足之后，身份的焦虑便开始显现，人们开始“担忧我们当下所处的社会等级过于平庸，或者会堕至更低的等级”②。但虚拟毕竟不能替代真实的，社群内的权力再大，终究还是要面向现实而活。值得深思的是，权力的乌托邦在现实中真的能兑现吗？兑现多少？

（五）粉丝追星如何逃离资本的权力布控从而避免沦为免费数字劳工？

达拉斯·沃克·史麦兹在《受众商品及其劳动》中提出“受众商品”这一概念，用来说明媒体与广告的关系，指出受众兼具受动性和反抗性。文化作为商品先卖给媒体，然后媒体在文化传播中收获一定数量的观众，再把观众作为商品卖给广告商或赞助商。当下数量庞大的各个粉丝社群本身就是广告商或投资商的“菜”。对于粉丝来说，偶像是其情感世界中可以寄托心灵的象征符号，需要从这个符号消费中寻找“充盈”的瞬间，犹如网络游戏“旅行青蛙”的玩家，其被人需要的价值感要在游戏中来确证。粉丝心甘情愿为偶像耗费时间、精力、金钱，不惜一切为偶像打榜、应援、刷流量、做数据，直至把喜欢的偶像推上“神坛”，这一切皆因为爱。但商业资本的权力布控已经瞄准粉丝们，由此而诞生了粉丝经济，粉丝成为营销的对象，也成为免费的数字劳力。在后工业的社交媒体时代，粉丝的情感付出换来的是灵性时间的被吞噬，粉丝成为免费的数字劳力，已经引发很多学者的关注。被吞噬的灵性时间谁来补偿？就像夏莹教授对共享经济中劳动者非生产性的时间被剥夺这一现象所提出的观点：“共享资本以‘灵活性’‘自由’的方式实际上完成了对非劳动时间的进一步盘剥，这是对剩余劳动更为彻底的榨取”③，粉丝追星如何能逃离资本的权力布控从而避免沦为免费数字劳工？

（六）如何激发偶像作为“意见领袖”的社会责任感引导正确的网络舆论？

在一些网络热点事件中，粉丝的集群式的“控评”行为，极容易被某些“意见

① Matt Hills：《探究迷文化》，朱华瑄译，台湾韦伯文化国际出版有限公司2005年版，第79页。

② ［英］阿兰·德波顿：《身份的焦虑》，陈广兴、南治国译，上海译文出版社2018年版，第6页。

③ 夏莹：《论共享经济的资本主义的属性机器内在矛盾》，《山东社会科学》2017年第8期。

领袖”用来传播个人偏见，稀释社会主义意识形态的影响力和凝聚力。2018年，《人民日报》就连发多篇评论，讨论粉丝“控评”现象。当前粉丝话语权力不断向经济、社交、政治领域扩展，如何引导和善用粉丝的力量，从事积极向善的道德实践，如何发挥粉丝对网络舆论引导的正向作用，其实解铃还须系铃人，最根本的还需要依靠偶像本身正面的榜样示范和价值引导。拥有如此庞大的粉丝体量，偶像本身的话语传播力、影响力、公信力都是普通人无法比拟的。2018年，重庆共青团聘任冯提莫为其宣传工作推广大使，因为冯提莫传递正能量，而其微博粉丝达700多万，在斗鱼直播平台上关注她的人数也有1600多万。因此，此时问题就转化为如何培育有社会责任感的偶像“意见领袖”，这是社交媒体时代舆论引导中更值得思考的问题。

总而言之，偶像娱乐工业的造星运动使偶像泛化至任何人或物。娱乐明星、草根、小鲜肉、时尚物品、二次元文化中的虚拟人物，甚至网络热词等都能成为青年膜拜的偶像。权威数据显示，仅在微博平台上，各种偶像的粉丝总覆盖人数达6.719亿。如此庞大的粉丝体量通过部落化的网络社群进行高效互动，从深耕偶像文本到文本的二次盗猎、创造与分享，从应援、打榜到刷流量、做数据，从骂战、人肉搜索到电影锁场、舆论“控评”，粉丝话语权不断地从单纯的审美向经济、社交、政治领域扩展，深刻影响网络文化、网络舆论生态的发展。社交媒体时代的粉丝典型行为及其引导，应成为新时代网络思想政治教育必须深入研究与回应的前沿课题。

论沉浸传播时代的思想政治教育①

王　嘉　张维佳②

［摘　要］随着虚拟现实等媒介技术的不断成熟，人类逐渐迈入沉浸传播时代。沉浸传播作为一种全新的传播方式，打破虚拟和现实的界限，颠覆“受众”概念，实现人类感知系统的高度沉浸。在沉浸传播时代，思想政治教育的特征、过程、对象以及载体等要素均面临巨大的机遇与挑战。为适应媒介时代的变革，思想政治教育应形成智能空间思想政治教育，实现思想政治教育交往主体，构建综合性思想政治教育内容体系，以及使用“沉浸指数”思想政治教育效果评估方法。

［关键词］沉浸传播；思想政治教育；沉浸指数

信息技术的快速发展，推动世界传媒业进入前所未有的大发展、大变革、大调整时期。西方著名的马克思主义批判理论家马克·波斯特（Mark Poster）在《第二媒介时代》里指出，以单向大众传播为主要特征的是第一媒介时代，以互动双向传播为主要特征的是第二媒介时代。伴随大数据、虚拟现实和泛在网络的不断成熟，人类逐渐迈入以沉浸为主要特征的第三媒介时代，即沉浸传播时代。沉浸传播是深度融合过去、现在和未来的一切媒介形式，以人的完全沉浸状态为指向的传播方式。相较第一和第二媒介时代，沉浸传播时代最大的特征是处于沉浸传播中的人的注意力高度集中，以致达到浑然忘我的境界。以习近平同志为核心的党中央高度重视掌握媒介技术对社会主义主流意识形态建设和党的长期执政的巨大

① 本文系国家社科基金一般项目“思想政治教育网络意见领袖的培育和可持续发展研究”（项目编号：15BKS107）的研究成果。

② 王嘉，大连理工大学马克思主义学院副教授；张维佳，大连理工大学马克思主义学院博士研究生。

作用，提出“推动媒体融合发展、建设全媒体就成为我们面临的一项紧迫课题”①。

随着第三媒介时代的逐步到来，沉浸传播将逐渐深度融入个人生活，人类也将由本地化生存转向泛在化生活，思想政治教育仍然需要主动、积极地应对信息技术和媒介发展所带来的这种时代变革。本文在深入探究沉浸传播的概念及主要特征的基础上，分析了思想政治教育在沉浸传播时代所面临的挑战与机遇，提出了思想政治教育应如何围绕人类媒介时代的变革以实现自身的转型与创新发展，从而始终保持思想政治教育的生命线地位。

一、沉浸传播的理论界定

沉浸传播源于心理学的“心流”研究。1975 年，美国芝加哥大学心理学教授米哈里·契克森米哈赖（Mihaly Csikszentmihalyi）首次提出“心流”（Flow）概念。他认为“心流”是“一个人完全沉浸在某种活动当中，无视其他事物存在的状态。当人进入沉浸体验时，注意力会高度集中，发挥出意想不到的创造力，也就是达到了一种‘忘我’的享受境界”②。心理学角度的“心流”描述了人的精神的高度集中以及忘我状态。随着数字技术的发展，虚拟现实创造的交互式三维立体环境让使用者仿佛置身真实环境，大大提高了人们进入沉浸状态的力度和可能性。传播学界开始用“沉浸”（Immersion）来表达这种人的身心高度集中、心无旁骛的状态。虚拟现实中信息的传播和接收模式都发生了巨大变革，产生了一种使人完全沉浸其中、忘我的全新传播方式，即沉浸传播。虽然沉浸和沉浸传播的研究都肇始于虚拟现实，但是随着大数据、泛在网络等技术的普及和低门槛化，人类进入沉浸的状态越来越容易，沉浸传播早已不再局限于虚拟现实，未来它也必将会深入社会生活的各个领域，实现社会环境的媒介化，因此沉浸传播的内涵亦愈加丰富。

（一）沉浸传播的概念

目前，关于沉浸传播的概念主要有环境说和技术说两种观点。

1. 环境说。持该观点的学者认为“媒介即环境”③。沉浸传播是“充分媒介化

① 习近平：《加快推动媒体融合发展　构建全媒体传播格局》，《求是》2019 年第 6 期。

② ［美］米哈里·契克森米哈赖：《心流：最优体验心理学》，张定绮译，中信出版集团 2017 年版，第 67 页。

③ 曹钺、骆正林、王飔濛：《“身体在场”：沉浸传播时代的技术与感官之思》，《新闻界》2018 年第 7 期。

的生活环境”[①]，是这个时代的空气与水，是人对媒介的深度依赖。李沁在我国首部关于沉浸传播的专著——《第三媒介时代的传播范式——沉浸传播》中，将沉浸传播界定为“一种全新的信息传播方式，它是以人为中心，以连接了所有媒介形态的人类大环境为媒介而实现的无时不在、无所不在、无所不能的传播”。这正是基于媒介即环境对沉浸传播进行的界定。

2. 技术说。持该观点的学者认为信息传播技术的发展是推动沉浸传播时代到来的决定因素。有的学者认为虚拟现实技术的不断演进产生了全新的信息交流方式沉浸式传播[②]；有的学者则认为新媒体技术的不断发展推动了沉浸式传播的到来[③]；还有的学者从跨媒介的角度界定沉浸式传播，认为通过不同的端口为受众营造一个统一的世界[④]。这种跨媒介叙事的方式就是沉浸式传播。

综上，本文认为沉浸传播是深度融合过去、现在和未来的一切媒介形式，以人的完全沉浸状态为指向的传播方式。理解沉浸传播，应着重把握两个要点：第一，信息技术对沉浸传播的推动是支撑性和关键性的。在沉浸传播时代，媒介技术的更新迭代呈现指数级加速发展，各种信息技术飞速地增长与消融、兼并与演进，以前所未有的力度推动信息传播方式的变革。人与人从最初只能面对面地实现信息和情感的即时交流，发展到可以借助于一定的界面和设备实现超越时空的即时沟通，再到无须借助界面就能够实现仿佛面对面地即时交流。这种媒介技术的发展趋势体现了美国媒介理论家保罗·莱文森（Paul Levinson）所提出的媒介的人性化趋势理论，即媒介的发展趋势是其功能逐渐符合人类需求，其外形逐渐适应人类的审美，其信息呈现的方式逐渐与人类感知觉系统高度匹配，达到人类各感官的生理和谐。媒介技术发展的人性化趋势使人愈加容易进入沉浸状态，沉浸程度也日趋深入。第二，沉浸传播实现的是人的全方位的深度沉浸。前沉浸传播时代实现的是信息和想象的沉浸，是一种人可以随时抽离的、程度较浅的沉浸。在沉浸传播时代，通过可听、可看、可摸、可嗅的多维信息直接刺激受众的感知行为系统，实现的是人的身心的全面沉浸，是一种深度的、不自知的沉浸。

---

① 陈力丹、丁文凤、胡天圆：《沉浸传播：处处是中心　无处是边缘——对世界互联网大会的总结与思考》，《新闻爱好者》2015 年第 1 期。

② 杭云、苏宝华：《虚拟现实与沉浸式传播的形成》，《现代传播》2007 年第 6 期。

③ 熊澄宇：《对新媒体未来的思考》，《现代传播》2011 年第 12 期。

④ 唐昊：《媒介融合时代的跨媒介叙事生态》，《中国出版》2014 年第 12 期。

（二）沉浸传播的特征

沉浸传播是一个开放、包容的系统，在媒介的深度融合中，依托成熟的泛在网络形成了自己的特征。

1. 超越虚拟和现实界限，传播无时无处不在

泛在连接和定位服务使沉浸传播成为媒介的集大成者，它包含了过去、现在和未来的一切媒介形式，人也是其中一种媒介。人可以与周围的一切进行互动，无论是移动终端还是个体、群体或者组织。因此，任何人或物在任何地方都能够成为信息源。这种媒介大融合，打破了时间和空间的边界，超越了虚拟世界和现实世界的界限。人类时时在线、时时在场，实现了麦克卢汉（McLuhan）所说的“处处皆中心，无处是边缘”。

2. 颠覆“受众”概念，传播对象从大众、分众转向泛众

第一媒介时代的传播是一对多的传播，代表媒介是电视和报刊。传播主体作为信息传播的主动发起者与组织者，掌握信息传播权，具有绝对的信息优势，而受传者则是被动的信息接收对象。第二媒介时代的传播是互动的分众传播，是一对少数的传播，代表媒介是互联网。互动是第二媒介时代的典型特征，受传者的主体地位受到极大的重视，既是信息的生产者也是消费者；传播主体对受众进行细部划分，对不同受众群体传播的内容和方式方法都不尽相同，且重视受众对传播效果的反馈。沉浸传播时代不以传受双方的互动为主，而是强调以全部个体的第一视角实现的个性化体验，是多对多、多对一、一对多以及一对一等多种传播方式同时发生的传播，即泛众传播。相较大众传播和分众传播，泛众传播中传播角色互换随时发生，人人皆为传播者，也皆为受传者，传播形态和传播方式的组合种类繁多、因人而异。传播主体已经不能凭借对媒介的把控而成为主体，受传者的注意力成为稀缺资源，优质的信息内容和高效的传播方式方法成为吸引受传者的关键。

3. 沉浸程度高，传播效果“润无声”

人类在从事各项实践活动时，或多或少都能体会到沉浸状态。根据感知系统受刺激的不同程度，沉浸可以分为信息的沉浸、器官的沉浸（感官的沉浸）以及大脑的沉浸[①]，其中大脑沉浸是器官沉浸的高级阶段，是全身心的深度沉浸。根据人

① 张以哲：《沉浸感：不可错过的虚拟现实革命》，电子工业出版社 2017 年版，第 19—21 页。

的主观体验强弱程度，沉浸可以分为“想象沉浸和具身沉浸”[①]，想象沉浸是程度较弱的沉浸，能够随时被打断；具身沉浸让人们仿佛置身日常生活，是强沉浸。有的学者进一步提出用“沉浸指数”[②]表示沉浸的实现程度，在任何人、任何时间、任何地点、任何服务这四个方面实现的信息传播的能力越高，沉浸传播的效果就越好。可以运用具有感知、计算及执行能力的智能终端、传感器等信息传感设备对“沉浸指数”进行测量，测量结果的高低表明人对传播内容的接受程度，从而能够准确地反映传播的实效性。相较前沉浸传播时代弱意义上的沉浸，沉浸传播实现的是身心高度投入的强沉浸。当沉浸传播发展到终极媒介状态，人与周围环境将融为一体，人类将不再感到媒介的存在，成为“沉浸人”[③]。“沉浸人”感觉不到虚拟与真实之间的差别，如同日常生活般自然，实现的是感知行为系统的全面沉浸。“沉浸人”的沉浸程度最高，对媒介负载信息的接受和认同效果最好，因此也真正实现了“润物细无声”的传播效果。

二、思想政治教育在沉浸传播时代面临的机遇与挑战

思想政治教育归根到底是做人的工作，而在沉浸传播时代，人的生存空间、思维和生活模式以及人与媒介的关系都将发生巨大变化。因此，思想政治教育需要进行前瞻性审思，明确自身所面临的机遇与挑战，这是思想政治教育因时而变，因势而变，从而能够不断发挥其功能与价值的依据。

（一）思想政治教育本质和特征的消解与加深

思想政治教育的本质是主流意识形态的主导和灌输，这就决定了导向性是思想政治教育最主要的特征。思想政治教育要始终坚持正确导向，将正确的政治方向放在首位。沉浸传播对思想政治教育导向性的消解主要体现在两个方面：一方面，沉浸传播引发思想政治教育主体危机。沉浸传播是所有人对所有人的传播，处处是中心，人人皆主体。而教育者要成为思想政治教育主体必须首先成为思想政治教育信息的传播主体。沉浸传播时代的突出特色是在任何时间、任何地点，对任何人提供任何服务，因此，在众多无微不至的个性化的信息服务中，在受教

① 苏丽：《沉浸式虚拟现实实现的是怎样的“沉浸”？》，《哲学动态》2016年第3期。

② 李沁：《第三媒介时代的传播范式——沉浸传播》，清华大学出版社2013年版，第78页。

③ 同上书，第128页。

育者注意力有限的情况下，教育者如何有效传播思想政治教育信息、凸显思想政治教育信息、过滤和剔除干扰信息及负面信息以实现思想政治教育的导向性将面临诸多挑战。另一方面，沉浸传播可能会消解教育内容的严肃性、思想性和系统性。注重个人体验的沉浸传播会加剧第二媒介时代碎片化、快餐式的信息传播趋势，而碎片化思维易将复杂事物简单化，使人们对教育内容缺乏长时间的深度阅读、理解和思考，可能会弱化受教育者对社会主义主流意识形态的系统理解和把握。

渗透性亦是思想政治教育的特征。思想政治教育要提高实效性应“随风潜入夜”，广泛渗透到受教育者的工作和社会交往中。沉浸传播中，一切皆为媒介，媒介即环境。思想政治教育可以渗透到受教育者接触到的所有媒介中，因此思想政治教育与受教育者的工作、生活以及交往的融合和卷入空前深入，可以在任何时间、任何地点、任何人之间进行。思想政治教育可以渗透到人的一切社会活动中，沉浸传播所提供的适应多维感觉通道的全息性信息，使受教育者在不知不觉间获得视觉、听觉、嗅觉等全部感知系统的沉浸，从而大大地减少接受障碍，使受教育者不自知地接受教育内容。

（二）思想品德形成过程的抑制与促进

思想政治教育过程与人的思想品德的形成过程是协同的、统一的，其中人的思想品德的形成过程是更为基础的，是思想政治教育过程和规律的依据。思想品德的形成过程是知、情、意、行诸要素辩证运动、均衡发展的过程，而沉浸传播加剧了知、情、意、行发展方向上的不一致和发展水平上的不平衡。所谓“知”，就是思想道德认识，是受教育者对客观存在的思想道德关系以及处理这种关系的原则和规范的理解和认识，是思想品德形成发展的前提。沉浸传播中的信息是色彩鲜明、栩栩如生、扑面而来的，受教育者被这些图片、声音、动画等所吸引，容易对教育内容产生片面化、表面化的认识。“情”，即思想品德情感，是人们在现实的思想道德关系中表现出来的一种爱憎好恶的态度。情感对思想政治教育接受具有激发作用，不仅影响受教育者是否接受思想政治教育，而且影响接受的程度。沉浸传播能够使受教育者沉浸教育内容，心无旁骛，在情感上极易感同身受，提高了受教育者对教育内容的情感认同。“意”，即思想品德意志，是受教育者在思想道德活动中自觉地克服各种障碍和困难的毅力。品德意志的锻炼与磨砺，需要主体有意识地控制和调节自我行为，克服各种困难与障碍。沉浸传播根据人的实际需求提供一对一的精准信息，使受教育者无须格外努力即可获取有效信息，降低了受教育者主动寻求意志锻炼的可能性和有意识进行意志磨炼的积极性。"行"，即思想品德行为，是受教育者在知、情、意的支配下，在思想道德活动中的实际行动，是受教育者思想品德的外在反映。帮助受教育者形成良好的思想品德行为习惯是思想政治教育的出发点和落脚点。沉浸传播能够营造有利于受教育者重复良好行为的教育情境，引导受教育者反复实践，形成良好的道德行为习惯，从而促进受教育者将良好的思想道德认识外化。

因此，沉浸传播时代，思想品德形成发展的各要素之间的矛盾不断加剧，而这种矛盾正是沉浸传播时代思想政治教育的客观依据之一。如何推动思想品德形成诸要素的相互作用、辩证发展并逐步达到发展方向和发展水平的均衡，将是思想政治教育在沉浸传播时代面临的重要课题。

（三）教育对象主体性的弱化与提升

教育对象的主体性是指教育对象作为思想政治教育主体的本质属性，具体表现为"自主性、能动性和创造性"[①]。沉浸传播对教育对象的主体性具有积极与消极的双重影响，其根源在于沉浸传播对人的思维方式的双重形塑。所谓思维方式，是指主体在改造客体的过程中形成的一种固定的思维模式和独特的思维结构。思维方式的发展与转变，受到主观和客观条件的影响，既与个人的认识水平、知识结构、情绪有关，又受到社会环境、文化传统的制约和限制。

沉浸传播对教育对象思维方式的双重形塑体现在两个方面：一方面，沉浸传播能够对个体进行全方位沉浸式的直接刺激，将想象的场景和画面直观呈现，将现实世界中的不可能变成可能，从而赋予思维直观性，使思维过程可视化，促进思维方式向多样化、创新性、发散性转变，跳出单一思维的藩篱；另一方面，沉浸传播这种信息直观化的呈现方式，在加强真实感的同时，又极大地挤压了人们的想象空间，使想象空间小到甚至不需要想象，把看到的当作真实的就可以，这又助长了思维的惰性，导致思维方式趋于浅层和表象化。教育对象思维方式的这种双重变化，一方面能够促进教育对象进行多角度、多层次、个性化的思考，有助于其在思想政治教育实践活动中发挥主观能动性；另一方面，过度依赖媒介将消解教育对象的深层思考能力和理性思维，导致思维方式的趋同性，使教育对象丧失了发挥主体性

① 张耀灿：《现代思想政治教育学》，人民出版社 2006 年版，第 276 页。

的能力和可能性。

（四）思想政治教育载体的失控与受控

思想政治教育载体在思想政治教育中具有十分重要的意义。一方面，它是连接教育者和受教育者并使其发生相互作用的中介；另一方面，它又是思想政治教育目的、任务、原则以及内容的负载。文字、活动、传媒等皆可成为思想政治教育的载体，但前提条件是必须能够被教育者所控制和运用，离开了这一前提，就不能称之为思想政治教育的载体。随着大众传播的迅速发展及其影响的日益增长，传媒载体越来越受到重视。在现代社会，通过控制和利用大众传媒以达到社会控制和政治教育的目的，是普遍的做法。中国共产党历来重视党管媒体，坚持政治家办报的党性原则。然而，在沉浸传播时代，随着大数据、泛在网络等技术的低门槛化，一切皆媒，人人皆众。人们生活在媒介化的环境中，意图通过控制信息的传播渠道即思想政治教育的载体来达到思想政治教育的目的将会越来越困难，因此在沉浸传播时代，思想政治教育将面临载体失控的风险。

然而，思想政治教育又迫切需要控制浸媒介，需要利用沉浸传播种类繁多的传播形态和传播方式以实现思想政治教育的功能与价值。其原因有以下三点：第一，浸媒介具有使人身心沉浸其中、聚精会神的传播效果，合理运用浸媒介作为思想政治教育的载体能够有效提高思想政治教育的接受效果；第二，在沉浸传播时代，人与媒介深度融合、难分彼此，其紧密程度和深入程度将大大超越今天的互联网，思想政治教育必须占领浸媒介这个最新的宣传思想工作阵地，正如当前必须占领互联网这个宣传思想工作的主阵地一样，因为“这个阵地我们不去占领，人家就会去占领；这部分人我们不去团结，人家就会去拉拢”①；第三，在第二媒介时代出现的信息危机，在沉浸传播时代将愈演愈烈，信息过分依赖与崇拜、信息恐慌与焦虑将引发人们新的思想道德问题。因此，如何通过法律、管理等多种手段掌控浸媒介成为思想政治教育在沉浸传播时代的重要任务。

综上可见，沉浸传播时代思想政治教育的诸多方面都将面临巨大的挑战与机遇。迎接挑战、抓住机遇的关键在于教育者。教育者不再是信息的绝对拥有者，逐渐丧失获取信息的渠道优势。沉浸传播对教育者的能力素质、对教育内容的把控和理解以及有效载体的选择都提出了更高要求。教育者将不仅是社会主义主流意

① 习近平：《习近平谈治国理政》第2卷，外文出版社2017年版，第325页。

识形态的灌输者,更应是教育对象的指导者、关心者以及协作者,以引导和帮助教育对象实现人的自由全面发展。

三、思想政治教育在沉浸传播时代的变革与转型

(一)网内网外思想政治教育转向智能空间思想政治教育

对网络思想政治教育有两种理解,一种是把网络仅仅作为思想政治教育的新载体、新工具,一种是认为思想政治教育要进行全方位的创新和发展,从理念、内容、机制等多个方面适应网络传播。后一种理解更能反映网络思想政治教育的本质。正是基于后一种理解,思想政治教育以互联网为界限,分为网内思想政治教育与网外思想政治教育或者网络思想政治教育与现实社会思想政治教育。

沉浸传播打破了现实与虚拟的界限,形成人的新的生存空间——智能空间,思想政治教育将不再有网内与网外思想政治教育的严格区分,而是统合为智能空间思想政治教育。在沉浸传播时代,人类空间由现实转向虚拟,人类生存由注重真实体验转向媒介的间接体验。虚拟空间以物质的形态现实化,逐渐成为现实世界的延伸,继而发展到虚拟和现实的全面融合,使两个空间的界限趋于消失,最终形成一个全新的泛在空间——智能空间。智能空间是融合了现实和虚拟空间、主客体一体化的、开放的空间。人处于去中心化、无所不包的泛在环境,人的生活趋向智能化发展,成为"沉浸人"。因此,思想政治教育无须严格区分物理空间与虚拟空间、线上与线下、网内与网外,网络思想政治教育将转向智能空间思想政治教育。

把握智能空间思想政治教育,关键在于正确理解其本质。与以往的思想政治教育相比,智能空间思想政治教育虽然在组织方法、工作机制以及内容手段上有很大不同,但其主流意识形态的灌输这一本质没有改变,导向性仍然是智能空间思想政治教育最为突出的特征。必须把坚定正确的政治方向放在首位,坚持社会主义的主旋律,牢牢掌握意识形态工作的领导权、管理权、话语权,运用法律、管理等多种手段主动控制浸媒介,灵活掌握沉浸传播的多种传播形态和传播方式,为智能空间思想政治教育的开展提供载体和平台,从而能够有效实现沉浸传播使人高度沉浸的传播效果。

(二)主客二元视角转向思想政治教育交往

主体思想政治教育主客体关系的研究历史性地形成三种观点:"教育者主体

说”“双主体说”“主体际说”。①“教育者主体说”与“双主体说”没有摆脱主客二元论的认知模式。“主体际说”建立在交往实践观基础上，强调教育者与受教育者在交往实践中无主次的、平等的相互作用和影响。在沉浸传播时代，人与人、人与物的交往跨越了地域的界限和身体的极限，由封闭走向开放，交往的深度和广度达到前所未有的程度。思想政治教育主客体之间的交往和互动更加频繁和普遍，因而形成了思想政治教育交往主体。思想政治教育交往主体不是无主次的、平等的主体，而是复杂的、具有层次性的主体。

思想政治交往主体摆脱了主客二元论角度，将一切交往对象视为主体。理解沉浸传播时代思想政治教育交往主体应把握以下三点：首先，交往主体是多层次的全员参与。“沉浸人”借助智能空间充斥的各种形态的屏幕、智能终端、监控设备摆脱了对电脑的物理性依赖，媒介体验从人机分离转向人机合体，让在场跨越身体的生理极限和地理的物理极限，实现了在任何时间和任何地点与任何对象通信的能力。因此，思想政治教育实践中所有参与者都可以成为主体，并在不同层面上形成了不同的交往关系，通过交往的冲突与整合，形成全员参与的共同主体。其次，交往主体应具备全球化视野。沉浸传播中，电子和数字媒介通过改变生活场景和地点实现对人的影响，从根本上改变了人的知识管理和信息获取方式，人的生存转向智能化、泛在化。因此，交往主体应摆脱地域限制，具备全球眼光，关注世界性问题，看到多样意识形态带来的冲突和问题，并在多样性中坚持一元主导。最后，沉浸传播通过开拓主体交往渠道提高思想政治教育交往主体性。“沉浸人”能够同时在虚拟和现实中生存，其生产、工作和娱乐模式是智能化的，能够在任何时间和地点进行，从根本上打通了虚拟与现实的交往通道，加强了交往主体的相互作用，提升了思想政治教育交往主体性。

（三）思想政治教育的内容由政治主导型转向综合性发展

思想政治教育的内容体系包括思想教育、政治教育、道德教育以及心理教育四个部分，其中政治教育居于主导地位，决定和支配着思想政治教育的其他内容，这是由思想政治教育的本质决定的。政治性或者说意识形态性是思想政治教育内容的突出特征，因此社会主义意识形态内容是当前思想政治教育的主要内容。然而，思想政治教育内容还应具有时代性，不同的时代、不同的社会条件对教育内容有不

① 戴艳军、董正华：《试论思想政治教育交往主体》，《教学与研究》2014年第4期。

同的要求,思想政治教育内容也需要不断顺应时代要求,体现时代精神,解答时代难题。只有这样,思想政治教育才能永葆生机与活力。

面对比网络时代更加严重的媒介技术对人的异化这一挑战,智能空间思想政治教育的内容应该在坚持政治性的前提下向综合性发展。在沉浸传播时代,媒介技术发展到了极致,易导致价值取向的无意识娱乐化和行为模式的非理性化,因此思想政治教育的内容可以向三个方面拓展:第一,正确的技术价值观教育。技术的出发点和落脚点是人,技术价值观的核心就在于正确处理人与媒介的关系,媒介技术应重新回归到为人服务、为人所用,媒介技术所蕴涵的人文关怀应缓解媒介技术对人主体性的压抑,最终构建人与媒介的和谐关系。第二,加强健康人格教育。健康人格教育能够提高受教育者的主体意识,使受教育者拥有独立自主的人格,提高受教育者自我约束能力,避免过度依赖媒介形成依附性人格。第三,媒介素养教育。在沉浸传播时代,人不仅是媒介的使用者,还是媒介本身,人与媒介融为一体。媒介素养教育能够使受教育者掌握系统媒介知识,正确理解媒介,有效选择与应用沉浸媒介。

(四)思想政治教育效果由非精准性评估转向"沉浸指数"评估

思想政治教育效果评估具有重要意义,反映了思想政治教育目标的实现状况,能够有效引导思想政治教育有序进行,有利于教育主体对思想政治教育活动及时作出反馈和调整。由于思想的潜隐性,科学准确地评估思想政治教育效果比较困难和复杂。传统思想政治教育效果评估遵循定性与定量相统一的原则,综合运用实地调查法、模拟情景法、模糊评估法等多种方法,构建相关指标体系进行测评。但是,这些评估方法存在一定的滞后性与主观性。一方面,评估一般发生在思想政治教育活动之后,教育主体通过评估受教育者思想和行为上的变化来判断教育活动的实效性。这种评估难于及时掌握受教育者在思想政治教育过程中的思想动态,存在一定的滞后性。另一方面,教育对象是思想鲜活、有血有肉的现实人,他们在接受调查和访谈时存在一定的主观性,有迎合评估和美化自己的倾向。因此,传统的评估方法存在一定缺陷。

在沉浸传播时代,教育对象对教育内容的接受程度可以用"沉浸指数"来表示,而"沉浸指数"是可以用仪器设备实时测量的。通过多种隐藏于智能空间的感应器能够随时测量"沉浸人"的面部表情、脉搏、心率、脑电波等各项生理指标,这些数据直接、客观地反映了"沉浸人"对教育内容的沉浸程度,即接受程度。"沉浸指数”高代表教育对象沉浸程度高,说明其对思想政治教育内容的接受程度高,反之亦然。因此,运用“沉浸指数”这一客观指标进行思想政治教育效果评估具有及时性和准确性,不仅能够避免教育对象的主观性,提高评估结果的科学性,而且能够为教育者有效调整和控制思想政治教育过程提供充足的空间和可能。

综上,沉浸传播作为第三媒介时代全新的信息传播方式,改变了人类的思维和交往方式、生产和生活方式。沉浸传播为思想政治教育提供了新的发展契机,也带来了一定的困境与挑战。思想政治教育必将通过自身的变革与转型来适应沉浸传播这一即将来临的全新媒介时代,实现思想政治教育的自我革新和与时俱进。

社会主义核心价值观融入大学生网格化管理的探索[①]

林 畅 周晓婧[②]

[**摘 要**]高校的根本任务是立德树人。作为创新高校基层治理有效模式的大学生网格化管理也应坚守这一使命。当前,在大学生网格化管理中,不同程度地存在重安全管理轻思想引领、重知识学习轻生活实践、重网格环境轻网络思政等问题,不利于大学生培育和践行社会主义核心价值观。高校应探索网格育人新路径,加强思想引领、生活实践、网络思政,对大学生网格化管理的主体、载体、环境进行整体优化,使社会主义核心价值观内化于心、外化于行。

[**关键词**]社会主义核心价值观;大学生;网格化管理

网格化管理是借用计算机网格管理思想,将管理对象按照一定的标准划分成若干网格单元,利用现代信息技术和网格间的协调机制,使各网格单元之间能有效地进行信息交流,透明地共享组织资源,最终实现整合组织资源、提高管理效率的现代化管理思想。[③] 新时代,传统高校学生管理模式捉襟见肘,高校大学生安全稳定、思想政治教育面临极大挑战。大学生网格化管理,即面向学生社区,以学生公寓为单位划分网格,建立网格组织和协调机制,利用现代信息技术,实现资源共享、协同育人的目标。因此,大学生网格化管理是高校治理体系和治理能力现代化的科学模式,也是高校破解社会主义核心价值观培育难题的有效路径。

---

① 本文系湖北省教育科学规划重点项目“大学生网格化管理促进社会主义核心价值观培育和践行的长效机制研究”(项目编号:2015GA015)的成果。

② 林畅,三峡大学马克思主义学院副教授;周晓婧,三峡大学水利与环境学院讲师。

③ 郑士源、徐辉、王浣尘:《网格及网格化管理综述》,《系统工程》2005年第3期。

一、社会主义核心价值观融入大学生网格化管理的意义

习近平总书记在中共中央政治局第十三次集体学习时强调,"要切实把社会主义核心价值观贯穿于社会生活方方面面。要通过教育引导、舆论宣传、文化熏陶、实践养成、制度保障等,使社会主义核心价值观内化为人们的精神追求,外化为人们的自觉行动。"大学生网格化管理作为高校创新学生教育管理的载体,应当把社会主义核心价值观融入其中。

(一)社会主义核心价值观是大学生网格化管理的灵魂

当今世界,经济全球化和思想多元化浪潮汹涌,西方意识形态的渗透日益强劲。随着我国社会经济成分、组织形式、就业方式、利益关系和分配方式日益多样化,大学生的思想观念、价值取向也必然发生深刻变化。青少年的世界观、人生观、价值观尚未完全确立,往往成为西方敌对势力争夺和拉拢的对象。邓小平强调,"帝国主义搞和平演变,把希望寄托在我们以后的几代人身上。……但我们这些老人呜呼哀哉后,谁来保险?"①

核心价值观承载着一个民族、一个国家的精神追求,是最持久、最深层的力量。因此,大学生培育和践行社会主义核心价值观不仅关系到高校立德树人任务的实现,更关乎国家的长治久安。"只有当人们从同一个观点去考虑绝大多数问题时,只有他们对绝大多数问题具有同样看法时,只有同样的一些事件给他们留下同样的印象和使他们产生同样的思想时,社会才能存在。"②

面临复杂的世情国情,大学生只有从现在做起、从自己做起,使社会主义核心价值观成为基本遵循,才能从"网格小社会"走向"社会大舞台",才能在实现中国梦的伟大实践中创造自己的精彩人生。因此,高校应紧密围绕立德树人任务,持之以恒地把社会主义核心价值观融入大学生网格化管理的全过程,充分发挥社会主义核心价值观的"最大公约数"的凝聚引领功能,坚持以人为本,把网格化管理各要素的活力激发出来,更好地服务于大学生的成人成才。

---

① 中共中央文献研究室编:《邓小平关于建设有中国特色社会主义的论述专题摘编》,中央文献出版社 1992 年版,第 247—248 页。

② [法]托克维尔:《论美国的民主》,董果良译,商务印书馆 2006 年版,第 435 页。

（二）大学生网格化管理与社会主义核心价值观培育同向同行

在大学生网格化管理的过程中，肯定会出现不少新情况和新变化，其中一些还会涉及大学生的切身利益。对于这些矛盾和问题，要深入实际、调查研究，做好思想政治工作，综合运用经济、教育和管理等手段解决，防止矛盾激化。“为着维持社会秩序的目的而发布的行政命令，也要伴之以说服教育，单靠行政命令，在许多情况下就行不通。”[①]教育与管理相辅相成，管理是一种有形的教育，教育是一种无形的管理。

一方面，社会主义核心价值观为大学生网格化管理提供认识前提。社会主义核心价值观把涉及国家、社会、公民的价值要求融为一体，既体现了社会主义本质要求，继承了中华优秀传统文化，也吸收了世界文明有益成果，回答了我们要建设什么样的国家、建设什么样的社会、培育什么样的公民的重大问题。因此，培育社会主义核心价值观可以从认知层面缓解大学生对网格化管理的抵触心理和消极情绪，提高其思想觉悟，并在行动上配合、支持网格化管理的规章制度和具体措施，有利于调动大学生的积极性并保障大学生网格化管理的顺利推进。

另一方面，网格化管理为大学生社会主义核心价值观培育和践行提供切实保障。大学生网格化管理通过网格化、信息化、制度化、精细化的管理平台和网格协调机制，运用网格信息技术提供的高效精致服务满足大学生对美好生活的需要，运用制度约束与激励方式形塑大学生的思想观念及日常行为，为大学生健康成长营造一个和谐稳定的环境，有利于社会主义核心价值观落细、落小、落实。

（三）大学生网格化管理是社会主义核心价值观的生动实践

当前，我国正处在全面深化改革的转型期，利益多样化和思潮多元化恣意蔓延。大学生价值观越来越复杂多变，很容易造成个体与整体在利益获取与发展方向上的矛盾冲突。更为严峻的是，信息网络的发展为西方国家进行意识形态渗透提供了捷径，一场没有硝烟的战争也在悄无声息地打响。通过网格化管理，借助网格空间资源整合与制度约束实现大学生教育管理的人性化、整体化和精细化，使他们的品行符合社会主义核心价值观的要求，扼制有违核心价值观的言行，激励合乎核心价值观的言行，养成爱国自强、民主守纪、诚信友善的良好习惯，成长为能担当民族复兴大任的时代新人，这是网格化管理的理想境界。

---

① 《毛泽东文集》第7卷，人民出版社1999年版，第210页。

马克思指出："批判的武器当然不能代替武器的批判，物质力量只能用物质力量来摧毁；但是理论一经掌握群众，也会变成物质力量。"① 实现这一目标，要求大学生认同社会主义核心价值观并自觉践行之。"正如其他技术一样，我们首先必须通过实践才能获得美德。……我们通过做公正的事情成为公正的人，通过节制成为节制的人，通过做事勇敢成为勇敢的人。简言之，一个人的现实活动怎样，他的品质也就怎样。"② 所以，大学生践行社会主义核心价值观关键在于身体力行、知行合一。网格化管理从大学生日常生活这一微观层面着力，营造优良育人生态环境，形塑大学生的所思所想、一言一行，这正是大学生培育和践行社会主义核心价值观的生动实践。

二、大学生网格化管理的育人"瓶颈"

近年来，在城市网格化管理的示范带动下，越来越多的高校积极推行大学生网格化管理，深化学生教育管理创新，以期减少突发事件、确保安全稳定，为高校人才培养质量提升夯实基础。大学生网格化管理是否真的"一网就灵"？毋庸置疑，大学生网格化管理在创新高校基层治理体制、实现治理体系和治理能力现代化方面发挥了重要的作用。但从具体实施过程来看，治标而未治本。大学生网格化管理未能真正与高校立德树人使命有机融合，尤其是在促进大学生培育和践行社会主义核心价值观方面还存在一些不足。

（一）重风险防范，轻价值引领

转型时期社会变动不居，当前大学生人身财产安全、心理突发事件和群体性事件呈明显上升趋势，大学生网格化管理从一开始就被寄予厚望——成为大学生安全的"防护网"，减少大学生突发事件和群体性事件发生率。在发生重大、群体性事件"一票否决"的考核压力下，部分高校从网格细分、信息采集、隐患排查、处置机制等方面强化平安校园建设和大学生安全管理，严防死守、草木皆兵。高校正常教育教学活动受到冲击，大学生的自由活动受到限制，甚至严禁学生校外集体活动。诚然，这种"头痛医头、脚痛医脚"就安全抓安全的维稳方式无异于以"封堵"

① 《马克思恩格斯选集》第1卷，人民出版社2012年版，第9页。

② ［古希腊］亚里士多德：《尼各马可伦理学》，廖申白译注，商务印书馆2003年版，第36页。

的办法治理洪水。这种教育管理方式不仅于事无补，反而使学生成为“知行脱节”的两面人。

有调查表明，大学生社会主义核心价值观认同度不高、践行状况存在较大的差异性。大学生在诚实守信、仁爱友善、公平正义、集体主义、遵纪守法层面践行状况不太乐观。[①]面对各种社会思潮、价值取向和现实利益的冲击，如果不加强教育引导和正确价值观引领，大学生就难以有正确的价值判断和行为抉择。实行大学生网格化管理，安全管理是重要目标但不是唯一目标，根本任务是立德树人。片面强调安全管理而忽视社会主义核心价值观的培育，导致大学生“口服而心不服”，势必影响网格化管理的效果，最终影响立德树人的根本任务。

（二）重知识学习，轻生活体验

培育和践行社会主义核心价值观是加强高校意识形态工作的核心任务。当前高校虽然普遍重视意识形态工作，强调社会主义核心价值观等理论知识的学习，通过组织学习、讲座报告、标语宣传等方式进行灌输，甚至在大学生网格化管理中也生搬硬套。网格化管理这种“严肃生硬”的模式使大学生培育和践行核心价值观缺乏生活场景和情感体验，从而导致吸引力不足、实效性不强。同时，这种管理模式在目标、内容上存在“理想化”的弊端，常常用繁杂制度和完美人格来要求大学生，这种无层次性的教育缺乏现实可能性的考虑，也阻碍了理论知识与大学生日常生活实践和人生经验的融通。[②]

诚然，无产阶级的理论不会自动地产生于大学生头脑，一定的理论灌输是必要的。但大学生网格化管理应侧重生活体验和知识应用，为大学生运用在思想政治理论课上所学到的知识提供场景和平台。所以大学生网格化管理应种好自己的责任田，切不可对展现大学生日常喜好、行为习惯、生活情趣的日常生活实践等闲视之、放任自流。因此，大学生培育和践行社会主义核心价值观不是在纸上谈兵的学习中形成，也不是在死记硬背的应试中练成，更不是在循规蹈矩的服从中养成，而是必须经由生活的实践、体验、感悟才能养成。

（三）重网格环境，轻网络思政

大学生网格，顾名思义，就是将大学生学习生活园区划分为若干网格，一个网

① 郭朝辉：《当代大学生社会主义核心价值观践行状况及影响因素研究》，《国家教育行政学院学报》2015 年第 1 期。

② 王学俭、刘珂：《融入日常生活：思想政治教育的微观建构》，《思想教育研究》2015 年第 2 期。

格指向一个物理空间。一些高校比较重视网格环境建设，投入大量经费改造、优化网格空间硬件环境，如成立网格化管理办公室、建造巨屏监控平台、研发网格化管理信息系统、使用公寓门禁系统等设施。这些措施看起来“高大上”，实则是好看不中用，离大学生的现实生活渐行渐远。不仅如此，调查显示，有“网络原住民”之称的大学生活跃于虚拟网络，和网络“与影随行”已经成为大学生的一种生活常态。在一些高校，大学生沉溺网恋、网贷、网游。与大学生现实生活环境的变化相比，网络虚拟社区发展更为迅猛、更为复杂，基于互联网的网络思想政治教育却明显滞后。

当前网络社区已经成为大学生继生活园区之后的重要虚拟存在，成为一种具有鲜明个性文化的群体组织模式。网络空间暗流涌动，对大学生而言犹如打开了“潘多拉的魔盒”，其复杂性如列宁所言：“今天，这种复辟，这种同样的复辟，又以另一种形式威胁着我们，它表现为小资产阶级自由散漫的和无政府主义的自发势力以及小私有者‘事不关己’心理的自发势力，表现为这种自发势力对无产阶级纪律性进行的日常的、细小的、可是为数极多的进攻和袭击。”①因此，大学生网格化管理应拓展网格内涵，除现实网格物理空间外，还应延伸至大学生网络虚拟空间。在大学生网格化管理过程中，单一内容、平面时空的思想政治教育与见多识广、网络信息化的大学生不相适应。高校应该跨越时空界限，建构起覆盖现实环境和网络空间的立体化思想政治教育。

三、社会主义核心价值观融入大学生网格化管理的路径

培育和践行社会主义核心价值观，使之融入大学生网格化管理全过程，必须对网格化管理的主体、载体、环境等要素进行系统优化和路径创新。

（一）重视思想引领，凸显主体性

马克思指出：“一个种的全部特性、种的类特性就在于生命活动的性质，而人的类特性恰恰就是自由的有意识的活动。”②社会主义核心价值观融入大学生网格化管理，必须重视思想引领，突出大学生主体性。

---

① 《列宁选集》第3卷，人民出版社2012年版，第503—504页。

② 《马克思恩格斯选集》第1卷，人民出版社1995年版，第46页。

第一,加强理论知识学习。恩格斯说:"推动人去从事活动的一切,都要通过人的头脑。"大学生头脑中是不可能自发地产生社会主义核心价值观的,只能从外面灌输进去。首先,要优化课堂教学。思政课教师应将社会主义核心价值观有机融入教学内容,紧扣党的路线方针政策和形势热点,针对大学生在学习、思想和心理方面的困惑,回应他们对美好生活的需求,通过课堂教学和实践教学打开认知的窗户,传播真理的力量,美化学生的心灵。其次,要加强网格骨干培训。"环境是由人来改变的,教育者是要先受教育的。"大学生网格化管理是大学生自我教育、自我管理、自我服务的管理模式,其效果取决于网格管理队伍的素质。高校应加强网格员队伍培训,加强马克思主义理论特别是社会主义核心价值观的学习研讨,提高网格主体的思想素质和能力水平。最后,培育优良学风。大学生个体存在这样那样的问题的根源在于学习不够、知识缺乏。优良学风是有目标、有效果的自觉学习,这需要唤醒广大学生的觉悟。要通过学生党支部的主题学习、网格学习小组讨论、辅导员的答疑解惑、社团社会实践等环节,启发大学生的觉悟,增强其对社会主义核心价值观的认知和认同。

第二,强化"以人为本"的理念。马克思指出:"人们奋斗所争取的一切,都同他们的利益有关。"[①] 既然大学生作为"为我而存在"中的价值主体,那么网格化管理就要体现大学生主体的价值追求和发展需求。一方面,网格化管理顶层设计要以立德树人为中心。网格化管理体系设计要始终围绕大学生成人成才需求来建构,切实满足大学生对美好生活的现实需求,如具体制度不仅要体现公平正义,也要合情合理,彰显网格化管理"以人为本"的独特魅力,激发大学生对社会主义核心价值观的情感共鸣。另一方面,网格化管理运行要以核心价值观为坐标。以学生党员和积极分子为骨干组建一支高素质的网格员队伍,通过他们的先锋模范作用,使党的方针政策、国家的法律法规、学校的规章制度得到及时有效的宣传和贯彻;通过网格员深入走访交流,收集、处置、反馈大学生群体的普遍心声和共性需求,以核心价值观为坐标来指导、解决困难困惑和矛盾冲突。由此,大学生的真实诉求得到回应,合理利益得到维护,网格形成各方互动联结、关系友善融洽的命运共同体,使大学生更能意识到自己的主体地位,致力于自由而全面发展。

---

① 《马克思恩格斯全集》第1卷,人民出版社1956年版,第82页。

第三，发挥“小微榜样”的巨大作用。“启事在教诲，成事在榜样。”身边典型就是榜样，就是力量，就是践行社会主义核心价值观的生动代表。在大学生网格化管理中，通过报刊、网站、宣传栏、新媒体宣传表彰、深度解析校园师生的先进事迹和感人精神，可以深刻诠释社会主义核心价值观的精神内涵，增强大学生对社会主义核心价值观的理解和认同。习近平总书记在全国高校思想政治工作会议上强调，教师是人类灵魂的工程师，承担着神圣使命。其实，每一所大学都评选有“师德标兵”“教学名师”“学生心目中的好老师”等先进典型。他们的事迹较好地诠释了教书和育人相统一、言传和身教相统一、潜心问道和关注社会相统一、学术自由和学术规范相统一。在大学生网格化管理中，要建立师生互动、亲师爱生、教学相长的师生联结沟通机制，以良好的师德师风引领学德学风。同时，积极宣传学习大学生群体中的“小微榜样”，如道德楷模、“自强之星”“学习标兵”“优秀党员”“最美室长”等。通过海报、新媒体大力宣传先进典型的优秀事迹和感人精神。通过大学生身边“小微榜样”的“真实性”和“易学性”的特点，激励大学生学先进、赶先进，砥砺大学生践行社会主义核心价值观的觉悟性和意志力。

（二）回归日常生活，突出实践性

习近平总书记指出：“一种价值观要真正发挥作用，必须融入社会生活，让人们在实践中感知它、领悟它。要注意把我们所提倡的与人们日常生活紧密联系起来，在落细、落小、落实上下功夫。”在大学生网格化管理中，社会主义核心价值观培育应当与日常生活联系起来。

第一，融入精神文明创建。在网格化管理过程中，高校应以社会主义核心价值观为引领，精心设计活动载体，着力打造活动品牌，深入开展精神文明创建活动。新时代，高校校园物质文明日益丰富，大学生对“知守礼节、明辨荣辱”的精神文化的需求日益迫切。首先，要善于抓住重要活动、重大事件和传统节庆日等契机，在网格空间内深入开展主题鲜明、内容丰富的主题教育实践活动。活动主题应紧密围绕重大事件和热点问题，内容融入中华优秀传统文化、革命文化、社会主义先进文化、区域特色文化，以漫画、说唱、舞蹈等大学生喜闻乐见的方式编排呈现，形成有利于培育和践行社会主义核心价值观的文化情景。其次，在网格环境中营造守纪、友善、进取、和谐的氛围，创设“和而不同、成人之美”的合乎大学生个性发展的日常学习和生活环境。不仅要对图书馆、教学楼、实验室、食堂、寝室等物理空间进行设施优化、环境美化，也要对其文化软环境进行整顿、规范和提升。要持续推进文明楼栋、温馨寝室、“最美宿管阿姨”“最美室长”等评比表彰活动，使社会主义核心价值观春风化雨、潜移默化地影响大学生。

第二，融入大学生网格治理。治理是公私机构或个人经营管理相同事务并采取联合行动的诸多方式的总和。因此，网格治理不是统治或管制，而是基于立德树人目标的协同行动。日常生活中一些常见的大学生失范行为，固然与科学完善的管理制度缺位有关系，更与实际管理工作中的强迫命令、僵化纪律相呼应。“各种社会管理要承担起倡导社会主义核心价值观的责任，注重在日常管理中体现价值导向，使符合核心价值观的行为得到鼓励、违背核心价值观的行为受到制约。”① 首先，应建立健全网格管理制度，使社会主义核心价值观成为制订规章制度的基本遵循。高校在贯彻执行上级政策文件或相关法律法规时，应结合自身网格化管理实际情况和学生实际需求，把社会主义核心价值观的精神理念凝结于具体的制度措施，形成周延、整体的制度体系，为大学生培育和践行社会主义核心价值观提供有效的制度供给。其次，尝试大学生网格治理。大学生是新时代担当民族伟大复兴重任的时代新人，他们具备自我教育、自我管理、自我服务的基本能力和素质。网格化管理应唤醒、激发、养成大学生的民主自治意识，引导各类学生组织制定班级班规、寝室公约、社团章程，参与制订网格文明礼仪、安全纪律、办事流程等规章制度，充分发挥主体内生的、自觉的约束作用。

第三，融入大学生社团活动。“纸上得来终觉浅，绝知此事要躬行。”大学生的学习、交往领域在不断拓展，他们面临的诸如价值取向、学业就业、人际交往等困惑逐渐增长。这些问题在课堂教学中往往难以得到有效解决，需要个体通过生活实践，采取观察、讨论、体验等方式，打通认知梗塞、知行壁垒。首先，社团组织多样化。大学生对美好生活的向往是其刻苦学习、成长成才的不竭动力。大学生活是丰富多彩的，多样性的社团组织可以有效地满足大学生的个性化需求，增进网格化管理的生机与活力。其次，社团活动专业化。高校应把社会主义核心价值观融入与大学生学习、职业关系密切的专业社团，加强活动主题设计和思想引领，指导它们开展思想理论脱口秀、数学建模竞赛、创新创业竞赛、传统诗词“一站到底”等专业竞赛活动，以竞争来促进核心价值观的认知和内化。最后，社团活动社会化。列宁在青年学习共产主义时说：“训练、培养和教育要是只限于学校以内，而与沸腾

① 习近平：《习近平谈治国理政》第1卷，外文出版社2018年版，第165页。

的实际生活脱离，那我们是不会信赖的。”[①]社团活动要接地气才能聚人气。大学生只有广泛接触社会，通过亲身体验增进对社情民意的理解，在沸腾的实际生活中习德、育德、养德，在生活感悟与现实砥砺中汲取正能量，深度认同社会主义核心价值观。

（三）滋润网络空间，体现时代性

网络是把“双刃剑”，大学生长期生活浸润于“数字化网络社区”，其价值判断和人文素养的敏感度会大为降低。习近平总书记强调，网络空间是亿万民众共同的精神家园；要用社会主义核心价值观和人类优秀文明成果滋养人心、滋养社会，做到正能量充沛、主旋律高昂，为广大网民特别是青少年营造一个风清气正的网络空间。[②]因此，在大学生网格化管理中，网络思政尤为关键。

第一，内容创新。列宁在谈到“协调的组织”时说：“在参加共同工作的人们具有理想的自觉性和纪律性的情况下，这种服从就很像听从乐团指挥者的柔和的指挥。如果没有理想的自觉性和纪律性，那就可能采取严厉的独裁形式。”[③]首先，培植先进网络文化，启发大学生崇德向善的觉悟。在网络空间，如果马克思主义思想及各种先进文化不去占领，各种非马克思主义思想及一些陈腐落后的文化就会大行其道。高校要善于汲取中华优秀传统文化、革命文化和社会主义先进文化的思想精华和道德精髓，深入挖掘和阐发这些文化中涵养社会主义核心价值观的风土人情和价值因子，借助网络新媒体大力弘扬以爱国主义为核心的民族精神和以改革创新为核心的时代精神，提升大学生的思想觉悟、道德水平和文明素养，使网络空间成为大学生涵养社会主义核心价值观的重要阵地。其次，建立科学的激励机制。在网格化管理中，要把大学生践行社会主义核心价值观的表现融入网络空间制度建设和治理实践中，以网络为平台构建科学有效的网格诉求表达机制、利益协调机制和权益保障机制，最大限度地完善激励机制，褒奖善行义举，惩治害群之马，使整个校园网络形成激浊扬清、抑恶扬善的道德风尚，形成扶正祛邪、公平正义的良好风气，引导大学生自觉做社会主义核心价值观的宣传者和践行者。

第二，虚实结合。习近平总书记指出，建设网络良好生态，发挥网络引导舆论、

① 《马克思主义经典著作选读》，人民出版社 1999 年版，第 475 页。

② 习近平：《在网络安全和信息化工作座谈会上的讲话》，人民出版社 2016 年版，第 8—9 页。

③ 《马克思主义经典著作选读》，人民出版社 1999 年版，第 451 页。

反映民意的作用;各级党政机关和领导干部要学会通过网络走群众路线,经常上网看看,潜潜水、聊聊天、发发声,了解群众所思所愿,收集好想法好建议,积极回应网民关切、解疑释惑。[①]大学生网络思政虚实之道在于把“网上”解决思想问题与“网下”解决实际问题结合起来。首先,虚功实做。在大学生网格化管理中,为更好地了解学生的真实情况,高校应充分利用网络的开放和民主特性,密切关注大学生网络社群动态,通过校园贴吧、BBS、微信群等途径了解大学生的所思所想,收集“舆情动态”,把握大学生的思想动态和情感心声。通过“潜水”,静观舆情动态;通过“发声”,及时澄清事实;运用微博,传播理论真理;借助微信,实现情感沟通。其次,虚实结合。大学生在网络空间的言行在形式上是虚拟的,但在内容本质上却是现实的。习近平总书记强调:“要运用新媒体新技术使工作活起来,推动思想政治工作传统优势同信息技术高度融合,增强时代感和吸引力”。[②]在大学生网格化管理中,思政人员要依靠网络科技增强思政工作生命力,充分利用网络新技术,全方位地向网络空间渗透,借助大数据、人工智能技术精确把握大学生思想、行为特点及规律,基于客观现实情况实现教育方法的技术转换与改进创新,实现网上网下联动,对症下药、因势利导,全时空促进社会主义核心价值观培育。

第三,张弛有度。在全球化、市场化浪潮的冲击下,网络空间成了各种社会思潮的“跑马场”。大学生的思想发生深刻变化,呈现二律背反、知行脱节的特征,这种矛盾性和复杂性在高校网络空间尤为明显。马克思说:“人们自己创造自己的历史,但是他们并不是随心所欲地创造,并不是在他们自己选定的条件下创造,而是在直接碰到的、既定的、从过去承继下来的条件下创造。”[③]。大学生的网络空间失范行为在很大程度上是由高校网络思政的薄弱环节所致。因此,高校网络思政不仅要有刚性与力度,还必须有“温度”和“湿度”。首先,强化规则意识。高校要结合大学生网络生活实际制订网络空间管理办法、网民公约等正式和非正式制度,增强大学生的法治观念和规则意识,使大学生明确个体在网络空间的权利与义务,自觉摒弃和抵制各种网络失范行为。其次,注重以情动人。空洞的理论宣传只会成为缺乏公信力的独白,难以吸引大学生,也不会影响大学生的思想观念。大学生朝气蓬勃、情感丰富,网络思政可借用“红色家书”这一汇集“硝烟和苦难、

---

① 习近平:《在网络安全和信息化工作座谈会上的讲话》,人民出版社 2016 年版,第 6—7 页。

② 习近平:《习近平谈治国理政》第 2 卷,外文出版社 2017 年版,第 378 页。

③ 《马克思恩格斯选集》第 1 卷,人民出版社 1995 年版,第 585 页。

思念和牵挂、牺牲和感动”的文化载体，借助网络信息技术跨越时空对话，动之以情、晓之以理。要尊重大学生作为人的主体性和自觉性，实现由教育者主体向学生主体的转变，形成网络空间朋辈学习环境，弱化抵触情绪和防范心理，实现“无形的教育”。

历史意识培育：大学生增强“四个自信”路径研究的新视角[①]

孙坤明[②]

[摘　要]历史意识培育是增强大学生“四个自信”的必要前提和重要基础，是高校思想政治教育教学的题中之意。历史意识培育视域中大学生增强“四个自信”路径的研究，要通过对大学生历史意识和“四个自信”认同现状的扎实调研，夯实研究的实践基础；要认真汲取中国共产党历史上坚定自信的历史经验，深刻体会习近平新时代中国特色社会主义思想的丰富历史意蕴，开掘研究的思想资源；要从提高教学成效和科研素养两方面激发高校教师的主动性和积极性，从课堂教育教学、课外教育教学以及体制机制三个方面，全方位推动大学生历史意识培育与增强“四个自信”的路径研究。

[关键词]历史意识；大学生；“四个自信”；路径

习近平总书记在庆祝中国共产党成立95周年大会上强调：“全党要坚定道路自信、理论自信、制度自信、文化自信。”[③]大学生能否增强“四个自信”，事关中国特色社会主义事业的兴衰成败。近年来，历史虚无主义思潮一度泛滥，成为影响我国

---

① 本文系2017年度教育部人文社会科学研究专项任务项目“大学生增强‘四个自信’的路径研究”（项目编号：17JD710082）、2014年度陕西省社会科学基金项目“延安时期中国共产党的历史意识研究”（项目编号：2014B07）和陕西省教育厅2017年专项科学研究项目“习近平系列讲话的内在历史意蕴研究”（项目编号：17JK0422）的阶段性成果。

② 孙坤明，西安建筑科技大学马克思主义学院讲师。

③ 习近平：《在庆祝中国共产党成立95周年大会上的讲话》，《人民日报》2016年7月2日。

社会的重要政治思潮。[①] 导致这一问题出现的重要原因是不少高校师生缺乏深刻成熟的历史意识，历史观混乱错误，不能正确认识中国历史文化的特殊性和重要性，无法科学地认识和处理历史、现实与未来的关系。正如马克思所说："人们自己创造自己的历史，但是他们并不是随心所欲地创造，并不是在他们自己选定的条件下创造，而是在直接碰到的、既定的、从过去承继下来的条件下创造。"[②] 习近平总书记指出："具有历史文化素养，最重要的是要具有历史意识和文化自觉，即想问题、作决策要有历史眼光，能够从以往的历史中汲取经验和智慧，自觉按照历史规律和历史发展的辩证法办事。"[③] 要积极引导正处于人生"拔节孕穗期"的大学生增强"四个自信"，"落实立德树人根本任务"[④]，就必须创新思想政治理论课教育教学方式方法，在这一关键课程中进行历史意识培育。

一、历史意识培育视域中大学生增强"四个自信"路径研究的共识与挑战

学术界一般认为，历史意识是人类普遍的一种精神活动和心理特征，也是一种精神观念和思想方法，更是一种极其重要的能力和素养。从人类的能力和素养角度来看，历史意识是人们立足历史感知而认识处理过去、现在和未来三者关系的一种能力和素养。历史意识包含历史传统意识、真实意识、反思意识、认同意识和担当意识等方面的内容。历史观是历史意识的核心，唯物史观的出现是人类历史意识成熟的标志。人们是否坚持唯物史观，是其历史意识深刻成熟与否的根本体现，决定着人们处理过去、现在和未来三者关系能力的大小。历史意识培育是增强大学生"四个自信"的必要前提和重要基础，是高校思想政治教育教学的题中之意。

---

① 历史虚无主义受关注度、活跃度和影响力在十大思潮中的排名曾经高居第二位，参见潘丽莉、周素丽：《2015 值得关注的十大思潮调查报告》，《人民论坛》2016 年第 3 期。

② 《马克思恩格斯选集》第 1 卷，人民出版社 2012 年版，第 669 页。

③ 习近平：《领导干部要读点历史》，《学习时报》2011 年 9 月 5 日。

④ 《习近平主持召开学校思想政治理论课教师座谈会　强调用新时代中国特色社会主义思想铸魂育人　贯彻党的教育方针　落实立德树人根本任务》，《人民日报》2019 年 3 月 19 日。

（一）重视培育历史意识、在思想政治教育中增强大学生“四个自信”体现了党中央的要求和学术界的思想共识

2019年3月18日，习近平总书记在主持召开学校思想政治理论课教师座谈会时强调，思政课教师要学会辩证唯物主义和历史唯物主义，要有宽广的“历史视野，通过生动、深入、具体的纵横比较，把一些道理讲明白、讲清楚”①。中共中央办公厅、国务院办公厅印发的《关于深化新时代学校思想政治理论课改革创新的若干意见》强调，深化新时代学校思想政治理论课改革创新，要坚持守正和创新相统一的基本原则，“各高校要重点围绕习近平新时代中国特色社会主义思想，党史、国史、改革开放史、社会主义发展史，宪法法律，中华优秀传统文化等设定课程模块，开设系列选择性必修课程”②。习近平总书记的论述和《关于深化新时代学校思想政治理论课改革创新的若干意见》，集中体现了以习近平同志为核心的党中央的深刻历史意识，充分表明了党中央对培育大学生历史意识和增强大学生“四个自信”问题的高度重视。

重视历史教育，强调培育学生的历史意识，是国内外学界、教育界的思想共识。国外教育界有学者认为，“历史是社会科学中最具有价值的课程”。历史课程有助于增强学生理解人类历史文化的能力，完善学生的现代人格，增强社会责任感③；国内教育界有学者指出，历史意识是思想政治教育学科发展的关键意识④；懂得历史，使青年具有明辨是非、抵制错误思潮的能力，是青年成长中的一个重要课题⑤；历史意识是历史学的根本目的和一切科学研究的重要意识⑥；历史意识培育是高等教育特别是思想政治教育的重要内容，大学生历史意识培育是高校师生自身成长发展和提高思想政治教育教学实效性的必然要求，具备了学生欢迎、师资胜任以及环境支撑等有利条件，可以通过资源有效整合、内容精心选择和方法灵活运用等

① 《习近平主持召开学校思想政治理论课教师座谈会　强调用新时代中国特色社会主义思想铸魂育人　贯彻党的教育方针　落实立德树人根本任务》，《人民日报》2019年3月19日。

② 《中共中央办公厅　国务院办公厅印发〈关于深化新时代学校思想政治理论课改革创新的若干意见〉》，中国政府网，2019年8月14日。

③ 赵亚夫、郭艳芬：《美国国家历史课程标准述评》，《外国教育研究》2004年第2版。

④ 杨经录：《历史意识：思想政治教育学科发展的关键意识》，《教育评论》2008年第3期。

⑤ 梁柱：《思想政治教育中要重视历史教育》，《思想理论教育导刊》2009年第1期。

⑥ 陈新：《论历史、历史学与历史意识》，《学术研究》1998年第8期。

举措来实现①；"四个自信"教育在大学生思想政治教育中处于核心地位，统帅和规定着其他一切教育内容②；党史上的重要会议（如党的八大）与"四个自信"关系密切③。

学术界的这些研究，开始注意到了历史意识培育与思想政治教育、增强"四个自信"的密切联系，初步梳理了中国共产党坚定"四个自信"的历史渊源和现实依据，为深化历史意识培育视域中大学生增强"四个自信"路径研究提供了重要借鉴。

（二）历史意识培育视域中大学生增强"四个自信"路径研究面临的挑战

第一，大学生历史意识培育与增强"四个自信"关系的研究有待进一步深入。目前，学术界对大学生历史意识和"四个自信"认同的现状还缺乏专题调查研究，未能全面掌握大学生历史意识和"四个自信"认同的真实状况、存在问题及其形成原因，因而无法科学探索培育大学生历史意识与增强"四个自信"的有效路径。不少研究者和思政课教师，将大学生历史意识培育片面地理解为以历史记忆培育政治认同。事实上，仅仅通过讲述历史知识、描述历史进程来说明历史选择的合理性，进而试图增强大学生"四个自信"是远远不够的。不敢回应和难以历史地、科学地分析当前诸多现实难题，就无法应对"历史可疑""历史虚假"和"历史无用"等错误观点的挑战，难以真正帮助大学生增强"四个自信"。因此，培育大学生的历史意识以增强大学生"四个自信"的课题亟待深入研究。

第二，中国共产党历史上坚定自信的经验与启示需要进一步认真总结梳理。早在中国共产党成立之前，李大钊就相信"试看将来的环球，必是赤旗的世界！"④言语间，充满着对共产主义道路和马克思主义理论的自信，这些成为中国共产党坚定自信的思想萌芽。中国共产党成立以来，特别是在延安时期，党实现了局部执政，在坚定道路自信、理论自信、制度自信和文化自信方面有着非常丰富的探索经验，沉淀了厚重的革命历史文化，这些都是我们今天在全球文明秩序重建背景下坚定"四个自信"的重要思想资源⑤；新中国成立后，尤其是改革开放以来，党在开

① 孙坤明：《大学生历史自觉的培育》，《教育评论》，2016 年第 9 期。

② 白显良：《加强大学生"四个自信"教育的几点思考》，《思想教育研究》2016 年第 9 期。

③ 李正华：《党的八大与"四个自信"》，《红旗文稿》2016 年第 19 期。

④ 《李大钊选集》，人民出版社 1959 年版，第 117 页。

⑤ 任平：《全球文明秩序重建与中国文化自信：延安红色文化的当代意义》，《江苏行政学院学报》2016 年第 3 期。

拓、坚持和发展中国特色社会主义的伟大征程中，逐步为中华民族树立道路自信、理论自信、制度自信和文化自信创造了条件、奠定了基础、积累了经验。这些都是我们今天培育大学生历史意识与增强大学生“四个自信”的宝贵精神财富，迫切需要认真研究和系统整理。

第三，习近平新时代中国特色社会主义思想的丰富历史意蕴亟待进一步挖掘。党的十八以来，以习近平同志为核心的党中央，始终高举中国特色社会主义伟大旗帜不动摇，带领全党和全国各族人民，在改革开放和社会主义现代化建设各个方面都取得了举世瞩目的历史成就。在坚持和发展中国特色社会主义的伟大实践中，习近平新时代中国特色社会主义思想逐步形成，并在党的十九大被写入党章，成为全党的指导思想。习近平新时代中国特色社会主义思想饱含对中国历史文化的深厚情感，体现了中国共产党人对国内外历史经验教训的认真借鉴汲取和对历史规律的深刻洞察把握，有着极为丰富的内在历史意蕴，并且在党员干部队伍建设、文化自觉自信以及坚持和发展中国特色社会主义等各方面都有充分的展现。认真学习并深刻体会习近平新时代中国特色社会主义思想的内在历史意蕴，对于大学生历史意识培育与增强“四个自信”极为重要。

第四，科研导向下高校教师特别是思政课教师投身思想政治教育教学创新的主动性和积极性调动问题有待深入分析。当前，学术界集中讨论的是高校教师如何开展工作以增强大学生“四个自信”的问题。但更急需探讨和解决的深层问题却应该是：在科研导向日益盛行的高校，教师特别是思政课教师投身思想政治教育教学创新的动力源泉究竟何在？即高校教师特别是思政课教师为什么愿意抽出自己“宝贵”的科研时间和精力，主动投入被考评制度忽视的教育教学工作中去，主动进行思想政治教育教学创新？高校教师特别是思政课教师为什么愿意主动去培育大学生历史意识和增强大学生“四个自信”？这是非常重要和亟待解决的研究课题。

二、历史意识培育视域中大学生增强“四个自信”研究的实践基础与理论重点

（一）历史意识培育视域中大学生增强“四个自信”研究的实践基础

大学生历史意识和“四个自信”认同的现状把握，是开展历史意识培育视域中

大学生增强“四个自信”研究的重要基础。探索大学生历史意识培育与增强“四个自信”的有效路径，必须选取一些代表性高校的部分大学生为样本，通过问卷调研和访谈调研的方法，获取大学生历史意识和“四个自信”认同现状的第一手资料，总结分析特点，找出其存在的现实问题，认真研究影响大学生历史意识培育和提升大学生“四个自信”认同的主要因素。在扎实调研和深刻分析大学生历史意识和“四个自信”认同的现状的基础上，立足中国优秀历史文化资源特别是中国革命、建设和改革的历史文化资源，进行增强大学生“四个自信”有效路径体系的建构探索。

（二）历史意识培育视域中大学生增强“四个自信”的理论重点

第一，大学生历史意识培育与增强“四个自信”关系的研究。大学生历史意识培育，不仅要建设历史记忆，更应该注重历史情感的培养、历史方法的掌握、历史规律的洞察、历史思维的运用和历史视野的开拓。只有这样，大学生才可以在纵向的历史比较中，感悟中国革命和中国特色社会主义发展的伟大成就；在横向的比较中，一方面，认清我国与发达国家的差距，既注重学习研究其先进经验及其产生和适用的历史土壤和历史条件，同时必须警惕其弊病和局限，特别要注意一些发达国家两三百年掠夺积累的历史事实；另一方面，学习和汲取广大发展中国家的历史经验教训。此外，还要敢于正视和善于分析当前我国发展面临的不足和难题，科学分析其历史成因与现实困境，深刻理解理论创新和实践探索的必要性、紧迫性、艰巨性和历史必然性。[①] 只有这样，才能帮助大学生摆脱盲目自卑，克服骄傲自满，自觉理性创新，勇敢面向未来，真正增强“四个自信”。

第二，中国共产党历史上坚定自信的经验与启示。在中国革命、建设和改革的伟大征程中，中国共产党在坚定自信的课题上积累了许多富有启示的宝贵经验：对中国国情特别是对中国独特历史文化的扎实调查与深刻体悟，对世界局势和历史趋势的敏锐洞悉与宏观把握；对各种救国方案和思想学说的科学剖析与理性借鉴；对马克思主义理论科学性的深刻理解与自觉维护；对辩证唯物主义和历史唯物主义根本方法和立场的恪守坚持与创新发展；对中国革命历史经验教训的系统总结与认真汲取；对中国优秀历史文化的情感培育与倾力传承；对形形色色的历

① 孙坤明、李仙娥、肖小龙、马芳：《陕西高校大学生党员“三个自信”状况研究》，《西安建筑科技大学学报》（社会科学版）2016 年第 3 期。

史虚无主义错误观点的揭露和批判，捍卫党领导中国革命、建设和改革取得伟大成就的历史真实性和必然性；等等。

第三，习近平新时代中国特色社会主义思想的丰富历史意蕴及其当代启示。习近平新时代中国特色社会主义思想有着极为丰富的历史意蕴，对大学生历史意识培育与增强“四个自信”有着重要启示：要高度重视道德修养问题，要有崇高情感，要有为民理念，要务实肯干；要特别重视学习问题，学习广博的知识、辩证思维方法、历史思维方法，提高调查研究能力，努力服务人民；要传承民族优秀历史文化，守望民族精神家园，增强国家文化软实力；要着力夯筑坚持和发展中国特色社会主义的坚固历史基石；等等。

第四，科研导向下高校教师特别是思政课教师投身思想政治教育教学创新的主动性和积极性问题研究。思想政治教育教学中，学生是主体，教师是主导，但两者都应该是教育教学过程的参与者和受益者。思想政治教育教学必须在促进学生全面进步的过程中使教师的自身素养得到全面发展。当前，尽管党中央和教育主管部门一再强调教育教学工作对于高校的极端重要性，但高校普遍面临学科评估和经费保障等现实压力，只能突出强调考评机制的科研导向。不少高校教师包括思政课教师迫于生存和发展压力，只能忙于科研工作，投身思想政治教育教学创新的主动性和积极性受到很大影响。破解科研导向下高校教师特别是思政课教师投身教育教学创新的动力开掘这一难题，一个重要的思路就是在大学生历史意识培育中增强“四个自信”。因为这种思想政治教育教学创新，能够较好地激发大学生浓厚的理论学习兴趣，增强“四个自信”，减轻教学压力，提高教师的成就感和自信心，振奋教师的精神状态。更为重要的是，高校教师特别是思政课教师在这一教育教学创新过程中所形成的历史素养、历史意识和历史关怀，不仅有助于高校教师科学总结和认真借鉴思政课建设长期形成的成功经验（如坚持实事求是和理论联系实际等）①，改进教学方法，提高教学实效，而且还有助于教师反思总结自己科研领域的诸多现实问题，为科研工作提供重要的历史镜鉴、明确的目标任务和清晰的学科方向，从而有助于弭平教师教学与科研的鸿沟，实现教学和科研互相促进的正向良性循环，激发教师主动投身思想政治教育教学创新的积极性和主动性。

---

① 艾四林：《科学总结思政课建设长期形成的成功经验》，《思想理论教育导刊》2019 年第 5 期。

三、历史意识培育视域中大学生增强“四个自信”的路径体系

（一）始终坚持唯物史观，提升历史文化素养

唯物史观是理论创新的基础①，也是高校教师特别是思政课教师教学科研创新的基石。高校教师特别是思政课教师要坚持运用唯物史观指导自己的教学科研工作，全面提升自身的历史文化素养；要具备向各种错误思想观点特别是历史虚无主义观点亮剑的斗争精神和过硬本领，立足教师自身专业和学生所学专业的发展史研究，从专业领域的视角带领学生历史地、科学地评价我国发展的历史成就和现存问题；要认真分析把握历史虚无主义思潮的表现形式、传播特点、载体伪装和思想实质，密切关注社会舆论热点和思想理论难点，针对一些重大历史事件和理论问题进行储备性前瞻性的学习研究，在特定的时间节点，充分利用课堂教学、网络教学平台、QQ 和微信等现代传媒，及时宣传介绍党中央的政策理论，推荐传播相关专家学者的权威观点，阐发个人最新学术见解，积极回应学生的历史关切，科学解答学生的历史困惑，“用正面的声音有力地抨击历史虚无主义者的荒诞言论”②，正确引领学生思想动向，帮助学生树立唯物史观，提升历史文化素养，形成成熟深刻的历史意识。

（二）充分发挥思政课的主渠道、主阵地作用

要创新课堂教学。首先，以问题教学法为核心，构建培育大学生历史意识与增强“四个自信”的综合教学体系。以“毛泽东思想和中国特色社会主义理论体系概论”课程为例，教师可以围绕“什么是马克思主义，为什么选择马克思主义，为什么要进行马克思主义中国化，怎样进行马克思主义中国化”，“什么是社会主义，为什么选择社会主义，为什么要坚持和发展中国特色社会主义，怎样坚持和发展中国特色社会主义”，“什么是新时代，为什么说中国特色社会主义进入新时代，怎样建功立业新时代”等主题展开，就每一章节的内容设计具体问题，依托问题的历史逻辑和理论逻辑展开教学。教师也可以充分结合历史文化资源，设计思想政治理论

① 胡培兆：《唯物史观是理论创新的基础》，《人民日报》2015 年 12 月 18 日。

② 丁晋清：《“起底”历史虚无主义》，《光明日报》2018 年 8 月 6 日。

课教育教学的多个特色专题，如中国历史和优秀传统文化与马克思列宁主义、中国历史和优秀传统文化与马克思主义中国化、中国历史和优秀传统文化与毛泽东思想、中国历史和优秀传统文化与中国特色社会主义理论体系、中国历史和优秀传统文化与习近平新时代中国特色社会主义思想等。依托专题教学，通过深入的历史分析和比较研究，拓展学生的知识视野和思维深度，增强其历史意识和“四个自信”。

其次，积极发挥学生的主体作用。组织学生搜集社会热点、难点问题，挖掘其历史文化渊源，结合课程内容积极准备相关材料（包括问题的产生、发展、现状及未来发展四个方面），参加“理论微讲堂”、课堂主题研讨、“每日议题”演讲、专题辩论等研究性学习活动。通过这些课堂设计，帮助学生培育历史意识，客观评价现有的理论成果和实践成就，自觉坚定中国特色社会主义理想信念，增强“四个自信”。

（三）努力搭建课外教育教学平台

课堂学习之外，教师要努力搭建培育大学生历史意识与增强“四个自信”的有效平台。在充分挖掘和利用校史资源的基础上，鼓励学生积极参与校内各种中国历史文化教育活动，如开展中国历史和优秀传统文化经典诵读，撰写中国历史和优秀传统文化经典读书心得，参加中国历史和优秀传统文化学习心得演讲、微信美文写作、辩论比赛和手抄报展览等活动。同时，要鼓励学生走出校门，积极参与校外中国历史文化教育活动，如参观本地的革命遗址、文化场馆和历史名胜古迹；开展针对普通市民和大学生的关于红色资源传承、中国历史和优秀传统文化艺术认知、国学经典品读和品德素质养成等相关社会调查，增强大学生对社会、学校和自身的科学认知和理性践行能力。充分利用人民网、光明网、求是网、中国社会科学网、中国共产党历史网和中国世界史研究网等权威思想理论与历史文化网站，积极发挥课程网络教学平台和QQ、微信等各种课外教育平台的作用，“在网络空间主动设置议题、批驳历史虚无主义的错误观点”①，提升大学生的历史素养和理论水平，拓展大学生的国际历史视野，增强“四个自信”。

（四）牢固树立“大思政”工作理念

将大学生历史意识培育与增强“四个自信”工作提高到学校思想政治教育工

① 杨军：《绝不放任历史虚无主义对英烈的诋毁》，《光明日报》2018年8月10日。

作的核心高度来认识，完善体制机制保障。一方面，加大思政课教研工作力度，“建立纵向跨学段、横向跨学科的交流研修机制，深入开展相邻学段思政课教师教学交流研讨。推动建立思政课教师与其他学科专业教师交流机制”。[①] 另一方面，整体推进高校课程思政，深度挖掘高校各学科门类专业课程蕴含的思想政治教育资源，“解决好各类课程与思政课相互配合的问题，发挥所有课程育人功能，构建全面覆盖、类型丰富、层次递进、相互支撑的课程体系，使各类课程与思政课同向同行，形成协同效应”[②]。既要使各学段的思政课教师与其他学科专业老师优势互补，又要充分发挥思政课、专业课特别是人文社会科学课合力育人的协同作用。要加大人才、资金和设备等方面的投入，创新管理评价体系，完善各种制度保障；充分整合高校内部各教研室、院系、职能处室的力量，努力搭建各种协作平台，加强与兄弟院校、相关教育主管部门、大学生教育实践基地的密切配合，实现资源优势互补，强化对培育大学生历史意识与增强“四个自信”教育教学创新工作的全面支撑。

① 《中共中央办公厅　国务院办公厅印发〈关于深化新时代学校思想政治理论课改革创新的若干意见〉》，中国政府网，2019 年 8 月 14 日。

② 同上。

意识形态问题研究（1949—2019）
——基于CNKI数据库的知识图谱分析

谭兴林①

［摘　要］意识形态问题是关系国计民生的一个重大问题。自新中国成立以来，国内学术界对于意识形态问题的研究日渐完善，也结出了累累硕果。对这些研究成果的统计分析，不仅可以清晰地看出文献数量、学科分布、作者和研究机构的具体情况，还可以对其研究主题、研究历程和研究趋势进行宏观把握。在此基础上，发现已有研究的问题，继而为今后的研究找到方向和突破口。

［关键词］意识形态；70年；研究状况；中国特色

自特拉西最早提出"意识形态"这一术语以来，意识形态及其相关问题就一直是理论界探讨的重要论题。自新中国成立以来，我国学者立足国情、融汇西方学说，对意识形态问题进行了广泛而深入的研究，形成了一批极具理论深度和说服力的研究成果，为中国特色社会主义意识形态理论的发展和完善作出了重要贡献。立足于当下中国的实际，多维审视新中国成立70年来我国意识形态研究的现状、历史、前沿和趋势，以期为新时代中国特色社会主义意识形态的研究和建设提供有益借鉴。

本文的文献样本来源于中国知网（CNKI）和中文社会科学引文数据库（CSSCI）。笔者以"意识形态"为篇名和关键词，以1949—2019年为时段，选取CSSCI数据库进行期刊类型检索，经过去重处理，最后得到有效文献3187篇。本文主要采用文献计量学及可视化方法，使用的文献处理工具是Cite Space软件。

---

① 谭兴林，清华大学马克思主义学院博士。

一、研究状况概览

可从发文数量、学科分布和作者状况等角度对70年来国内意识形态问题研究状况进行分析。

（一）文献量分析

文献量分析可以直观地显示出学界对于某问题的研究状况。根据检索到的3187篇文献样本数据，可以绘制出国内意识形态问题研究历年发文量总体趋势图（见图1）。

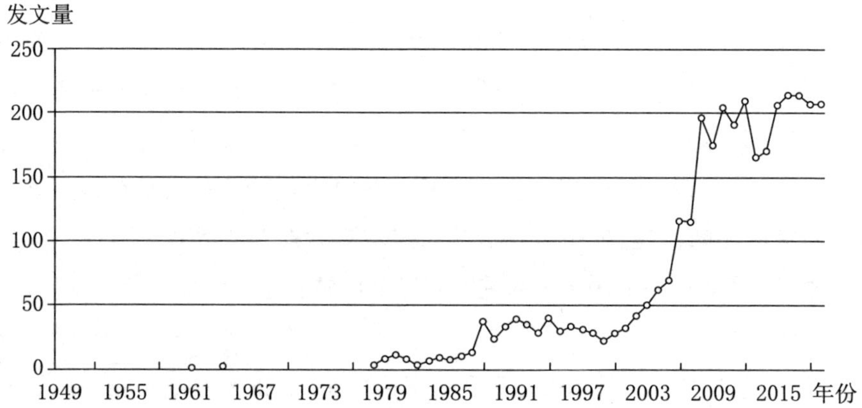

图1　国内意识形态问题研究历年发文量总体趋势（1949—2019）

通过分析可以发现：从1949年到1978年，符合检索条件的样本仅有3篇。1961年，《现代外国哲学社会科学文摘》（现刊名为《国外社会科学文摘》）刊发了一则关于《意识形态与社会》（Ideology and Society, By Donald G. Mac Rae）的书评。1964年，为了揭露"美国垄断资产阶级运用镇压与欺骗的两面手法，进一步麻痹劳动人民革命意志的一种阴险国策"，[①]《现代外国哲学社会科学文摘》在5月和9月相继刊发了斯坦福大学政治学教授欧劳（Heinz Eulau）的《美国福利国家：既不是意识形态也不是乌托邦》和哈佛大学社会学教授齐末曼（Carle C. Zimmerman）的

① ［美］欧劳：《美国福利国家：既不是意识形态也不是乌托邦》，耿淡如摘译，《现代外国哲学社会科学文摘》1964年第5期。

《意识形态运动和社会变革》两篇文章。

直至1978年末，有关意识形态的文章仍然只出现在《哲学译丛》和《国外社会科学》等聚焦国外学术热点的期刊上。1979年，我国出现了第一个意识形态热点话题——上层建筑与意识形态的关系。《山东大学文科论文集刊》（现刊名为《山东大学学报》）在同年4月发表《文学等社会意识形态不属于上层建筑吗——与朱光潜先生商榷》一文。《国内哲学动态》（现刊名为《哲学动态》）在11月又刊发了庄国雄《上层建筑就是意识形态系列——与朱光潜先生商榷》一文。这波有关意识形态是否属于上层建筑的讨论成为中国第一个本土化的意识形态辩题。此后，文艺、影视、科学、阶级斗争等问题逐渐进入我国意识形态研究领域，诸多极具中国特色的意识形态问题逐渐成为学者的研究对象。

进入21世纪，中国学界对于意识形态相关问题的关注度迅速提高，研究热情跃升，研究成果也逐渐丰富起来。在这一时期内，年均发文量增长率高达25.0%。当然，发文量剧增的原因除党中央政策的驱动外，还有另外两个至关重要的原因：一是全球化驱动下各种社会思潮不断冲击中国主流意识形态，自然难免有争议探讨之声；二是西方马克思主义的意识形态理论的译介工作迅速开展，国内研究者展开了同国外学者的思想碰撞。

近10多年来，满足搜索条件的文献样本数量在180篇左右。在这一时期，学界对于国内外意识形态的理论与现实有了较为深刻的认知和切身的体验，学者们对于意识形态的相关问题也展开了全方位、有深度、立体式、多层次的研讨。科学发展观、社会主义核心价值观、社会主义荣辱观、新发展理念和新时代中国特色社会主义思想等都是学界讨论的重要论题。

（二）涉及学科分析

由于意识形态的研究是一个综合性的工程，我国意识形态领域研究的学科分布较为广泛。所选取的样本中的文献共涉及10个学科，按占比从高到低排序分别为中国政治与国际政治（17.41%）、高等教育（13.55%）、马克思主义（10.92%）、思想政治教育（9.73%）、哲学（9.35%）、中国文学（9.04%）、中国共产党（8.41%）、新闻与传媒（7.78%）、文化（7.47%）和戏剧电影与电视艺术（6.43%）。（见图2）

纵观学界的研究成果，目前已经形成一个融意识形态现实体现——意识形态存在合理性——意识形态传播为一体的研究体系。具体来说，首先是关于意识形态现实体现的研究领域，这一部分主要包括做意识形态显性研究的中国政治与国际政治领域和做意识形态隐形体现研究的文学、影视领域；其次是关于意识形态存在合理性的研究领域，这一部分研究侧重于理论研究，主要是马克思主义领域和哲学领域；最后是关于意识形态传播的研究领域，该部分研究主要集中在意识形态教育领域，高等教育和思想政治教育两大领域均是从教育学出发对其加以研究。此外，新闻传播领域也从传播学角度研究了其传播机制。

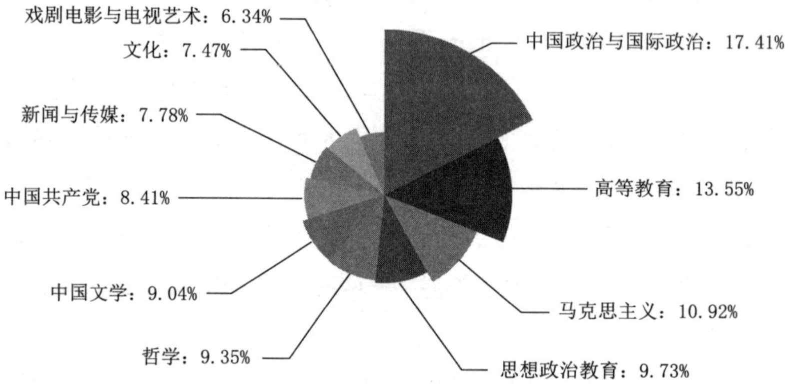

图 2　国内意识形态问题研究学科分布图（1949—2019）

（三）研究者和机构情况

自朱光潜等人在中国拉开意识形态研究的序幕以来，越来越多的学者积极投身于该领域的研究。了解意识形态问题研究领域的研究者及其所属机构情况，能够更好地了解我国意识形态领域研究状况。

1. 研究者的基本情况

根据研究者的情况，笔者利用 Cite Space 软件绘制出了国内意识形态问题研究人数表（表 1）、国内意识形态问题研究者时区分布图（图 3）和意识形态问题研究者合著共线图（图 4）。通过分析，可以得出以下三个结论：

（1）学者们对意识形态领域的关注度有较大差异

从表 1 可以看出，学者对意识形态领域的关注度差异很大，主要体现在两个方面：其一，发文量排名前两位的文章数量差距高达 11 篇；其二，检索到的 3187 篇文献样本中，涉及 1699 位研究者，其中有 1425 位研究者发文数量为 2 篇及以下，占比高达 84%。这种巨大差异虽然表明了大部分进行意识形态研究的学者都属于接触性、涉猎性的浅层研究，但也不能忽视一批学者对意识形态的相关问题的持续跟进和深层研究。总体来说，要取得意识形态领域的突破性发展，既要维持涉猎性研究队伍,从这批学者的研究中寻找创新点,又要加强深挖式研究,从而形成更为完善的意识形态理论研究体系。

表1　国内意识形态问题研究人数表(1949—2019)

发文量	研究人数	人数/总人数	发文量	研究人数	人数/总人数
27	1	0.06%	7	9	0.51%
16	1	0.06%	6	10	0.59%
13	2	0.12%	5	33	1.95%
11	3	0.18%	4	76	4.48%
10	5	0.30%	3	121	7.14%
9	6	0.35%	2	557	32.86%
8	7	0.41%	1	868	50.99%

(2)研究队伍中的高产研究者历年分布相对均匀,但研究的持续性不强

在 Cite Space 软件中,设置 years per slices=1, time=from 1949 to 2019,每个时间切片选择 top50 level 进行 author 分析,可以得出国内意识形态领域研究者分布时区图。因为时间线过长而导致绘制的图形效果不佳,故而选取发文量在 5 篇及以上的研究者进行分析。满足这一条件的研究者分布是从 1991 年开始的,因此截取 1991—2019 年意识形态领域研究者分布时区图(图3)进行分析。图中作者姓名字体的大小代表研究者发文量的多少,字体越大,发文量越多;图中研究者出现的时间区域即该研究者发文 5 篇及其以上的时间区域,连线代表研究者对该问题的持续关注情况。从图中可以看出,意识形态领域高产研究者历年分布相对均匀,姚大志、汪行福、杨生平、刘建飞、周宏、张一兵、徐海波、侯惠勤、张秀琴、董学文和苏富平等人相对均匀分布在 1991—2006 年,且分布密度逐渐加强;2007 年以后,发文量 5 篇及其以上的研究者分布密度急剧增加,吴学琴、王晓升、蒯正明、刘英杰、王永贵、朱继东、肖唤元和秦龙等人是近年来意识形态领域研究的主力军。此外,学者研究的时间连续性不强,除杨生平等个别学者对这一问题持续多年关注外,大部分学者都是集中在某个时间段内进行集中性研究。

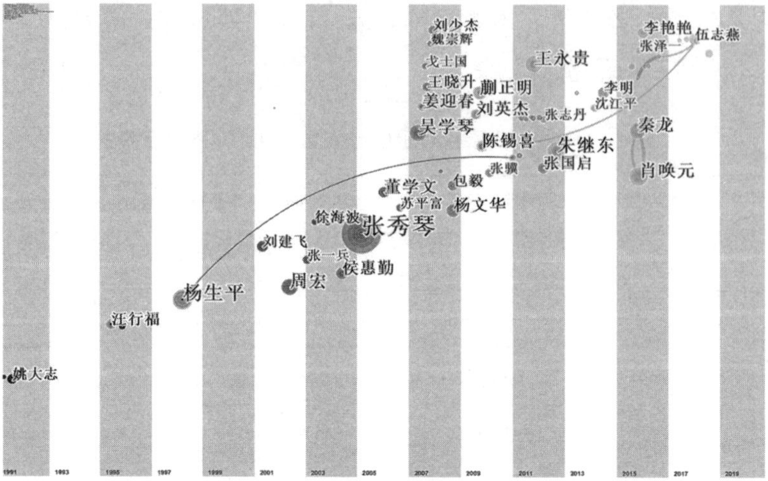

图 3　国内意识形态问题研究者分布时区图（1991—2019）

（3）以独立研究模式为主、以合作研究模式为辅的研究态势

在 Cite Space 软件中，设置 years per slices=2，time=from 1949 to 2019，考虑到数据的庞杂，选择 pruning sliced networks，其他设置默认，进行 author 共线分析，得到国内意识形态领域研究者合著共线图（图 4）。在该网络图谱中，研究者姓名字体大小代表发文量多少，发文量越多，字体越大；连接边表示合作性，合作性越

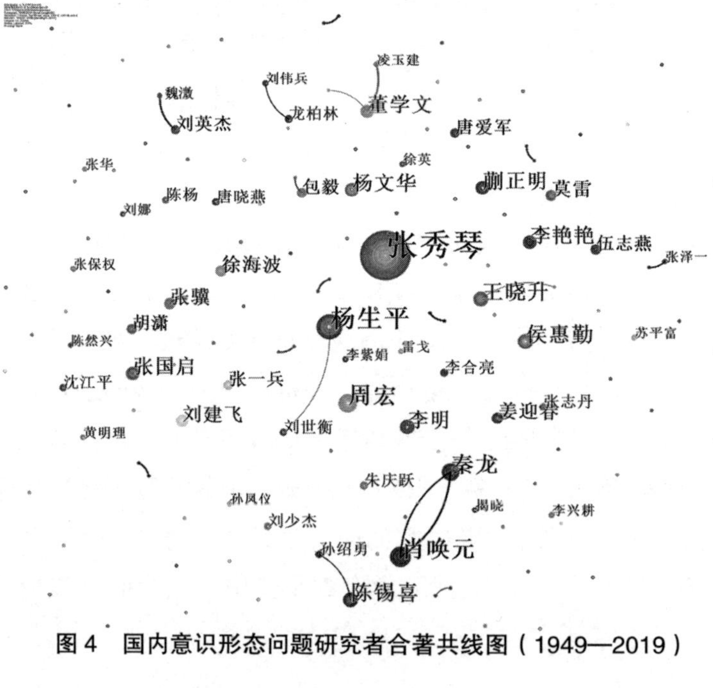

图 4　国内意识形态问题研究者合著共线图（1949—2019）

强，连接边越粗。由图可知，目前研究者在意识形态问题研究领域形成了以独立研究为主、以合作研究为辅的研究态势。张秀琴、侯惠勤、杨文华、蒯正明、唐爱军、李艳艳和莫雷等人是发文量排名较高的独立研究者；董学文和凌玉建、杨生平和刘失衡、秦龙和肖唤元、陈锡喜和孙绍勇、龙柏林和刘伟兵、刘英杰和魏澂等人是合作研究的主要代表。

2. 研究机构的状况

根据研究者的情况，笔者利用 Cite Space 软件绘制出了国内意识形态问题研究机构合作共线图谱（图 5）、国内意识形态问题研究机构分布时区图（图 6）和国内意识形态问题研究机构所在地分布图。该领域的研究机构分布具有以下特点：

（1）主要研究机构为知名高校的马克思主义学院，各机构间鲜有合作

在 Cite Space 软件中，设置 years per slices=2，time=from 1949 to 2019，考虑到数据的庞杂，选择 pruning sliced networks，其他设置默认，进行 institution 共线分析，得到国内意识形态问题研究机构合作共线图谱（图 5）。在该网络图谱中，节点圆环大小代表该机构发文量多少，发文量越多，圆形越大；连接边表示合作性，合

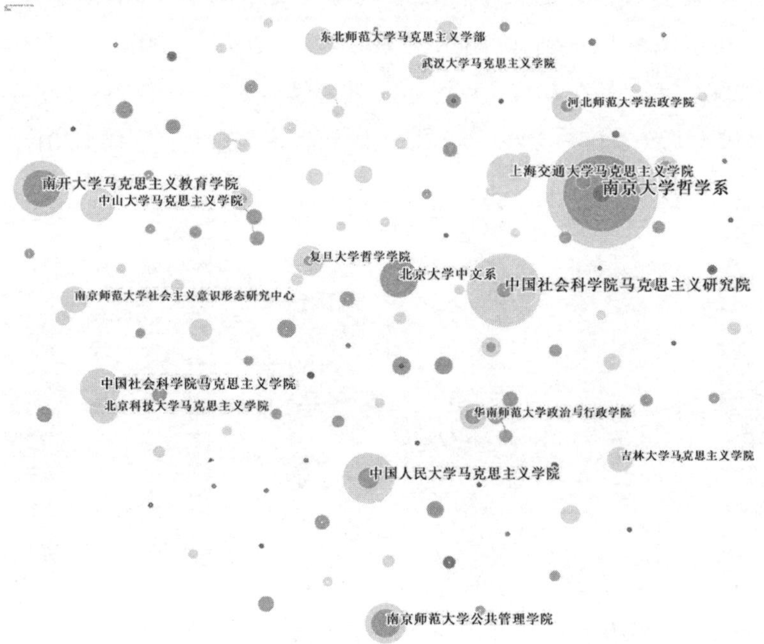

图 5　国内意识形态问题研究机构合作共线图谱（1949—2019）

作性越强，连接边越粗。通过分析可以得出两点结论：其一，我国对于意识形态问题研究的主要机构是知名高校的马克思主义学院和哲学院（系）。除南京大学哲学系、北京大学中文系、复旦大学哲学学院、南京师范大学公共管理学院、华南师范大学政治与行政学院和河北师范大学法政学院外，中国社会科学院、南开大学、上海交通大学、中山大学、武汉大学等高校的马克思主义学院是研究的主要机构；其二，各机构之间几乎不存在共线，因此并无紧密合作。总体来看，我国意识形态问题研究的主要机构是知名高校的马克思主义学院，哲学、中文、政治和管理专业也对这一领域的研究作出了重要贡献。但是，各个研究机构间合作匮乏，应该加强各个研究机构的合作，从而更好地推进该领域的发展。

（2）各个研究机构对于意识形态问题关注的持续性较强

在 Cite Space 软件中，设置 years per slices=1，time=from 1949 to 2019，每个时间切片选择 top50 level 进行 institution 分析，可以得出国内意识形态问题研究机构分布时区图。同样因为时间线过长而导致绘制的图形效果不佳，故而选取发文量在 10 篇及以上的机构重新制图。满足这一条件的机构分布是从 2000 年开始的，所以截取 2000—2019 年国内意识形态研究领域机构分布时区图（图 6）进行分析。图中机构名称字体的大小代表该机构发文量的多少，字体越大，发文量越多。从图中可以清晰地看到，除南京大学哲学系（2000—2001 年）、北京大学中文系（2001—2003 年）、南开大学马克思主义教育学院（2005—2006 年）、中国人民大学马克思主义学院（2008—2009 年）和中山大学马克思主义学院（2015—2016 年）

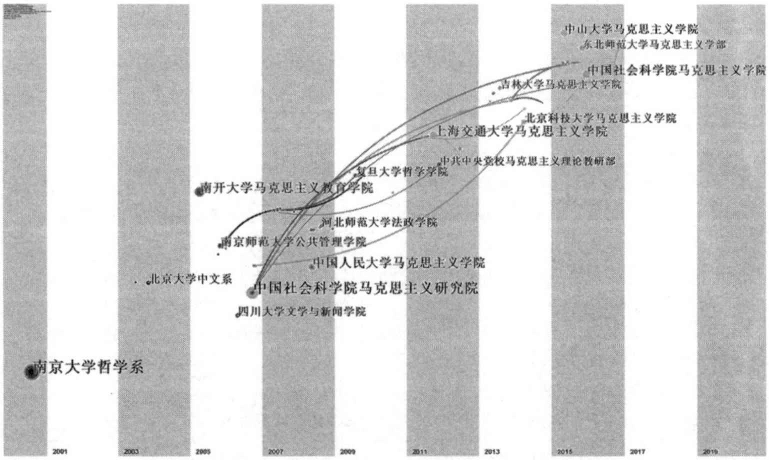

图 6　国内意识形态问题研究机构分布时区图（2000—2019）

对该问题的关注的时间较为集中外，其他大部分研究机构一直保持着对该问题的持续关注。总体而言，无论是短时期内集中关注还是长时期内持续关注，对于我国意识形态研究领域而言都是有益的。

（3）研究机构主要分布在我国东部，京津地区和长江沿岸最为密集

在 Cite Space 软件中，将发文量超过 10 篇的机构悉数列出，尔后将位于同一城市的机构加以合并，最终形成国内意识形态问题研究机构所在地分布图。在分布图中，圆点大小代表发文量的多少，圆点越大，发文量越多。由图可知，我国意识形态问题研究机构主要分布在东、中部地区，且形成了北京—天津、南京—上海—武汉—长沙—杭州、哈尔滨—长春、广州—深圳—厦门 4 个较为集中的研究区域，其中最为密集的研究区域是京津地区和长江沿岸。

二、研究主题与演变趋势的可视化分析

了解某一领域研究主题情况，既可以采用关键词排序分析，也可以采用关键词聚类分析，前者应用于文献数量较少的情况，后者适用于文献数量较大的情况。鉴于本文文献样本量较大，故而采取后者来识别和分析意识形态问题研究的热点。

（一）研究热点辨识：关键词聚类分析

在 Cite Space 软件中，设置 Top N=50，Top N%=10，得到国内意识形态问题研究关键词聚类图（图 7）。通过分析发现，学界对于该问题的研究关键词共有 146 个，429 条边，网络密度为 0.0405，Q 值 =0.5741，符合聚类分析条件。聚类分析共得到 8 个聚类标签，主要有意识形态、苏维埃社会主义共和国联盟、《德意志意识形态》、中国共产党、思维形式、美国、审美、人类。

基于文献样本内容阅读和聚类图谱的综合分析，学界对意识形态问题的研究热点主要集中在以下四个方面。

1. 对意识形态概念的解读

关于意识形态的研究自然首先要集中于对意识形态概念的解读和梳理，部分学者展开了对意识形态概念的总体性解读，也有学者着眼于意识形态概念的具体化诠释。在解读过程中，形成了宏观与微观相结合的意识形态概念阐析模式。

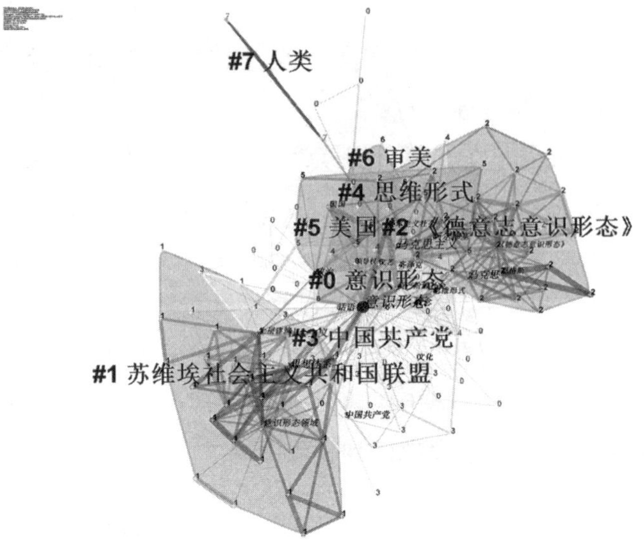

图 7　国内意识形态问题研究关键词聚类图（1949—2019）

（1）对意识形态概念的总体性解读

田科瑞提倡要对意识形态概念加以多层次地分析——“第一层次，它属于思想社会关系的范畴；第二层次，它反映一定阶级的意志；第三层次，它具有维护阶级统治的功能，具备了这三个层次的内容它就是意识形态”。① 汪行福则力主从比较联系的维度对意识形态概念加以把握：从人本主义角度来看，“意识形态本质是虚假的物化意识”；从结构主义角度而言，“意识形态是行为主体及其模式被社会制度和物质实践塑造的结构与机制”。② 郑海侠指出要用历史的眼光在意识形态概念的流变中把握其真意涵，意识形态含义先后历经“非科学性转变”“科学性转变”“实存性转变”“非价值性转变”和“泛文化性转变”。可以说，“人们至少在五种不同的意义上使用着‘意识形态’这个范畴”。③

（2）对意识形态概念的具体解读

纵观学界对于意识形态概念的研究成果，主要有存在论、功能学、整合论三种解读模式。存在论解读者认为，“统治和意识形态之间的存在论上的关系比阶级

① 田科瑞：《意识形态概念新探》，《理论与改革》2004 年第 2 期。

② 汪行福：《社会统治与意识形态的关系——西方马克思主义的两种解释路向》，《国外社会科学》2013 年第 1 期。

③ 郑海侠：《论“意识形态”概念流变过程中的五次重大转变》，《教学与研究》2014 年第 9 期。

的条件更基本、更源始。马克思在力图深究意识形态概念之核心的研究中所达到的存在论新境域,显然是以这个关系到阶级前意识和观念符号系统结构的'无知'之幕为背景的……马克思试图揭示的是有关'活动'的前提以及确定意识形态存在的物质性"[①];功能学解读者指出,"在'经济基础—上层建筑'构架下,将意识形态阐发为经济基础的'副现象'、阶级社会的结构性要素、制度化的思想体系和思想型权力,马克思成功建构了现代意识形态概念的理论内核,同时也提供了破解意识形态之谜的功能学阐释方法,意识形态概念由此真正成为政治生活中的通用语"[②];整合论者则提出,"马克思的意识形态概念是一个在语义上具有否定性、功能上具有批判性、范围上具有有限性和存在状态具有历史性的前后一致的或一贯的理论体系。这构成了马克思和其他所有各种阐释传统(包括实证主义传统、历史主义传统和马克思主义传统)之间的最主要的区别"[③]。

2. 西方马克思主义的意识形态理论研究

随着西方马克思主义思想的传入,国内学界形成了四种具有代表性的研究视角。

(1)社会批判型意识形态理论分析

西方马克思主义的诸多意识形态理论是以批判资本主义社会意识形态为要旨的,其中最为典型的是以马尔库塞为代表的文化工业批判理论和鲍德里亚的消费社会意识形态理论。

马尔库塞意识形态理论研究者主要有张成岗、王晓升、蒯正明等人。张成岗认为马尔库塞实现了从意识形态批判到"后技术理性"建构。[④]王晓升则从马尔库塞文化工业批判中窥见资本主义诸多现代性问题,提出资本主义现代性文化已经失去了批判功能,整个社会弥漫在一种精神压抑中。[⑤]蒯正明侧重对马尔库塞科学技术意识形态理论的评析,认为马尔库塞的理论是一种对资本主义社会的有力

① 张文喜:《从存在论的境域把握马克思意识形态概念之核心》,《中国人民大学学报》2009年第5期。

② 戈士国:《思想型权力:马克思意识形态概念的功能学解读》,《马克思主义研究》2010年第10期。

③ 张秀琴:《整合论视野下的马克思意识形态观重构——以乔治·拉瑞恩的解读为例》,《社会科学辑刊》2010年第6期。

④ 张成岗:《从意识形态批判到"后技术理性"建构——马尔库塞技术批判理论的现代性诠释》,《自然辩证法研究》2010年第7期。

⑤ 王晓升:《发达工业社会中的现代性问题——评马尔库塞对发达工业社会意识形态的批判》,《南京社会科学》2018年第12期。

批判,具有超越性,但也存在明显的缺陷而无法医治好现代资本主义的"疾病"。①

关于鲍德里亚的研究,张一兵指出,鲍德里亚提出的消费意识形态批判,通过消费品之间存在的暗示性意义链第一次说明了资本主义消费关系中的"符码控制",并借此揭露了资本主义消费社会更深层次的奴役和统治本质。② 汪行福主要以鲍德里亚在《生产之镜》中对生产主义意识形态提出的三大批判为问题展开与鲍德里亚的批判性对话。③ 闫方洁和宋德孝的关注点更多地落在鲍德里亚符号意识形态建构上面,对鲍德里亚的符号价值与符号形式作了较深刻的说明。④

(2)文化研究型意识形态理论分析

从文化视角进行意识形态理论研究是二战后的西方马克思主义理论家所开辟的一条全新研究路径。张秀琴发表了一系列文章分别分析了"文化唯物主义"(威廉斯)、"文化大众主义"(霍尔)、"文化审美主义"(伊格尔顿)和"文化历史主义"(詹姆逊)。

文化唯物主义意识形态论"通过不放弃经济基础(社会存在)决定上层建筑(社会意识)的唯物主义立场,而坚持意识形态观的唯物主义基础和马克思主义传统;借助于赋予'基础'、'上层建筑'和'决定'以不同含义,以凸显意识形态研究的文化视角"⑤。文化大众主义将大众文化视为当代意识形态的主要表现形式,认为政治霸权是意识形态的主要社会功能,而多元链接构成了意识形态的实践机制。⑥ 文化审美主义的"主要特征就是立足于英国式的唯物主义立场来探讨'文化'这个大主题,特别是挖掘其中的政治意义"⑦。文化历史主义在对西方资本主义文化工业的批判中引入历史性研究视角,认为"历史主义、总体性和辩证法构成了詹姆逊文化历史主义意识形态论的主要特点……马克思主义(包括其意识形态理

① 蒯正明:《马尔库塞对发达资本主义社会的意识形态批判与超越》,《教学与研究》2015年第5期。

② 张一兵:《消费意识形态:符码操控中的真实之死——鲍德里亚的〈消费社会〉解读》,《江汉论坛》2008年第9期。

③ 汪行福:《生产之镜与意识形态——鲍德里亚〈生产之镜〉的批判性解读》,《东南学术》2009年第2期。

④ 闫方洁、宋德孝:《走向符号政治经济学的意识形态批判——鲍德里亚对消费社会意识形态之解码》,《教学与研究》2008年第4期。

⑤ 张秀琴:《威廉斯的"文化唯物主义"意识形态论研究》,《哲学动态》2011年第2期。

⑥ 张秀琴:《马克思意识形态概念的"文化大众主义"解释——以伯明翰文化学派斯图亚特·霍尔为例》,《南京社会科学》2012年第2期。

⑦ 张秀琴:《伊格尔顿"文化审美主义"意识形态论研究》,《中共天津市委党校学报》2012年第2期。

论）为人类思想史所做的具有哥白尼式革命意义的重大贡献，就在于其所具有的‘历史主义’的特征，即‘认为人类的思维和科学都是受一定的历史时代和社会发展的条件制约的’”①。

（3）政治权力型意识形态理论分析

在西方马克思主义理论家那里，明确将意识形态与权力高度融合的学者主要是葛兰西和阿尔都塞。

仰海峰对葛兰西意识形态理论及其当代效应作了深刻分析，认为“结合组织化资本主义社会发展的讨论，葛兰西特别指出了意识形态的物质化、权力化特征，这一思考直接影响到当代意识形态的理论建构”②。卢德友基于市民社会理论转轨，对葛兰西所开出的文化学意义的研究范式给予高度评价。③张秀琴指出，“葛兰西立足于一种总体的历史主义视角来探讨意识形态问题……后马克思主义者拉克劳和墨菲则主要从一种偶然的连接主义视角来探讨意识形态的内涵、分析框架以及功能和意义等问题”④。

陆扬认为，“阿尔都塞在结构主义和马克思主义交相辉映的20世纪六七十年代，立足科学区分所谓镇压性国家机器和意识形态国家机器，由此提出一整套意识形态理论，其影响远非科学主义可一言蔽之”⑤。汪行福则分析了阿尔都塞的理论，认为“它在强调意识形态的物质性的同时，忽视了观念和象征的作用；在强调了意识形态支配作用的同时，没有关注意识形态中反抗和斗争的作用；在强调了意识形态国家性的同时，忽视了非国家意识形态的作用”⑥。

（4）心理分析型意识形态理论分析

在心理分析型意识形态理论中，齐泽克是典型代表。唐正东等人认为齐泽克的意识形态观是一种犬儒主义意识形态，这就是齐泽克所揭示的自为的资本主义

① 张秀琴：《马克思意识形态概念的文化历史主义解读——以弗雷德里克·詹姆逊为例》，《哲学动态》2012年第3期。

② 仰海峰：《葛兰西的意识形态理论及其当代效应》，《马克思主义与现实》2006年第2期。

③ 卢德友：《开显意识形态的革命意蕴——葛兰西市民社会理论研究》，《江苏社会科学》2011年第6期。

④ 张秀琴：《总体的历史主义与偶然的连接主义——葛兰西与后马克思主义意识形态理论比较研究》，《国外社会科学》2009年第1期。

⑤ 陆扬：《论阿尔都塞的意识形态理论》，《中国人民大学学报》2015年第1期。

⑥ 汪行福：《意识形态辩证法的后阿尔都塞重构》，《哲学研究》2015年第5期。

意识形态——“齐泽克的这种犬儒主义意识形态观的确突破了仅从‘知’的层面来解读意识形态的思路，深入社会现实本身或者说人们的行为层面，挖掘意识形态的深层内涵。但其解读逻辑的最大问题是：用幻象的社会有效性取代了对它的历史过程性的研究，而恰恰就是在这种历史过程性中，幻象的社会有效性会不断地被解构和消解。”① 夏莹从齐泽克思维进路推演得出，齐泽克的意识形态思想是对黑格尔“实体即主体”的拉康化解读，认为齐泽克“通过对黑格尔哲学中‘精神是块头盖骨’以及‘真理来自于误认’的解读完成了对命题‘实体即主体’的拉康化阐释”，② 这种解读“凸显了黑格尔主体观念的双重内涵：能动性的主体以及作为有待填充的主词的主体，从而为黑格尔哲学‘主体观念’的研究提供了一种新的理论视角”③。

3. 苏联时期的意识形态理论研究

我国学者对苏联时期意识形态理论的研究主要集中在苏联时期的意识形态管理、苏联解体的意识形态因素这两个方面。

关于苏联的意识形态管理研究。秦正为、李全、汤德森等人分别研究了斯大林时期的对外政策、勃列日涅夫时期的意识形态机构及管理模式以及戈尔巴乔夫时期苏共意识形态的严重偏差。第二次世界大战后，斯大林的对外政策大体可以1947年为界分为两个阶段。1947年以前，苏联坚持与西方国家和平共处，实行大国合作；1947年以后，苏联则坚持世界革命，实行与西方国家的集团对抗。④ 勃列日涅夫时期，“各种意识形态机构都是在苏共各级委员会的领导下发挥职能、开展工作的，机构的负责人都是由苏共各级委员会选拔和任命的，这些机关的存在与否、职能的淡化与加强，都由苏共中央决定。通过一系列的工作手段，苏共中央牢牢控制住意识形态工作的主导权”⑤。戈尔巴乔夫执政时期，苏共以“人道的民主的社会主义”作为改革的指导思想，极力推行“民主化”“公开性”“多元化”，整个社

---

① 唐正东：《齐泽克的犬儒主义意识形态观批判》，《江西社会科学》2015年第11期。

② 夏莹：《试论齐泽克对黑格尔“实体即主体”的拉康化解读——兼议〈意识形态的崇高客体〉的主题》，《马克思主义与现实》2009年第2期。

③ 同上。

④ 秦正为：《国家利益和意识形态——二战后斯大林的对外政策》，《国际关系学院学报》2008年第2期。

⑤ 李全：《勃列日涅夫时期苏联的意识形态机构及管理模式》，《当代世界与社会主义》2008年第1期。

会偏离科学社会主义的正确轨道，苏共逐渐丧失了意识形态合法性地位。[①]

学者们梳理了与苏联解体有关的四项意识形态因素：一是苏联抛弃阶级观点，"苏共在赫鲁晓夫执政时期，错误判断国际国内依然存在的并且日趋复杂的阶级斗争形势，对资产阶级自由化思潮缺乏警惕性，发动'非斯大林化'运动，鼓吹阶级斗争熄灭论，推行否定无产阶级专政的所谓'全民党''全民国家'理论，从而全面抛弃了马克思主义的阶级观点和阶级分析的方法，毁掉了苏共意识形态的核心战斗力，成为其意识形态崩溃的起点"[②]；二是苏共内部腐败，"关于苏共灭亡、苏联解体的原因，仁者见仁智者见智。苏共的变质腐败是最为根本的原因。认为是改革的转向造成了苏共的灭亡和苏联解体更是无稽之谈"[③]；三是信仰缺失，"意识形态阵地被侵袭带来的自上而下的信仰缺失无疑是一个关键性因素"[④]；四是多元社会思潮冲击，"以'公开性、多元论'为特征的民主社会主义思潮动摇了马列主义理论基石，信奉'市场万能'的新自由主义思潮摧毁社会主义经济基础，'为历史翻案'的历史虚无主义思潮扭曲苏联共产党形象，鼓吹'大俄罗斯'的民族沙文主义思潮引发苏联国家认同危机。多元社会思潮的催化剂效应，导致社会主义制度的政治合法性全线崩溃，最终瓦解了苏共，毁灭了苏联"[⑤]。

4. 当代中国意识形态理论研究

新中国成立以来，中国意识形态领域发生了诸多变化，面对各种社会思潮的冲击，意识形态的建设问题成了一个重大的时代问题。

（1）中国共产党意识形态建设研究

侯惠勤总结了中国共产党意识形态建设的经验，他认为"共产党之所以能够缔造新中国和领导建设新中国，就在于始终坚持马克思主义中国化的正确方向，其实质是科学社会主义的基本原理同中国的具体实际以及时代特征相结合。因此，

---

① 汤德森、赵珺：《戈尔巴乔夫时期苏共意识形态的严重偏差及深刻教训》，《马克思主义研究》2016年第11期。

② 刘舸：《苏联意识形态崩溃始自抛弃阶级观点》，《马克思主义研究》2017年第1期。

③ 程海亮、韩俊丽：《是改革葬送了苏联社会主义吗？——关于苏联解体问题上的意识形态情结和偏见》，《理论探讨》2012年第3期。

④ 黄继锋、王明哲：《信仰缺失：意识形态领域内苏联解体的促成因素》，《辽宁大学学报》（哲学社会科学版）2012年第3期。

⑤ 杨金华：《多元社会思潮与意识形态危机——苏联政治悲剧的历史反思》，《南京政治学院学报》2012年第4期。

坚持既一脉相承又与时俱进的马克思主义就成为新中国的灵魂,也是新中国主流意识形态建设的基本经验"①。唐爱军通过梳理中国共产党在历史进程中不断呈现的"革命""不断革命""继续革命""改革"等核心政治话语的历史演变,探讨中国共产党在不同阶段对意识形态的话语建构,认为中国共产党意识形态建设的关键在于话语转型。②刘琳琳则进一步研究中国共产党意识形态话语权建构机制,指出"意识形态话语权的建构需要经过话语生产、话语说服和话语认同三个环节。因此,意识形态话语权的建构机制主要包括生产机制、说服机制和评价机制,它们之间相互衔接、相互配合"③。胡荣涛、徐进功则认为需要推进中国共产党意识形态话语的法治化建构,"通过党的意识形态话语法治化的哲学意蕴、理念塑造以及文本表达,法治价值逐渐融入中国共产党意识形态话语建构中,丰富意识形态话语的现代性内涵,提升执政党的合法性"④。

(2)对历史虚无主义和新自由主义的批判

当代中国特色社会主义意识形态理论建设受到诸多社会思潮的冲击,其中最受学者关注的是历史虚无主义和新自由主义。刘亚男和王跃对历史虚无主义的意识形态本质作了分析,认为其"否定中国社会主义革命、建设、改革史,质疑中国共产党的领导,并否定选择社会主义的历史必然性。因此,在中国特色社会主义新时代必须明确历史虚无主义的意识形态本质,并予以有效的批驳与回击"⑤。高和荣揭开新自由主义的意识形态面纱,指出"新自由主义是在反对国家资本主义尤其是在反社会主义的运动中诞生的,尽管其理论派别与理论观点各不相同,但其主要内容都体现着资本主义的价值观念,是真真切切地披着经济理论外衣的意识形态理论,意识形态不是新自由主义的'副产品'而是它的本真之义。它通过输出资本主义意识形态把非西方国家纳入整个资本主义体系之中来以实现其所谓的'历史的终结'"⑥。蔡万焕和王生升明确指出新自由主义的经济根源及其危害,认为"改

---

① 侯惠勤:《中国共产党在意识形态建设理论上的创新》,《新视野》2010年第2期。

② 唐爱军:《从"革命"到"改革"——论中国共产党意识形态的话语变迁》,《浙江学刊》2017年第4期。

③ 刘琳琳:《中国共产党意识形态话语权建构机制研究》,《中州学刊》2018年第2期。

④ 胡荣涛、徐进功:《改革开放以来中国共产党意识形态话语的法治化建构》,《学术论坛》2018年第4期。

⑤ 刘亚男、王跃:《历史虚无主义的意识形态本质分析》,《思想教育研究》2018年第8期。

⑥ 高和荣:《揭开新自由主义的意识形态面纱》,《政治学研究》2011年第3期。

革开放以来，新自由主义思潮在我国的传播和影响不断扩大，其根源在于所有制结构发生了变化，并体现在对贫富差距、政府与市场关系、中国经济改革和发展方向、国有企业的私有化和反私有化等重大理论以及现实问题的争论上。当前中国应遏制过度市场化倾向，排除新自由主义思潮的干扰”①。

（3）中国特色社会主义新时代的意识形态问题研究

中国特色社会主义进入了新时代，学者们也展开了对该问题的研究。胡凯和杨竞雄对于新时代意识形态治理问题展开了研讨，认为“治理根本目标是要巩固马克思主义在意识形态领域的指导地位，使广大人民群众凝聚在中国特色社会主义和中国梦的伟大旗帜之下；治理的基本原则方针是坚持一元性与多样性的统一、党性与人民性的统一、建设性与斗争性的统一、继承性与创新性的统一；治理的重点是推动主流意识形态的与时俱进、抓好重点群体的队伍建设、加强网络虚拟社会的意识形态治理、转变对外宣传方式塑造话语权威”②。肖唤元和秦龙总结了习近平总书记关于意识形态工作的重要论述的四重特征，即“价值取向上的人民性、工作导向上的问题性、思维选择上的辩证性、建设考量上的历史性”③。王锡森指出马克思主义意识形态话语维护的方法，“一是基本要素的搭建，包括毫不动摇坚持马克思主义的指导地位，树立优良的马克思主义学风，坚持开放性的原则丰富马克思主义话语体系以及创新马克思主义表达方式四个方面。二是对于具体途径的探索，包括坚持民生导向，维护人民利益；全面从严治党，发挥党员的模范带头作用；把握时代脉搏，培育和践行社会主义核心价值观；结合新兴媒体发展规律，做好新闻舆论工作；构建马克思主义为核心的哲学社会科学体系，增强马克思主义的学术话语权这五个方面”④。

（二）研究演变及趋势分析：关键词时区分析

1. 研究演变分析

借助 Cite Space 关键词时区图，可以了解我国意识形态研究演变过程。本文设置 years per slices=1, time=from 1949 to 2019，每个时间切片选择 top50 level 进行 keywords 的 time zone 分析，然后通过阅读相关文献，将新中国成立 70 年来意识

① 蔡万焕、王生升：《新自由主义、资本话语权与意识形态斗争》，《马克思主义与现实》2017 年第 5 期。
② 胡凯、杨竞雄：《习近平社会主义意识形态治理思想探析》，《思想政治教育研究》2014 年第 6 期。
③ 肖唤元、秦龙：《习近平意识形态思想的四重特征》，《马克思主义研究》2018 年第 7 期。
④ 王锡森：《习近平构建马克思主义意识形态话语权思想刍议》，《思想政治教育研究》2018 年第 34 期。

形态研究划分为四个阶段：1949—1978 年（对抗性意识形态研究阶段）、1979—2001 年（合理性意识形态研究阶段）、2002—2007 年（文化性意识形态研究阶段）、2008—2019 年（建设性意识形态研究阶段）。鉴于所得时区图的时间跨度过长导致关键词排列拥挤，本文将按照时间段裁剪为四张局部时区图，然后最终合称为国内意识形态问题研究关键词时区图（图 8）。

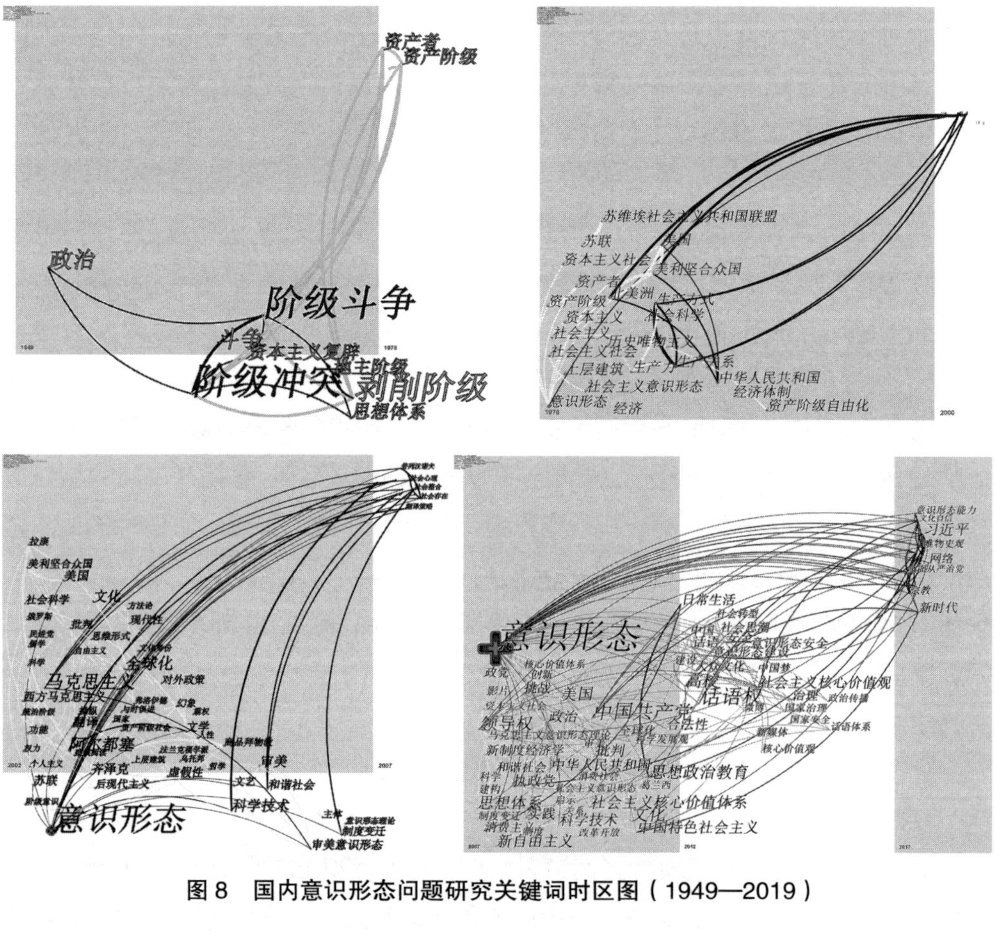

图 8　国内意识形态问题研究关键词时区图（1949—2019）

（1）1949—1978 年：围绕“阶级”展开的对抗性意识形态研究阶段

1949—1978 年，学术研究关键词集中在阶级斗争、阶级冲突、资产阶级、资产者和剥削等上面。改革开放以前，我国工作和经济重心是“以阶级斗争为纲”，理论宣传上强调“必须迎头痛击资产阶级在意识形态领域的一切挑战”。故而这段时期意识形态研究语言呈现明显资产阶级与无产阶级对抗的特点。

（2）1979—2001 年：围绕“市场经济”和“东欧剧变”“苏联解体”展开的意识形态合理性研究阶段

1979—2001 年，学术研究关键词主要有资本主义、社会主义、苏维埃社会主义共和国联盟、苏联、经济基础、生产方式、上层建筑、生产关系和经济基础等。改革开放以来，我国工作和经济中心转移到经济建设上来，一批批特区、沿海港口城市不断开放，多种所有制经济共同发展，于是第一个意识形态现实性问题——姓“资”还是姓“社”出现。1991 年，东欧剧变、苏联解体极大震撼了我国各界，学者们纷纷研究这场国际社会主义事业巨变背后的原因，以期能从中吸取教训，从而稳固发展中国社会主义道路。总之，如何说明社会主义意识形态合理性成为这一时期的一个重大课题。

（3）2002—2007 年：围绕“文化”展开的意识形态文化性研究阶段

2002—2007 年，学术研究关键词主要有阿尔都塞、全球化、马克思主义、西方马克思主义、文化、审美、齐泽克、后现代主义、翻译、文艺、科学技术和审美意识形态等。西方马克思主义意识形态理论在我国的传播和我国社会经济的飞速发展，促成了我国意识形态研究的文化转向。2000 年以后，中国社会发展已经远远超出了一般国家发展水平，国家高度重视经济发展问题和民生问题。这反映到我国意识形态研究领域就是“意识形态的退场”，学者们渐渐用文化概念取代意识形态概念来研究我国诸多现实问题，将目光聚焦在人们的日常生活。这一文化转向为我国意识形态研究注入了新鲜的血液，学者们纷纷从更为广阔的视角、更灵活的手段去解读文本、文艺、文学等。

（4）2008—2019 年：围绕“中国共产党”和“中国特色社会主义”展开的意识形态建设性研究阶段

2008—2019 年，学术研究关键词主要有中国共产党、话语权、领导权、美国、社会主义核心价值体系、中国特色社会主义、合法性、社会主义核心价值观、意识形态安全、习近平和新时代等。2008 年对于中国而言是极富挑战一年，大雪灾、汶川地震、国际金融危机等前所未有的大难题在同一年出现。严峻现实给中国意识形态领域提出了巨大考验，如何维护中国共产党的领导权和执政权、如何增强中国国际话语权、如何发展社会主义核心价值体系等成为当时意识形态研究领域探讨的热点。2011 年，面对多元社会思潮的冲击，我国意识形态安全问题再度被提及。2013 年以来，我国意识形态建设迎来了新的发展，包括社会主义核心价值观、新时代等关键词在内的习近平总书记关于意识形态工作的重要论述成为当下学术热点。

2. 研究趋势分析

Cite Space 凸显词可以显示在某一个时间段内急剧上升的研究点，笔者截取凸显词表中持续到 2019 年的凸显关键词（见图 9）。按照凸显强度排序，2019 年我国意识形态研究领域凸显词有话语权、习近平、社会主义核心价值观、高校、领导权、网络、中国共产党、安全、治理、社会思潮。

由此看出，当前我国意识形态研究领域热点及其发展趋势是：（1）意识形态话语权研究；（2）习近平总书记关于意识形态工作的重要论述研究；（3）社会主义核心价值观研究；（4）高校意识形态教育研究；（5）中国共产党意识形态领导权研究；（6）网络环境下意识形态治理研究；（7）当代冲击意识形态建设的社会思潮研究。

中国共产党	1949	5.7061	**2011**	2019
社会思潮	1949	4.3693	**2011**	2019
安全	1949	4.5046	**2012**	2019
治理	1949	4.454	**2014**	2019
话语权	1949	25.5826	**2014**	2019
社会主义核心价值观	1949	7.235	**2015**	2019
网络	1949	5.8744	**2015**	2019
领导权	1949	6.0324	**2016**	2019
高校	1949	7.0932	**2016**	2019
习近平	1949	10.6618	**2017**	2019

图 9　2019 年意识形态研究领域凸显关键词

三、小　结

我国学界对于意识形态问题的研究不断走向成熟，研究成果丰硕。大体而言，我国意识形态问题的研究已呈现出研究队伍规模大、研究成果多、研究范围广、研究理论深的特点。不仅如此，国内学术界形成了以张秀琴、杨生平、王永贵、王晓升、汪行福、肖唤元和侯惠勤等专家为主力，以南京大学哲学系、中国社会科学院马克思主义研究院、南开大学马克思主义学院、中国人民大学马克思主义学院和北京大学中文系等研究机构为依托，《马克思主义研究》《马克思主义与现实》《求索》和《哲学动态》等学术期刊为阵地的研究阵形。总之，经过 70 余年的研究，我国学界对于意识形态问题的理论研究和应用研究已日臻成熟。

当然，我国学界对于意识形态问题的研究也存在一些问题。如国内关于意识形态问题的研究所涉学科众多，但不同学科之间的交叉研究却不多；国内关于意识形态问题的研究机构众多，但各大机构之间的合作研究也不是很多；国内关于意识形态问题的研究队伍多集中在东部和中部，西部地区的研究队伍急需充实；国内关于意识形态问题的研究成果丰硕，但大多数研究成果都是围绕该问题而展开的宏大叙事，从微观层面进行理论研讨和应用研究的成果也比较缺乏；等等。应该注意的是，真正有意义的是问题，而非答案。找到了研究中的问题，自然也就明确了今后努力的方向。大体来说，今后学界关于意识形态问题的深化方向有：一是打破学科壁垒，加强学科对话，不同学科的研究人员通力合作，产出更多、更高质量的交叉性研究成果；二是加强各大机构之间的合作，马克思主义学院、哲学学院（系）、文学院（系）和政治学院（系）等的研究者围绕相同的问题、选题，找到可以对接的入口，继而强强联合，共同将相关问题弄通、弄透；三是大力支持西部地区意识形态问题的研究，立足西部，以西部地区的具体意识形态问题为突破口，加强研究队伍等各方面的建设；四是要从细微处入手，加强意识形态问题的研究，结合新时代的新问题，做到言之有理、言之有效。

随着新时代中国特色社会主义事业的不断推进，随着更多有生力量的加入，国内对于意识形态研究的前景势必会呈现出新的繁荣景象。

教育教学研究

新中国高校思想政治理论课教育教学历史进程（1949—2019）

张 梅 魏志杰[①]

[摘　要]新中国成立至今，我国高校思想政治理论课在曲折发展，在改革中完善，积累了宝贵的建设经验。高校思想政治理论课教育教学具有鲜明特征，其建设和发展与我国现当代历史、党和国家的路线方针政策、国际国内环境变化联系紧密，故而，本文以新中国成立以来中共中央、教育部、社科司等部门发布的文件作为主要线索，对高校思想政治理论课教育教学历程进行梳理，力求推进新时代高校思想政治理论课建设，加快推进教育现代化，培养更多堪当民族复兴大任的时代新人。

[关键词]70年；思想政治理论课；文件

一、改革开放以前思想政治理论课教育教学历史嬗变

1945年，随着世界反法西斯战争的胜利，国际社会进入各种势力重新划分势力范围的关键时期，以苏联为首的社会主义阵营和以英美为首的资本主义阵营之间的对立，上升为国际社会的主要矛盾。转化升级的意识形态矛盾在中国表现为代表大地主、大资产阶级、买办阶级利益的国民党，与代表工农阶级、民族资产阶级、部分小资产阶级利益的共产党之间的对抗。受特殊历史环境影响，改革开放前的很长一段时期内，我国思想政治理论课的教育教学目标定位于帮助学生树立马

① 张梅，华北水利水电大学马克思主义学院副院长、教授；魏志杰，华北水利水电大学马克思主义学院硕士研究生。

克思主义世界观，建立革命人生观，同买办的、封建的、法西斯主义的思想做斗争。

（一）初建时期（1949—1956年）

解放战争后期，中国共产党在解放区成立了一批革命型大学，为新民主主义革命及社会主义革命培养中坚力量，这也是我国高校思想政治理论课教育教学的开端。新中国成立后，党中央根据新民主主义建设和巩固社会主义政权的需要，总结革命老区的斗争经验，借鉴苏联高等教育模式，创建了新中国的思想政治理论课。

新中国成立之初，本着"逐步地建立革命的人生观"①的目标，党中央对全国高校思想政治理论课进行了改革，要求"废除政治上的反动课程，开设新民主主义的革命政治课程"②。1952年10月，教育部颁布了《关于全国高等学校马克思列宁主义、毛泽东思想课程的指示》，取消了训导制度和国民党时期"党义""军事训练"等课程，设置以"社会发展史""新民主主义论""政治经济学"为主的马克思列宁主义的思想政治理论课。1953年，为了深入贯彻过渡时期总路线，完成向社会主义的过渡，同时使高校青年学生深入地理解中国革命的基本历史、掌握社会主义建设的基本规律，国家将"新民主主义论"调整为"中国革命史"，此外还增设了"马列主义基础"。1956年社会主义制度建立后，为社会主义建设事业培养优秀人才的现实需要对思想政治理论课建设提出了新的要求。1956年9月，教育部颁发了《关于高等学校政治理论课程的规定（试行方案）》，明确指出"马列主义基础"和"中国革命史"为所有专业必修课，"政治经济学"和"辩证唯物主义与历史唯物主义"两门课为除某些特定专业外的必修课。至此，史称"旧四门"的高校思想政治理论课程体系雏形基本建立。

（二）探索时期（1957—1965年）

受"大跃进"影响，1956年《关于高等学校政治理论课程的规定（试行方案）》关于思想政治理论课教育教学应走上正轨的设计未能实现。1957年2月，毛泽东在《关于正确处理人民内部矛盾的问题》的讲话明确指出，"现在需要加强思想政治工作"和"要学会正确处理人民内部矛盾"，作出政治战线和思想战线需要进行社会主义革命斗争和社会主义教育的指示。1957年12月，中华人民共和

① 参见教育部社会科学司组编：《普通高校思想政治理论课文献选编（1949—2006）》，中国人民大学出版社2007年版。

② 同上。

国高等教育部、教育部出台了《关于在全国高等学校开设社会主义教育课程的指示》，规定在全国高等学校各年级普遍开设“社会主义教育”课程，以毛泽东的《关于正确处理人民内部矛盾的问题》为中心教材，同时阅读一些必要的马克思列宁主义经典著作、党的文献和其他文件。故而1957—1960年，以学习毛泽东的《关于正确处理人民内部矛盾的问题》为主，辅之以马克思列宁主义经典著作和文献的社会主义教育课取代思想政治理论课，高校思想政治教育演变为政治化教育。20世纪60年代，中苏关系恶化升级。受极端恶劣的国际环境影响，也为了提高学生反对修正主义的意识和能力，1961年教育部下发了《关于改进高校思想政治理论课的指导意见》，明确思想政治理论课的教学任务在于：对青年学生进行理论与实践统一的马克思列宁主义教育，帮助学生理解马克思列宁主义、毛泽东著作，了解党的路线、方针、政策，不断同现代修正主义、资产阶级思想和其他反动思想的影响做斗争；规定文科专业统一学习“中共党史”“马克思列宁主义基础”“政治经济学”“哲学”等课程，理工科专业学习“中共党史”和“马克思列宁主义概论”课程，同时开设“形势与任务”课程作为共同必修课，主要讲解国内外形势、党和国家的任务、方针、政策，史称“61方案”。①

（三）停滞时期（1966—1976年）

1966年5月，“文化大革命”爆发，高等院校的教育工作遭遇重大挫折，高校思想政治理论课程建设陷入停滞状态。遵照毛泽东的使教育者在德育、智育、体育几个方面都得到发展，成为有社会主义觉悟的劳动者的教导，1966—1976年，思想政治培养目标为：“培养高举毛泽东思想伟大红旗，无限忠于毛主席、无限忠于毛泽东思想、无限忠于毛主席的革命路线的全心全意为社会主义革命和社会主义建设服务的有文化科学理论又有实践经验的劳动者。”②根据这一思想政治教育目标，普通高校设置以毛主席语录、毛主席著作和所谓革命大批判的文章、社论作为教材的思想政治理论课；开设教学、科研、生产三结合的业务课和以备战卫国为内容的军事体育课，要求文、理、工各科都要参加生产劳动。1971年4月，全国教育工作会议召开，提出要在全国范围内进行教育革命，为无产阶级革命事业培养建设者和接班人。遗憾的是此次会议更多是强调“进行一次思想和政治路线方针的教

① 参见教育部社会科学司组编：《普通高校思想政治理论课文献选编（1949—2006）》，中国人民大学出版社2007年版。

② 同上书，第55页。

育”,进一步确立毛泽东的无产阶级教育路线,反对修正主义的教育路线。受严重的“左”倾思想影响,这一时期的思想政治教育工作的重心错误地放在反对修正主义上,而未能抓住社会主义建设的大好机遇。其后,思想政治教育工作甚至被“四人帮”投机利用,沦为政治斗争的工具,以致难以发挥其对青年一代进行意识形态教育的重任,高校思想政治理论课教育教学建设亦陷入停滞。

二、改革开放之后思想政治理论课教育教学发展历程

1977 年,“文化大革命”结束,高考制度恢复,高校思想政治理论课教育教学重新走上正轨,重回“61 方案”的课程设置。1978 年 12 月,十一届三中全会召开,党和国家重新确立了马克思主义实事求是的思想路线,将工作重心从“以阶级斗争为纲”转移到社会主义现代化建设上来。这一时期我国社会的主要矛盾是人民日益增长的物质文化需要同落后生产力之间的矛盾,因而思想政治理论课教育教学的任务和目标,是以马克思主义武装学生头脑,对学生进行现代科学教育,培养助力社会主义现代化建设的各类优秀人才。

(一)拨乱反正时期(1977—1984 年)

1978 年 4 月,全国教育工作会议召开。教育部办公厅发布《关于加强高等学校马列主义理论教育的意见(全国教育工作会议征求意见稿)》,肯定了新中国成立以来思想政治理论课教育教学取得的成绩,同时规划了思想政治理论课建设的新方向。在思想政治理论课教学任务方面,《意见》强调了思想政治理论课的主要任务,“在于系统地对学生进行马克思主义三个组成部分的基本理论教育,武装学生的头脑”。在思想政治理论课课程设置方面,《意见》提出,全国高校的马列主义理论专业均开设“辩证唯物主义与历史唯物主义”“政治经济学”“中国共产党党史”三门课。此外,理工农医专业还开设“自然辩证法”课程,文科院校开设“国际共产主义运动史”课程。《意见》还对每门课程的教学内容、新教材的编写、教学方法的改进、教师队伍的建设、领导体制等问题提出了指导性意见。①

1982 年 10 月,教育部发布了《关于在高等学校逐步开设共产主义思想品德

① 教育部社会科学司组编:《普通高校思想政治理论课文献选编(1949—2006)》,中国人民大学出版社 2007 年版,第 71—74 页。

课程的通知》，对共产主义思想品德课的教学实施、教学大纲及教学参考材料编写等问题作了详细规定。[①]1984年9月，中宣部、教育部印发了《关于加强和改进高等院校马列主义理论教育的若干规定》，强调："马克思主义是我们党和国家的行动指南，是培养学生无产阶级世界观和共产主义道德的理论基础。把马列主义理论课作为必修课，是社会主义大学区别于资本主义大学的重要标志。"[②]为了增强马列主义理论教育的现实性，《规定》指出，着手准备在全国高等院校增设"中国社会主义建设基本问题"课程。《规定》还针对思想政治理论课教育教学的各个环节，诸如教学方法、教师队伍建设、教学管理等问题作了专门规定。1984年9月，《关于在高等学校开设共产主义思想品德课的若干规定》提出，应在高校增开"共产主义思想品德课"，以对学生进行系统的马克思主义思想道德教育。自此，"马克思主义理论课"和"共产主义思想品德课"作为"两课"基本定型，思想政治教育学科建设投入启动。

（二）走上正轨时期（1985—1997年）

伴随改革开放对经济体制改革的不断深入，我国对外开放的程度不断加深，高校思想政治教育面临新环境，担负新使命。部分西方社会思潮随开放的深入而涌入，对人民群众尤其是社会经验较少的青年学生造成了种种不良影响。为巩固社会主义制度，坚定社会主义理想，适应改革开放大环境，改进思想政治理论课，提高其实效，中共中央于1985年8月正式发布《关于改革学校思想品德和政治理论课程教学的通知》"85方案"。该文件明确了新时期不同学段（从小学到研究生阶段）马克思主义思想品德和政治理论课教学的主要内容和基本要求。1986年3月，国家教委（今教育部）发布《关于在高等学校进一步贯彻〈中共中央关于改革学校思想品德和政治理论课教学的通知〉的意见》，明确了新的思想政治理论课程方案，即"中国革命史""中国社会主义建设""马克思主义原理""世界政治经济和国际关系"。随后，随着《关于对高等学校学生深入进行形势与政策教育的通知》（1986年7月）、《关于在高等学校开设"法律基础课"的通知》（1986年9月）、《关于高等学校思想政治教育课程的意见》（1987年10月）等一系列文件的发布，思想政治理论课逐渐成形，除一脉相承的"马克思主义基础课"，思想教育课程由

① 秦宣：《新中国成立60年来高校思想政治理论课沿革及其启示》，《思想理论教育刊》2009年第10期。

② 教育部社会科学司组编：《普通高校思想政治理论课文献选编（1949—2006）》，中国人民大学出版社2007年版，第94页。

“法律基础”“形势与政策”“大学生思想修养”“人生哲理”“职业道德”五门课程组成。

1993年6月，国家教委思政司召开了新形势下高校思想政治教育课程建设座谈会。会议将“思想教育课”更名为“思想政治教育课”，并提出要根据形势发展需要，对课程进行改革，将原有的“大学生思想修养”和“人生哲理”两门课合并调整为“思想道德修养课”，作为必修课。该会议第一次把“思想政治教育课”与“马克思主义理论课”并提，共同成为高校思想政治教育的主渠道和主阵地。

1995年11月，国家教委颁布了《中国普通高等院校德育大纲（试行）》。《大纲》规定，马克思主义理论课程应包括“马克思主义基本原理”“有中国特色社会主义建设”“中国革命史论”，思想品德课应设置“思想道德修养”“法律基础”和“形势与政策”。另外，文科类专业应开设“世界政治经济与国际关系”。此前国家教委于1995年10月下发的《关于高校马克思主义理论课和思想品德课教学改革的若干意见》（“95方案”）还对“两课”教学方法改革、师资队伍建设、“两课”的科学研究和学科建设以及“两课”教学的领导与管理作出了详细规定，提出要把“两课”教学的状况作为评估学校工作和各级领导干部工作实绩的重要条件，作为学校办学水平和“211工程”评估的标准之一。①

这一时期，形成了思想政治理论课教育教学历史上影响较大的“85方案”，和对思想品德课推动较大的“95方案”，思想政治理论课课程体系基本成形，教学内容和教学方法也日益贴近改革开放环境下学生的生活实际，思想政治教学学科建设正式启动并获得蓬勃发展。

（三）继承发展时期（1998—2008年）

1998年6月，《〈关于普通高等学校“两课”课程设置的规定〉的通知》（“98方案”），在继承“85方案”的基础上，进一步调整了“两课”的课程设置。基于马克思主义学科的整体性和学生认识发展规律，将课程设置为：马克思主义基本原理层面的“马克思主义哲学原理”“马克思主义政治经济学原理”，马克思主义中国化层面的“毛泽东思想概论”“邓小平理论概论”，基于马克思主义辩证分析法和具体实际相结合的思想品德课，如“思想道德修养”“法律基础”“形势与政策”。“98方案”是对“85方案”的继承和调整，此次调整立足于改革开放深入推行的历史时

① 秦宣：《新中国成立60年来高校思想政治理论课沿革及其启示》，《思想理论教育刊》2009年第10期。

期，课程调整的三个方面形成一个以马克思主义为核心的有机整体，体现了马克思主义理论课程之间既一脉相承又与时俱进的逻辑关系。马克思主义理论和思想政治教育学科建设得到较大发展。

进入21世纪，“一超多强”的世界格局形成，和平与发展成为时代的主题，第三次科技革命的狂潮致使互联网在中国大地兴起，各种新鲜思想交汇杂糅。2001年7月，《关于普通高等学校“两课”教育教学中贯彻江泽民同志“七一”重要讲话精神的通知》提出，要推进“三个代表”重要思想的“三进”工作。2003年2月，教育部《关于进一步深化“三个代表”重要思想“三进”工作的通知》提出，要将“三个代表”思想和各门课程结合，将“邓小平理论概论”调整为“邓小平理论和‘三个代表’重要思想概论”。

2005年2月7日，中共中央宣传部、教育部印发了《〈中共中央宣传部　教育部关于进一步加强和改进高等学校思想政治理论课的意见〉实施方案》（“05”方案），将“两课”改称为“思想政治理论课”，课程包括“马克思主义基本原理”“毛泽东思想、邓小平理论和‘三个代表’重要思想概论”“中国近现代史纲要”“思想道德修养与法律基础”“形势与政策”“当代世界经济与政治”（后两门为选修课）。文件还就思想政治理论课教材编著、师资队伍培养、学科建设等多方面内容进行规定。2005年12月，《关于调整增设马克思主义理论一级学科及所属二级学科的通知》实现了“05方案”中关于设立马克思主义理论一级学科的任务，思想政治理论课亦被纳入学科建设进程，有了学术上的依托。

随后，教育部连续下发多个文件，针对“05方案”的落实，以及思想政治理论课教育教学的方方面面予以引导、支持：2006年4月的《关于进一步加强高等学校思想政治理论课教材编写管理、规范教材使用的通知》，2006年6月的《关于全国普通高校从2006级学生开始普遍开设〈思想道德修养与法律基础〉课的通知》，2007年4月的《关于组织高校思想政治理论课骨干教师研修的意见》，2008年3月的《关于重申高校思想政治理论课教材编写、出版、使用要求的通知》《关于做好2008年“高校思想政治理论课教师在职攻读马克思主义理论博士学位”专项计划招生工作的通知》，2008年4月的《关于增设“中国近代史基本问题研究”二级学科的通知》。在党和国家的高度重视下，思想政治理论课教育教学蓬勃发展。

三、新时代高校思想政治理论课改革发展

随着世界经济政治大调整大变革的不断深入，国际环境越发复杂多变。国际关系中的不确定性和不稳定性持续增大。尤其是党的十八大以来，世界经济增长动能放缓，在新一轮科技革命和产业革命尚未实现重大突破的前提下，主要发达经济体经济增速已经达到甚至超越其潜在增长率，通胀率显著上升，保护主义抬头，世界经济下行风险逐步加大。与此同时，随着中国政治、经济体制改革的不断深入，产业结构不断完善，创新共享经济蓬勃发展，新型电商网络平台、自媒体等新型经济元素不断注入，中国经济进入相对稳定的改革调节期，中国政治体制改革、法治建设、生态文明建设进入关键时期。中国特色社会主义进入新时代，尤其是党的十八大以来，我们党和国家对思想政治理论课教育教学的相关工作给予了极大关注。顺应国际国内现实环境的要求，思想政治教育工作进入改革发展的黄金时期。

2010 年 8 月，《关于高等学校研究生思想政治理论课课程设置调整的意见》指出，加强针对高层次人才的马克思主义教育，促进高校在培养专业化尖端人才的同时，注意提升学生的责任感和使命感，树立中国特色社会主义接班人的意识与现代化强国建设者的担当。文件提出，在硕士研究生阶段，开设必修课“中国特色社会主义理论与实践研究”课，主要是在当代世界和当代中国背景下，分专题研究和介绍当前中国特色社会主义实践中的重大问题，深化和拓展本科阶段思想政治理论课的学习，进一步掌握中国特色社会主义理论体系，坚定中国特色社会主义信念；开设选修课“自然辩证法概论”课（培养硕士生的创新精神和创新能力）和“马克思主义与社会科学方法论”课（培养硕士生的理论思维能力，帮助硕士生掌握学习和研究哲学社会科学的科学方法）。在博士研究生阶段，开设必修课“中国马克思主义与当代”课，主要运用当代中国马克思主义的基本观点，深入分析当代世界重大社会问题和国际经济政治热点问题、当代科学技术前沿问题和科技社会问题、当代重大社会思潮和理论热点等，帮助博士生进一步提高运用马克思主义立场观点方法分析和解决问题的能力；开设选修课“马克思主义经典著作选读”课，帮助博士生学习马克思主义基本原理，深化对当代中国马克思主义的理解。

2011 年 1 月，《关于印发〈高等学校思想政治理论课建设标准（暂行）〉的通

知》为进一步加强宏观指导，规范高校思想政治理论课的组织管理、教学管理、队伍管理和学科建设提供重要引导。2012年1月，教育部等多部门联合发布《关于进一步加强高校实践育人工作的若干意见》，重点强调高校思想政治工作应强化实践教学环节、深化实践教学方法改革。《意见》指出，应增加实践教学比重，确保人文社会科学类本科专业不少于总学分（学时）的15%，理工农医类本科专业不少于25%，高职高专类专业不少于50%，师范类学生教育实践不少于一个学期，专业学位硕士研究生不少于半年；各高校要把加强实践教学方法改革作为专业建设的重要内容，重点推行基于问题、基于项目、基于案例的教学方法和学习方法，加强综合性实践科目设计和应用；要加强大学生创新创业教育，支持学生开展研究性学习、创新性实验、创业计划和创业模拟活动。

2015年1月，中共中央办公厅、国务院办公厅发布了《关于进一步加强和改进新形势下高校宣传思想工作的意见》，分七个部分对高校思想政治教育宣传工作给予指导：1. 加强和改进高校宣传思想工作是一项重大而紧迫的战略任务；2. 指导思想、基本原则和主要任务；3. 切实推动中国特色社会主义理论体系进教材进课堂进头脑；4. 大力提高高校教师队伍思想政治素质；5. 不断壮大高校主流思想舆论；6. 着力加强高校宣传思想阵地管理；7. 切实加强党对高校宣传思想工作的领导。为落实《意见》要求，2015年7月，中共中央宣传部、教育部出台了《普通高校思想政治理论课建设体系创新计划》，明确高校思想政治理论课建设体系创新计划的重点建设内容，强调：1. 以统编教材为基础，建设思想性、科学性和可读性统一的思想政治理论课立体化教材体系；2. 切实提高专职教师整体素质，建设专兼结合、结构合理的思想政治理论课教学人才体系；3. 积极培育和推广优秀教学方法，建设理念科学、形式多样、管理有效的思想政治理论课课堂教学体系；4. 努力强化实践教学，建设与课堂教学相互促进的思想政治理论课第二课堂教学体系；5. 努力建强马克思主义理论学科，形成以马克思主义理论学科为引领、相关学科为补充的思想政治理论课学科支撑体系；6. 坚持管理与激励并重，建设导向明确、系统完善的思想政治理论课综合评价体系；7. 切实加强统筹协调，建设有利于形成工作合力的思想政治理论课条件保障体系。2015年9月，《高等学校思想政治理论课建设标准》出台，对高校思想政治理论课改革建设提出具体要求。

2017年2月，《关于加强和改进新形势下高校思想政治工作的意见》指出，党的十八大以来，以习近平同志为核心的党中央把高校思想政治工作摆在突出位置，作出一系列重大决策部署，给予莫大支持和重视；要发挥哲学社会科学育人功能，加强对课堂教学和各类思想文化阵地的建设管理，加强教师队伍和专门力量建设，推进高校思想政治工作改革创新，加强和改善党对高校的领导。2017 年 9 月，《高等学校马克思主义学院建设标准（2017 年本）》就马克思主义学院建设提出具体要求，旨在不断提升马克思主义学院建设的科学化、规范化、现代化水平，打造马克思主义理论教学、研究、宣传和人才培养的坚强阵地，使之成为办好高校思想政治理论课的坚强战斗堡垒。

2018 年 4 月，教育部印发《新时代高校思想政治理论课教学工作基本要求》，意在加强新时代高校思想政治理论课建设，全面推动习近平新时代中国特色社会主义思想进教材进课堂进学生头脑，培养担当民族复兴大任的时代新人。2018 年 5 月 2 日，习近平总书记在北京大学师生座谈会上发表重要讲话，从新时代坚持和发展中国特色社会主义的全局高度，从实现中华民族伟大复兴中国梦的战略高度，对教育改革发展、青年成长成才提出了殷切希望和明确要求。2018 年 6 月，教育部在四川成都召开新时代全国高等学校本科教育工作会议，时任教育部部长陈宝生提出要抓牢本科教育，推进“四个回归”，写好“奋进之笔”，推动重点领域、关键环节改革不断取得突破。2018 年 10 月，教育部发布《关于加快建设高水平本科教育全面提高人才培养能力的意见》，强调坚持立德树人，德育为先；坚持学生中心，全面发展；坚持服务需求，成效导向；坚持完善机制，持续改进；坚持分类指导，特色发展的改革原则，把思想政治教育贯穿高水平本科教育全过程。

2019 年 3 月 18 日，学校思想政治理论课教师座谈会在北京召开，习近平总书记亲自主持召开了本次会议。会上总书记强调了思想政治理论课的重要地位，谈到了党中央对思政课的高度重视，还就“办好思政课关键在教师”提出了具体要求和殷切期待，重申各高校要继续推进思想政治理论课改革创新，增强其思想性、理论性、亲和力和针对性。此次会议极大鼓舞了广大思想政治理论课教师的学习热情和工作热情，着重体现了新时代党和国家对于思想政治理论课的高度重视，对思想政治理论课深水区进一步改革发展具有重大推进作用。2019 年 4 月 18 日，教育部印发《普通高等学校思想政治理论课教师队伍培养规划（2019—2023 年）》，对习近平总书记座谈会讲话精神予以落实。

四、结　语

新中国成立70周年，思想政治理论课已在中国大地传承了70个春秋，培育了一代又一代中华脊梁，支撑着中国迎来了从站起来、富起来到强起来的伟大飞跃。70年间，思想政治理论课在曲折中发展，在探索中完善，离不开党和国家的高度重视，离不开广大思政课教师的辛勤奋斗。改革发展至今，高校思想政治理论课呈现出继承性、理论性、政治性和稳定性的典型特征，教学内容随时代变化而与时俱进，教学内容也因科技进步、人文主义的发展而日益向科学化、人性化方向发展。当前，世界经济政治环境风云诡谲、变化莫测，国内政治体制改革进入深水区。在种种问题面前，高校思想政治理论课程建设依旧任重而道远，必须在今后的改革发展中，继续坚持和加强马克思主义领导，在正确导向下，立足新时代中国特色社会主义现代化建设需要，结合青年大学生成长成才规律，继续加强师资队伍建设，以民族使命、世界维度培养出建设祖国、奉献世界的高水平人才。

新时代思想政治教育研究的方法论自觉[①]

王永斌[②]

[摘　要]科学方法论是支撑理论创新和学科建设的基石。反思改革开放以来思想政治教育研究发展历程,一个不容忽视的问题就是方法论意识的缺失。高度的方法论自觉是推进思想政治教育研究的重要环节,方法论自觉意识的缺失不仅会使思想政治教育研究的学术价值大打折扣,而且还会降低其理论价值和实践价值。在新的历史起点上,深化思想政治教育研究,要以方法论自觉为前提,在涵养科学精神中增强学科自信,在问题意识导向下转变思维方式,在学科交叉中实现多元整合,在健全学科规训中强化学术规范。

[关键词]思想政治教育; 研究; 方法论自觉

思想政治教育是在我国改革开放历史进程中发展起来的一门新兴学科,学科从无到有,人才培养规格和层次不断拓展并日臻完善,研究领域不断拓展,研究实力不断增强,解决理论和实践问题的能力明显提高,知识结构和话语体系正在逐步形成,已成为我国人文社会科学的重要学科之一。进入新时代,思想政治教育学科正在进行战略性转变:从依附性发展向自主发展转变,从依托式发展向独立发展转变,从外延式发展向内涵式发展转变,从内向性发展向外向性拓展转变,从单一功能发展向多元功能发展转变。[③] 在这样的发展态势下,对思想政治教育研究的

---

① 本文系兰州交通大学研究生教育改革“研究生《学术道德与学术规范》课程建设研究”和甘肃省高校宣传思想工作课题重点研究项目《高校思政课教师专业共同体构建研究》(项目编号: 2018GXSZGZZDKT3)的阶段性成果。

② 王永斌,兰州交通大学马克思主义学院副院长、教授。

③ 佘双好:《思想政治教育学科发展的战略性转变》,《光明日报》2015年1月8日。

方法论进行考量与反思,就显得尤为必要和迫切。众所周知,在学术发展史上,无论自然科学还是人文社会科学,理论上的重大进步往往总是包含着方法论的创新与突破。思想政治教育学科也不例外,在一定意义上,任何创新性思想政治教育理论的诞生,都是以研究方法论的变革为前提的。在新的历史起点上,思想政治教育研究不能仅以研究成果的数量积累和成果增量为判断标准,更要以理论研究质的飞跃为根本,而这种质性突破在某种意义上就须以高度的方法论自觉来深化。

一、问题的提出和学术史梳理

"工欲善其事,必先利其器。"不论是探寻知识还是创造理论,都会涉及方法论问题。俄国生理学家巴甫洛夫曾说:"方法掌握着研究的命运","有了良好的方法,即使是没有多大才干的人也能做出许多成就。如果方法不好,即使是有天才的人也将一事无成"[①]。何谓方法论?《现代汉语词典》对方法论有两个释义,一是指"关于认识世界、改造世界的根本方法的学说",二是指"在某一门具体学科上所采用的研究方式、方法的综合"。[②]从哲学的角度来分析,方法论是人们认识世界、改造世界的根本方式、方法的学说或理论体系。我们有什么样的世界观,就会有什么样的方法论。一般来说,科学的方法论不仅包含哲学层次的方法论原理,还应包括具体科学研究中所使用的一系列方式、手段,二者共同构成完整的方法论体系。

我国人文社会科学方法论问题研究首先发轫于哲学界。1981年,《哲学研究》编辑部编辑出版了《科学方法论》,号召研究者"积极开展科学方法论的研究",对中国学界思想解放具有重要的意义。这是新思想出现的信号,即对新方法论的要求成为打开人文社会科学新思维和新角度的重要尺度。[③]随着中国改革开放、思想解放浪潮的不断推进,方法论问题逐渐成为人文社会科学研究中的一个热门话题,1985年更是被称为"方法论年"。正是在这种学术大背景下,思想政治教育学科创建之后,也开始了有益的探索,使思想政治教育逐渐走上了规范化发展的道路。如同任何学科发展都要历经艰苦的理论探索一样,思想政治教育研究方法论

① 转引自孙小礼、张增一:《科学方法中的十大关系》,学林出版社2004年版,第5页。

② 中国社会科学院语言研究所词典编辑室编:《现代汉语词典》第5版,商务印书馆2005年版,第383页。

③ 王岳川:《文艺方法论与本体论研究在中国》,《新华文摘》2003年第7期。

也历经了长时期的理论探索过程。因此,回顾和反思学界在方法论研究上做出的种种努力,是十分必要的。这里,我们仅以出版的教材、专著为例进行梳理。

在思想政治教育学科初创时期,对思想政治教育方法论的研究主要以收集、介绍各种方法为主,注重具体方法的经验研究,以概括总结实践经验为特点,如张洪华、杨亚平的《思想工作方法纵横谈》(国防大学出版社出版),刘国彬、张运德的《古今思想工作方法例析》(新疆人民出版社出版)等,为人们了解思想政治教育方法和经验提供了指导。学界普遍认为,1985 年由王玄武主编的《思想政治教育方法论》(武汉大学出版社出版),是思想政治教育方法理论研究的开山之作。①该书从思想信息的获取、分析、决策、实施、综合教育、检查总结等方面,提出了以思想政治教育活动过程为逻辑框架的研究思路,并创造性地建立了思想政治教育的方法论体系,为后续研究奠定了基础。

及至 20 世纪 90 年代,对学科发展状态及其反思成为学界普遍诉求,关于研究方法问题的讨论也日趋深化。事实也证明,只有确立思想政治教育的"生命线"地位,重视思想政治教育理论对实践的指导意义,有关方法论研究的价值和意义才能得以彰显。这一时期,对思想政治教育方法论研究的讨论日趋深化,如 1992 年由邹学荣主编的《思想政治教育学》(西南师范大学出版社出版),1998 年由韩玉芳、林泉主编的《思想政治工作方法教程》(中共中央党校出版社出版)等都对思想政治教育的方法论研究进行了阐述,而且在学界形成了一个较为认同的方法论理论体系框架,具有代表性的成果是 1992 年由国家教委思想政治工作司组编的《思想政治教育方法论》(高等教育出版社出版)和 1999 年由郑永廷主编的《思想政治教育方法论》(高等教育出版社出版)。尤其是郑永廷主编的《思想政治教育方法论》影响较为深远。该书的贡献在于构建了思想政治教育方法体系,使方法理论体系的内容更为丰富,方法之间的整合更为合理,思想政治教育方法体系建构更加系统。该书是当时思想政治教育方法论研究的标志性成果,至今仍有着重要影响,2010 年又进行了修订,对以后思想政治教育方法论研究起了理论的引领作用。

进入 21 世纪之后,思想政治教育已成为我国马克思主义理论学科以及哲学社会科学中不可或缺的重要学术领域,学科建设明显加快,理论研究更加深入,思想

---

① 祖嘉合:《思想政治教育方法理论研究回眸与展望》,《思想教育研究》2008 年第 12 期。

政治教育研究方法总体呈现出多样化特征，调查研究、量化研究、质性研究、实证分析、个案分析等都被运用到学术研究中，在一定程度上推进了思想政治教育研究方法的创新与发展。2000年由黄蓉生著的《当代思想政治教育方法论研究》（西南师范大学出版社出版），突破了以往思想政治教育方法研究体系，在对方法论的基本内涵进行辨析的基础上，认为方法论应侧重关于方法的理论研究，构建了一个崭新的关于方法的理论研究的思想政治教育方法论体系。①2006年由刘新庚著的《现代思想政治教育方法论》（人民出版社出版），系统阐述了思想政治教育的一系列现代方法和各种现代方法的运用程序，提供了一整套比较完备的现代思想政治工作方法体系。2007年由万美容著的《思想政治教育方法发展研究》（中国社会科学出版社出版），从分析思想政治教育方法的三种基本特征（客观性、相对独立性、中介性）和两种存在形态（理论知识和实践工具）入手，提出了思想政治教育方法继承发展、借鉴发展、理论转化发展、实践探索发展等发展方式，在一定程度上揭示了思想政治教育方法发展的规律性。②2012年由黄志斌主编的《当代思想政治教育方法论》（合肥工业大学出版社出版），按照“一般方法原理——教育过程诸环节常用方法——教育结果评估方法”的逻辑主线，系统阐述了思想政治教育方法论的理论内容，体现了一般方法原理与具体方法应用、思想政治教育过程展开与结果评估的统一，从而超越“论方法”，成为“方法论”。③上述研究成果为规范学科发展，使众多的后辈学人系统掌握学科研究的基本方法奠定了基础。

通过文献梳理发现，改革开放40多年来，随着思想政治教育学科建设的不断推进，对思想政治教育方法论的探究也日益深入。由于思想政治教育研究对象的丰富性和复杂性，思想政治教育方法论研究是一个动态的、开放的体系，尽管思想政治教育方法论体系的构建也在不断创新发展，但学界在思想政治教育研究的方法论是一个多层次的复杂体系的认识上已成共识。这种认识有助于克服简单、抽象、静止地认识思想政治教育问题的思想方法，有助于从整体性、复杂性、动态性的视角研究和构建思想政治教育方法论体系，为研究思想政治教育问题提供宏观框架。

① 祖嘉合：《思想政治教育方法理论体系求臻》，《学校党建与思想教育》2007年第9期。

② 万美容：《思想政治教育方法发展研究》，中国社会科学出版社2007年版。

③ 黄志斌主编：《当代思想政治教育方法论》，合肥工业大学出版社2012年版。

二、思想政治教育研究的方法论反思

思想政治教育作为马克思主义理论学科中的一门实践特色较强的应用性学科，不论在基础理论研究还是在回应现实问题方面都取得了重要进展。回顾思想政治教育学科建设的进程，可以发现早在思想政治教育学科创建之初，学界就将方法论问题作为一个重要的范畴和领域列为思想政治教育学科理论的重要组成部分，经过40多年的建设和发展，在学科研究方法领域，大致已经形成了思想政治教育研究特有的研究范式和研究方法。但同时我们也看到，最初的研究更多的是依据研究者自身的知识结构和学术积累，在一定意义上说，经验是其进行知识生产的一个重要来源，并影响思想政治教育的知识建构。与当代社会生活的要求和实践发展相比，思想政治教育理论研究“在事实上仍存在相当大的差距，理论为社会变革和人的精神生活的支持和辩护还远远不够，还难以对各种实际问题做出及时有力的反应，甚至常常显示出理论某种程度上的尴尬和窘迫”①。面对经济全球化、政治民主化、信息社会化和社会深刻转型发展对思想政治教育提出的新课题、新问题和新要求，思想政治教育在理论上不能对这些新课题、新问题作出圆满解答，在实践上还没有对这些新要求予以有力回应，思想政治教育理论和方法滞后于实践发展和时代要求是一个不争的事实。如果从研究者自身的方面来考察，研究范式和研究方法存在的问题不容忽视。

（一）学科研究的方法论自觉意识缺失

从对思想政治教育方法论研究的学术史梳理中可知，虽然方法论研究成为思想政治教育研究的一个重要领域，并出版了一定数量的研究成果，但从研究现状和文献数量来分析，有关思想政治教育研究方法论的研究文献甚少，总体上对思想政治教育研究方法论缺乏应有的关注与自觉。有学者统计发现，“改革开放以来学界关于思想政治教育方法论的研究，出版的著作共21部，仅占同期思想政治教育研究著作总数的5%”②。就在这不多的研究论著中，大多是关于具体研究方法及其应用方面的，系统的关于思想政治教育方法论的专门研究成果尚未问世。综观

① 张耀灿、郑永廷、吴潜涛：《现代思想政治教育学》，人民出版社2006年版，第292页。

② 沈壮海：《改革开放以来思想政治教育研究的学术版图》，《思想理论教育导刊》2008年第11期。

2000—2009年思想政治教育学科的博士学位论文，思想政治教育方法论研究占论文总数的1.3%。[①]为进一步探寻思想政治教育研究领域中运用研究方法的状况，有学者对思想政治教育第一批学者的研究方法进行个案研究，结果表明，这一批学者的研究方法总体处于传统人文社会科学研究范式。对《思想教育研究》杂志1994—2008年发表的论文进行文献计量学分析，发现思想政治教育研究的经验和思辨研究占主导地位[②]，这也从另外一个层面反映了学科研究的方法论自觉缺失的现状。

（二）有关方法论的基础理论研究薄弱

一个学科的方法论是支撑理论创新和学科建设的基石，方法论基础理论是构建思想政治教育方法论体系的基础。改革开放以来，在思想政治教育研究领域，从对研究方法的"无意识"，到日益认识到研究方法的重要性，并自觉地从自身实践出发总结经验教训，再到有意识地从方法论高度对研究方法开展研究，致力于构建思想政治教育研究方法的理论体系，应该说，学界对思想政治教育研究的范式、方法论问题做了有益的探索，并产生了一些有价值的研究成果，但对思想政治教育方法论的基础理论研究仍比较薄弱，如学科方法及方法论等基本概念尚欠厘清，对于"方法""方法论""范式""方法学"等上位基本概念还缺乏准确细致的认识，存在较为普遍的概念"泛化"或"窄化"的现象；对于"思想政治教育方法论""思想政治教育研究方法论""思想政治教育研究范式""思想政治教育方法学"等下位概念及内涵还未甄别清楚，缺乏一致认识。[③]由于在一些基础理论问题上尚未达成共识，对方法论具有重要价值的基本理论问题研究成果太少，致使构建思想政治教育方法论体系需要一个过程。

（三）研究中运用具体研究方法比较单一

就具体研究方法而言，思想政治教育研究中普遍存在着研究方法比较单一的问题。有学者通过对近10年来思想政治教育学科的博士学位论文的统计研究发现，"马克思主义的哲学方法论仍然是博士学位论文中处于绝对主导地位的研究

① 韩华：《推进思想政治教育学科科学化发展的思考——基于对2000—2009年思想政治教育学科博士学位论文的分析》，《思想理论教育》2011年第4期。

② 佘双好：《思想政治教育的科学研究现状、特点及发展趋势探析》，《思想理论教育导刊》2009年第10期。

③ 高立伟、郑大俊：《思想政治教育研究方法论研究述要》，《思想理论教育导刊》2011年第2期。

方法，其平均使用比例为95%。实证研究在思想政治教育学科博士学位论文中尚未得到广泛应用。很少有博士生对思想政治教育现象进行规范的实验研究”①。由此可见，思辨研究依然是研究生做博士论文的主流。值得注意的是，就是在这些思辨类论文中，严谨的哲学思辨论文并不多，不少论文或缺乏严密的逻辑推理，或缺乏有效的理论提升，或缺乏对现象事实的系统分析和科学阐释，论述性有余而论证性不足。有学者对中国学术期刊网收录的1979—2008年思想政治教育研究论文进行计量研究，统计显示，传统研究范式（包括文献法、思辨法、经验总结法、比较法等）占据绝对主导地位，为97.03%，量化研究范式（包括实验法、调查法）占3.53%，质性研究范式（包括访谈法、个案法等）只占1.43%。②从总体上看，思想政治教育领域的主要研究范式依然采用传统的人文社会科学研究范式，“应用、实证研究的薄弱，影响到认识新特点、揭示新规律、开辟新途径、创造新方法，影响到基础研究进一步上新水平”③。

（四）学科研究方法的规训不足

科研方法规训对培养学科新人的思维能力、方法论意识和自觉，以及掌握具体研究方法技能等具有重要的基础性影响。在思想政治教育人才培养中，学科研究方法的规训不足是不可忽视的一个重要因素。有学者通过对思想政治教育研究生培养方案抽样实证分析发现，“在思想政治教育学科博士培养方案中，方法类课程设置比例非常小，仅占样本数的2.2%，对研究方法问题未提出任何要求的院校占样本数的77.8%，其他20%的院校只在培养方案中作了文字表述性要求。与博士层次培养方案相比，思想政治教育学科硕士层次培养方案对科研方法的要求强度有所增加，占样本数的19.5%，但仍远远无法体现本学科应有的科研方法规训力度”④。研究生培养方案作为研究生教育的总纲，应该高度重视自身学科研究方法论的理论研究及实践运用，但思想政治教育已有的学科规训体系缺乏对研究方法问题应有的重视。与其他较为成熟的学科相比，方法论的意识和自觉在思想政

① 韩华：《近十年来思想政治教育学科博士学位论文：回顾与反思》，《教学与研究》2010年第12期。

② 佘双好：《思想政治教育的科学研究现状、特点及发展趋势探析》，《思想理论教育导刊》2009年第10期。

③ 张耀灿：《思想政治教育学科理论体系发展创新探析》，《学校党建与思想教育》2007年第5期。

④ 高立伟、孙其昂：《思想政治教育学科研究生科研方法规训的实证分析——基于研究生培养方案的考察》，《思想教育研究》2012年第6期。

治教育研究生培养活动中还未形成制度性安排，这不仅是该学科新人培养的一块“短板”，直接影响人才培养的质量和学科知识的创新，也从另一个侧面反映出该学科缺乏自身独特的研究方法和方法论体系。

（五）学科研究的专门方法尚未形成

思想政治教育作为一门后发性学科，在相当长的一段时间里，主要是借鉴和依托相关学科资源发展的，典型的特征就是广泛引进了哲学、政治学、教育学、心理学、社会学等学科的思想资源，依托这些学科的知识、方法和话语体系来构建思想政治教育的理论体系，因而思想政治教育的许多概念、术语、方法等是从其他学科借鉴而来的。有学者指出，“思想政治教育学研究的方法基本上囿于借鉴其他学科的常用方法，主要表现为定性研究多定量研究少，经验问题研究多理性分析研究少，静态描述多动态分析少，宏观研究多中微观研究少等现象。”①也就是在这样的发展进程中，思想政治教育学科研究不可避免地打上借鉴和依附的烙印。更为值得关注的是，“总体上思想政治教育学科还没有出现不同立场、学说，甚至所谓学术上的‘流’与‘派’的论争场面”，“无论是‘独特方法’，还是‘多学科方法’，或者‘多元整合方法’等，似乎还没有形成鲜明的系列阵容，也没有观点的深入交锋碰撞”②。近年来，有些研究者无视思想政治教育的学科特点，不惜削足适履，把思想政治教育活动现象套用在某一种研究新范式上。其结果是，把思想政治教育活动现象的分析，变成了非思想政治教育活动现象的剖析，使思想政治教育研究变成了某一种研究新范式的研究，方法不是手段，反倒成为目的。这种现象的产生不能不归咎于研究者缺乏独特的方法论意识，独特的方法论意识的缺失不仅会使思想政治教育研究的学术价值大打折扣，而且还会降低其理论价值和实践价值。

三、深化思想政治教育研究的方法论自觉

经过40多年的努力探索，思想政治教育研究已形成了相对稳定的学术版图。如何把握中国特色社会主义的新时代，深化思想政治教育研究，是推进思想政治教育学科乃至整个马克思主义理论学科建设必须认真思考的一个重要课题。回答这

① 刘建军、朱建婷：《思想政治教育学科建设与发展研究综述》，《思想理论教育导刊》2009年第2期。

② 高立伟、郑大俊：《思想政治教育研究方法论研究述要》，《思想理论教育导刊》2011年第2期。

一课题固然需要学界多方面的努力，但更为重要的是要培养研究者自觉的方法论意识，增强研究的方法论自觉。方法论的问题涉及研究对象的选择、研究手段的运用和研究结果的评价，因此高度的方法论自觉是推进思想政治教育研究的重要环节，直接关系到研究的成效和质量。方法论上的自觉可以“使我们不再把特殊知识转变为教条主义的绝对知识”。① 就方法论而言，深化思想政治教育研究应当从以下几方面做进一步调整和加强。

（一）在涵养科学精神中增强学科自信

思想政治教育作为一门独立的人文社会科学，能否用科学的态度和方法展开研究，关键在于研究者能否秉持科学精神。科学精神是学术研究者必须培养的一种精神气质，贯穿于不同范式的学术研究之中。对学术研究而言，研究方法是具体的，渗透在整个研究过程中的科学精神则是更为重要的。目前，思想政治教育研究主要以传统的思辨研究为主，实证研究尚未大力开展起来。由于知识背景和研究信念的差异，20 世纪 50 年代英国学者 C.P. 斯诺所指陈的“两种文化”的对立在学界或隐或现。所以，在学术研究中更需呼唤一种科学精神，由科学精神来引导选择研究方法、设计研究途径、实施研究过程，最终表述研究结果。有了科学精神的指引，研究者就会更自觉地学习专业知识和专业相关知识，掌握并恰当地运用研究方法。② 涵养科学精神、增强学科理论自信、打造学术研究共同体，是思想政治教育方法论研究之必需。众所周知，思想政治教育学科经过 30 多年的发展还不是一门令人尊重的学科，甚至仍有不少人质疑它的科学合理性。如果说 30 多年前思想政治教育能够在我国学科建制中取得一个席位，是源于思想政治教育的倡导者和开拓者们要把其建设成为一门学科的坚定学科信念的话，那么，今天我们在马克思主义理论学科导航下建设思想政治教育学科，进一步提升思想政治教育的学科地位，澄清人们的质疑，则更需思想政治教育学术共同体共同坚持学科信念、学科立场和学科情感，更需学术共同体付出更多的努力，从“生命线”的高度认识自己肩负的历史使命和学术责任，在推进马克思主义理论一流学科建设中提升学科自觉，在指导和服务思想政治工作实践中增强学科特色。

---

① 《存在与超越——雅斯贝尔斯文集》，余灵灵、徐信华译，上海三联书店 1988 年版，第 19 页。

② 蒋凯：《涵养科学精神——教育研究方法论的省思》，《北京大学学报》（哲学社会科学版）2004 年第 1 期。

(二)在问题意识导向下转变思维方式

历经40多年的建设和发展,思想政治教育学科已经站在一个崭新的发展起点上。面对经济社会发展的新期待,思想政治教育研究者不应让狭隘的学科意识遮蔽了自己的学术视野,不能仅仅陶醉于学科概念的界定和理论体系的构建,更为重要的是,要强化问题意识,对社会生活中人们关切的现实问题作出有效的回应。问题意识是发现问题、解决问题的理论自觉,是深化思想政治教育研究的新的突破口。因此,"应当更大层面地唤醒本学科领域的问题意识,培育发现问题的能力,增强回应问题的勇气,以重大理论和实际问题为主攻方向,切准'真'问题、聚集'大'问题,回应'新'问题、重话'老'问题,并将之贯穿学科建设的全过程。"① 这就要求对研究者的思维方式进行一次根本性变革,正如维特根斯坦所言:"洞见或透识隐藏于深处的棘手问题是艰难的,因为如果只是把握这一棘手问题的表层,它就会维持原状,仍然得不到解决。因此,必须把它'连根拔起',使它彻底地暴露出来;这就要求我们开始以一种新的方式来思考……难以确立的正是这种新的思维方式"②。在问题意识导向下,通过转变思维方式来拓展和深化研究视野,从问题本身或研究论域出发,寻找有效的理论资源,广泛借鉴相关学科的理论和方法,运用适当的研究范式和路径展开研究,才能取得富有学理内涵和创新价值的研究成果,切实推进思想政治教育研究不断进步。对思想政治教育研究来说,研究者思维方式的变革是一种根本性的变革,它将带来学科研究方法的全方位转变。③ 为此,就要打破传统的线性思维和封闭性思维方式,将复杂性思维方式融入思想政治教育理论研究与实践探索中,借鉴复杂科学的理论与方法,运用系统性思维从整体上动态地把握思想政治教育的过程与规律,以开放性思维不断拓展思想政治教育研究的深度和广度。

(三)在学科交叉融合中实现多元整合

思想政治教育是一门复杂性学科,归根到底,思想政治教育是做"人"的工作的。所以,一切关于"人"的学科,都应该与思想政治教育有关;这些学科的研究成果与研究方法都应该能够为促进思想政治教育学科的发展作出贡献。事实上,

① 沈壮海:《思想政治教育学科建设的关键词》,《思想理论教育导刊》2010年第10期。

② 转引自[法]皮埃尔·布迪厄、[美]华康德:《实践与反思》,李猛等译,中央编译出版社1998年版,第1页。

③ 王霞娟、赵宗凌:《关于思想政治教育研究方法发展的思考》,《广西社会科学》2013年第3期。

思想政治教育本身就是学科交叉的产物或结果。现代思想政治教育研究所面临的问题，大都是多因素、多变量的问题，在新的历史起点上实现思想政治教育研究的创新发展，离不开交叉学科的研究视野。从“知识”的角度看，相关学科与思想政治教育学科是“知识互补”的关系；从“科学”的角度看，相关学科与思想政治教育学科是“科际整合”的关系。以交叉学科的研究视角和理论视野观照思想政治教育研究，不仅可以为思想政治教育研究提供新视角、新概念、新方法、新问题和新规范，而且有助于解决思想政治教育研究中传统的理论、观点、方法难以解决的理论和实践问题。在研究范式上，思想政治教育研究应自觉推进人学范式转换[①]；在研究方法上，应当在更高层次上实现科际整合，即实现思想政治教育理论研究的多学科聚焦，实现多学科方法在思想政治教育理论研究中的深层次交融。[②]需要注意的是，无论是综合、互补还是整合，相关研究成果只能从方法论上提供借鉴，而不能取代思想政治教育学科的独有思考。思想政治教育研究者要想充分利用交叉学科提供的理论资源，就必须自觉观照哲学社会科学相关学科发展的新进展、新经验、新成果，深刻认识思想政治教育理论与实践问题的复杂性、特殊性，在研究中努力彰显思想政治教育独特的学科立场。只有这样，才不至于使其研究方向被其他学科所遮蔽甚至淹没，才能在与其他学科进行交流对话中获得生生不息的原动力，提升思想政治教育研究的“解题能力”。

（四）在健全学科规训中强化学术规范

自 20 世纪 90 年代以来，学术规范问题始终是我国学界关注的一个焦点论题，掀起了一场以“学术规范化”为名的运动，引起不同学科论者的广泛关注和积极响应。[③]完善的学术规范与学科规训是思想政治教育学科建设从自发走向自觉的重要条件，也是学科走向成熟的主要标志。思想政治教育研究方法的发展，须臾离不开研究者良好的学科研究方法。如果研究者没有接受比较系统的研究方法的学习与训练，即使研究者具有研究方法多元化意识，但在面对复杂的技术方法时，也只能望“方法”而兴叹。而目前思想政治教育学科在新人培养中的“短板”之一就是科研方法规训不足，所以，应进一步健全学科规训机制，在学术规范教育中，要特别注重对学科新人的科研方法的训练。“硕士阶段要以学位基础必修课等形式设置

① 冯刚：《交叉学科视野下思想政治教育的创新发展》，《思想理论教育导刊》2011 年第 11 期。
② 张耀灿：《略论思想政治教育研究范式的人学转换》，《广西教育学院学报》2010 年第 1 期。
③ 沈壮海：《论思想政治教育理论研究的新范式与新形态》，《思想理论教育导刊》2007 年第 2 期。

社会科学研究方法类课程，赋予一定学分，以夯实方法基础知识和技能；而博士阶段则以‘人文社会科学方法论专题’等形式设置必修课程，以提升博士研究生的人文社会科学研究科研方法素养。”① 把学术规范教育纳入人才培养全过程，坚持质量和创新导向，在健全学科规训中提升研究方法技能，在强化学术规范中杜绝学术不端行为。

① 高立伟、孙其昂：《思想政治教育学科研究生科研方法规训的实证分析——基于研究生培养方案的考察》，《思想教育研究》2012 年第 6 期。

新时代思想政治教育社会化的内涵与特征

周方遒①

[摘　要]在不同的社会发展时期,思想政治教育社会化呈现出不同的发展趋势,它与特定的时代背景相关联,这在特定的社会情境下实现。进入新时代,我国社会主要矛盾的转化客观上要求思想政治教育要积极回应人民日益增长的美好生活的需要,从而促进人的全面发展和社会的全面进步。思想政治教育社会化的内涵遵循人的思想品德的形成和发展规律,体现出人在不同的发展时期和不同的空间场域对思想政治教育的接受,以及思想政治教育系统内部各要素协调发展,这是一个主动适应和积极促进社会发展的过程,其中包含鲜明的意识形态性、明确的目的性、不断的发展性、特定的阶段性和丰富的实践性。

[关键词]新时代;思想政治教育;社会化

思想政治教育社会化命题是在我国经济社会转型时期,为促进思想政治教育的科学化发展而提出的。在不同的社会历史时期,思想政治教育社会化呈现出不同的发展趋势,它与特定的时代背景相关联,又在特定的社会情境下实现。中国特色社会主义进入新时代,思想政治教育的改革要适应我国社会主要矛盾的转化,契合人的发展和社会发展的时代诉求,同时充分发挥思想政治教育亲和力和感召力,提升思想政治教育的针对性和实效性,这充分体现了思想政治教育社会化发展的重要趋势。

① 周方遒,渤海大学马克思主义学院教授。

一、新时代思想政治教育社会化的诉求

习近平总书记在十九大报告中指出“我国社会主要矛盾已经转化为人民日益增长的美好生活需要和不平衡不充分的发展之间的矛盾”①,宣示中国特色社会主义进入新时代。这不仅是一个重大的政治论断,也是中国社会历史发展的新命题,这一命题贯穿于未来中国社会发展的全过程。我国社会主要矛盾的转化指明了解决当代中国发展问题主要矛盾的着力点,揭示了在社会物质生活极大丰富之后,我国社会领域仍然存在着不平衡不充分发展的矛盾。改革开放以来,随着我国经济的高速发展,人民群众对美好生活的“物质文化需要”的层次更高、内容更广泛。正如习近平总书记指出的,人民“期盼有更好的教育、更稳定的工作、更满意的收入、更可靠的生活保障、更高水平的医疗卫生服务、更舒适的居住条件、更优美的环境、更丰富的精神文化生活”。中国特色社会主义进入新时代,人民群众对美好生活的向往将不再是生存意义上的基本需要,或者一般发展意义上的需要,而是追求人的全面发展和社会的全面进步;人民不仅追求物质文明的高速发展,更需要与之相辅相成的精神文明的高度发展。但遗憾的是,社会高速发展的物质文明与社会主义精神文明之间仍然存在着发展不平衡不充分的问题,存在“一条腿长、一条腿短”“一个快、一个慢”的失衡现象。在新时代,当我们更多地关注社会的思想观念、精神文化、道德伦理时,不难发现,高速发展的物质文明社会中,一些人的理想信念淡化、精神信仰缺失、道德行为式微,从幼儿园的虐童、小学生的“官僚”、中学的校园欺凌、大学生的“感谢室友不杀之恩”,到官员腐败、商业欺诈、教育的功利、诚信的缺失等,这些“糟糕”现象都反映出精神文明建设中思想政治教育的弱化。从另一个角度来看,当前,中国进入了物质生活相对丰裕,而精神领域中思想道德文化缺位,亟须构建与凸显新思想道德的新时代。

在新时代的论断和命题下,作为社会主要矛盾核心要素的“人民日益增长的美好生活需要”已经超越了物质层面,转而追求更高层次的精神层面的需要,

① 习近平:《决胜全面建设小康社会夺取新时代中国特色社会主义伟大胜利——中国共产党第十九次全国代表大会的报告》,《人民日报》2017年10月28日。

即人民群众迫切需要的满足感、获得感、安全感、幸福感,从精神文化到政治生活,从现实的社会地位到未来的心理预期和价值认同,从对社会的公平正义、共同富裕到人的全面发展与社会的全面进步等各个层面人们都相应提出了更高的要求,这一要求体现在心理层面就是社会个体心理上的体验、感受、情感。所以说,只有社会主义物质文明和精神文明同步发展、协调推进,国家才能更加富强、民主、文明、和谐,社会才能显现出自由、平等、公平、法治,人们才能更加爱国、敬业、诚信、友善。思想政治教育作为社会主义精神文明建设的中心环节和重要途径,在提高全体社会成员的思想道德素质、精神文化素质方面发挥重要的作用。如何适应社会主要矛盾转化下人民对美好的精神生活的高层次需求,思想政治教育必须予以积极回应,新时代背景下的思想政治教育社会化探讨由此展开。

近代以来,中国人民经历了从站起来、富起来到强起来的转变,当代中国已经崛起并站在世界舞台的中央,在国际事务中发挥着越来越重要的作用,但中国走上"强起来"之路并非一帆风顺。首先,以美国为首的西方国家打着"自由、民主、平等、人权"的旗号,推广所谓的西方普世价值,鼓噪"中国威胁论""美国吃亏论",他们无视中国的历史和现实,恶意丑化社会主义制度和社会主义意识形态,通过各种途径抹黑社会主义中国。其次,一些西方学者甚至以资本无国界为借口,鼓吹"国家主权过时论""人权高于主权论",妄图以此弱化我国公民的国家意识和民族情感,妄图发动"颜色革命"。他们有意夸大我国社会转型过程中出现的一些问题,企图通过教育、思想、文化等渠道的渗透,冲击马克思主义意识形态,弱化中国人民的理想信念,质疑中国特色社会主义道路,其险恶用心昭然若揭、显而易见。尤其是美国挑起的以"美国优先论"为核心的中美贸易摩擦,表面看是经济全球化深化背景下的中美之间的经济问题,背后更深层次的原因则是中美两国之间意识形态的对立以及中美双方的制度之争,借此进一步遏制中国的崛起和强大。在这种国际背景下,如何用中国话语把我们自己的事情说清楚,回应他们所有的质疑,这就需要构建中国的话语体系,主动讲好中国故事、讲明中国特色、传播中国声音。思想政治教育作为传播马克思主义理论和社会主义意识形态的重要手段,在国际环境极其复杂的今天更要发挥它的独特作用和历史使命。正如习近平总书记在全国思想政治宣传会议上的讲话中所指出的,"做好新形势下宣传思想工作,必须自觉承担起举旗帜、聚民心、育新人、兴文化、展形象的使命任务”①。中国话语体系不仅包括党和政府的官方话语，还包括国际上的中国话语、民间的中国话语、学术上的中国话语，全方位向世界展示真实、立体、全面的中国，彰显社会主义中国的道路自信、理论自信、制度自信、文化自信。在全球化背景下，思想政治教育要能够突破一国一地的狭隘局限，具有开放性的视野和国际化的眼光，要能够面对、正视中国进一步融入经济全球化所面临的西方不良社会思潮的冲击，回应、解答思想政治教育面临的时代课题，让更多的国家了解中国的发展、听到中国声音，助力崛起的中国走向世界。深入发展的经济全球化，使“各民族的精神产品成了公共的财产。民族的片面性和局限性日益成为不可能，于是由许多民族的和地方的文学形成了一种世界的文学”②。所以，新时代思想政治教育的社会化契合了中国社会发展的这一诉求。

二、思想政治教育社会化的内涵

思想政治教育社会化的内涵有狭义和广义之分，即思想政治教育对象——人接受思想政治教育的过程，以及思想政治教育自身如何契合社会发展两个层面。

狭义上的思想政治教育社会化是指人通过有计划、有组织、有目的的思想政治教育活动形成的符合社会发展要求的思想素质、政治素质、道德素质、心理素质的过程。思想政治教育社会化的主体是人，其过程从一定意义上说也是人的社会化的题中应有之义，这一过程在社会学中通常表述为人的政治社会化和道德社会化，而思想政治教育就是推动人的政治社会化和道德社会化的重要手段和途径。同时，在人生的不同发展时期，人的思想意识、道德行为、政治认知、心理发展等也是逐渐形成和发展的，人不断接受符合社会发展要求的思想政治教育信息，内化为自己的思想并实现其行为的外化，所以说，思想政治教育作为推动人的社会化的重要途径，也是贯穿人的生命周期和发展始终的。

在时间上，人生童年、青年、成年、老年的各时期，以及每个时期的不同发展阶段都接受着思想政治教育。虽然实施思想政治教育的重要时期是在人生的青少年阶段，但也不能忽视其他发展阶段的思想政治教育。如果忽视儿童发展阶段的思

---

① 习近平：《努力开创宣传思想工作新局面——在全国宣传思想工作会议上的讲话》，《人民日报》2018年8月24日。

② 《马克思恩格斯选集》第1卷，人民出版社1995年版，第276页。

想政治教育，孩子就不能打下良好的思想品德基础，给青少年阶段的思想政治教育增加难度；如果忽视成人时期的思想政治教育，就会导致青少年时期的思想政治教育与社会脱节，所受思想教育不能有效地指导人们的行为；如果忽视老年人的思想政治教育，老龄化社会的问题就会频发不断，影响社会的秩序和稳定。从人接受社会化的整个过程来看，思想政治教育其实伴随人的一生，并根据人的不同发展阶段、人的心智发展状况和接受规律予以设计。思想政治教育社会化包括但不限于社会学中人的政治社会化和道德社会化，而呈现出有计划、有组织、有目的的思想政治教育活动。

在空间上，人在任何地方都离不开思想政治教育。作为一种社会意识形态，思想政治教育不仅无时不在，而且无处不在，在不同的空间和场域都有不同的呈现形式，作为思想政治教育微观环境的家庭、学校、社会组织、大众传媒等，都是人们接受思想政治教育的重要场所。家庭是人生的第一所学校，家庭的思想政治教育是一个人思想、心理、道德、意识形成和发展的起点，它促进人的初级社会化的实现；学校是人接受正规化、系统化教育的场所，是系统培养人形成符合社会发展需求的思想素质、政治素质、道德素质、心理素质的重要场所，学校的思想政治教育促进人的预期社会化的完成；社会组织是人们为了完成共同的目标和利益而组成的社会群体，它是社会个体完成职业社会化的重要场所。职业社会化对职业规范、职业道德的要求是社会组织中思想政治教育的重要内容之一，它促进社会个体调整自己的价值观和行为方式，以适应职业岗位的需要和组织目标的达成，促进个体继续社会化的完成，以不断适应职业岗位的需要。大众传媒作为以公众为对象的传播社会信息的工具，通过报纸、广播、电视、网络等途径传播社会的主流价值观念和行为规范，营造积极向上的正能量的思想政治教育氛围，成为可以跨越时空的传播思想政治教育的重要场域。现在，互联网已成为当代思想政治教育的重要载体，无时无刻不影响着思想政治教育对象的社会化的程度和效果。

广义上的思想政治教育社会化是指思想政治教育系统与社会发展变化的适应性和契合度，即思想政治教育在适应人的发展和社会的发展过程中，通过发挥思想政治教育主体的能动性，不断促进社会发展的过程。

思想政治教育社会化是思想政治教育自身不断适应社会发展、与社会发展保持一致的体现。思想政治教育作为人类社会的一项社会实践活动，它既要服从和服务于一定社会发展的需要，又要满足社会发展主体——人的更高层次的精神需求，脱离特定的社会发展背景和人的发展的需求，思想政治教育就失去了应有的价值，这既是思想政治教育的本质属性使然，也是思想政治教育科学化、人本化的发展趋势。进入新时代，我国社会主要矛盾发生变化，其中，人民日益增长的对美好生活的需要，不仅包括富足的物质生活，更需要高尚的精神生活，这意味着对人的思想道德素质、对提升人的思想道德素质的思想政治教育也提出了更高的要求。思想政治教育社会化就是以社会的发展变化为依据，适时调整和完善内部各组成要素，如理念、内容、方式方法、载体、队伍、评估等，使之相互协调、发挥合力，从而促进思想政治教育的"因事而化、因时而进、因势而新"，促进人的思想道德素质的提升与社会发展要求同步。思想政治教育社会化的过程是思想政治教育实现以人为本的理念、促进人的全面发展和社会的全面进步的过程。进入新时代，社会的发展已经走出对"物的依赖性"而转到确立人的"能力"本位的阶段，这是一个以知识为前提、以能力为根本、以素质为基础、以人为目的人的全面发展阶段。人不仅是思想政治教育的对象，更是推动思想政治教育发展和深化的主体，其积极参与思想政治教育活动、积极内化思想政治教育内容、积极传播思想政治教育声音，并以自己的思想和行为在社会生活中努力传导思想政治教育。这是发挥思想政治教育主体能动性的精髓所在，也是思想政治教育功能发挥的重要体现。在不断促进社会发展的过程中，由于思想政治教育主体的积极有效参与以及原来思想政治教育场域和时间的界限，突破了原来思想政治教育封闭和狭隘的弊端，利用思想政治教育的扩张力，通过不同方式实现思想政治教育更广泛的传播，在全社会范围内涵养精神文化、净化社会环境、促进社会和谐，提升全体社会成员的精神面貌和精神气质，激励和引导人们凝心聚力，促进与物质文明协调发展的精神文明的进一步发展。当人们的思想道德素质提升了，整个社会的精神文明搞好了，自然会为社会的经济发展创造更好的环境氛围，这说明思想政治教育在改造主观世界的同时，也改造着客观世界。

三、新时代思想政治教育社会化的突出特征

一是鲜明的意识形态性。思想政治教育社会化过程体现的鲜明的意识形态性，是增强党对意识形态领导权、管理权、话语权的重要基础，是思想政治教育社会化的使命所在。习近平总书记强调："意识形态工作是党的一项极端重要的工

作。”①“建设具有强大凝聚力和引领力的社会主义意识形态，是全党特别是宣传思想战线必须担负起的一个战略任务。”②这点明了思想政治教育的重要性，通过社会化的思想政治教育实践活动把占社会主导地位的社会主义意识形态转化为人们接受的思想意识，从而唤起人们强烈的聚合心理，并将这种聚合心理上升为全中国人民共同的理想信念和共同的奋斗目标，实现最广大人民的根本利益。从这个意义上说，意识形态是思想政治教育社会化的重要内容，思想政治教育就其本质属性来说是意识形态的教育，具有鲜明的意识形态性。进入新时代，随着我国社会主要矛盾的转化，受经济全球化、政治多极化、文化多样化、社会信息化的影响，我国社会日益表现出开放性、多样性、兼容性的特点，思想政治教育如何适应内外社会环境的变化以充分发挥其应有的功能，这就对思想政治教育社会化提出了更高的要求。思想政治教育的社会化不是对意识形态的消解，而是要进一步强化意识形态的主导地位，牢固坚持社会主义主流意识形态，在继承、借鉴和吸收的基础上，用人类创造的优秀文化成果丰富新时代思想政治教育的内容、创新思想政治教育的方法，最终满足人民对美好精神生活的需求。同时，思想政治教育社会化过程中对社会主义意识形态教育的强化，反过来又会促进新时代社会经济的发展，为经济发展提供思想支持和政治保证。意识形态性是思想政治教育社会化的本质属性。

二是明确的目的性。思想政治教育社会化是对社会的积极适应，是为了更好发挥思想政治教育的功能，以实现思想政治教育的目标，这就使得思想政治教育社会化同样具有明确的目的性，即促进人的全面发展和社会的全面进步，这与现代思想政治教育的目的性指向完全一致。从具体目标上看，思想政治教育社会化就是为了培养具有较高的思想道德素质的社会化的人，从而服务于人的发展和社会的发展需要，顺利实现从“自然人”向“社会人”的过渡。另一方面，“社会人”在提高主观能动性的过程中，通过“知行合一”丰富了人认识世界和改造世界的能力，完成了从物质到精神的双向飞跃。在不同的社会历史时期，思想政治教育的内容、形式和方法虽然各不相同、各有侧重，但都最大化地发挥了思想政治教育的作用，达成了思想政治教育的目标，体现了思想政治教育对社会的主动适应。进入新时代，全面决胜小康社会、实现中华民族伟大复兴，使中国正处于“百年未有之大变

---

① 《习近平谈治国理政》第1卷，外文出版社2018年版，第153页。

② 习近平：《努力开创宣传思想工作新局面——在全国宣传思想工作会议上的讲话》，《人民日报》2018年8月24日。

局”,其复杂性、艰巨性更需要思想政治教育能够发挥凝聚力、影响力、向心力、战斗力,为实现中华民族伟大复兴的宏伟目标凝心聚力。

三是不断的发展性。发展性是指社会化的思想政治教育要根据外部客观环境的变化和人的需求的变化调整自身内部构成要素,最大限度地发挥思想政治教育的功能和作用。社会的发展要求社会的各个领域及社会的主体都要与之相应的同步发展。一方面,思想政治教育社会化也必须以现实社会为参照,不断调整自身内部各构成要素的均衡发展,使之整体协调推进,保持与社会同步发展。如思想政治教育的主体(教育者、教育对象)与思想政治教育的内容、方式、载体、环体、管理、评估等,都能够灵活适应思想政治教育内外环境的变化,始终保持协调一致发展。另一方面,思想政治教育的主体是“现实的人”,人在不同的人生发展阶段的需求各有不同,呈现出的发展态势和发展要求也各有差异。思想政治教育内部各要素也要针对“现实的人”的需求作相应的调整,以适应不同人对思想政治教育的差异化需求。人们对思想政治教育信息的接受是在其主观性基础上对信息进行筛选后的内化,这一内化过程一般都是在特定的思想政治教育场域中展开,是所有主体共同参与的,由此也推动着思想政治教育的传播范围逐渐扩大到整个社会生活的各个方面,在全社会形成思想政治教育的波及效应,促进整个社会和谐有序发展。

四是特定的阶段性。思想政治教育社会化的阶段性是指要根据人成长和发展的不同阶段有针对性地设计和实施思想政治教育。思想政治教育作为特定的社会实践活动贯穿于人的一生,并针对人成长和发展的不同阶段有的放矢地施以教育,注重充分发挥人的积极性和能动性,如孩童时期的道德认知和道德养成教育、青少年时期的公民教育和“三观”教育、参加工作后的职业道德教育、老年时期的生活适应教育等。思想政治教育社会化就是要根据教育对象不同发展阶段的需求有针对性地予以实施,思想政治教育在人的生命周期中、在满足人的发展需要的基础上呈现出不同的目标、内容、方式和实现路径的阶段性的特征。正如恩格斯所说:“每一个时代的理论思维,包括我们这个时代的理论思维,都是一种历史的产物,它在不同的时代具有完全不同的形式,同时具有完全不同的内容。”[①]思想政治教育社会化针对人的不同发展阶段的特点循序渐进、统筹布局、合理安排相关教育内容,遵循人的思想品德的形成和发展规律以及对人进行思想政治教育的规律,体现

① 《马克思恩格斯文集》第9卷,人民出版社2009年版,第436页。

出较强的科学性和层次性，使思想政治教育真正走进人们的头脑和心中。

五是丰富的实践性。思想政治教育社会化体现为理论教育与实践价值相统一的过程。理论联系实际要求思想政治教育要结合社会发展的实际不断予以丰富和完善，体现出丰富的实践性。思想政治教育理论既来源于实践，又要接受实践的检验，并随着人类实践活动的丰富而发展。思想政治教育的理论只有回归实践，与人民群众的生产生活实践紧密结合，才能体现出自身的价值，这也是思想政治教育社会化的实践主题。新时代，思想政治教育要迎接时代挑战、回应时代课题，就必须深入社会生活实践，贴近实际、贴近生活、贴近群众，结合人民群众的现实需要和实际生活开展思想政治教育，把解决思想问题和解决实际问题结合起来，回应人民群众对美好生活的期盼，让理论走进群众，让政策走近百姓，把思想政治教育融入人民群众的日常生活实践中。丰富的实践性还体现在思想政治教育方式方法的有效运用上，要运用广大群众接受的、喜闻乐见的方式、方法有效地开展宣传和教育，把思想政治教育全方位融汇到多种实践中，利用大众传媒多维度的传播方式、广覆盖的传播范围来增强思想政治教育的穿透力和影响力，提高人民群众参与思想政治教育实践的积极性。

高校思想政治教育学科发展困境及化解

吴云志　刘根旺[①]

［摘　要］思想政治教育学科自创建以来，在理论研究、队伍建设、人才培养、课程改革等方面取得了巨大成绩，但也存在一些问题。面对高校思想政治教育学科的发展困境，要继续推进学科发展，需要从以下几个方面作出努力：认清思想政治教育学科定位和建设目标，不忘初心，方得始终；把好思想政治教育学科发展的脉搏，找准病根，方能下药；精准提出思想政治教育学科继续发展的措施，开好药方，方能前进。

［关键词］高等学校；思想政治教育；学科建设

思想政治教育学科自创建以来，发展迅速，成效显著。特别是党的十八大以来，以习近平同志为核心的党中央高度重视学校思想政治工作，作出一系列重大决策部署。2019 年 8 月，中共中央办公厅和国务院办公厅联合印发了《关于深化新时代学校思想政治理论课改革创新的若干意见》（以下简称《意见》），为思想政治教育学科的进一步发展指明了方向、提供了基本遵循。几十年来，高等学校先后建立了完整的思想政治教育学科本、硕、博人才培养机制，形成了系统专业的理论体系和课程体系，为党和国家培养了大量的、不同层次的从事思想政治工作的人才，造就了一批又一批由学科带头人、学术带头人、学术骨干组成的老中青结合的思想政治教育学科学术团队，促进和保障社会主义事业向前发展。但是，随着时代发展，思想政治教育面临的环境发生变化，学科建设滞后、未能及时跟进，一些问题相

① 吴云志，大连海事大学马克思主义学院院长、教授；刘根旺，大连海事大学马克思主义学院博士研究生。

继出现,成为高校思想政治学科继续推进发展的阻碍。因此,探寻这些问题,深刻把握学科建设的时代性特征,明确新时期学科建设的使命担当,不断推进学科向前发展,对于思想政治教育学科的繁荣发展具有重要现实意义。

一、思想政治教育学科定位与建设目标

认清思想政治教育学科定位和建设目标,不忘初心,方得始终。具有清晰而准确的学科定位是学科建设发展的前提和基础,也是认识一门学科的关键。而学科建设目标是学科发展的方向,关系着学科未来的走向。因此,必须准确把握思想政治教育学科定位和建设目标。

(一)学科定位

思想政治教育学科是一门集综合性、政治性、科学性、实践性等特征于一体的应用学科。"要正确判定思想政治教育的这一学科定位,就必须把它放在马克思主义理论一级学科的全局中"[①],正确认识和处理以下几个关系,包括马克思主义与思想政治教育的关系、思想政治教育学科与其他二级学科的关系、为高校服务和为社会服务的关系。

思想政治教育与马克思主义理论天然地存在联系,它既以马克思主义理论为指导,又以马克思主义理论为教育内容。思想政治教育学科是马克思主义理论一级学科下独立的二级学科,这说明思想政治教育学科"姓马",是马克思主义指导下的思想政治教育。马克思曾强调:"理论一经掌握群众,也会变成物质力量"。[②]随着马克思主义的诞生,自然而然地产生了将马克思主义内化于心外化于行的活动,也就催生了思想政治教育活动与思想政治教育学科的理论观点。理论只有掌握群众,才能发挥出现实力量。马克思主义政党早期的宣传教育活动深刻证明了这一点,早期无产阶级政党在其创立之初,就把马克思主义的普及和传播作为重要任务,以启发群众的阶级觉悟和政治意识。而工人农民想要加入党组织,思想上是否入党是首要的考察标准。党在领导革命建设改革过程中,始终把思想建设作为保持党的纯洁性、先进性的首要任务。可见,思想政治教育是马克思主义价值实现

① 张耀灿:《思想政治教育学科建设研究》,中国人民大学出版社 2017 年版,第 124 页。

② 《马克思恩格斯选集》第 1 卷,人民出版社 1995 年版,第 9 页。

的必要途径，而马克思主义为思想政治教育学科提供了指导思想、理论基础和教育资源。

思想政治教育学科与马克思主义基本原理、马克思主义中国化研究、马克思主义发展史等二级学科“同出一门”、紧密相连，却又“与众不同”。思想政治教育学科是综合应用学科，其他二级学科是基础理论学科。马克思主义理论是与时俱进的，在进行思想政治教育学科建设时，一方面，要坚持以马克思主义为指导，同时要了解中国化的马克思主义、马克思主义的发展历史，牢牢掌握马克思主义基本理论；另一方面，要着重研究思想政治教育的理论与实践规律，推动观念意识的内外化研究。而除思想政治教育学科外的其他二级学科在注重开展各自的理论研究的同时，又不可避免地涉及对各自特殊理论的内外化问题研究，因此，他们相互渗透、相互交叉，只是侧重点不同。思想政治教育学科与马克思主义理论的其他二级学科都是以马克思主义为指导，都有各自研究的特殊领域，其他二级学科为思想政治教育学科提供了丰富而特殊的教育内容，思想政治教育学科对理论教育和实践规律的关注，是其他几个二级学科共同的使命。

思想政治教育学科建设要坚持为高校服务和为社会服务的辩证统一。马克思主义理论的宣传教育需要有专门的人才去传承和创新。因此，高校思想政治教育学科承载着培养思想政治理论师资力量的使命，为思想政治教育理论课的改革与发展服务。《意见》中特别指出，要大力加强思政课教师队伍后备人才培养工作，作出长远规划与诸多发展决策部署，统筹人才培养。这仅仅是一个方面，思想政治学科发展应该贯穿“面向现代化、面向世界、面向未来”的指导方针，还应当满足全社会对思想政治教育人才的要求，即培育信仰坚定、立场鲜明的党团干部、宣传思想工作者、理论研究人才，为党和国家的发展注入新鲜的血液。不能只把思想政治教育学科的服务范围局限在“思政课”教师，也不能只关注社会发展需要而忽视学科的传承与发展。为高校服务和为社会服务是辩证统一的，相互促进的。社会发展的需要为思想政治教育学科提出了研究的新课题、新方向，思想政治教育学科的传承与创新为社会发展提供源源不断的活力，只有将二者统一起来，才能实现良性发展。

（二）学科建设目标

任何一个学科的产生建立都有其现实意义，都是为解决实际问题而创立的。思想政治教育学科是将马克思主义理论根植于人脑、内化于心，为社会主义事业的顺利前行提供正确理论先导的一门学科。思想政治教育学是有关人的学说，是对人的思想政治教育，它发端于人更好地生存、发展、提升自己的需要，就其最终目的来讲，旨在促进人自由而全面的发展，概括来说就是在改造客观世界的同时改造主观世界，提升人们认识世界和改造世界的能力。我国的思想政治教育是以马克思所倡导的共产主义为指向的实践活动，通过提高受教育者的思想道德素质，促进提高人们认识与改造世界的能力，激励人们努力建设中国特色社会主义事业，为实现共产主义而奋斗。为此，思想政治教育学科建设要做到以下几点：一是学科理论建设要体系化。思想政治教育学科建设已经步入正轨，不应该将一些与思想政治教育边界模糊、外延泛化的相关理论纳入本学科的理论体系建设中，要设立本专业的特色课程体系，这样才能培养出专业的思想政治教育人才，才能更好地传播与践行马克思主义理论。二是学科队伍建设要专业化。任何一门学科建设的进步与发展都离不开一大批专业人士的辛勤耕耘及其本学科队伍专业化水平的提高，在本学科领域攻坚克难还得靠高水平的学科队伍。三是人才培养体制建设要规范化。思想政治教育学科是一门集理论与实践为一体的应用学科，因此，本硕博不同层次的学生既要注重理论学习，又要注重实践活动。不应该随意设置学生课程，要体现专业特性；教师授课不应该随自己喜好而随意进行增减，要了解和掌握本专业学科体系，不能擅长哪一块就只讲哪一块；不能只注重理论传授，更要注重实践活动，定时组织能体现本专业特色的实践活动，提高学生实践能力。最终我们要培养的是思想理论的研究专家和实际工作的行家里手。

二、思想政治教育学科发展存在的困境

把好思想政治教育学科发展的脉搏，找准病根，方能下药。揭示当前学科发展存在的困境，找准“病原体”，从“源头治理”抓起，发现学科发展实际情况与学科定位和建设目标的差距，有利于实事求是地制订学科发展措施。在学科发展过程中，学科认识、课程设置、学术研究等方面存在一些问题。

（一）学科意识不够清晰

学科意识是指对本学科归属的清醒认识、明确定位和正确理解，是对本学科性质、任务、目的的科学把握。个人言行品德的改变往往都是从思想上的变化而来的，没有对社会发展所要求的思想观念、政治观点、道德品质清晰的认知，也就没有

符合社会要求的言行。思想政治教育是做人的思想的工作，通过有计划、有组织、有目的的教育活动，使社会群体形成适合在一定社会生存发展的思想品质。相比马克思主义理论其他二级学科，思想政治教育学科作为专门研究人的道德发展规律、解决人的思想道德矛盾的学科，更应当发挥自己的特质功能。为此，教师应当保持清晰的学科属性和学科定位认知，坚定推动思想政治教育学科发展的决心与信心。但受学科发展历史影响，部分学者对思想政治教育学科归属、定位、性质的认识出现偏离。思想政治教育学科发展经历了学科归属和名称的变动：由政治学一级学科下的二级学科变为马克思主义理论一级学科下的二级学科，由思想政治教育专业到马克思主义理论与思想政治教育再到思想政治教育学科的名称变化，这些变化引起部分局内人和局外人对思想政治教育学科认识的模糊，对学科的定位和归属产生混乱。部分人对思想政治教育学科到底归属于政治学还是马克思主义理论存在异议，到底是一级学科还是二级学科存在争论。学科归属和名称频繁的变动，甚至造成部分人主观认为思想政治教育学科地位的下降，没有存在的必要性，导致部分教师缺乏学科自信甚至不愿承认自己专业所属是思想政治教育。另外，在思想政治教育学科创建和发展过程中，借鉴了许多相关学科的知识和研究方法，给本学科提供了丰富的理论支撑和不同的研究视角，但部分人也由此认为思想政治教育学科隶属于这些借鉴学科，没必要单独设立学科，没有认识到本学科特有的研究对象。这些问题对思想政治教育学科建设产生了不良影响，严重削弱了学科的公众形象和声誉，阻碍学科的进一步发展。

（二）课程设置缺乏规范性

课程建设是学科发展的重要基础，如果课程设置不合理，学科发展就等于无本之木、无源之水。任何一门学科都是因为有了自己独特的研究对象，才有了设立学科的必要，随之才产生了相应的课程体系。因此，学科课程的设置依据是本学科独特的研究对象。思想政治教育学的特殊研究对象是人们思想品德形成发展的规律和对人们进行思想政治教育的规律。思想政治教育是一门科学，是马克思主义理论一级学科下一门独立的二级学科。既然作为一门学科存在，就应具有本门学科系统全面的专业课程，如《思想政治教育原理》《马克思主义思想政治教育经典导读》《思想政治教育方法论》《比较思想政治教育学研究》《中国共产党思想政治教育史论》《思想政治教育心理学》《思想政治教育管理学》等。任何高校的思想政治教育本科专业学生的课程设置都应该包括这一系列的课程，应当体现思想政治教育的特殊研究对象。然而,现实却并非完全如此。首先,思想政治教育专业本科层次课程设置“大马化”。部分高校课程设置不合理,没有开设专业核心课程或者开设不全面,仍然存在将公共政治理论课平移到思想政治教育专业课上的问题,不能够体现思想政治教育专业的特质;没有对思想政治教育专业的学生进行深入的培养,把思想政治教育专业学生同非思想政治教育专业学生等同化,把马克思主义基本理论同思想政治教育专业理论等同化,没有区别对待。其次,思想政治教育硕士、博士课程设置随意化。一些学校硕士生、博士生的课程开设随意性很大,大多随导师个人研究方向而定。导师研究什么,就开设什么课程,虽然在某一方面的学习加深了,但学习的横向宽度却不够,学生也就不可能有扎实全面的专业理论基础。有时候,导师的研究课题也存在学科交叉的问题,本身就存在争议,这样的课程设置对思想政治教育学科的发展更是无益。

(三)学术研究存在空泛化现象

思想政治教育学科集理论研究与实践活动于一身,高校教师在深化理论研究的同时,需要更加注重思想政治教育学科的实践性,把解决人们的实际问题作为学术研究的重点。思想政治教育学是一门应用科学,不是思辨和推理的产物,它是建立在对思想政治教育丰富的实践经验材料分析研究基础之上的,其研究资料来源于实践活动。思想政治教育具有强烈的实践性特征,它的根本任务及其学科设置的初衷就是要解决社会发展所要求的思想道德同人们实际的思想道德水平之间的矛盾。“思想政治教育的理论性并不是一种脱离实际的纯粹书斋的理论性,思想政治教育的理论研究是与广大思想政治教育活动密切相关的理论研究,思想政治教育理论研究的最终目的在于指导思想政治教育实践,在思想政治教育实践中应用。”①

自学科创建至今,学者们就学科内的众多问题进行了深入而全面的研究,取得了丰硕成果,也正是有了他们所做的巨大贡献,思想政治教育学科发展才有了现在的局面。但是,当前,思想政治教育学科学术研究也存在着空泛化、边缘化、标签化等问题,最为重要的是学术研究空泛化,已经严重偏离了思想政治教育的根本任务和学科设置的初衷,违背思想政治教育理论与实践相结合的原则。部分学者的研

① 佘双好、冯茜:《思想政治教育学科化发展历程及发展趋向》,《思想理论教育导刊》2014年第12期。

究课题并非来自思想政治教育实践活动，缺少应用性，只是对理论的推理和知识的抽象演绎，是纯粹的思辨，没有把解决人们的实际问题作为学术研究的着力点，脱离了人民群众和实际生活，不接地气，缺乏实践价值。理论只有掌握群众，才能变成物质力量。思想政治教育学科学术研究如果不将解决实际问题作为立足点，回应现实关切，缺乏群众性和实践性，也就失去了存在发展的基础。

三、思想政治教育学科发展困境的化解

精准提出思想政治教育学科继续发展的措施，开好药方，方能前进。针对当前学科建设存在的“病根”，有针对性地提出化解建议，精准发力，揭示思想政治教育学科发展的着力点，对于有效促进思想政治教育学科发展和深化思想政治教育学科建设具有重要意义。

（一）增强学科意识与发展自觉

意识是客观世界在人的头脑中的反映，学科意识是属于本学科所研究的客观内容在人脑中的反映。学科意识是否自觉、是否强烈是判断学科发展成熟与否的基本标志。一个人只有对一门学科的发展过程及现状、发展机制、内部机构做了全面系统的了解，形成清晰而准确的学科意识时，他才能自觉地寻找学科继续向前发展的方向，增强学科发展的自控能力，减少发展过程的盲目性，少走弯路，让自己进入自为的状态。面对当前部分学者的学科认识模糊和学术研究的空泛现象，我们应当强化学科意识，增强学科发展自觉。思想政治教育是一门独立的学科，不是其他学科的附属品，有自己独一无二的研究对象、理论体系。只有全面了解思想政治教育学科的源头、历史发展、课程变化等信息，明确本学科定位与学科性质，才能明确其与相关学科的界线，才能发现本学科研究空白，也才能自觉抵制学科认识模糊的思维，从而增强学科认同感和归属感，强化学科辨别能力。部分思想政治教育专业教师对自己职业身份缺乏认同与信心，通常承认自己是法学教师而不愿意承认自己是思想理论课教师，认为思想政治理论课在高校没有地位，只将其定位为谋生的手段，没有职业归属感和荣誉感。最根本的原因在于这些教师本身对思想政治教育认识不足，对学科定位不准确，学科意识不强，没有认识到学科存在的重要价值。为了增强教师对本学科发展的自信心，首先要全面了解本学科的发展过程及现状，增强对本学科的认同，只有这样才能为学科发展自觉自愿贡献力量。教师要

认清学科的独特性和存在的必要性，提升学科发展自觉，在心灵深处真正认同思想政治教育学科，获得职业归属感和荣誉感，从而立志为本学科发展作出自己的努力。

（二）加强学科队伍建设

习近平在哲学社会科学工作座谈会上强调："构建中国特色哲学社会科学，要从人抓起，久久为功"①。一支政治强、业务精的高素质学科建设队伍对思想政治教育学科发展具有重要作用。学科要想发展，队伍建设是基础。信仰坚定、综合素质高、科研能力强的队伍才能够不断引领学科向前发展。

首先，学科队伍要有坚定的政治信仰。思想政治教育学科不同于其他学科，它具有强烈的政治性。本学科以马克思主义基本理论为基础和指导，为社会主义服务，最终培养的是社会主义的建设者和接班人。因此，学科队伍建设要坚持以马克思主义为指导，引导广大教师对马克思主义真懂真信，在内心真正地认同马克思主义，坚定马克思主义的科学信仰。只有这样，才能以客观实际的态度推动学科建设。其次，学科队伍要有较高的理论修养和较强的实践能力。"打铁还需自身硬"，要想推动学科向前发展，自身本领必须要强。一方面学科队伍要有较高的理论修养，既要精通本学科的专业课和基础课知识，又要尽可能了解相关人文学科知识，例如教育学、心理学、社会学等；以本学科课程为基础，同时借鉴其他学科知识和研究方法，促进思想政治教育学科新发展。另一方面要有较强的教学实践能力。思想政治教育不同于其他学科，其独特性在于实践性强。思想政治教育活动是指教育者通过一定的教育方法、艺术、技能使受教育者接受、认同并践行教育内容。教师的教育方法、艺术、技能的掌握程度与教育实效息息相关，这就对教师的职业技能提出更高要求。为此，广大教师要充分掌握思想政治教育职业技能，在此基础上，还要做到因材施教、灵活运用，提高课堂实效性。最后，学科队伍要具备较强的科研能力。任何学科都有理论前沿问题、热点问题、争鸣问题，要想推动这些问题的解决，学科队伍具有不可推卸的责任。因此，建设一支科研能力强的学科队伍至关重要。在思想政治教育学科战线的工作者要广读书、精读书，读原著、悟原理，做到真懂真信真行。用马克思主义基本理论来指导思想政治教育学科理论问题的解决。组织一批思想政治教育专家学者从宏观与微观、理论与实践视角全面审视学

① 《习近平在哲学社会科学工作座谈会上的讲话》，《人民日报》2016 年 5 月 19 日。

科发展亟待解决的问题,聚焦学科发展“瓶颈”的突破,作出可行的长、短期发展规划,为广大教师提供学术研究方向。除了关注学科理论问题,还应该注重实践研究。高校教师进行学术研究,应当坚持理论与实践相结合的原则,同时保持对社会问题的敏感性,为思想政治教育学科建设提出合理性建议,以问题促进理论提升,以理论指导现实问题解决。

(三)规范学校课程设置

高校课程设置要具有科学性。高校思想政治教育专业的课程设置要立足专业基础,开拓学科视野,满足社会需要,把马克思恩格斯的“经典”作为学生的看家本领,为培养思想政治教育专业人才提供香醇的“源头活水”,为社会对人才的需求提供精准供给。目前,高校思想政治教育专业课程设置都由各学校自行安排。但课程不能随意设置,要有章可循,要坚持把马克思主义基本理论课程作为基础课程,同时借鉴其他相关学科知识,这样才能培养思想政治教育的专业型人才。“在课程设置上体现宽口径,实现两个并重,即专业教育和通识教育并重,理论教学和实践教学并重。”① 根据不同层次的学生作出相应调整。从学校角度,设置课程时应当咨询学科骨干教师或者权威学术带头人的意见,哪些是必设课程,哪些是选择性课程,对课程作整体规划调整。既要保证对“经典”的研读,夯实专业理论基础,又要加强对其他相关人文学科的学习,开拓学科视野。在科学设置理论课程、保障理论厚度的同时,也要扩大实践课程的比例,确保学生工作能力的深度,达到社会需求与学校供给的统一。从教师角度,首先应该正确认识思想政治理论课与思想政治教育专业课的关系:学科建设是为培养思想政治教育教学、科研和党政工作专门人才服务的,思想政治理论课建设是为一切专业的人才培养服务的,不能将二者混淆。所以不能把对准所有专业的思想政治理论课平移到思想政治教育专业课堂中,应该坚持思想政治教育学科课程设置、课堂教学不能“大马化”的原则,体现本专业的特色。在此基础上,对标对点地对课程设置的不合理之处提出建议,更换或者完善相关的课程安排。

(四)重视学科建设督导

学科建设与发展不能完全靠学科成员的自觉,还需要各方面力量的监督。对其进行督导,既可以避免学科成员的不规范,也可以使得本学科紧跟社会发展和时

① 王学俭:《关于思想政治教育专业建设的几点思考》,《思想教育研究》2014年第1期。

代前进的步伐。加强对思想政治教育学科发展的监督管理,形成科学有效的监督机制,对学科的未来发展至关重要。

坚持自律与他律相结合。从自律方面来说,各学校思想政治教育学科成员要定期开展学科发展研讨交流,既要讨论学科发展趋势,又要对照学校的实际状况,抓住学科发展在本校的突出问题,提出切实可行的解决方案。学校领导及党委要充分认识思想政治教育学科在思政课中的关键作用和特殊地位,注重思想政治教育学科内涵式发展,对学科内教材使用、课堂教学、人才培养、学位论文作出具体规范,并进行监督,狠抓落实;从他律方面来说,高校教育行政主管部门应当定期对高校思想政治教育专业本、硕、博的科研成果、教学质量、课程设置进行检查评估,作出指导,对优秀学校进行表扬褒奖,对不合格的学校进行督导整改,并将评估结果作为思想政治教育学科各种评选活动的重要考量。学位点的获得不应当是一劳永逸的,要及时对思想政治教育"本、硕、博"学位点作出全面评估,实行优胜劣汰机制,形成竞相迸发的竞争态势,促进各高校思想政治教育学科工作人员守土尽责、守土负责,增强学科发展使命感。

全媒体时代受众分析对思想政治教育效果提升的启示[①]

祝大勇[②]

[**摘　要**]全媒体时代深刻改变了信息与受众的互动关系，寻求注意力关注的融合媒体力图用信息吸引和影响受众，由以前的“人找信息”变成现在的“信息找人”；年轻受众是全媒体时代注意力市场的消费主体，也是思想政治教育的重要对象，这意味着人在哪儿，思想政治教育的重点就在哪儿，应主动实现思想政治教育对全媒体年轻受众的有效覆盖；在这个过程中，思想政治教育工作者通过妥善处理鼓励充分表达与坚持舆论导向、稳住阵地和移动优先、技术手段与信息内容、守正传承与融合创新的辩证关系，贯彻“用得好才是真本事”的要求，推动加快“全媒体＋思想政治教育”发展的新态势。

[**关键词**]全媒体时代；青年大学生；思想政治教育效果

全媒体时代是基于网络的新兴媒体与传统媒体全面融合发展的时代，在全媒体时代背景下，舆论生态、媒体格局、传播方式都在发生深刻变化。青年大学生是时代的弄潮儿，他们感受时代趋势变化最为敏锐，接纳技术发展变革最为快速，是全媒体时代的主要受众，全媒体时代与青年关系的变化给高校思想政治教育带来

① 本文系河北省高等学校人文社会科学重点研究基地和河北省教育厅人文社会科学重大课题攻关项目“校园文化建设与大学生社会主义核心价值观实践教育研究”（项目批准号：ZD201452）、2018年度河北农业大学社科基金项目“大思政背景下高校育人机制研究”（编号：SK201804）和河北农业大学第十批教学研究项目“形势与政策”课教学创新研究与实践（编号：2018YB40）的阶段性成果。

② 祝大勇，河北农业大学马克思主义学院讲师。

全新挑战，这就要求思想政治教育工作者重新认知和精确把握思想政治教育的对象，分析时代问题和主要挑战、推进全媒体与思想政治教育深度融合，实现从受众全覆盖成功转化为思想政治教育对象有效覆盖，切实提升思想政治教育的针对性实效性。

一、全媒体时代受众与信息关系变化引发思想政治教育新认知：从“人找信息”到“信息找人”

2019年1月25日，习近平总书记在主持中共中央政治局第十二次集体学习时强调指出，“全媒体不断发展，出现了全程媒体、全息媒体、全员媒体、全效媒体，信息无处不在、无所不及、无人不用”，这段话集中概括了全媒体时代的基本特征，即“全程、全息、全员、全效”①。全程性媒体信息突破了时间空间的边界、全息性实现多媒体平台的无缝对接、全员性激活了所有的信息源头，全效性对接了受众的所有感知觉最大化实现满足感。全媒体时代信息存在不再是间断性，而是持续性；不再是定点局部性的，而是全方面零死角覆盖的；多媒体多源头多媒介信息对注意力的刺激争夺更加激烈，将注意力变为一种稀缺资源。受众需求更加多样化，注意力更加分散化，进入注意力关注的新奇度阈值也越来越高，那些因为缺乏足够吸引力的信息很有可能因为无法找到受众而成为无效信息。所以，有人说以前是“人找信息”，现在是“信息找人”。②

“人找信息”描述的是传媒媒体时代的典型特征，自从柏拉图“洞穴寓言”以来，人类就不满足于映在洞穴墙壁上的影像，而不断为探求世界真相产生强烈的信息需求，以更好地在这个充满不确定性的世界中生存下来，在变动的人际关系中寻求更高层次的社会交往，以满足心理发展的需要，在充满迷惑的选择中获得对个人发展更有效的信息，以最大程度实现自身利益和价值。在传统媒体时代，信息传播是垂直层级式的，在信息相对稀缺的情况下，人们习惯于从传统媒体如报纸、广播和电视中寻找自身生存发展需要的信息，这些传统媒体因满足人们的信息需要而逐渐建立起自身的权威性和影响力。而“信息找人”反映的是全媒体时代的基本

---

① 李超民：《论全媒体环境下宣传思想工作的创新》，《思想理论教育》2019年第6期。

② 习近平：《加快推动媒体融合发展　构建全媒体传播格局》，《求是》2019年第6期。

特征，全媒体时代基于网络移动互联的新兴媒体与传统媒体呈现迭代趋势，新兴媒体并没有完全取代传统媒体，但影响却越来越大，各种移动新闻客户端已经成为很多人特别是年轻人的第一信息源，而且每个人都可能成为信息源。信息已经不再是稀缺资源，稀缺的反而是人们的注意力。媒介信息只有准确把握用户需求，与作为受众的人结合才能实现和持久地再生产自身的价值。商业媒体的融合发展是通过信息找到人从而实现其商业价值，而承载思想政治教育信息的价值只有实现与人的结合，尤其是与年轻受众的结合，才能实现其教育引导规范的价值。全媒体时代不同的信息需求和供给影响塑造着不同媒介的特质，每种媒介特质都会形成相对固定的受众群落、形成圈层化的集聚，信息特别是承载教育价值的信息要找到最可能多尽可能全的人，就必须准确理解和把握从“人找信息”到“信息找人”的时代特征转换。

全媒体时代新兴媒体与传统媒体融合发展，信息数据高度充裕、丰富，这改变着信息与受众的互动关系。全媒体对注意力资源的争夺和吸引，已经消解了“主体自我”和“对象他者”的界限，谁能够吸引受众的注意力，谁就是有价值的，所以，如何实现承载主流价值、承担舆论导向的信息有效地找到人，充分认识全媒体时代思想政治教育对象，应对全媒体时代的挑战是应着力思考的问题。思想政治教育者的传统话语平台和阵地能否与各种媒体在信息源头、信息内容和信息形式竞争中胜出，获取年轻受众的关注，这决定着思想政治教育的效用发生，决定着对教育对象的引导、规范和发展的价值实现。媒介技术高度融合，却出现信息无法顺利找到人的情况，探究其原因主要不外乎三个方面。第一，承载教育信息的传统主流媒体未能适应全媒体时代发展大势，未能对接受众需求变化，出现转型困难、主流发声周期较慢、多媒体平台不衔接、话语特点脱离时代化背景、话题角度选择和版式界面设计缺少变化、功能以单向传播为主较为单一等问题，导致信息吸引力下降，读者群流失，主流声音传递不出去，核心价值得不到有效传播，有价值的信息找不到人。第二，新兴媒体作为全媒体时代媒体融合的主要技术应用，其主要发展推手为商业资本，从内容上吸引更多的注意力、争夺更广泛的受众就意味着更多商业利润的回报，为此新媒体在资本推手作用下，不断向受众提供能够产生“尖叫效应”的娱乐化猎奇性消息，以刷低甚至突破伦理道德底线的碎片化信息吸引受众，挤占他们的注意力空间；从技术层面来看，新媒体基于个性化偏好进行算法推荐，容易将用户陷入“信息茧房”而屏蔽掉更多元、更有价值的信息；另一方面，全媒体时代媒体融合赋予了受众更多的功能选择，除去发展需要社会认知的有效信息获取外，社交功能凸显，每个人都成为消息来源，以地缘、亲缘、趣缘以及各种共同主体形成圈群，使舆论场一面被放大另一面却又在不断地去中心化，主流媒体的声音轻易地就会被刷屏，非理性极端化的负面言论肆意发酵，很容易演化为集群性社会焦虑，生成公共舆论危机①，为宣传思想和思想政治教育工作增加难度。第三，全媒体缺少必要的管理和引导，有价值的信息传送通道没有顺畅打通。主要体现在媒体与受众个体两个方面，一方面是对全媒体发展缺少必要的顶层设计，观念、方式、举措的更新落后于媒体融合发展的趋势，在信息传递上相较于商业媒体处于劣势；另一方面是对受众个体缺少必要的教育引导，针对全媒体时代个人身心健康发展所需要的媒介信息素养培育不够，任由本能性欲望和需求在碎片化的信息中游走释放，放弃严肃认真思考的心态与能力，关闭了接受承载重要价值信息的接收频段，最后的结果也是传递主流价值、主流声音的信息找不到应该找到的人。

二、全媒体时代受众与思想政治教育对象的相关性分析：人在哪儿，重点就在哪儿

年轻受众是全媒体时代注意力市场的消费主体，也是思想政治教育的重要和主要对象。在用户需求精准定位的全媒体融合发展趋势下，主流权威的信息传递若想准确把握用户的注意力，就要了解注意力背后的年轻群体，他们有什么样的多样化需求，这些需求又是如何通过信息化渠道实现诉求表达的，当这些问题转化纳入思想政治教育对象研究的范畴时，特别应该像新兴媒体研究受众心理那样，综合运用各种研究方法精确地为全媒体时代的思想政治教育对象画像，使思想政治教育更加具有针对性，这意味着人在哪儿，思想政治教育的重点就在哪儿。

首先，从人口学统计上来看，年龄是影响受众新闻媒介选择的重要因素。中国互联网信息中心（CNNIC）发布的第43次《中国互联网络发展状况统计报告》提供了基本的数据：截至2018年12月底，我国网民规模已达到8.29亿，其中网民以中青年群体为主，并持续向中高龄人群渗透，10—39岁群体占整体网民的67.8%，

① 李超民：《论全媒体环境下宣传思想工作的创新》，《思想理论教育》2019年第6期。

其中20—29岁年龄段的网民占比最高，达26.8%，可以说注意力市场的消费主体是生而网络的网络原住民。有学者进一步对全媒体时代的新闻受众类型进行调研，其结果显示：18—24岁的人群，对新媒体新闻最为依赖。该群体是所有年龄段人群中传统媒体型用户比例最低（4.5%），新媒体型用户比例较高（76.8%），混合新媒体型用户比例最高（79.1%）的群体①。这个调研结果具有启示意义，媒体基本的功能是新闻获得，这部分年龄段的受众与思想政治教育对象年龄分布是重合的，18—24岁正是在大学校园里的时间段，根据教育部高教司发布的数据，2018年我国高等教育毛入学率达到48.1%，这意味着大量全媒体受众是思想政治教育工作的对象。除了年龄因素，在高校思想政治教育对象研究范畴内还有两个人口统计要素值得关注，包括受教育程度和媒体使用习惯等。在受教育程度方面，学历越高，使用新媒体型和混合型新媒体的用户越多。高中以下的新媒体型用户比例为34.0%，高中（中专）为56.0%，大专为58.3%，本科为68.9%，硕士及以上为69.1%；高中以下的混合新媒体型用户比例（25.0%），明显低于平均比例（68.2%），高中（中专）为52.0%，大专为60.7%，本科为77.0%，硕士及以上为77.1%。② 由此可以推断，年轻受众无论是在高校校园求学阶段，还是毕业走向社会，更倾向于成为全媒体时代的主要受众，也是思想政治教育需要着力注意进行价值引导、培养媒介素养的重点对象。在媒介使用习惯方面，“由于媒体的多样性，以及有可能锁定特殊观众群，我们可以说这新媒体系统里，信息即媒介。亦即信息的特性会塑造媒介的特质。”③在全媒体环境下，受众面对多元化的新闻媒介选择，形成了个性化的新闻媒介使用习惯，受众的新闻信息获取已从过去固定渠道的集中，走向多平台、多屏幕的“分化”。但从另一个角度看，受众又通过使用习惯、兴趣爱好等因素，形成了新的“聚合”④，概言之，全媒体时代受众因媒介使用习惯、特定主题或机缘而形成新的分化与集中。事实上，影响新闻媒介选择的关键因素不仅仅局限于人口学要素，新闻受众类型可以根据生活方式、兴趣爱好、社会化网络交互等进行划分，找到

---

① 葛丽莎、张国良：《全媒体环境下新闻受众类型研究》，《河南社会科学》2016年第5期。

② 同上。

③ [西班牙]曼纽尔·卡斯特：《网络社会的崛起》，夏铸九译，社会科学文献出版社2000年版，第421页。

④ 黄升民、刘珊：《“大数据”背景下营销体系的解构与重构》，《现代传播（中国传媒大学学报）》2012年第11期。

这些用户类型聚集背后的影响因素和影响机制可以为全媒体新闻传播策略、媒介广告、营销策略等提供有针对性的操作依据,而这对于提高思想政治教育的针对性和实效性非常有启发,思想政治教育工作者应当了解青年使用媒体的偏好、偏好变动及其影响因素,对接他们界面友好的媒体类型,有效传递教育信息。

其次,从年轻受众的社会属性来看,全媒体时代是建立在网络技术基础上的新兴媒体与传统媒体融合,在不断融合传统媒体的过程中,也不断重构着社会关系,赋予了年轻一代新的时代特征。“人的本质不是单个人所固有的抽象物,在其现实性上,它是一切社会关系的总和。”①全媒体环境的到来,意味着一个媒介化生存时代的生成,每一个身处其中的个体都难以摆脱其带来的影响,乃至于媒介与人的关系逐渐成为全媒体时代个体社会属性的组成部分。全媒体影响受众社会关系的属性带来了一些新的问题,具体包括以下几个方面。

第一,全媒体时代年轻受众强烈的平等性诉求解构着权威性主流价值。实现与传统媒体融合的新兴媒体,主要基于网状结构的互联网,它是没有中心节点的扁平化结构,彻底颠覆了层级结构所具有的权威性。虽然在媒体融合的网络不同节点有不同的权重,但没有一个点是绝对的权威。所以互联网的技术结构决定了它的内在精神,是去中心化,是分布式,是平等的。全媒体事实上贯彻了平等的互联网原则精神,个体在各种信息面前获得了更大的选择自由和对话权利。第二,以个性化偏好抗拒全媒体信息包裹,却极易落入“信息茧房”的束缚。全媒体时代数字化信息内容全息全时海量呈现,青年大学生无法完全了解所有媒介产品,要面对信息点击之后的不确定性,在时间和精力有限的情况下,一方面受众会停留于实现基本的底层次信息需求,听由本能化的喜好厌恶和直观化的心理预期在预设的有限范围内寻找内容,从这个意义上讲全媒体塑造了偏好更加明显的个体,他们将更加丰富的内容和更加多元的观点排斥在注意力之外;另一方面年轻受众面临全媒体海量信息,会借助搜索引擎、推荐机制或社交网络等做出选择,无形中也会遭遇偏好算法织就的“信息茧房”,事实上受众的注意力轻而易举地受到了操纵②。第三,追求娱乐性新奇性诉求消解对价值意义的深度追问。全媒体时代的出现有其必然性,人们在物质文化生活水平普遍提高的基础上对自身发展所必需的信息资讯提

① 《马克思恩格斯选集》第1卷,人民出版社1995年版,第56页。

② 刘燕南:《数字时代的受众分析——〈注意力市场〉的解读与思考》,《国际新闻界》2017年第3期。

出了更高层次的要求，媒介融合顺势而生。然而在快节奏的现代都市生活背景下，传播的娱乐化倾向愈加明显，甚至出现了一种泛娱乐化的倾向，反映着年轻受众的基本心理特征。于年轻受众来说，碎片化娱乐化的信息满足了放松宣泄的心理需要，通过猎奇和消遣信息逃离现实的压力，抗拒严肃深度的价值思索；于商业媒体来说，捕捉到年轻人的心态，用碎片化娱乐化内容可以带来商业利益，虽然争取到了稀缺的注意力，却忽视了传递价值意义的社会责任，就这样，全媒体时代的受众与信息进行着不断地渗透与互构，信息塑造着受众，受众也建构着信息。认识年轻受众对象的特征新变化，是全媒体时代有针对性地做好思想政治教育工作的重要前提。

三、从全媒体时代受众全覆盖到思想政治教育效果提升：用得好是真本事

信息化技术为社会发展提供了难得的机遇，也为思想政治教育提供了便利的技术条件，然而技术是一把双刃剑，能否在全媒体时代运用好各种媒介技术，为团结人心、凝聚共识发挥积极作用，关键看如何运用、运用的效果如何。对此，习近平总书记指出："正能量是总要求，管得住是硬道理，现在还要加一条，用得好才是真本事"①。全媒体时代，信息传播以受众为核心，把握媒体融合趋势和受众基本特征有助于我们理解：人在哪儿，宣传思想工作的重点就在哪儿②；青年在哪儿，思想政治教育的对象就在哪儿。全媒体追求受众全覆盖的目标，与思想政治教育贯彻落实全员、全过程、全方位这"三全育人"的要求具有一致性，全媒体时代认识和把握年轻受众的路径方法，有助于思想政治教育对象认知研究范畴的深化，用好全媒体时代的融媒体，运用好传播学的受众分析增强对思想政治教育对象认知，顺应和借助全媒体全面覆盖受众感知觉的趋势，实现思想政治教育信息对教育对象的全覆盖。

从技术层面来分析，贯彻习总书记"用得好是真本事"的理念，就是要为全媒体时代快速发展的融媒体技术赋予价值，传递正能量，避免出现消极负面的问题，

① 习近平：《加快推动媒体融合发展　构建全媒体传播格局》，《求是》2019年第6期。

② 同上。

如果用不好技术,就会出现问题。第一,以媒体融合之全,忽视受众的个体化精细化的需要,未能实现信息的精准化投放。全媒体的传播目标并非仅仅是为了大而全。恰恰相反,它追求的是小,追求的是细分化,其基本的逻辑起点应该是信息接受的基本需求满足①。而对于思想政治教育的启发意义在于,不能以教育信息的全方位呈现来忽视对受教育对象具体的心理诉求和现实问题的解决。新时代思想政治教育在结合全媒体时代特征将受众认知与思想政治教育对象认知结合起来,将把握心理诉求和解决具体问题统一起来。第二,全媒体如果忽视受众的接受能力限度,可能出现信息泛滥而造成信息倦怠。全媒体信息的全时存在填满了受众生活空间,容易出现信息倦怠,信息倦怠可以描述为对以前持续的信息供给感到冷漠和缺乏兴趣,对信息出现某种程度的回避,回应信息反应迟钝缺乏兴奋度。思想政治教育工作者面对容易出现信息倦怠的年轻受众,应选择合适的时机,把握教育的节奏,提高信息话语的新鲜度和效用性。第三,全媒体用不好媒介融合,很可能会出现数量增加但质量下降、娱乐化功利化信息屏蔽和解构准确权威信息的问题。如果媒体融合缺乏必要管理,任由泛娱乐化倾向发展,就会挤压受众对公共议题的讨论空间,使受众放弃严肃深入的讨论,出现将个人简单趣味凌驾于公共利益之上的自私冷漠,推卸社会责任感,甚至出现精神上的虚无。努力将有价值有意义有意思的内容实现全媒体覆盖,这是全媒体时代思想政治教育的本质要求,也是面对全媒体时代培育时代新人必须具备的使命期待。

为了避免上述问题的发生,顺畅实现从全媒体信息的受众有效全覆盖到思想政治教育效果提升,就应深化思想政治教育对象的认知,妥善处理好全媒体时代的几对辩证关系,牢牢掌握住思想政治教育的话语权。

第一,鼓励充分表达与坚持舆论导向的辩证关系。全媒体时代受众的表达欲望得到了充分的满足,受众不再是单纯的信息接受者,每个人都可以发表评论、发布消息,宛若每个人面前放着一只麦克风,然而并不是每个人发布的消息都是准确和权威的,那些错误的、虚假的、歪曲的信息很容易扰乱人心,影响青年的价值观塑造。针对这样的舆论态势,思想政治教育工作者一方面要充分调动对象参与话题的热情,鼓励充分表达,增强客体的主体性;另一方面要从战略高度认识加强全媒体时代舆论主导权的极端重要性与紧迫性,必须以导向为魂,紧跟媒介革命的时代

① 姚君喜、刘春娟:《"全媒体"概念辨析》,《当代传播》2016年第6期。

潮流因势而谋、应势而动、顺势而为，主动倾听青年呼声，主动设置媒体议程，主动跟踪舆论态势走向，积极主动地引领和主导网络舆论。

第二，稳住阵地和移动优先的辩证关系。思想政治教育工作是党的优势。在不断探索积累发展的过程中，思想政治教育工作积累了一些宝贵的经验，建设了一些稳固的教育阵地，比如高校中的校报、广播台、文化橱窗展板等。然而随着全媒体时代的到来，信息传播最主要的渠道变成了移动互联网，“终端随人走、信息围人转”已经成为信息传播的新态势，互联网原住民的新一代大学生已经深刻改变了信息阅读习惯。针对全媒体时代传播技术渠道的改变特点，思想政治教育工作者既应坚持传统媒体的内涵式发展路径，又应及时研究受众信息获取新习惯，优先建设移动媒体，突破传统媒体传播的时空边界，实现传统媒体与移动平台对接，将传统阵地的显性教育与新媒体无时不在的隐性教育相结合，重点研究移动媒体的信息传播规律，优先发展基于移动平台的新闻产品，打造思想政治教育移动新品牌，形成载体多样、渠道丰富、覆盖广泛的移动传播矩阵，如此来实现通过优先发展移动来巩固和丰富传统阵地教育的内涵和存在价值。

第三，技术手段与信息内容的辩证关系。全媒体时代媒介技术发展呈现加速度态势，5G、大数据、云计算、物联网、区块链、人工智能等最先进的技术不断应用于信息传播，成为媒体创新的重要动力。然而，技术与内容共同构成了全媒体发展的关键要素，先进技术为媒体所用，最终也是为内容服务的。习近平总书记强调：“内容永远是根本，融合发展必须坚持内容为王，以内容优势赢得发展优势。”[①] 应当坚持“内容为王”，专注于内容品质质量，坚守做好内容的初心，坚持用主流核心价值理念运用和设定“算法”，使个性化定制、精确化生成、智能化推动等技术服务于内容呈现，积极推动优质内容进入全媒体媒介渠道，通过全媒体技术延伸到社会机体每个毛细血管，用有营养的精神产品塑造大学生正确的价值观念。

第四，守正传承与融合创新的辩证关系。只要个体思想政治道德素质与社会进步发展所要求的规范存在差距，思想政治教育就有其存在的价值和意义，思想政治教育的一些传统的经典理论、原则、观点和方式方法。比如，思想政治教育的本质灌输论、解决物质利益和解决思想问题相结合的原则、坚持人民中心的基本立场观点以及具体问题具体分析的方法等，依然需要很好地坚持。在全媒体时代思想

① 朱继东：《新时代党的意识形态思想研究》，人民出版社2018年版，第231页。

政治教育应当坚持守正与创新的辩证统一,主动进驻媒体融合场域,基于对受众对象的准确了解,进行教育理念创新、话语创新、形式创新、人才队伍培养创新、受众研究创新以及教育效果反馈评估机制的创新,推动加快"全媒体+思想政治教育"发展新态势。

入脑入心：大学生思想政治教育实效性研究的微观取向

——基于认知科学的范式创新[①]

杨东杰[②]

[摘　要]社会现象的复杂性要求大学生思想政治教育实效性研究朝着科学化手段和微观化取向领域发展。“入脑入心”是现实要求和理论内涵下思想政治教育实效性微观研究的逻辑起点，认知科学的引入使得“入脑入心”由定性论述转化为定量指标，提高了研究的科学性。基于认知科学的理论，大学生思想政治教育实效性研究可依托测量仪器和计算技术，在双维四象限的框架下进一步细化，通过采集“脑内”和“脑外”两类数据支撑研究内容，探索“入脑入心”的全过程。此后，认知科学的研究范式可以应用于思想政治教育各个环节的探索中，从而把握课堂规律、工作规律、成长规律，提升显性育人、隐性育人、协同育人的效果，切实提升大学生思想政治教育实效性。

[关键词]大学生思想政治教育；实效性研究；认知科学；入脑入心

“增强工作时代感和实效性”是当前大学生思想政治教育的基本原则。[③]当今

---

① 本文系2017年度教育部人文社会科学研究专项任务（中国特色社会主义理论体系研究）项目“微域网络思政教育探索与实践”（项目编号：17JD710097）、北京市社会科学基金项目暨2018年度首都大学生思想政治教育重点课题“辅导员全程全方位育人平台建设及实效性研究——基于移动学习分析技术视角”（课题编号：17KDB034、BJSZ2018ZD07）阶段成果。

② 杨东杰，中国石油大学（北京）马克思主义学院副教授。

③ 中共中央国务院：《关于加强和改进新形势下高校思想政治工作的意见》，《人民日报》2017年2月28日。

时代,社会面临深度转型,全方位、多层次的变革出现,社会现象的复杂性特征凸显,不断挑战着大学生思想政治教育的实效性。复杂性问题的解决有赖于科学化手段的运用。因此,要进一步加强和改进大学生思想政治教育,提升思想政治教育的实效性,就必须明确实效性的内涵,通过科学的研究方法和研究手段,挖掘思想政治教育的微观规律。近年来,认知科学逐渐兴起,相关技术手段日趋成熟,为思想政治教育的实效性研究提供了新范式,也为提高思想政治教育科学化水平提供了新路径。

一、"入脑入心":思想政治教育实效性研究的逻辑起点

明确研究切口和研究对象,是开展一项研究的逻辑起点。要找到思想政治教育实效性研究的逻辑起点,从根本上说,就是要明确思想政治教育实效性的内涵。结合现实要求和理论取向,"入脑入心"能够在一定程度上概括思想政治教育实效性的基本内涵,可以作为研究的逻辑起点。

(一)"入脑入心"是思想政治教育实效性研究的现实要求

党的十八大以来,党中央高度重视思想政治教育工作,先后召开全国高校思想政治工作会议、全国教育大会、学校思想政治理论课教师座谈会等系列会议,习近平总书记发表重要讲话,对思想政治教育提出要求。如在预期成效上,要"提升思想政治教育亲和力和针对性,满足学生成长发展需求和期待"①;从工作路径来看,"要遵循思想政治工作规律,遵循教书育人规律,遵循学生成长规律"②;在实施重点方面,要"找准思想认识的共同点、情感交流的共鸣点、利益关系的交汇点、化解矛盾的切入点"③等,这些论述为思想政治教育实效性提升点明了方向、指明了道路。

另一方面,当前世界各种文化交流交融频繁,各类思潮交织交锋激烈;国内社会转型历时性矛盾堆叠,共识性问题并发。复杂局势下,当代大学生作为"网生代",沉浸于多重信息、多元价值的碰撞与冲突中,极易受到不良社会思潮的裹挟而不自知,这种现象不利于思想政治教育实效性的发挥。

---

① 《习近平谈治国理政》第2卷,外文出版社2017年版,第378页。

② 同上。

③ 中共中央文献研究室:《习近平总书记重要讲话文章选编》,党建读物出版社2016年版,第432页。

在现实挑战和政策要求的双重作用下，大学生思想政治教育实效性的提升是一场“攻坚战”。为了打好这场“攻坚战”，教育部强调，“质量攻坚，要把‘到课率’‘抬头率’作为重要显性指标，把‘入脑’‘入心’作为重要隐性指标，突出‘教材、教师、教学’三个关键环节，提升学生满意度”[①]，为“入脑入心”进入大学生思想政治教育实效性研究视野提供了现实依据。

（二）“入脑入心”是思想政治教育实效性研究的理论内涵

在大学生思想政治教育实效性研究领域，学界已有不少成果，多集中在“影响因素分析”“评价体系建立”“提高途径探索”等方面，但对于思想政治教育实效性的理论内涵，目前少有提及，仅有的论述也存在一定差异，尚未达成普遍共识。如“高校思想政治教育实效性是指在高校学生思想政治教育活动中，思想政治教育的实际运作对思想政治教育目标的实现程度，即学生思想政治教育活动产生与出现正向结果的效能性”[②]；“思想政治教育的实效性，是指其实际效果同期望功能的吻合程度，即教育目标的实现程度”[③]；等等。这些论述大多从“实效性”的字面含义出发，体现了实际结果与预期目标之间的关系，但未真正反映出“思想政治教育”的本质，不能直接作为思想政治教育实效性研究的逻辑起点。

因此，要找到思想政治教育实效性的理论内涵，必须要回到对思想政治教育根本任务和预期目标的探讨。从范畴上看，思想政治教育是一项教育活动，教育的目标在于“认知”，即对外部世界的表征、本质和联系等进行了解、认识和记忆。从这个意义上说，思想政治教育的任务和目标之一就是向大学生传授思想政治的相关理论，让大学生在学习过程中将模糊的感受转化为清晰的概念，最终形成系统的知识体系。从本质上看，思想政治教育具有强烈的政治属性，体现为阶级性、灌输性、政治动员性和社会控制性。[④]这就要求教育的效果不能仅仅停留于知识记忆的层面，更要将知识内化为思想，形成相应的世界观、人生观、价值观，进而指导所期望的外在行为生成，最终实现“知行合一”。综上，大学生思想政治教育的实效性，既应包括显性知识掌握程度的评价，又应包括隐性价值内化程度的评价；既应包括

① 教育部：《高校思政课要打好质量攻坚战》，《光明日报》2017 年 4 月 21 日。

② 张文凯：《关于高校学生思想政治教育实效性的理论思考》，《湖北财经高等专科学校学报》2006 年第 2 期。

③ 陆璐：《人文关怀视野中的大学生思想政治教育实效性》，《中国高等教育》2018 年第 22 期。

④ 马福运：《正确认识思想政治教育的政治属性》，《思想理论教育》2007 年第 3 期。

感性认识形成程度的评价，又应包括理性思考成熟程度的评价；既是思想的认知，也是情感的认同；既要“入脑”，也要“入心”。

二、何为“入脑入心”：思想政治教育实效性研究的视角转换

从“入脑入心”的逻辑起点出发，思想政治教育实效性研究目前存在视角单一、实证不足等问题，难以实现研究的科学化，也难以应对思想的复杂性。将认知科学视角引入思想政治教育实效性研究领域，为探索“入脑入心”规律开辟出更加科学的研究思路。

（一）以当前视角研究“入脑入心”的局限性

尽管直接以“入脑入心”为切入点的现有研究较少，但对思想政治教育认知形成规律①、心理接受规律②、认同问题③等议题的研究也在一定程度上回答了思想政治教育实效性的相关问题。总体来看，相关研究呈现传统视角统领、定性方法主导的态势，即在思想政治教育的学科话语体系下，哲学思辨占据主流地位，对其他学科的研究视角和研究方法有所借鉴但较为有限，宏观重于微观，定性多于定量，经验总结胜过原理探究，静态描述远超动态呈现④。具体来看，逻辑思辨为主的传统视角下得出的研究成果虽理论意义较强，但由于缺乏科学事实的支撑，对思想政治教育实践的指导力度相对弱化；为数不多的实证研究以问卷调查为主要方法，在自陈式问卷填写过程中，被调查者极易根据所推测的调查方的期望，隐藏真实的意识和思想，降低了数据和结论的可信度。因此，思想政治教育实效性研究亟须引入新的视角和方法，提升研究的科学化水平。

（二）将认知科学视角引入“入脑入心”的可行性

认知科学诞生于20世纪70年代后期，是一门新兴的前沿科学，以心智和智能为研究对象，以哲学、心理学、语言学、人类学、计算机科学、神经科学为学科支撑，探索大脑信息加工的认知过程和神经机制，建立神经计算模型，以研究人类感知、

① 屈陆、戴钢书：《思想政治教育认知形成的基本规律》，《思想教育研究》2017年第1期。

② 换晓明、於天禄：《思想政治教育的心理接受规律研究》，《学校党建与思想教育》2018年第11期。

③ 赵丽涛：《复杂性视域下思想政治教育的认同问题及其出路》，《思想教育研究》2018年第6期。

④ 刘建军、朱建婷：《思想政治教育学科建设与发展研究综述》，《思想理论教育导》2009年第2期。

学习、记忆、思维、意识等人脑心智活动。[1]近十几年，该学科取得长足进步并影响着人类发展的各个重要领域，它不仅在自然科学领域有所建树，还涉及种族歧视、个性特征、暴力倾向、政治取向和自尊心等属于社会科学领域的研究主题[2]。以“入脑入心”为切入点的思想政治教育实效性研究，关心的正是大学生思想的变化过程、思想政治教育活动对大学生思想的影响过程，其本质是思想政治教育活动影响下的大学生人脑心智活动过程。因此，思想政治教育实效性的研究内容完全属于认知科学的研究范畴，使得从认知科学视角研究“入脑入心”有理可依、有据可循。

（三）基于认知科学的“入脑入心”研究进路

“认知”，是心理学中的重要概念，认知科学的起点就在心理学领域。几十年来，心理学致力于探讨心理与行为的关系，分化为新行为主义、格式塔心理学派和信息加工学派，在三大派别的影响下，认知心理学应运而生，在吸收行为主义和格式塔心理学有益成果的基础上，用信息加工过程解释人的复杂行为。而随着计算机科学、脑科学等成果的融入，起源于认知心理学的认知科学内涵更加丰富，方法更加多元，既关注外在行为与心理特征、心理过程之间的关联，又探究认知活动的神经生理基础和生理过程。因此，在认知科学的视角下，探究思想政治教育“入脑入心”的过程，即大学生面对思想政治教育的思想认知和情感认同的过程，这就等同于探究在思想政治教育活动的刺激下，大学生的学习、记忆、情绪、意识等心理过程，以及行为和生理的改变。依托认知科学，“入脑入心”不再是一个定性的概念，思想政治教育实效性也具备了更加量化的评判指标。

三、何以“入脑入心”：思想政治教育实效性研究的技术路径

在认知科学的视角下，思想政治教育实效性研究从宏观转向微观，借助这一领域的先进仪器和技术，通过开展教育实验，探究思想政治教育“入脑入心”的机制得以实现。

---

① 史忠植：《认知科学》，中国科学技术大学出版社 2008 年版，第 1 页。

② 马庆国、王小毅：《认知神经科学、神经经济学与神经管理学》，《管理世界》2006 年第 10 期。

（一）测量与计算：实验研究的多种工具

近年来，随着认知科学的蓬勃发展，相关仪器设备也日趋成熟和完善。目前，相关测量仪器按照其功能可以分为脑成像、眼动测量、行为观察、动作捕捉、表情分析、其他生理数据采集等多类，具体包括脑电成像设备、脑功能成像设备、眼动追踪设备、运动传感器、情绪识别设备，还有心电、脉搏、血氧、皮温、皮电、呼吸、肌电、压力传感器等，既能为研究者提供原始的生理信号数据，又能较为直观地呈现认知过程中各项生理指标的变化。

在这些仪器设备的运行中，生物传感技术和情感计算技术是核心，是将生理特征转化为数据信息乃至可视化图像的关键。生物传感技术使得便携式佩戴、无创伤测量成为可能，如可穿戴式的脑电、功能近红外成像、眼动仪、无线传感器等，对研究环境的要求相对较低，在理论上对被试者的生理健康没有危害，大大提升了认知研究的可行性。而在情感研究方面，情感计算技术将传感器获取的由人的情感引发的生理及行为特征信号，通过建立"情感模型"，达到感知、识别和理解人类情感变化的目的。

在这些工具技术的支撑下，以"入脑入心"为出发点的思想政治教育实效性研究可以采取不同于传统行为观察和问卷调查的实验法，能够探寻思想政治教育任务和最终成效之间的相关关系；通过实时数据的采集和分析发掘思想政治教育进行中受试者大脑和其他生理部位的瞬时变化，进一步考察教育的即时效果，更深刻地把握思想政治教育任务的刺激与大学生态度、行为改变的因果关系。

（二）认知与情感：研究内容的双维框架

思想认知和情感认同是"入脑入心"的两个层面，认知和情感是现代心理学中的两大重要概念，两者既相互独立又有所关联，是信息加工的两种进程。除此之外，信息加工还可以分为控制性加工和自动加工两类，控制性加工强调由主体主动唤起的连续加工过程，是主观意志控制的结果；自动加工过程是主体潜在的无意识的加工，通常与控制性加工平行产生，不需要主观努力，难以察觉心理能量的消耗。这两大维度通过两两组合，形成了信息加工的四个象限[①]（如下图所示）。

① Colin Camerer, George Loewenstein& Drazen Prelec: "How Neuroscience Can Inform Economics", *Journal of Economic Literature* Vol. WLIII（March 2005）。

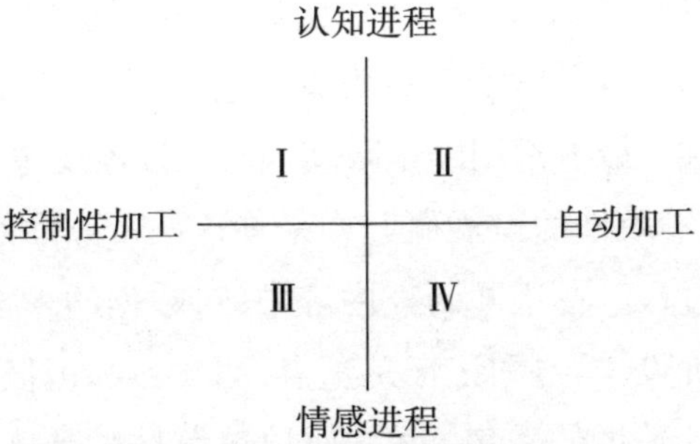

信息加工的双维四象限

象限Ⅰ是控制性认知进程，在人进行理性决策、主动学习等过程中占据主导地位；象限Ⅱ是自动加工认知进程，主要存在于认知到某一情境后作出的反射性行为；象限Ⅲ为控制性加工情感进程，通常难以被识别真伪，是由主体控制的情感体验，如假装某种情绪等；象限Ⅳ则为自动加工的情感进程，是由环境激发的真实情感。

人类的信息加工过程绝大多数可以归纳为四个象限的交互。参照此框架，在思想政治教育实效性研究中，我们可以将“入脑入心”进一步拆解为四个部分的研究内容：对应象限Ⅰ，大学生在思想政治教育中存在主动学习、记忆知识的过程，这是“入脑”的第一阶段；对应象限Ⅱ，在接受思想政治教育后，知识内化为思想观念、价值理念，大学生形成相应的思维模式和价值取向，在面对某些问题时能不假思索地作出判断或付诸行动，到达“入脑”的第二阶段；对应象限Ⅲ，由于思想政治教育具有明确的意识形态取向，大学生在掌握一定知识后能够在规定情境中作出被期望的情感呈现，这是“入心”的第一阶段；对应象限Ⅳ，大学生真正建立起了爱国之情、民族自豪感等，在面对某些事件时真实情感自然流露，“入心”进入第二阶段。综上可知，“入脑入心”由静态的结果转化为了动态的过程，并在不同的过程阶段体现为不同的特征，思想政治教育实效性的研究内容进一步丰富。

（三）“脑内”与“脑外”：数据采集的两个方面

多样化的仪器设备能够采集多类型的生理信号，生成如脑电图（EEG）、事件相关电位（ERP）、脑磁图（MEG）、功能磁共振成像（fMRI）、功能近红外成像（fNIRS）、心率变异性（HRV）、皮肤电导反应（SCR）、呼吸频率（RMP）等若干指标。认知和情感过程受大脑内部结构和功能的控制，也会引发机体的一些变化，因此，我们可以将生理信号数据分为“脑内”数据和“脑外”数据两大类。“脑内”数据呈现的是由认知过程引发的人脑血流、血氧、代谢等的电信号、磁信号或影像信号的变化，是当前认知神经科学研究最为关注的数据；“脑外”数据包括除大脑以外的一切生理信号数据，最为常用的是眼动、心率、皮电皮温、人脸情绪识别等。

在思想政治教育实效性的微观研究中采集这两个方面的数据，有助于深入了解“入脑入心”的全过程。在不同研究内容中，对数据的采集和使用应有所侧重。如在“入脑”的第一阶段，学习和记忆是重点，而学习和记忆的前提在于感知和注意，因此可以通过眼动数据的采集探索“何种教育材料或教育方式能吸引学生的注意”；在“入脑”的第二阶段，主要观察大脑在时间维度上的变化、空间维度上的活跃程度，“脑内”数据采集最为关键；针对“入心”进行研究时，我们关注学生情感体验的真实程度，既可以借助人脸情绪识别的结果，也可以通过皮电皮温、呼吸频率等与意向活动、唤醒水平和情绪反应有关的数据进行推测。

四、以何“入脑入心”：思想政治教育实效性研究的实践应用

思想政治教育是一个系统性工程，今后，基于认知科学开展的思想政治教育实效性研究可以从系统的不同环节出发，提出更具针对性的实效性提升方案。

（一）探究课堂规律，提升显性育人效果

思想政治理论课是大学生思想政治教育的主渠道，探究思想政治理论课的教学规律对教学效果提升至关重要。借助认知科学的研究手段，可以对思想政治教育课的不同教学内容、教学方法对学生认知过程产生的不同影响展开对比，以生理测量为导向的过程性评价取代考评测试为导向的结果性评价，帮助思政课教师改进教学内容的编排，完善教学手段的设计。

（二）探究工作规律，提升隐性育人效果

日常思想政治教育是大学生思想政治教育的主阵地，贯穿大学生从入学到毕业期间校园生活的方方面面。对入学教育、主题班会、团日活动、入党推优、党员培养等关键活动中大学生的认知过程进行研究，可以为教育内容、活动形式、话语技巧、培养手段等的优化提供科学依据。

（三）探究成长规律，提升协同育人效果

除主渠道和主阵地之外，在“三全育人”的格局要求下，课程育人、管理育人、服务育人也是当前研究和实践的重点和难点。通过认知科学探究当前“思政课

程”的效果，寻找将价值观教育融入各类课程的最佳切口和方式，促进各类课程与思想政治理论课同向同行；探究大学生对以后勤为代表的高校管理服务部门的态度和偏好的话语体系等，提高高校管理服务工作者应对校园舆情的语言水平和行动能力；此外，以人脸情绪分析、行为观察等为代表的认知科学技术也可应用于心理危机识别、校园安全稳定等领域。

当然，将思想政治教育实效性研究引入认知科学范式还存在很多困难和局限。第一，现有的技术手段对人复杂认知过程的反映仍然是不全面的，如人的意识、认知与情感的关系等问题还有待澄清，无法完全揭示思想政治教育中的认知规律；第二，作为认知科学常用的研究方法，实验法对假设的提出、变量的控制都有较高的要求，而思想政治教育实效性更偏向于探索性研究，且所处环境复杂，难以排除外部因素的干扰，结论的可推广性值得商榷；第三，认知科学实验研究所使用的设备较为昂贵、实施过程较为复杂、结果分析难度较大，人力物力成本巨大。面对这些问题，目前将认知科学的技术和方法应用于思想政治教育实效性的研究仅处于起步阶段，但我们相信，基于认知科学的“入脑入心”微观取向无疑是提升思想政治教育实效性的必由之路。在这一研究范式下，“以何‘入脑入心’”不再是主观思辨的问题，而思想政治教育实效性的提升也才能得到客观科学的回答。

新时代思想政治理论课教学话语的守正与创新

董　竞[1]

[摘　要]近年来,思想政治理论课教学话语出现了泛娱乐化、泛专业化和泛形式化的现象和问题,这样的课堂教学势必使思政课的教学效果大打折扣。为了提高思政课课堂的教学效果,教学话语应回归思想,回归政治,回归理论。同时要创新思政课教学话语,话语创新的基本方式是话语内容与时俱进,话语形式贴近学生,话语实践联系我国国情。

[关键词]思想政治理论课；教学话语；守正与创新

新时代高校思想政治理论课教学话语作为高校思政课教学内容的外化形式,既是开展思政课教学的重要载体和中介,也是一个超越语言和言语、承载着特定政治意图、思想内容和价值观念意义的体系,其结构和内容决定着思政课教学的成效。[2]

近年来,有些思政课堂教学为了创新而创新,为了提高所谓的抬头率、到课率,教学话语出现了泛娱乐化、泛专业化和泛形式化现象,弱化了思政课本来应当承担的功能,课堂效果也大打折扣。为了提高思政课的课堂效果,教学话语应当回归思想,回归政治,回归理论。不能为了片面迎合学生、为了所谓的"创新"而放弃了基本原则。教学话语的创新是蕴含思政核心内容的创新,离开这个核心的创新就是伪创新,课堂可能很热闹,但不一定能达到既定的教学效果。

---

① 董竞,邵阳学院马克思主义学院副教授。

② 鲍雪松:《高校思想政治理论课教学话语体系创新的基本维度》,《辽宁师范大学学报》(社会科学版)2018年第1期。

一、新时代思想政治理论课教学话语的构成

（一）话语及其功能

一般来说，话语是指言说、陈述、言谈、说话，是人与人之间以语言为媒介在特定语境中进行的交流活动，包括说话人、受话人、文本、沟通、语境等要素。但笔者认为，言语不仅是由一定的符号、概念、词句、语音、语法所构成的语言符号，同时反映了人们特定的认知、情感、意志等价值观念。

话语具有鲜明的意识形态属性，具有信息传递、思维规范和思想教化等作用。话语体系还具有意义阐释、思想凝聚、文化传承等功能。“话语之父”巴赫金认为，“话语是一种 par excellence（独特的）意识形态的现象”。话语永远都充满着意识形态或生活的内容和意义。后现代主义和批判话语分析学者米歇尔·福柯明确指出言语可以看作上述语言与言语结合而成的更丰富和复杂的具体社会形态，是指与社会权力关系相互缠绕的具体言语方式。

（二）思政话语及其特点

思想政治理论课教学话语是指思政课教师课堂教学所使用的语言、语态、概念、术语、逻辑、修辞、技术、方法等的话语表达系统，是言说内容和言说方式的有机结合，是马克思主义理论话语体系的重要组成部分。从信息论角度看，思想政治理论课教学就是教师运用语言这一媒介工具，把正确的思想观念、政治观点、道德规范等信息传递给学生，使之受到教育、获得启发、转变认知、提升素质的过程。① 思想政治理论课教学话语主要是指包括肢体语言在内的课堂教学话语体系。

思政话语在总体上具有浓郁的政治色彩、鲜明的意识形态属性、主题和叙事宏大、涉及学科多、内容宽广的特点。具体来讲有以下三点：

首先，思政话语具有思想性，这个特点揭示了思政课的课程类型，决定教学内容“教什么”（培养什么人）。思想话语指思政课教学中所运用的各种思想、学说、观点、认识和看法，具有主体性、多元性和价值性的特点。思政课教学的目的在于通过各种思想和观点比较，特别是对错误思想和观点的批判，帮助学生认识、理解和掌握正确的思想和观点，从而树立科学的世界观、人生观和价值观。

---

① 李学勇：《建高校思想政治理论课教学话语创新体系探析》，《黄河科技大学学报》2016 年第 3 期。

其次，思政话语具有政治性，这个特点揭示了思政课的课程性质，决定教学取向"为谁教"（为谁培养人）。思想政治理论课课堂话语要充分体现党和国家主流意识形态的要求，这一根本任务要求课堂话语坚持鲜明的政治性和意识形态性。政治话语是统治阶级在统治过程中使用的话语，隐含着统治阶级的价值观念和利益诉求，具有权威性、严肃性和程式化的特点。

2016年，习近平总书记在全国高校思想政治工作会议上指出，"我国高等教育肩负着培养德智体美全面发展的社会主义事业建设者和接班人的重大任务，必须坚持正确的政治方向。"高校思想政治教育承担着立德树人的责任和使命，是国家意识形态教育的主要场所，思政课本质上是为意识形态建设服务的，其本质属性是政治性。

最后，思政教学话语具有理论性，这个特点揭示了思政课的课程定位，决定教学方式"怎么教"（怎样培养人）。思政话语指思政课教学中所运用的各种概念、判断、推理，命题、原理、方法，具有逻辑性、严谨性和专业性的特点。思政课教学的政治话语，从内容而言，主要是指马克思主义和党的路线、方针、政策，主要取材于马克思主义经典著作、党和国家主要领导人著作以及党和国家的重要文献资料等；从形式而言，表现为文本话语、文献话语、文件话语、政策话语、宣传话语等。这些话语经过多年的探索，已经形成一定的理论体系。

二、新时代思想政治理论课教学话语的守正

思政课教学要根据时代特征和教学对象而不断地创新教学方法和教学形式，但创新应该是保证教学效果前提下的创新。不能为了创新而创新，为了形式而形式。新只是一种状态，而不是价值判断。创新的目的是为了更好的效果，否则这种创新就跑偏了。要推进思政课的改革创新，一定要从问题出发，要瞄准我们的短板发力，才能达到改革创新的效果，而不是把改革创新形式化、表面化。

（一）思想政治理论课教学话语要守正的原因

1. 思想淡出，网红登场，出现泛娱乐化现象和问题

"思政网红"的出现似乎让人们感到思政课教学改革也需要"拼颜值"了，那么多的"女神"占领了新媒体，通篇都是赞誉之词，思政课教师如果人人都借助新媒体，把精力用在包装自己，而不是主流价值观的传播上，谁能保证思政课不会日

渐成为一个娱乐秀场呢？社会上的“网红”靠卖萌，大学课堂上的“网红”则不能靠作秀。因为思政课不是娱乐场，更不是名利场，来不得浮躁，更容不得轻狂，社会上可以靠刷脸卖萌吃饭，思政课却需要回归思想本位。

2. 政治淡化，价值中立，出现泛专业化现象和问题

一些人认为，高校课堂主要是传授知识的场所，不应该介入价值，而应该保持“价值中立”，因而以“价值中立”的态度来上思政课；还有一些人课堂叙事的素材无可厚非，结论却巧妙地避开主旋律，以质疑大政方针、违背宪法等来收尾。立场是讲好思政课的根本，错误的立场、观点和方法比无知离真理更远。

这门课又不是单纯地传授知识，更为重要的是对学生的价值引导。因此，必须有十分明确的价值判断。在这里不存在价值中立，不能把追求客观性和价值中立混为一谈。追求客观性是必然的、当然的，但在某种意义上说价值中立则是是非不辨、善恶不分。

我们坚持什么、反对什么、倡导什么以及抵制什么应该是旗帜鲜明的。

3. 理论淡薄，花样盛行，出现泛形式化现象和问题

有些思政课堂为改变当前学生对思政课评价低的状况，吸引学生学习兴趣，提高课堂出勤率、抬头率和学生对课堂的评价分，部分教师片面追求活跃课堂活跃氛围。采用小品、话剧、微电影等形式，导致思政课形式花哨、表面热闹、课堂娱乐化，而留给学生思考阅读的时间大大减少。

我们允许课堂娱乐形式变化多样，活动丰富有趣，课堂氛围浓烈，但是这些做法不能偏离思政教育的初衷，而如果学生不再以学习马克思主义理论为课堂任务，反之，投入大量时间和精力用于排练小品、拍摄微电影等方面，则违背了教学目的。

4. 过分迎合学生，学生喜欢听什么就讲什么，完全以学生好恶为标准

思政教学话语当然要适应学生的心理特点和实际需要，但不能一味迎合学生，让学生牵着鼻子走。大学生心理还没有完全发展成熟，他们的世界观、人生观和价值观还未最终定型，所以他们喜欢听的并不一定是他们真正需要的，也不一定是主流意识形态所要求的。

思想政治理论课作为大学生思想政治教育的主渠道，是帮助大学生树立正确的世界观、人生观、价值观的重要途径。所以，在使思政课话语符合大学生的心理特点和实际需要的同时，还必须使其承担起向大学生进行马克思主义理论教育的重任。

总之,课堂教学是思政课实施和发挥影响力的主渠道,我们的课堂教学话语要守正就要回归思想,教学生成为善思之人;回归政治,教学生成为笃行之人;回归理论,教学生成为明理之人;回归梦想,教学生成为担当之人。

(二)思想政治理论课教学话语守正的路径探析

1. 纵横捭阖讲思想,让思想的光辉照亮思政课堂

思想是思政课的灵魂和精髓,思政课的生命力和魅力在于其深邃的思想性以及不可辩驳的真理内涵,缺乏思想的课堂是对思政课的亵渎,容易导致课堂趋向单调枯燥的说教,而引发学生的反感抵触情绪。

思政课的思想性包含多方面内容及要求:

一是课程本身所蕴含的深邃思想,包括马克思主义及其中国化成果的理论知识;马克思主义相关思想的补充;

二是马克思主义和中国特色社会主义相关思想形成有重要影响的思想内容及其发展,寻根溯源,继承创新。

三是充分考虑学生的思想实际,需要遵循学生思想认识形成和发展的规律,应当采用合适的教学方式,避免灌输式教育,更应避免用自己的思想覆盖取代学生的思想。

2. 旗帜鲜明讲政治,让政治成为思政教学主旋律

政治教育是思政课的主线,政治正确有如教育的生命,思政课包含着对于国家重大方针政策的解读,是一门具有浓厚政治特性和意识形态教化功能的学科课程,具有明确的政治导向以及政治使命。我们是社会主义国家,我们的大学教育是社会主义的高等教育事业,这就决定了我们在大学事务和人才培养上就有政治方向上的要求,即培养社会主义事业的建设者和接班人,而不是掘墓人和破坏者。高校普遍设立思政课是党中央的决定,是国家意志,集中体现了我国大学的社会主义政治属性。"讲政治",要求讲课过程始终遵守政治纪律和政治规矩,保证政治正确。但是,"讲政治"不只是"讲政治纪律",不只是不讲出格的话。"讲政治"要求教师站稳政治立场、提高政治站位、明确政治思想、遵守政治纪律、增强政治鉴别力,"讲政治"要以问题为导向,要用学术讲政治。

思政课这种突出的政治属性决定了思政课的建设必须遵循政治运行的规律,这体现了思政课是社会政治生活和主流意识形态一部分的特点。既然它是社会政治生活的一部分,就应该遵循政治运行的规律。政治规律不同于学术研究规律和

教育教学规律，它不是也不会站在学者或教师的角度来看问题，而是要从国家战略上、从社会的根本利害上看问题。这就要求我们每一位思政课教师要有政治眼光和政治敏感度，要有政治思维，要向马克思主义的政治家学习，要克服书生气和学校知识分子在政治上的狭隘性，要能够站在国家民族的高度，从战略上来理解思政课的性质和功能。

3. 深入浅出讲理论，用理论之“精”与“准”来说服学生

讲理论，不仅是为了消除学生对思政课的误解和排斥，让青年学生成为“明理之人”；还要把学生对马克思主义和中国特色社会主义的认识和理解建立在科学理性之上，帮助其树立科学的世界观、人生观和价值观。讲理论，要讲清楚我们党的理论的科学性。国外学者攻击马克思主义理论，说它是一种为政治服务的意识形态，而不是科学的理论。我们不否定马克思主义理论的意识形态属性、政治属性，但也要强调它是科学的，这并不矛盾。我们讲的科学，是其真理属性，我们要用科学的方法讲清楚它的真理性。因为，马克思主义的真理性，是指其对全局性的把握。

“理论只要说服人，就能掌握群众；而理论只要彻底，就能说服人”。[①]思政课需要说教，但是这一过程不是靠宗教似的说教，而是靠真理的力量，靠思想的魅力。用科学的态度、科学的方法讲述科学的理论，让学生感受到思政课理论的学术魅力，让学生感受到思政课老师的学术魅力。从思政教学任务的层面而言，“理”包含着追求理性、明白事理、热爱真理以及怀揣理想四个方面的内容。讲理论，要深入浅出，切合学生实际。只有这样，才能上好思政课。

三、新时代思想政治理论课教学话语的创新

习近平总书记强调：“推动思想政治理论课改革创新，要不断增强思政课的思想性、理论性和亲和力、针对性。”[②]要推进思政课的改革创新，一定要从问题出发，要瞄准我们的短板发力，才能达到改革创新的效果，而不是把改革创新形式化、表面化。思想政治理论课改革创新涉及方方面面，其中课堂教学话语的创新是一个

---

① 《马克思恩格斯文集》第 1 卷，人民出版社 2009 年版，第 11 页。

② 《习近平主持召开学校思想政治理论课教师座谈会　强调用新时代中国特色社会主义思想铸魂育人　贯彻党的教育方针　落实立德树人根本任务》，《人民日报》2019 年 3 月 19 日。

重要方面。

（一）话语创新的基本原则

处理好以下四方面的关系：

1. 内容和形式的关系：不能喧宾夺主

内容是事物的内在诸要素的总和；形式是内容的存在方式，是内容的结构和组织。内容和形式是辩证统一的关系。内容决定形式，形式依赖于内容，并随着内容的发展而改变；同时形式又反作用于内容，影响内容。当形式适合内容时，它对内容的发展起着有力的促进作用，反之，就起阻碍作用。所以，我们课堂话语的创新形式是服务于内容的，是为了让内容得到更好的呈现，不能喧宾夺主，以形式代替内容。把形式搞得花里胡哨，热热闹闹，结果阻碍或者不能很好地呈现内容，这种创新就有点南辕北辙了。

2. 教师和学生的关系：不能主客倒置

在课堂教学中，一般认为教师是课堂教学的主体，学生则是客体。在这对关系中，主客体两方是具有相对性的，主体是相对客体而言的主动引导一方，客体是相对主体而言的被动接受一方。尊重教师在课堂教学中的主体地位和主体性，充分发挥教育者的主导作用，不断改革思想政治教育的方法，有效地激发受教育者接受教育影响的需求和动机，使受教育者的自主性作用得到充分发挥。但在有些思想政治课的课堂教学中，进行所谓的“创新”，让学生主讲教材内容或课堂时间被安排的活动大量占用，还美其名曰要充分发挥学生的“主体性”。这其实倒置了师生的主客体地位。放弃了教师作为主体对学生的主动引导、影响作用。就学习这一过程来说，要重视教师的主体性作用，也不能忽视学生的自我发展，自主性作用。

3. 课内与课外的关系：不能主次不分

思政课堂教学是教师对学生进行思想政治教育的主渠道。教师主要是通过课堂教学的形式，向学生传授知识，培养技能。学生在校的大部分时间，也是在课堂上度过的。因此，提高教学效果的主要途径在于改进课堂教学方法，提高课堂教学效果。但是，课堂教学也有它的局限性。课堂教学面向整个班级（有时还是合班），要求对全班学生使用同一教材，按照同一进度进行教学，这就不利于因材施教，学生的主动学习精神得不到充分发挥。因此，在以课堂教学为教学的基本形式的同时，还要通过加强课外教学实践活动、校园文化建设等方式来加深对课堂教学内容的理解，毕竟这些活动对思政课堂教学起着有益的补充和辅助作用。但时下有些教师和学生把主要精力和时间放在课外实践活动和校园文化建设上，颠倒了主次关系，这就削弱了课堂教学在思想政治教育主渠道的作用。

4. 目的与手段的关系：不能相互分离

教育目的是教育主体对于其所希望达成的结果的设定。教育手段是指完成、达成教育目的的各种教育方法、教育方式的总和。目的与手段是对立统一的关系。目的决定主体活动的方式和性质，在活动过程中具有指导意义。手段是为目的服务的，手段从属于目的，在活动中采取什么手段，受目的的制约。但手段也不是消极的东西，目的的实现依赖于一定的手段。手段是目的产生的现实条件，也是保证目的实现的条件。

新时代，我国思想政治教育的目的是立德树人，培养德、智、体、美全面发展的时代新人。我们的课堂教学时间花了不少，教学手段也令人眼花缭乱，为了手段而手段，甚至以手段代替目的。从表面看课堂热闹非凡，好像效果不错。但是我们自己可以反思一下，我们实现教学目的了吗？我们实现了多少教学目的？课堂教学实践中，我们有时为了教学手段而"忽视"了教育目的，甚至"忘记"了教育目的，最终偏离了教育目的。如果实现不了教学目的，即使用最好的教学手段能有多少意义？教学手段始终是为教学目的服务的。

（二）话语创新的基本方式

1. 话语内容与时俱进

要使学生最大限度地接受思想政治教育，激发学习热情，必须要保持思政课教学话语的与时俱进。大数据时代，网络对大学生产生了巨大影响，其学习方式已经从单一的课堂学习转化为课堂与网络相结合的多样化学习模式，他们通过网络获取更多的知识信息，实现与社会大众的平等交流。如果不创新传统的思政课教学话语，那么思政课话语权就会逐渐被削弱。因此，要使思政课与时代保持同频共振，必须挖掘新话题，讲与时俱进的话，要关注本学科领域的前沿问题，引入社会热点问题和大学生关心的话题，及时了解并掌握国家的新政策、新思想，整合教学新内容，使思政课教学话语常讲常新。

任何时代都有其自身的时代特征和语境，实践在发展，理论要创新，每一次理论创新都必然伴随话语体系的创新。当前，思想政治理论课教学话语既要有国际视野也要有中国特色；既要遵循基本理论，也要紧跟学术前沿，不断创新课堂教学话语，凝练出有感召力的时代话语，让思政课教学话语更有魅力。

2. 话语形式贴近学生

教学话语贴近学生就要关注时代变迁和中国社会发展，关注大学生学习生活，关注大学生思想，让理论在生活实践中获得新的张力和活力。

每门思想政治理论课都有其既定的理论体系，有其专有范畴、原理和方法。大学生的知识水平虽高，但他们毕竟不是马克思主义理论专业出身，其专业话语与思想政治理论课话语有较大差异，为了达到思想政治理论课教学的理想效果就必须使理论表述和解读通俗化、形象化，贴近大学生认知和生活实际，这样更利于大学生接受。思想政治理论课既要体现国家立场，又要有个体关怀维度，用学生的思维方式引导学生，用学生乐于并易于接受的方式帮助学生实现精神成长、政治成熟。

如果思政教学话语过于严肃刻板、空洞乏味，这种脱离了个体真实生活世界、“不食人间烟火”的话语方式难以被受教育者接受和认可，无法贴近生活、感知生活的话语方式会使思想政治理论课失去张力和活力。思想政治理论课教学话语必须要从以前说教式话语的禁锢中解放出来，在教材理论话语的基础上再去构建生活话语。走进大学生具体的日常生活世界中，善于去感受生活的点点滴滴，帮助学生解读社会现实的时事热点、焦点问题，将其提炼为更融于生活、更通俗易懂的生活性话语，同时营造一个生活话语熟练运用的教学环境和氛围，易于学生的理解和内化，从而让说教式话语转换为生活话语，实现质的过渡。话语方式的转换应该要与当下生活世界合拍，来源于生活并回归生活，增强对生活世界的认知和叙事能力。这样的思政教学话语更贴近学生，学生更易接受，教学效果会更佳。

3. 话语实践联系中国国情

思想政治理论课教学话语应与中国的现实、民生紧密连接，只有贴近国情、民情，回应中国问题，思想政治理论课的作用才能进一步显现。联系中国国情与实际，讲好中国故事，就是要从话语内容上增强思想政治理论课与中国实际的结合。如果脱离社会现实，会使理论空泛；完全依附于现实，则会使理论失去其超越性与引导力。联系国情、民情的思政教学话语是要把说理话语与叙事话语统一起来。

思想政治理论课堂无论说什么，怎样说，都要以我国改革开放和现代化建设的实际问题、以我们中国过去做和正在做的事情为依据，着眼于思想政治理论的运用,着眼于对实际问题的理论思考,着眼于新的实践和新的发展。如果离开本国实际和时代发展空谈思想政治理论,这样的思政课堂肯定会显得空洞和枯燥。静止地孤立地研究思想政治理论,把思想政治理论同它在现实生活中的生动发展割裂开来、对立起来,这样的课堂是没有生机和活力的,也无力激起学生的共鸣,从而思想政治教育的目的也难以实现。

“八个统一”推进新时代高校思政混合式“金课”教学模式研究①

黄昭彦　唐成涛②

[摘　要]文章阐述了“金课”的概念和建设基础，提出了“八个统一”推动高校思政混合式“金课”“两性一度”建设的方法和措施：第一，高阶性：坚持政治性和学理性相统一，做好“三真”；坚持价值性和知识性相统一，做好“三变”；坚持建设性和批判性相统一，做好“三为”；坚持理论性和实践性相统一，做好“三入”。第二，创新性：坚持统一性和多样性相统一，做好“三因”；坚持主导性和主体性相统一，做好“三有”。第三，挑战度：坚持灌输性和启发性相统一，做好“三求”；坚持显性教育和隐性教育相统一，做好“三转”。

[关键词]“八个统一”；思政“金课”；混合式教学

2019年3月18日，习近平总书记主持召开学校思想政治理论课教师座谈会并发表重要讲话，站在党和国家事业发展全局的高度，深刻阐述了办好思政课的重大意义，深入分析了思政课教师的关键作用，明确提出了推动思政课改革创新的重大要求，为推进思政课建设指明了前进方向、提供了根本遵循。习近平总书记在学校思想政治理论课教师座谈会上提出，讲好新时代的思想政治理论课，必须做到“八个统一”：要坚持政治性和学理性相统一，以透彻的学理分析回应学生，以彻底

---

①　本文系2017年度广西高等教育本科教学改革工程项目“基于‘对分课堂’的高校思想政治理论课教学模式改革”（桂教高教〔2017〕32号，项目编号：2017JGA215）；2017年度广西职业教育教学改革研究项目“习近平新时代中国特色社会主义思想宣传教育融入思想政治理论课教学研究”（桂职成〔2017〕37号，项目编号：GXGZJG2017B184）的阶段性研究成果。

②　黄昭彦，桂林理工大学南宁分校副教授，基础学科部主任；唐成涛，桂林理工大学南宁分校助教。

的思想理论说服学生，用真理的强大力量引导学生；要坚持价值性和知识性相统一，寓价值观引导于知识传授之中；要坚持建设性和批判性相统一，传导主流意识形态，直面各种错误观点和思潮；要坚持理论性和实践性相统一，用科学理论培养人，重视思政课的实践性，把思政小课堂同社会大课堂结合起来，教育引导学生立鸿鹄志，做奋斗者；要坚持统一性和多样性相统一，落实教学目标、课程设置、教材使用、教学管理等方面的统一要求，又因地制宜、因时制宜、因材施教；要坚持主导性和主体性相统一，思政课教学离不开教师主导，同时要加大对学生的认知规律和接受特点的研究，发挥学生主体性作用；坚持灌输性和启发性相统一，注重启发性教育，引导学生发现问题、分析问题、思考问题，在不断启发中让学生水到渠成得出结论；要坚持显性教育和隐性教育相统一，挖掘其他课程和教学方式中蕴含的思想政治教育资源，实现全员全程全方位育人。①

一、"金课"理念的提出

2018年6月21日，时任教育部部长陈宝生在新时代全国高等学校本科教育工作会议上作题为"坚持以本为本　推进四个回归　建设中国特色、世界水平的一流本科教育"的讲话中，首次提出"金课"概念。他强调：提升大学生的学业挑战度，合理增加课程难度、拓展课程深度、扩大课程的可选择性，激发学生的学习动力和专业志趣，真正把"水课"变成有深度、有难度、有挑战度的"金课"。

2018年8月，教育部印发了《关于狠抓新时代全国高等学校本科教育工作会议精神落实的通知》（教高函〔2018〕8号），其中提出，各高校要全面梳理各门课程的教学内容，淘汰"水课"、打造"金课"，合理提升学业挑战度、增加课程难度、拓展课程深度，切实提高课程教学质量。

高教司司长吴岩在《建设中国"金课"》一文中提出，"金课"的概念可以归结为"两性一度"，分别是高阶性、创造性和挑战度。高阶性，是知识、能力、素质有机融合，培养学生解决复杂问题的综合能力和高级思维。创新性，一是课程内容要有前沿性和时代性；二是教学形式体现先进性和互动性，不是满堂灌，不是我讲你听；

① 《习近平主持召开学校思想政治理论课教师座谈会　强调用新时代中国特色社会主义思想铸魂育人　贯彻党的教育方针　落实立德树人根本任务》，《人民日报》2019年3月19日。

三是学习结果具有探究性和个性化。挑战度,是指课程一定要有一定难度。他还提出,在今后两到三年内,国家要下大力气建设五大类型“金课”:线下“金课”、线上“金课”、线上线下混合式“金课”、虚拟仿真“金课”和社会实践“金课”。①

二、新时代高校思政混合式“金课”的建设基础

(一)师资队伍培养

思政课教师队伍建设是办好思政课的关键。习近平总书记在学校思想政治理论课教师座谈会上强调:“办好思想政治理论课关键在教师,关键在发挥教师的积极性、主动性、创造性。”② 教社科函〔2019〕10号《教育部关于印发〈普通高等学校思想政治理论课教师队伍培养规划(2019—2023年)〉的通知》为思政课教师队伍培养和建设进一步明确了抓手,“专题理论轮训计划”“示范培训计划”“项目资助计划”“宣传推广计划”,途径多样、措施完善。教社科函〔2019〕9号《教育部关于印发〈普通高等学校马克思主义学院建设标准(2019年本)〉的通知》中也提出具体要求:“思想政治理论课专职教师有明确的二级学科归属和研究方向”,“以教研室为单位建立健全严格的教师试讲制度、集体备课制度、教师听课互评制度、集中命题制度等,组织教师集中研讨提问题、集中培训提素质、集中备课提质量”。思政混合式“金课”教学师资的培养,要牢记习近平总书记提出的“六个要”,紧紧依托教育部颁布的各项文件,有计划、有步骤地制订培养规划,提高思想、理论和业务素质,切实探索和创新新时代思政课教学改革工作。

(二)制订教学大纲核准和教案评价制度

教社科函〔2019〕9号《教育部关于印发〈普通高等学校马克思主义学院建设标准(2019年本)〉的通知》中提到:“具有教学大纲核准和教案评价制度,建设精彩教案、精彩课件、精彩课程资源库,实现优质教学资源共享。”“建立大学生思想政治理论课自主学习平台,广泛开展大学生自主学习活动。”教社科〔2018〕2号《教育部关于印发〈新时代高校思想政治理论课教学工作基本要求〉的通知》对研究生3门、本科5门、专科3门思政课和实践教学的学分明确作出的规定,使用马

---

① 吴岩:《建设中国“金课”》,《中国大学教学》2018年第12期。

② 《习近平主持召开学校思想政治理论课教师座谈会 强调用新时代中国特色社会主义思想铸魂育人 贯彻党的教育方针 落实立德树人根本任务》,《人民日报》2019年3月19日。

克思主义理论研究和建设工程统编的最新版思想政治理论课教材和教学大纲，成立校一级以党委书记牵头的核查工作小组，核准教学大纲的准确性和完整性，"合理安排教务"，"规范建设教研室"，"统一实行和创新集体备课形式"，"科学运用教学方法"，"强化科研支撑教学"，"健全听课指导制度"。结合思政混合式"金课"的特点，每年举办教学设计、课堂教学和课件比赛，以赛促教、以赛促评，以比赛标准要求日常，形成长效机制。

（三）线上资源的建设和共享

目前，我国上线慕课数量达到8000余门，高校学生和社会学习者选用人数突破1.4亿人次，获得慕课学分的大学生已经超过了4300万人次，可供西部高校选用的慕课超过65000门次。[①] 这是一笔宝贵的财富。思政混合式"金课"的建设要充分利用国家已有的资源，加快发展步伐。同时根据课程的特点和学生对教学层次的需要，开发内涵丰富和适于学生自主学习的本地资源，搭建学生喜闻乐见的师生互动和考核统计功能。

（四）考核评价体系的多元化

1. 教师考核评价体系建设

教社科函〔2019〕9号《教育部关于印发〈普通高等学校马克思主义学院建设标准（2019年本）〉的通知》中提到："以学生获得感为评价导向，以'有虚有实、有棱有角、有情有义、有滋有味、有己有人'为根本标准，在学生评教基础上进一步完善教师评价制度。探索实行思想政治理论课教师课堂教学退出机制。"

要形成"校外专家＋校内督导＋教研室互评＋学生评教"的多维听课评价机制，制订"竞赛获奖+课题科研+培训学分"的积分考评机制，激励优秀、鞭策落后，推动思政课教师积极投身教学改革，消除"水课"，打造"金课"。

2. 学生考核评价体系建设

充分开发和利用网络教学平台的统计功能，建立完全直观化的线上线下全过程考核评价体系，将作业、课堂互动、签到、观看音视频、章节测验、小组任务完成、访问数、讨论、专题阅读、观看和回放直播、考试、参与学校活动和竞赛表现等，由教师根据实际考核内容选择设置权重。智能化统计既能减轻教师负担，又能及时督促学生参与教学过程，并激励思政课教师注重教学设计，开发更深层次的教学内

① 吴岩：《建设中国"金课"》，《中国大学教学》2018年第12期。

容，追求师生互动、生生互动的高效性，达到思政混合式“金课”的“高阶性”“创新性”“挑战度”基本要求。

三、“八个统一”推进思政“金课”教学内容和方法研究

（一）推进“高阶性”建设

1. 坚持政治性和学理性相统一，做好“三真”

政治性是思政课的本质属性，“我国是中国共产党领导的社会主义国家，这就决定了我们的教育必须把培养社会主义建设者和接班人作为根本任务。”① 学理即学术之理，是对事物的本质的规律性认识。学理性包括对事物本质和规律的揭示，对事物的演进逻辑的表述以及认识事物的科学方法等。学理性是思政课的基础属性。思政课不是政治宣讲，思政课教师要提高政治素养，做到“真学、真懂、真讲”。作为党的理论成果最直接的解读人，思政课教师要勤于修炼内功，坚定政治立场和理想信念，用马克思主义理论和科学观点分析和解读社会事件。习近平总书记在中央党校（国家行政学院）中青年干部培训班开班式上发表重要讲话强调：“要舍得花精力，全面系统学，及时跟进学，深入思考学，联系实际学”“多思多想、学深悟透、知其然又知其所以然”“常学常新，往深里走、往实里走、往心里走”，等等。一是“真学”，思政课教师要勤于学原著、重要论著、重要讲话，感悟马克思主义理论真谛；二是“真懂”，潜心研究，入脑入心；三是“真讲”，通过结合中国共产党 98 年的历史征程和中国特色社会主义建设历程，用习近平新时代中国特色社会主义思想铸魂育人，提炼自身的政治素养和教学水平，为思政“金课”“高阶性”要求奠定理论基础。

2. 坚持价值性和知识性相统一，做好“三变”

价值性是指思想政治理论课要发挥价值引导的功能，引导大学生树立马克思主义的立场、观点、方法，坚定对马克思主义的信仰、对社会主义的信念，增强对党和政府的信任、对改革开放和中国特色社会主义现代化建设的信心。知识性是指思想政治理论课要发挥知识传授的作用，立足学科背景，结合课程教材，将系统的

① 金国峰：《思想政治理论课政治性和学理性相统一的实现路径》，《学校党建与思想教育》2019 年第 5 期。

知识内容通过教师讲授的形式向学生传递。①一是教学内容"知变",毛泽东思想、邓小平理论、"三个代表"、科学发展观、习近平新时代中国特色社会主义思想,马克思主义中国化取得了一个又一个优秀理论成果,思想政治理论课必须紧跟时代潮流,不断更新和丰富教学内容,才能有效实现价值性和知识性的统一;二是根据教育对象"应变",教学的目的是为了知识的传播、思想的传导,思政课教师应根据学生理论水平和理解程度,循序渐进地设计难度,培养学生对思政课的学习兴趣;三是教学方式"求变",《新时代高校思想政治理论课教学工作基本要求》明确了思政课实践教学的学分,这是鼓励以实践教学加深对理论知识的理解,思政课教师通过组织红色基地学习、社会实践、三下乡、扶智工程、党的知识竞赛、红色虚拟实践教学等形式多样的教学活动,培养学生的爱国主义信念。

3. 坚持建设性和批判性相统一,做好"三为"

坚持建设性,是思政课的内在属性,培养学生政治认同感,坚定"四个自信",传导主流意识形态,弘扬社会主义核心价值观,传播正能量。批判性是马克思主义理论的本质特征,要直面各种错误观点和思潮,并培养学生掌握马克思主义批判性的思维方法。"乐为、敢为、有为"②是习近平总书记对思政课教师队伍的褒扬。一是"乐为",思政课教师应具有职业荣誉感,主动积极在任何场合、任何领域坚守意识形态阵地。二是"敢为",思政课教师要坚定共产主义理想信念,敢于理直气壮地批判当代社会矛盾中出现的各种错误观点和思潮,运用马克思主义学理观点对社会问题进行科学解释。三是"有为",思政课教师应引导学生培养马克思主义批判性的思维方法,敢于正视矛盾、科学面对矛盾、正确评价矛盾,使学生能真正认识中国特色社会主义建设的发展前景,担当民族复兴大任的时代新人所承担的重担和责任,正如习近平总书记在学校思想政治理论课教师座谈会上所强调的"用真理的力量感召学生,以深厚的理论功底赢得学生"。③

4. 坚持理论性和实践性相统一,做好"三入"

思想政治理论课的理论性指向知识体系的内在逻辑性,它强调思想政治理论

① 冯刚、朱宏强:《深刻把握思想政治理论课价值性和知识性相统一的功能作用》,《思想政治课研究》2019年第2期。

② 《习近平主持召开学校思想政治理论课教师座谈会 强调用新时代中国特色社会主义思想铸魂育人 贯彻党的教育方针 落实立德树人根本任务》,《人民日报》2019年3月19日。

③ 同上。

课要以马克思主义为基石，对学生进行马克思主义基本理论及其中国化理论创新成果的理论灌输。思想政治理论课的实践性是马克思主义实践观在思想政治工作中的具体化，它强调思想政治理论课对现实的观照，对主体践行能力与行为习惯的涵养。理论性与实践性是思想政治理论课的内在属性，两者统一于思想政治理论课教学过程。①“三入”是指“问题导入—专题深入—课题融入”。“金课”的基本要求之一是“高阶性”，要将知识、能力、素质有机融合，培养学生解决复杂问题的综合能力和高级思维。在混合式教学过程中，线上布置学生阅读资料，带着问题到线下课堂讨论，教师对热点问题进行精辟剖析，将知识点凝练成专题进行深入讲解，学生就课堂感悟结合社会实际深入思考，再把问题带入课堂中。“问题导入”，注重与社会发展紧密联系，针对社会热点、焦点开发学生感兴趣的问题；“专题深入”，根据各门课程的知识逻辑框架，依据教学对象特点，搭建专题知识架构；“课题融入”，体现了教师的教学改革思想，将理论研究结果实施于教学，对学生学情进行调研分析，再对教学实施进行改革，不断修正教与学的差异点，让学生真正喜欢上思想政治理论课。

（二）推进“创新性”建设

1. 坚持统一性和多样性相统一，做好“三因”

“因事而化、因时而进、因势而新”的“三因”理念，是2016年12月习近平总书记在全国高校思想政治工作会议上的重要讲话中提出的。“三因”不仅是做好思想政治工作的重要理念，也是马克思主义与时俱进的理论品格和科学的思想方法的深刻概括。②党中央高度重视思想政治理论课建设，从“05方案”到2015年的《高等学校思想政治理论课建设标准》《普通高校思想政治理论课建设体系创新计划》，2018年的《教育部关于印发〈新时代高校思想政治理论课教学工作基本要求〉的通知》《教育部关于加强新时代高校“形势与政策”课建设的若干意见》，2019年的《普通高等学校思想政治理论课教师队伍培养规划（2019—2023年）》《普通高等学校马克思主义学院建设标准（2019年本）》，都对思想政治理论课从指导思想、基本原则、教材、学分、教学安排、教学团队、教学方法、科研支撑、考核评

① 冯刚、张欣：《深刻把握思想政治理论课理论性与实践性相统一的价值意蕴》，《新疆师范大学学报》（哲学社会科学版）2019年第5期。

② 顾海良：《因事而化　因时而进　因势而新——习近平总书记“7·26”重要讲话体现的理论品格和思想方法》，人民网，2017年9月25日。

价等方面提出了具体要求，这是统一性的具体体现。同时，习近平总书记也提出“学会辩证唯物主义和历史唯物主义，创新课堂教学，给学生深刻的学习体验，引导学生树立正确的理想信念、学会正确的思维方法。”①《新时代高校思想政治理论课教学工作基本要求》中也提到“努力实现思想政治理论课教学‘配方’先进、‘工艺’精湛、‘包装’时尚”。“金课”的基本要求之一是“创新性”，课程内容反映前沿性和时代性，教学形式体现先进性和互动性，学习结果具有探究性和个性化。“因事而化”，就是要遵循思想政治教育工作的规律，把准青年一代成长特点，将党领导中国特色社会主义建设取得的伟大成就，以身边的人和事为着眼点，用榜样的力量传播社会主义核心价值观，讲好故事的同时实现思想引领。“因时而进”，就是要应对好信息技术带来的挑战，按照教技〔2018〕6号《教育部关于印发〈教育信息化2.0行动计划〉的通知》精神，构建思政课线上线下良好的互动和学习平台，加强思政教学的信息化学习环境建设和应用水平提高，激发信息技术对思政教育的革命性影响。“因势而新”，就是要准确把握思想政治课教学发展的新形势、新成效以及未来发展变化的新趋势，不断更新教学理念，创新教学手段和方法，确保工作的针对性和有效性。

2. 坚持主导性和主体性相统一，做好“三有”

思政课教学离不开教师的主导作用，同时应遵循基本的教学规律，加大对学生的认知过程和接受特点研究，充分发挥学生的主体能动性，不断探索实现教学目的的有效途径和方法。一是教学工作要“有热情”。坚持主导性，思政课教师必须要热爱自己的教育事业，坚守“两个维护”，在教学、生活和工作中时刻洋溢出应有的职业道德和敬业精神，以饱满的热情积极投身教学活动中。二是教学引导要“有耐心”。教学研究是一项费心费力费时的工作，需要反复的测试和检验，潜心探究教学方法的可行性，琢磨学生的接受特点与反馈。三是教学过程要“有温度”。思想政治教育是心与心沟通的过程，要发挥学生的主体性作用，思政课教师要敏锐把握学生对社会焦点、热点问题的兴趣点，对理论疑难问题的困惑点，做到以理服人，以情感人。

① 《习近平主持召开学校思想政治理论课教师座谈会　强调用新时代中国特色社会主义思想铸魂育人　贯彻党的教育方针　落实立德树人根本任务》，《人民日报》2019年3月19日。

（三）推进“挑战度”建设

1. 坚持灌输性和启发性相统一，做好“三求”

灌输性是教学中常用的方法，也是理论阐释必不可少的教学方式。启发性教学主要是有针对性地提出问题，启发、引导学生独立思考、积极思维，是学生积极主动地掌握知识的一种教学方法。思想政治理论课坚持灌输性和启发性相统一，是落实立德树人根本任务的必然要求。一是“求真”。马克思主义是关于自然界、人类社会、人类思维发展的一般规律的理论体系，习近平总书记在哲学社会科学工作座谈会上的讲话中强调：“马克思主义自诞生以来就始终占据着真理和道义的制高点。”思想政治理论课教师要始终坚持用理论武装自己，领会真理的力量，用透彻的哲理解释社会矛盾中呈现的纷繁复杂的现象。二是“求实”。教师是学生的引路人，更是解惑者，体现得更多的是亦师亦友的角色，教师应该用平等交流的语气将教材语言转化为教学语言，充分调动和引导学生发现问题、思考问题和分析问题的能力。三是“求创新”。启发性的教学方法推陈出新，思政课教师可以从学生喜闻乐见的方法中挑选如翻转、对分、情境、案例研讨、微视频、辩论、演讲等教学方式充实到混合式“金课”的教学模式中，强化教学内容，构建教学环境，激发学生的学知灵感，促进学生的知行转化。

2. 坚持显性教育和隐性教育相统一，做好“三转”

教育的显性和隐性，很大程度上是针对教育实施的直观形式和呈现特点而言的。显性与隐性之分，也是在相对意义上讲的。① 一是“转变观念”。知识性的课程都是显性教育，同时又蕴含着隐性的思想政治教育，从宏观管理角度，应形成大思政教育理念，不仅应重视思政课程的主体性，还应开发课程思政的辅助体系。二是“转变作风”。思政课教师作为思想政治教育“显性课程”的主授者，应积极主动承担思政大课堂桥梁纽带作用，在日常教学、工作、生活、学习中坚持宣讲习近平新时代中国特色社会主义思想，深入课程教学共同探讨开发思政教育的着眼点。三是“转变思路”。利用混合式教学模式，各课程间可共享互为资源，并利用平台实现大数据共享，对学生的学习习惯、思想动态进行对比分析，以便于调整教学设计，将教育于无形中显现。

“八个统一”的提出，为新时代思想政治理论混合式“金课”建设指明了方法

① 杨增岽：《显性教育与隐性教育相统一的实践辩证》，《学校党建与思想教育》2019 年第 4 期。

和方向。思政课教师应坚持以马克思列宁主义、毛泽东思想、邓小平理论、“三个代表”重要思想、科学发展观、习近平新时代中国特色社会主义思想为指导,牢固树立“四个意识”,坚定“四个自信”,坚决做到“两个维护”,深入贯彻落实全国教育大会、全国高校思想政治工作会议、学校思想政治理论课教师座谈会精神,实施好教育部的各项文件要求,用习近平新时代中国特色社会主义思想铸魂育人,落实立德树人根本任务,通过践行“八个统一”,推进思政混合式“金课”教学模式改革,加快用信息技术改造传统教学、提高教学水平的进程,增加思政课程的亲和力,合理提升学业挑战度、增加课程难度、拓展课程深度,切实提高思政课程教学质量,提升思政课在学生心目中的效益感和幸福感,增强思政课教师的教学获得感,努力培养担当民族复兴大任的时代新人。

形式与技术："互联网 +"条件下马克思主义理论教育的创新实践与反思①

闻 竞 赵 萌②

[摘　要]马克思主义理论对人类社会的发展起着至关重要的指导作用。自党的十八大以来，互联网教育模式成为热点，给马克思主义理论教育带来了一系列的机遇与挑战。在互联网迅速发展的时代背景下，高校必须转变教育观念、创新教育形式、革新技术手段。因此，本文主要从五个方面进行论述，探究当前的研究现状和互联网时代下马克思主义理论教育形式技术创新的必要性、充分性以及主要方向，并结合实际提出了三个问题：即互联网是人的工具，还是人成为互联网的奴隶？形式与技术为王，还是内容为王？船过水无痕，还是烙印在心头？并对此分别进行论述与总结，从而推动马克思主义理论教育在互联网时代下更好地发展与传播。

[关键词]互联网 +；马克思主义理论教育；形式创新

当今时代是互联网的时代，各行各业都十分重视对互联网技术的合理应用，对于马克思主义理论教育而言也不例外。2015 年 5 月 23 日，国际教育信息化大会在中国青岛开幕，习近平总书记向大会发了贺信，他指出："当今世界，科技进步日新月异，互联网、云计算、大数据等现代信息技术深刻改变着人类的思维、生产、生

① 本文系 2017 年国家社会科学基金项目"互联网 + 马克思主义理论教育创新研究"（课题号：17BKS138）的阶段性成果；2018 年度河北农业大学党建理论研究一般课题"大学生思想政治教育的创新与实践研究"（课题号：DJ20180205）的成果。

② 闻竞，河北农业大学马克思主义学院副教授、形势与政策教研室主任，中国社会科学院大学（研究生院）博士研究生；赵萌，河北农业大学马克思主义学院硕士研究生。

活、学习方式,深刻展示了世界发展的前景。”马克思主义理论教育若想得到更好的发展与创新,势必要与互联网相结合,“互联网+马克思主义理论教育”的模式已成为新时代下加强马克思主义理论教育的大势所趋。

一、党的十八大以来“互联网+马克思主义理论教育”的新发展

(一)党中央高度重视,教育部等部门大力支持,教育形势与创新环境优渥

随着时代的发展,教育在国计民生中的重要性不断提高,教育水平是衡量一个国家是否强大的重要依据。习近平总书记在十九大报告中强调“要优先发展教育事业,建设教育强国是中华民族伟大复兴的基础工程,必须把教育事业放在优先位置,加快教育现代化,办好人民满意的教育。”① 而随着科技革命的突飞猛进,互联网与教育领域的发展相融合,极大地推动了教育事业的进步,这已成为不可阻挡的时代潮流。近年来,《“十三五”国家信息化规划》《国家教育事业发展“十三五”规划》等有关规划密集出台,互联网教育正迎来重大历史发展机遇。

(二)教育理念逐步转变,教育改革与创新的氛围浓厚

坚持“以人为本,推进素质教育”是教育改革发展的战略主题。党的十八大以来,我国政府对教育改革的步伐依然向前推进,教育部在十二届全国人大五次会议的第7869号建议的答复中指出:“近年来,教育部高度重视现代信息技术在推进教育改革发展中的功能作用,认真推进互联网教育,完善相关制度举措。”②教育改革的一系列相关政策文件为高校教育体制改革、教育理念转变、教育形式创新提供了良好的社会外部环境。转变和创新马克思主义理论教育教学理念,树立“以人为本”“全面发展”“立德树人”“因材施教”“终身学习”等科学理念,是实现高校大学生马克思主义理论教育教学方法现代化、科学性的前提和基础。

(三)教育形式多样化的探索稳步前行

社会的进步促使我国的教育形式也越来越多样化。从我国教育发展的历史进程来看,可以分为传统教育形式、民主管理的教育形式、重视学生主体性的教育形式和多媒体教育形式等。一直以来,传统教育形式占据主导地位,传统的教育形式

---

① 《优先发展教育事业》,人民网,2018年1月8日。

② 《教育部对十二届全国人大五次会议第7869号建议的答复》,中国政府网,2017年9月21日。

以教为主，主要关注教师是否把知识传输给了学生，而忽视了学生是否真的掌握了知识。随着“互联网+”的发展，运用多媒体、互联网等方式对学生进行教育，也成为一大热门教育形式。多媒体教育形式的出现，使学习不再只拘泥于课堂，提高了学生学习的灵活性。党的十八大以来，我国不断致力于课程改革，教育形式得到丰富和发展。

（四）教育技术信息化的尝试方兴未艾

信息技术的飞速发展，使计算机、网络、电子书、手机等电子产物被广泛应用于社会生产和生活领域。在教育领域，信息时代的到来也使网络教育快速兴起，学校网络环境不断改善。据统计，截至2017年末，我国教育信息化市场规模已经达到1600亿元左右。网络云课堂、电子书包、电子双板、微课堂、MOOC、翻转课堂等前沿性教育技术媒体的使用，成为课堂教学的有力支援。[①] 而马克思主义理论教学课堂也呈现出信息化、智能化、多元化等趋势。教育技术信息化的尝试不断更新，比如，各大高校运用现代教育理论和技术，通过网络课堂进行远程教学，传播马克思主义理论，打破时空的限制，不同水平的学生可以根据自己的需要选择不同的教师，在自己合适的时间段内进行学习，学生的学习更具有自主性、自发性，教学内容得到了极大丰富，实现了教育资源共享。或是利用模拟教学的形式让学生置身于马克思的时代，体会马克思主义理论体系的形成和发展过程。模拟教学是一种新型的教学方法，通过运用一系列的高科技手段让学生感受到平时在现实中难以触及的情景，给学生更深刻的感受和体验，使学生仿佛置身其中，从而达到更好的教学效果，提高教学水平。[②] 当学生置身于虚拟情景中时，更容易调动自身的情绪、注意力和兴趣，让马克思主义的理论和概念更加鲜活、更易理解，从而有效地突破教学难点。

二、互联网时代马克思主义理论教育形式创新

（一）教育形式持续创新的必要性

教育形式创新的实质是通过创新教育传播的形式来实现教学内容更高效率

① 刘喆：《试论大学生马克思主义理论教育的现代技术境遇》，《黑河学刊》2015年第9期。

② 龚花兰：《网络环境下“教学做一体化”教学模式中交互控制策略》，《电脑学习》2009年第4期。

地被学生汲取。其主要目的不仅仅是浅层意义上的为了使教育的形式与时俱进，更是为了创新人才的高效培养。教育形式之所以要进行创新，是由于当前的教育形式存在某些落后与不足之处。就教学内容而言，目前我国高校文史类的大部分专业还是主要以理论为主、脱离实际，教师只负责把相关知识通过口述、板书、PPT等传统的方式传授给学生，至于学生掌握的如何，也仅是以期末考试成绩来作为标准。这就导致我国高校目前培养的大学生普遍缺乏创新性，创新精神、创新能力严重不足。大多数学生依旧没有实质上的提升，步入社会后出现了理论知识不扎实、实践能力无基础的尴尬局面。

（二）教育形式持续创新的充分性

改革开放40多年来，经过几代领导集体的不懈努力，我国的综合国力得到质的飞跃。经济、文化、科技、民生都有了很大改善，教育也有了很大的发展。教育形式为什么能够实现创新，笔者认为主要有以下几个方面的原因：第一，教育经费的稳增，高等教育的普及。教育部规划司司长刘昌亚在2017年主题为"从数据看党的十八大以来我国教育改革发展"的教育部新闻发布会上，为我们提供了2012年至2016年五年间的教育大数据。国家财政性教育经费占GDP的比例连续五年超过4%。[①] 2016年，全国共有高等学校2880所，比2012年增加90所，其中普通高校2596所。[②] 我国高等教育学生的在校人数已经占到世界份额的20%，已经成为世界排名第一的高等教育大国。[③] 第二，社会环境的支持。"一方水土养一方人""时势造英雄"说的就是这个道理。当前我国正处在一个不断改革不断创新的社会大氛围下，无论是政府还是新闻媒体都在宣扬创新的重要性，我国已经进入一个万众创新的时代。这种社会环境对于教育形式的创新来说，无疑如虎添翼。第三，科学技术的进步。互联网经过几十年的飞速发展，几乎颠覆了上一代人的传统观念。20世纪，大多数的教育形式无非就是板书。教师的教育形式除了课内教授便是课外活动实践，教师没有多余的新鲜的教学方式。但随着互联网时代的到来，大数据的应用到如今"智能+"的腾空出世，这都为教育形式创新提供了无限的可能。

① 《介绍从数据看党的十八大以来我国教育改革发展有关情况》，政府网，2017年9月28日。

② 郝磊：《基层就业政策对促进大学生就业的有效性研究》，《无锡商业职业技术学院学报》2016年第1期。

③ 《质变中的高等教育》，搜狐网，2017年10月20日。

（三）当前马克思主义理论教育形式创新的主要方向

当前，经济全球化和世界多极化趋势不断加强，以新媒体为代表的新科技革命日新月异，中西方在意识形态领域的竞争也越发激烈。现阶段，建设中国特色社会主义的主要任务是实现“两个一百年”奋斗目标、实现中华民族伟大复兴中国梦。针对国际形势的深刻变化和中国特色社会主义伟大实践的深入推进，不断创新马克思主义理论教育形式，将马克思主义理论教育与“互联网 +”相结合，实现马克思主义理论教育教学方法的现代化和科学性统一，从而迎合时代潮流、彰显时代特色。在大数据的时代背景下，网络化、信息化也为马克思主义理论的教学和传播带来了极大的便利，很好地提升了教学效果，“互联网 +”的教育创新已成为不可逆转的发展趋势。

三、互联网时代马克思主义理论教育技术革新

（一）教育技术革新的物质条件

马克思主义的辩证唯物主义哲学强调物质性，物质是决定意识的，物质条件对科学文化教育事业具有重要的影响。要想更好地发展马克思主义理论教育就不能忽视教育技术革新的重要性，而教育技术的革新很大程度上又依赖于互联网的技术革新。当今社会随着互联网技术的成熟，互联网在教育领域的应用越发广泛。例如，现在教室里普遍都安装的监控摄像头，其主要目的就是监视学生们是否在认真学习听讲，学校利用技术手段更大程度上克服了人类固有的惰性心理，即便老师不在班内监督学生，学生也不敢扰乱课堂纪律，从而可以在一定程度上认真学习，提高了学习质量。又如通信领域，每个班级都通过微信、QQ 建立起了属于自己班级的“家长群”，老师可以及时反映学生在学校的学习情况，以方便老师和家长双方共同督促学生学习，实现了信息的高效互通，在一定程度上降低了教育成本。

当前，我国的互联网发展迅速，成果喜人。国家要求降费提速、社会自媒体各式各样便利的功能，给“互联网 + 教育”创造了良好的土壤。各式各样的网上公开课和学习软件，让学生共享优质教育资源、提高学习效率，主打问答的“知乎”“百度知道”等都是通过互联网的发展促进教育技术不断革新的成果。

（二）教育技术革新的精神需求

对于成长在 21 世纪下的“90 后”“00 后”而言，网络已经成为他们生活中不

可或缺的一部分,而且是很大的一部分。根据最新发布的《中国互联网络发展状况统计报告》,到 2018 年 6 月,我国的网民数量已达到 8.02 亿人,互联网普及率为 57.7%,我国手机网民规模达到了 7.88 亿,占据了网民数量的 98.25%。这表明,我国大学生基本上是人人一部手机,甚至大部分大学生还拥有其他的网络终端电子设备,他们时时刻刻都保持网上“在线”状态。社交、查询资料、看电影、听音乐占据了他们大部分课余生活。在教育学习方面,学生们可以在网上练习英语听力,备战各种英文考试;观看各种教育机构的在线教育视频,备战考研、公考;通过社交软件运用语音视频讨论课题;利用各种检索引擎查阅自己想知道的任何知识。他们对网络的依赖已经深深烙印在他们心中,如“不懂的问度娘”“没事百度一下”都充分展现了网络给普及知识带来的无穷便利,大大降低了教育成本。

(三)当前马克思主义理论教育技术创新的典型模式

当前马克思主义理论教育技术创新的典型模式有“超星学习通”“在线课堂”“中成智慧课堂”等。这些 APP 各有特色,“超星学习通”是国内一款很好的传播知识与管理分享的平台,它充分利用超星多年来累积的丰富的书籍、期刊、报纸与音频等资料,同时将知识管理、课堂学习和专题创作合为一体,为读者提供优越的学习平台和工作环境。“学堂在线”是由清华大学研发的中文 MOOC(大规模开放在线课程,简称慕课)平台,自正式启动以来,为全球学习者提供了大量的在线课程。学生可以自由地选择时间和地点通过网络进行在线学习并参与社区讨论,发表自己的观点,系统还会根据听课进度及学习情况给出课后练习及评分;[①]教师也可以在平台上传视频、为学生提供课程及练习题,并能通过大数据分析平台及时查看教学反馈情况。“中成智慧课堂”是集合中国顶尖高校师生联合研制的课堂互动软件。功能设定、研发定位等教学领域全部由目前在职高校专业教师作为主导力量,信息技术、代码开发、产品架构、网络建设等技术领域由中成科技专业技术团队负责,两个集体紧密配合。“中成智慧课堂”可以通过手机网页、微信、APP 来操纵电脑大屏幕端的数据同步展示。受众通过手机扫描二维码的方式快速参与问答互动、数据分享、微课件 PPT 的浏览,操作简单易学。

此类软件的研发和应用可以更好地辅助高校开展马克思主义理论教育和教学工作,提高课堂效率,便利师生在线实时互动,为学生提供了更有效率和更为弹性

① 胡雨:《“慕课”在高校思想政治理论课中的实践与创新》,《宜宾学院学报》2015 年第 8 期。

的学习方式,学生可以充分利用并结合线上线下学习的不同特点,提升自主学习的积极性和学习效果。

四、有待思考的三个问题：马克思主义理论教育形式与技术创新的前景与期待

（一）互联网是人的工具,还是人成为互联网的奴隶?

互联网教学的发展,很大程度上解决了以前我国在教学上面临的许多困境,如教学资源匮乏、教学形式单一、教师负担过重等。因此,互联网教学的出现很快受到大众的接受和认可,它不仅激发了学生的学习兴趣,也为老师如何设计课件、讲授课程提供了很大的便利。但是,不可否认的是,互联网教学发展至今也出现了一些不利影响,尤其是过度依赖互联网教学。过度依赖互联网会抹杀教师和学生的想象力与创新能力,让学生缺少实践经验。因此,在互联网时代,马克思主义理论教育的发展既要符合时代发展潮流,也要避免过度依赖互联网教学的情况发生。

一方面,要加强教师队伍建设。教师应提高自身的专业素养和综合能力,具有创新思维,在利用互联网资源教学过程中,充分考虑学生的差异性和主体性,以学生为中心展开教学。合理借鉴网络资源,在设计课件及教学内容时应充分结合自身的教学目标,而不是对网络资源照搬照抄。另一方面,要培养学生的实践能力。网上授课方式的普及,让学生的学习时间更富有弹性,因此很有可能造成学生不认真听课、不认真记笔记的现象,认为自己不会的知识网上都有答案,没有必要再做探究。学生对网络课程的学习也不深入,往往觉得自己在课上听懂了,但课下实践操作时却困难重重。因此,要培养学生的实践能力,对于马克思主义理论的学习,既要利用网络资源学习,也要坚持阅读经典著作,认真思考并记笔记。结合实践,探索新问题、新方法,将马克思主义理论与实践相结合,加强自身对知识的理解能力和掌握能力。

（二）形式与技术为王,还是内容为王?

马克思主义理论教育的形式技术与教育内容之间的关系,我们可以运用辩证的思维来看待,马克思主义理论教育这一“事物”的发展是在教育形式、技术和内容的互动中前进的,两者对于马克思主义理论的作用都很重要。只是就目前形式

而言,教育形式与技术是"事物"发展的主要矛盾,处于支配位置;教育内容是"事物"发展的次要矛盾,处于次要的位置。马克思主义自19世纪末传入中国,20世纪初得到初步传播以来,随着一代代共产党人的不懈努力,在中国这片红色土地上形成了具有中国特色的社会主义理论。纵观我国当前对思想政治教育的重视程度,从小学、初中、高中再到大学,学生的思想政治教育始终是重要的一门学科,随着时代的发展,马克思主义理论的教学内容也是革故鼎新、与时俱进。因此,在目前来看,教育内容是马克思主义理论教育的次要矛盾。当今时代,科学技术飞速发展,各行各业都处在这个万物相连的互联互通时代,都离不开互联网而独立存在,因为事物是存在普遍联系的。但科技的实际应用情况落后于技术的发展,就马克思主义理论教育而言,虽然当前把互联网技术与教育相结合的较好例子也有,但这仍是少数,如何利用好互联网的优势来促进马克思主义理论教育的更好传播,才是当务之急,才是主要矛盾。如果我们用发展的眼光来看待马克思主义理论教育的形式技术和教育内容这两者之间关系,教育内容才是根本,无论我们怎么发展创新教育形式和教育技术,最终的目的还是为了教育内容更好传播,如果我们把教育形式和技术发展得很好,但没有优质的教学内容,或是不符合时代发展的教育理念以及不正确的教学观念,马克思主义理论教育难免会事倍功半,或是做"无用功"。

(三)船过水无痕,还是烙印在心头?

教育的最终目的是育人,实现自我的提升,给人树立正确的价值观。因此,"互联网 +"条件下马克思主义理论教育的效果,必须要实现"烙印在心头"。但是,互联网教育存在它的弊端:互联网教育具有灵活性,学生可以随时随地学习,这也造成了互联网教育缺乏有效监管,学生是否学了?是否认真学了?如何掌握学生的学习效果?这些都是互联网教育模式难以逾越的鸿沟。同时,人是具有群居性、社会性的物种,互联网教育模式弱化人类之间的正常交流,让人们长期处于虚拟状态。对着电子产品进行单向性的知识学习,会造成学生缺乏与同学、老师之间的真实交流,导致教育效果不佳。此外,人类还具有习惯性,对于互联网教育模式的适应需要一个过程,学生已经习惯了传统授课方式,新颖的互联网教育模式的教育效果反而没有传统的教育方式好,因此,互联网教育模式或许更加适用于那些习惯了网络教育的新一代学生。综上所述,互联网教育要想实现"烙印在心头"的教学效果,至少要解决以上三个难题。这就需要在研究开发互联网教育形式技术的同时,重视起这些相关问题。

五、结　语

“互联网 +”条件下马克思主义理论教育的技术与手段创新并非可以一蹴而就，这也许是一个漫长的过程，但也不能就此气馁。当今时代是互联网的时代，我们必须要进行教育形式的改革与创新，不能因噎废食。无论是互联网技术飞速发展的时代条件，还是我国政府不断重视、不断改革的政策导向，这都为“互联网 +”条件下马克思主义理论教育技术手段的创新提供了良好的孕育环境和发展空间。发展并创新互联网教育，首先必须要正视互联网教育，不能让人沦为互联网的奴隶，而是要合理利用互联网，使其成为我们人类的工具；同时加强师资队伍建设，培养学生实践能力，不能让新颖的互联网教育模式沦为和传统教育模式一样，只注重一味的灌输知识，而不注重学生学后的实践能力。对于技术为王还是内容为王这一话题，需要我们辩证地看待，短期而言，互联网教育的技术问题处于支配地位，但以发展的眼光来看，教学内容的质量才是真正的王道。此外，在发展互联网教育的技术和手段时，要重视解决互联网教育模式本身存在的弊端，至少要解决本文提出的三个问题，只有这样，我们才能实现“互联网 +”条件下马克思主义教育“烙印在心头”的教育效果。

法治文化视域下的思想政治教育法治化研究[①]

武兰芳[②]

［**摘　要**］法治文化具有一种强大而特殊的渗透力，对思想政治教育创新发展有着巨大的影响。注重依靠法治手段来促进和优化思想政治教育，是新时期思想政治教育与时俱进和创新发展的重要标志。目前，我国思想政治教育法治化还存在着许多方面的问题，还不能适应我国深化政治、经济、文化改革发展的需要。因此，我们有必要遵循思想政治教育的自身规律，从主体、内容、方法、运行机制和保障机制等方面，多维度、多路径统筹推进思想政治教育的法治化进程，助力中华民族伟大复兴早日圆梦。

［**关键词**］法治文化；思想政治教育；法治化

法治是一种国家运作模式，也是一种社会生活方式。法治文化本身就体现了一种人民意志，它适应了社会发展要求和民众的根本利益，已经成为被民众广泛接受的调整社会生活的基本规范。法治社会促使人们逐渐形成法律至上的理念，使社会处于一种法治化的运行状态。同时，法治文化还指引人们树立信仰法律的意识，再通过民众参与法治活动，使公众切实感受到法治带来的益处，民众对我国社会主义法治产生认同感和崇尚感，从而形成大众自觉学法尊法用法护法的社会氛围，为实现法治信仰奠定了坚实的民众基础。

法治教育作为思想政治教育的重要组成部分，已成为新时代立体化育人体系不可或缺的一大支柱。而法治文化作为一种观念意识和行为准则，具有一种特殊

① 本文系北京高校中国特色社会主义理论研究协同创新中心（北京大学）研究项目的阶段性成果。

② 武兰芳，华北电力大学马克思主义学院副教授。

的渗透力量,是思想政治教育的一股巨大推动力。所以,新时代法治文化视域下如何推进思想政治教育的创新也成为一个值得研究的课题。

一、法治文化在思想政治教育中的意义

法治文化是由一定社会的市场经济基础和民主政治所决定,追求公正价值取向,制定完备的法律规范制度,建设完善的法律设施,并内化于人们的思想观念以及行为方式中,以规范国家机关的公权力,保障公民合法权益为核心内容的一种理性的法文化状态。广义的法治文化,既包括法律规范、法律制度和法律组织机构设施等制度层面的内容,也包括人们对法律的思想、法治理论、法律意识、感情、信仰等精神方面的内容。法治文化是属于所有社会成员的一种"共同观念",是一种集体认同,它用潜移默化的方式释放出强大的凝聚力,是团结人民、推动社会法治建设、推进全面建设小康社会的强有力的精神文化力量。① 法治文化作为文化的一种特殊形态,具有先进性、广泛性、开放性、理性化等特点。

当前,法治文化成为国家软实力的一种显著表现。当前,法治文化是全球意识形态的重要组成部分,是现代国家和社会一致追求的目标,也是现代政府的常规治理方式。人们崇尚法治、推行法治,法治化治理是最有效率的治理形态,它以理性的方式,为广泛而复杂的社会生活提供了可预期性,减少摩擦、降低交易成本、增进治理效率;法治化治理可以兼顾人类发展的短期目标和长期目标,促进政治、经济、文化与社会的协调发展,并通过调解生态环境和代际发展间的关系,保证发展的可持续性;还因为在利益分化、观念价值多元化的状况下,法治化治理已被证明是整合社会秩序的最有效的手段。② 在当今复杂、充满竞争的世界里,法治文化是影响一个国家和社会竞争力的重要因素。在国际竞争中,中国特色社会主义法治文化不仅仅是一种制度框架,更是中国品牌,是展现中国形象、展示中国力量的一种无形资源。

(一)法治文化可以提升民族凝聚力,是思想政治教育的重要资源

民族凝聚力是一个国家或民族的精神支柱,而民族精神是一个民族的灵魂,是

① 苏力:《法治及其本土资源》,中国政法大学出版社1996年版,第5页。

② 张志明:《浅析国家软实力》,《法制日报》2007年1月7日。

在中国传统文化基础上产生的民族意识和民族情感，它对塑造民族品格和风貌，对增强民族凝聚力、向心力的作用不可估量。在商业大潮的激荡和洗礼中，我们必须对传统文化的优秀成分进行认真的挖掘、整理，并结合新时代予以新的阐释，从而更加坚定地树立起民族文化的旗帜，激发人民大众的民族自尊心、自信心和自豪感，使中华民族永远屹立于世界民族之林。

我们应该看到，汉文化中的重德崇仁思想，对于多民族国家的统一、延续，在熔铸中华民族伟大精神的过程中都发挥了不可替代的作用，它引导各民族把冲突、战争化解为长远的和平与融通，增强了巨大的民族团结和凝聚作用。法治文化置身于一国总体文化之中，在应用和实践中必定有着自己的民族特色，形成一种凝聚力和感染力。当今世界是一个经济全球化、政治多极化、文化多元化的世界，一个国家能否具有强大的民族凝聚力已成为其国家软实力强弱的关键，一个国家有无强大的民族精神也已成为该国国际竞争力大小的重要因素。按照社会主义法治理念，其法治应该是包含民主、自由、平等、人权、文明、秩序和效益等思想的完美结合。这样的法治文化，能将社会生活和社会关系的基本方面纳入法律的轨道，促进社会公平、社会有序和社会进步，最终形成一股强大的民族凝聚力，为国家软实力的提升创造良好的社会环境，为民族振兴、国家繁荣提供重要的支撑。[①] 法治文化深深扎根于中华沃土，具有鲜明的民族风格、中国特色，具有独特的个性和独立的品格。法治文化所表现出来的民族凝聚力是人类智慧的结晶，是人类文明的宝贵财富，是思想政治教育不可或缺的重要资源。

（二）法治文化彰显文化吸引力，是思想政治教育的重要动力

法治文化是文化的核心因素，在一切文化形态中，法治文化具有关键的作用。这种作用体现在：一方面，法治文化相对于其他文化而言，处于一种支配地位。这种支配地位是由宪法和法律的权威性所决定的。宪法和法律是社会主体行为的最高准则，其他一切文化形态，都应当与体现宪法和法律权威的法治文化保持一致，并将其作为各种文化形态共同推崇的理念。另一方面，法治文化能够从文化上为其他文化形态提供保障、动力或构成其他文化形态的内容。[②] 法律制度、法律组织机构等是建设法治国家的基础，而驱动一个国家民主法治进程的动力，是该国社

① 居黎东：《文化与国家形象、国际影响力》，《当代世界》2005 年第 12 期。

② 赵学昌：《试论法治文化的培育》，《当代教育论坛》2007 年第 13 期。

会成员的法治意识，是人们对法律理性的认识和认真的思考，并最终表现为一种对法律的遵从，这是强调法治文化的观念形态的意义；同时，法治文化具有普遍性，法治文化具有建设法治国家“文化背景”的作用，法治文化成为一个国家社会成员普遍的精神情感认同，为一国实力的增强提供强大的精神动力，这就使法治文化的研究具有了文化吸引力的关键意义。在全面依法治国的方略下，提出社会主义法治文化建设的重大课题，强调树立社会主义法治理念，弘扬法治精神，加强公民法治观念教育等，无论是对法治建设，还是对社会主义文化的大发展和大繁荣都具有重大的意义，都要求重视和加强法治文化建设和宣传教育，这就说明法治文化是体现文化吸引力的一大关键因素，以及它在整个文化强国战略中所起的作用和重要意义。

（三）法治文化将法律约束转化为法治崇尚，是思想政治教育的重要方式

法治文化作为一种思想意识形态，对社会执法、守法、护法起着主导作用，尤其在法治现代化进程中，法的正确实施，有赖于法治文化的启蒙。人们的社会行为总是要接受法律的约束，法治文化作为一种推动力可以使人们在更深层次上把握法律的要求，将法律约束转化为法治崇尚。权利与义务相统一的观念，在法治文化中应当居于主导地位，法律面前人人平等是社会成员法律认知的核心。尊重和保障人权已成为人们普遍的观念，在尊重人权的观念模式中，还包含着对公权力的监督制约，国家有义务尊重和保障人权，为充分实现人权创造社会环境和必要条件。我们都知道，公民社会是由政治的、经济的、文化的、宗教的等自主性机构组成的一套网络系统，作为公民自我管理、自我实现的组织方式。它主要通过非政府组织、社会舆论、大众媒体等渠道约束政府，作为一种外在力量，公民社会的成长与成熟对公权力是有约束力的。公民社会的这种作用方式必然会提升公民对法治的崇尚意识，进而更加有利于公权力的运行。①

总之，法治文化在整合社会力量、规范社会行为、维持社会秩序等方面发挥着强大的功能，为建设中国特色社会主义法治国家、实现中华民族伟大复兴提供强大的精神动力和智力支持，对思想政治教育有着重大影响。

① 汪晓萍：《法治文化是政府实现和谐管理的核心文化》，《理论导报》2006年第8期。

二、法治文化视域下的思想政治教育法治化

思想政治教育其实是一项教育实践活动。思想政治教育只有实现理论指导与实践活动相结合,才能收到理论原则与人们言行相统一的效果,这样才能有效解决人们思想政治方面的种种问题。新时代的思想政治教育工作,仍处于依法治国的环境中,必须通过自主性的工作把依法治国的理念转化为社会成员共同认同的一般准则,同时要求思想政治工作通过本身的法治化发展,与时代精神相结合,才能更好地实现社会发展目标。可见,思想政治教育法治化是把法治精神与法治原则贯穿到政治、经济、科技、文化、生态、社会生活等多个层面的思想政治教育中。它不是在简单程式化地套用法治概念,而是符合并顺应了人类法治文明发展的潮流,是思想政治教育与时俱进、开拓创新的必然趋势。

(一)从法治文化看思想政治教育法治化的必要性

1. 思想政治教育法治化是主导意识形态及公民意识发展的必然要求

从本质上讲,市场经济是法治经济,这种本质要求思想政治教育法治化与之相配套。市场主体的复杂性和分散性需要每个主体都要了解市场经济的法律规则,明确自己的权利和义务,以规则办事,这样才能避免破坏社会发展的整体性。可见,市场经济客观上要求思想政治教育法治化。社会经济的市场化和多元化的主体的出现,导致社会意识也出现了多元化,这就需要思想政治教育方面的相关法律制度来明确国家思想政治教育的权力和市场主体的思想政治教育权利。另一方面,我国还处于社会转型时期,公民意识的觉醒在多个方面表现出来,如公民意识中的自由精神以及公民对自由、平等、权利的正义价值诉求的高涨。这种反映着社会变革的需求和个人全面、自由发展的价值追求的公民意识,一定会体现在思想政治教育的价值理念中,这一进程必然会推动整个思想政治教育价值理念的更新与转型。可见,思想政治教育法治化是社会主义意识形态主导地位的有力保障,也是我国公民意识发展的内在要求和必然结果。

2. 思想政治教育法治化是走出道德失范困境的需要

在当前多元文化交融的社会大环境中,人们的世界观、人生观、价值观也经历了多样化的发展过程。社会主义文化继承了中国优秀传统文化、与西方文化相互交织、又与大众文化融为一体,形成了多元思想道德观念和道德选择的社会氛围。

而我国改革过程中所涌现出来的各种道德失范现象严重影响着人们正确人生观和价值观的形成，使我国主流意识形态与核心价值观面临着严峻的挑战：一方面是多元道德观导致社会主义道德观的弱化，另一方面是道德评价标准的失范。当前，由于道德评价标准的多元化，人们对一种行为是否合乎道德的评价，都可以找到一种或多种价值理念的肯定或否定的评价依据，这也使得人们日益陷入深层次的思想混乱和道德困惑中，容易出现理论上的道德标准和实际中践行的标准不一致，甚至严重背离社会主义道德标准的现象。[①] 这些现象表明，要想发挥社会主义道德主流观念的引导作用，不能再仅靠简单的宣传灌输，思想政治教育作为我国道德教化的最重要手段之一，应该回归现实生活，回应现实问题，因此必须借用法治手段来提高人们的社会主义道德水平。

3. 思想政治教育法治化是高校思想政治教育工作可持续推进的手段和保障

在深入推进高校思想政治教育工作的过程中，法治化的确起到了非常重要的作用，但是高校学生思想政治教育工作到了一定阶段，必然也会面临一些发展瓶颈问题。例如，“终身教育”虽然在理念上形成了社会共识，但其实施机制尚未成熟，缺乏刚性约束与法制的保障，以致实际操作往往流于形式，难以产生终身育人的实效。[②] 因此，高校思想政治教育工作的发展一定要借助法治化手段来优化教育政策环境，围绕政策的实施进一步建立健全相关规章制度，实现政策和法律一致，政策指导与现实需要有效统一。同样，法治化是高校思想教育工作扎实推进的重要保障。法治化实质上体现了以人为本的育人理念，实现民主决策的过程其实也是整合学生多元主体诉求的过程，法治化通过立法、执法、监督、救济等手段来强制性地化解思想政治教育过程中出现的各种矛盾和问题，实现资源配置的统筹兼顾。依法治国视野下推进思想政治教育法治化，避免了传统思想政治教育工作中存在的不足，它既包含了思想政治教育的基本内容，又赋予其新的时代内涵，便于有针对性地开展工作，应当成为新时期思想政治教育的新探索。[③] 由此可见，法治化是高校思想政治教育工作环境不断改善、优化的结果，是实现高校思想政治教育持续全面发展的有效保障。

---

① 吴琼：《思想政治教育法治化研究》，武汉科技大学硕士学位论文，2011 年。

② 庞志伟：《优化视角下高校思想政治教育环境法治化探讨》，《学理论》2012 年第 16 期。

③ 冯刚：《党的十六大以来高校思想政治教育的创新与发展》，《中国高等教育》2012 年第 18 期。

（二）法治文化视域下思想政治教育法治化的路径选择

思想政治教育工作依法进行是国家法治现代化的客观要求，也是使思想政治教育活动规范化和制度化以及增强思想政治教育有效性的保证。但是，我国当前思想政治教育法治化的思路不够清晰、手段不够有效、措施不够有力、实效不够理想，在许多方面存在着弱化和随意化的问题，还不能适应我国深化政治、经济、文化改革发展的需要，这些问题的存在，使思想政治教育难以适应新形势。依靠法治手段促进思想政治教育的优化，成为新时期思想政治教育与时俱进和创新发展的重要标志。

1. 转型理念，推进思想政治教育主体的法治化

首先，行动总是以理念的创新为先导，思想政治教育理念能否创新往往关系着思想政治教育方法的成败，因为理念创新成功，才可能引起方法变革的成功。尤其在高校教育中，思想政治理论课教师扮演着更积极能动的角色，是新理念、新思路、新方法的探索者和实践者。习近平总书记强调，“办好思想政治理论课关键在教师，关键在发挥教师的积极性、主动性、创造性，”[①] 这深刻地指出教育者在思想政治教育工作中的主导地位和作用。思想政治教育法治化要求思想政治教育主体首先，坚持以受教育者为本的理念，在思想政治工作实践活动中，坚持受教育者的主体地位，充分了解受教育者的需求和期待，实现受教育者的各项基本权利，关心他们的合法合理利益，才能充分调动起受教育者各方面的积极性，并激发受教育者的创造能力，这样有助于受教育者实现其自身价值。其次，树立平等、服务的观念。任何管理者在管理过程中都必须贯彻服务观念，尤其是为国家培养人才的高等学校，经国家授权行使一定的管理职能。大学生是民事主体的一方，也是行政相对人，其在高校育人功能方面有着最重要的地位。高校必须搞清楚自己何时有行政主体身份，何时应是民事主体一方当事人，更要牢记自己既是管理者，又是服务者，在实践中尤其不能用行政命令来代替民事合同行为，以免侵犯学生的各项正当权益。因此，高校在管理过程中要践行平等服务理念，使服务质量不断提高，这样在服务学生的过程中才能实现育人目标。

---

① 《习近平主持召开学校思想政治理论课教师座谈会　强调用新时代中国特色社会主义思想铸魂育人　贯彻党的教育方针　落实立德树人根本任务》，《人民日报》2019 年 3 月 19 日。

2. 完善法律，构建思想政治教育立体法律规范体系

目前，我国思想政治教育政策的制定多表现为一种行政规划的过程，它由行政主体行使行政权进行制定，成果表现形式多为行政规范性文件。如《关于深化新时代学校思想政治理论课改革创新的若干意见》《关于加强和改进新形势下高校思想政治工作的意见》《关于进一步把社会主义核心价值观融入法治建设的指导意见》《关于进一步加强和改进新形势下高校宣传思想工作的意见》。但是这些约束性文件弹性较强，自由裁量的空间较大，具体实施的刚性规定还没完善。今后应着力构建完备的教育法体系，在内容与形式上保持一致，层次上排列有序，既能反映立法规律又紧跟时代发展要求，使思想政治教育各方面和主要的教育行为都有法可依。可见，思想政治教育的法治化，需要进一步优化思想政治教育法治环境，构建以基本立法和专项立法相结合、上位立法与下位立法相衔接的规范体系。当然，思想政治教育立法要适度、适量且符合实际需要。

3. 注重内涵，实现思想政治教育内容更新的法治化

内涵，意指事物的实质内容。① 内容是基础，没有思想政治教育内容，思想政治教育工作也就无法开展。思想政治教育内容的法治化则是建立科学规范的思想政治教育的基础。思想政治教育内容的法治化是指思想政治教育内容的选定必须依据法律规定的标准和程序进行，即现行哪些思想内容可以在法律中加以规定，并且在规定时要遵守一定的法律程序，避免思想政治教育内容确定的随意化、个人化。同时，思想政治教育内容变更拓展也要法治化。“一切划时代的体系的真正的内容都是由于产生这些体系的那个时期的需要而形成起来的。”②在不同时期工作的侧重点不同，思想政治教育的内容需要及时作出相应的变更和拓展，这种内容的变更和拓展不能偏离大方向，必须与原有的思想政治教育内容保持方向上的一致，这样才能保证内容上的连续性。随着社会生活的深刻变化、信息技术的快速发展以及国际环境的变化莫测，一些新的道德要求和法律原则、观念等，如网络道德、公平竞争、互利共赢、法治思维等，以及新领域的生态教育、网络信息教育、情商教育、生命教育、幸福教育等许多新内容正在被纳入思想政治教育体系。这些情况的产生都迫切需要建立相应的法律法规，对思想政治教育变更、拓展内容的选定范围、

---

① 沈壮海、董祥宾：《论新时代思想政治理论课的改革创新》，《思想理论教育》2019 年第 5 期。

② 《马克思恩格斯全集》第 3 卷，人民出版社 1960 年版，第 544 页。

标准和程序进行规范。

4. 创新方法，提升思想政治教育管理方法的法治化

随着社会文化的多元化发展，人们思想活动日益开放，法治思维正在逐渐普及，个人权利意识得到很大提高。首先是思想政治教育管理受到新的挑战，这必然要求加快实现思想政治教育管理的法治化。尤其在高校对学生进行思想政治教育管理这一特殊阵地，管理方法的法治化也具有特殊的意义和效果。现在国家逐步出台和颁布了有关教育及其他方面的法律、法规，高等院校也要根据自身实际，将国家的法律和政策等再具体化、规范化。高校在制订、完善有关规章制度的过程中，要做到事先征求意见、事中加强沟通、事后收集反馈，实现制度的民主化和科学化，用法治的观念和法律的手段来解决高校学生管理的实际问题，使学生能够切实体会到法治的力量，从而使学生积极配合管理并主动维护学校的规章制度。

5. 加强监督，保障思想政治教育法治化的阳光运行

法治化的运行是一个复杂、综合的过程，既包括立法和执法过程，同时也包含法律监督、法律救济和法律问责等过程。要实现思想政治教育环境的法治化，必须通过一定的法治手段来监督及纠正偏差或失误。各地相关部门要把督导工作纳入法制化轨道，探索制订和完善高校思想政治教育督导操作规程，强化督导的常规化建设，尝试建立专职的督导队伍，构建督导制度、督导时间与督导效果相结合的督导机制体系，同时要将上级督导与自查相结合。例如，高校在作出处分决定时，首先，通过法定程序向拟被处分学生告知处分决定的内容、依据和理由，因为学生有知情权；其次，对可能损害学生利益的不当行为及时纠正，并在不同的法律关系中要有不同的救济方式，只有这样，才能维护学生的基本权利。

总之，思想政治教育法治化这一新课题，理论性和现实性都很强，必须结合我国现有的政治、经济、社会和文化制度等基础条件进行多维度考量和研究。到目前为止，人们已越来越重视思想政治教育的实效性问题。在现代管理手段中，思想政治教育有着自己独特的优势，是不可或缺的管理手段。在当前新的历史时代背景下，法治化进程在迅速推进，能否科学合理借鉴和运用法的价值理论来探究人们的思想发展、心理变化规律，对于思想政治工作的实效性提升具有重要的启示作用，也对整个社会秩序的良性运行意义深远。当然，在推进思想政治教育法治化的过程中，我们必须遵循思想政治教育自身的规律性，从思想政治教育的主

体、内容、形式、运行机制和保障机制等各方面统筹设计，坚持以人为本的原则，以依法治国方略为导向，对思想政治教育法治化这一重大课题进行全面研究和系统构建。

课程建设研究

深化新时代学校思想政治理论课改革创新的视阈、格局与着力点[①]

胡菊华[②]

[摘　要]新时代的新形势、新任务对思政课建设提出了更新更高的要求。中办、国办印发的《关于深化新时代学校思想政治理论课改革创新的若干意见》对思政课改革创新作出了全方位、立体化的顶层设计和系统安排,是新时代党对思政课建设发挥全面领导作用的纲领性文件,是各级各类学校开展思政课改革创新的重要遵循。深化新时代学校思政课改革创新既要有世界百年未有之大变局的国际视野,也要有党和国家事业发展的全局意识;既要拓展思政课的建设格局,也要在内涵式发展上着力,以高质量的教育教学水准培养一代又一代拥护中国共产党领导和我国社会主义制度、立志为中国特色社会主义事业奋斗终生的有用人才。

[关键词]新时代;思想政治理论课;改革创新

由中共中央办公厅、国务院办公厅印发的《关于深化新时代学校思想政治理论课改革创新的若干意见》(以下简称《意见》),是新时代党对思想政治理论课(以下简称思政课)建设发挥全面领导作用的纲领性文件。《意见》以习近平总书记在学校思想政治理论课教师座谈会上的重要讲话精神为遵循,从时代战略高度开宗明义:“办好思政课,要放在世界百年未有之大变局、党和国家事业发展全局

① 本文系国家社科基金项目“思想政治教育文化生态的治理逻辑和实践路径研究”(项目批准号:18BKS182)、高校示范马克思主义学院和优秀教学科研团队建设重点项目“增强大学生对思想政治理论课的获得感研究”(项目批准号:17JDSZK016)的阶段性成果。

② 胡菊华,哈尔滨师范大学马克思主义学院副院长、教授。

中来看待，要从坚持和发展中国特色社会主义、建设社会主义现代化强国、实现中华民族伟大复兴的高度来对待。”这为深化新时代学校思政课改革创新明确了政治站位、时代视阈和逻辑起点。与之相应，聚焦“培养什么人、怎样培养人、为谁培养人”这个根本问题，《意见》提出要“坚持党对思政课建设的全面领导”“注重推动思政课建设内涵式发展”，对思政课改革创新作出全方位、立体化格局设计，力求以高质量的教育教学水准，培养一代又一代拥护中国共产党领导和我国社会主义制度、立志为中国特色社会主义事业奋斗终生的有用人才。

一、世界与中国：深化新时代学校思政课改革创新的视阈融合

古语云：“不谋全局者，不足谋一域；不谋万世者，不足谋一时”。在 2018 年 6 月召开的中央外事工作会议上，习近平总书记深刻指出，“当前，我国处于近代以来最好的发展时期，世界处于百年未有之大变局，两者同步交织、相互激荡”，这是对当今世界和当代中国形势的重大战略判断。如何认识世界大变局与中国大发展之间的历史性交汇？如何从“世界百年未有之大变局、党和国家事业发展全局”看待思政课？对这些问题的思考和回答是深化新时代思政课改革创新的前提和基础。

（一）世界百年未有之大变局：思政课改革创新的国家视野

习近平总书记多次指出，当今世界正处于百年未有之大变局。有学者指出：“所谓世界百年未有之大变局，是指在一个相对较长的历史时期深刻影响人类历史发展方向和进程的世界大发展、大变化、大调整、大转折、大进步。”① 大变局的本质是国际主要力量对比发生重大改变，世界范围内经济、政治、文化、科技、气候变化等多重要素交互作用生成复杂多变的态势：一是经济全球化深入发展的主流遭遇贸易保护主义、单边主义等逆流，世界经济增长乏力，经济全球化发展走到十字路口；二是中国特色社会主义的成功实践改变了世界社会主义与资本主义力量对比的失衡局面；三是政治格局以西方为主导、国际关系理念以西方价值观为主要取向的“西方中心论”日渐式微，世界多极化逐步形成；四是新一轮科技

① 罗建波：《从全局高度理解和把握世界百年未有之大变局》，《学习时报》2019 年 6 月 7 日。

革命和产业革命正在孕育成长，一大批新兴国家在方兴未艾的新技术、新产业革命中崭露头角；社会信息化、文化多样化持续推进，不同思想文化交流交融交锋；五是恐怖主义、网络安全、重大传染性疾病、气候变化等非传统安全威胁持续蔓延。如此，百年来人类社会历史风云激荡、纵横演化，已然生成当今世界的大变局。在这百年间，中国共产党领导中国人民以艰苦卓绝的革命和奋斗奏响了站起来、富起来、强起来的时代强音，迎来了近代以来最好的发展时期。十九大报告提出："经过长期努力，中国特色社会主义进入了新时代，这是我国发展新的历史方位"①，这一论断不仅是对国内而言，同时也具有重要的世界意义，新时代也是"我国日益走近世界舞台中央、不断为人类作出更大贡献的时代"②。这既是党中央带领中国人民探索中国特色社会主义建设取得的伟大成果，也是顺应时代之变、不断扩大改革开放、积极融入并主动引领世界发展进程的战略选择。世界大变局与中国大发展的历史性交汇，是推进中国特色社会主义建设事业、实现中华民族伟大复兴的现实场域。需要我们注意的是，改革开放以来，面对社会思想文化和人们思想意识领域出现的新情况新问题，我们的思想政治工作多是被动应对而不是主动出击，主观原因还是思维局限、视野狭隘，让自己游离于世界大局之外。因此，深化新时代思政课改革创新既要有历史观，也要有大局观，在世界百年未有之大变局、党和国家事业全局发展的融合视阈下统筹大中小学思政课一体化建设，因事而化、因时而进、因势而新，全面提升思政课的质量和水平，落实立德树人的根本任务。

（二）党和国家事业发展全局：思政课改革创新的中国定位

新中国成立70年来，中国共产党人始终心怀天下、立足世界全局探索社会主义道路，几经挫折和艰辛探索，以改革开放主动融入经济全球化浪潮，坚持走中国特色社会主义道路，科学谋划党和国家事业发展布局的新路线。在党的十六大提出"经济建设、政治建设、文化建设三位一体"、党的十七大提出"经济建设、政治建设、文化建设和社会建设四位一体"的基础上，党的十八大进一步提出"建设中国特色社会主义，总依据是社会主义初级阶段，总布局是五位一体，总任务是实现社

① 《决胜全面建成小康社会　夺取新时代中国特色社会主义伟大胜利——在中国共产党第十九次全国代表大会上的报告》，《人民日报》2017年10月19日。

② 同上。

会主义现代化和中华民族伟大复兴”①，要求“必须更加自觉地把全面协调可持续作为深入贯彻落实科学发展观的基本要求，全面落实经济建设、政治建设、文化建设、社会建设、生态文明建设五位一体总体布局，促进现代化建设各方面相协调，促进生产关系与生产力、上层建筑与经济基础相协调，不断开拓生产发展、生活富裕、生态良好的文明发展道路”②。在“五位一体”总体布局的框架下，党中央从战略高度对改革发展中的重点领域进行全面筹划和布局，党的十八大提出“全面建成小康社会”，十八届三中全会提出“全面深化改革”，十八届四中全会提出“全面推进依法治国”，党的群众路线教育实践活动总结大会上提出“全面推进从严治党”，从而形成“四个全面”战略布局。“五位一体”总体布局和“四个全面”战略布局构成中国特色社会主义建设的总体安排。

众所周知，思想政治工作是中国共产党领导中国革命胜利的成功经验。新中国成立后，党中央坚持发挥这一政治优势，把思想政治教育纳入国民教育体系，根据社会主义建设和改革开放不同历史时期的中心任务和时代要求开设并不断加强和改进思政课建设，为培养一代代社会主义事业的建设者和接班人引领正确的政治方向和价值导向。党的十八大以来，以习近平同志为核心的党中央高度重视发挥思政课“立德树人”的关键作用，从党和国家事业发展全局出发，对加强思政课建设作出一系列重大决策部署。《意见》提出“坚持党对思政课建设的全面领导，把加强和改进思政课建设摆在突出位置”。因此，深化新时代思政课改革创新要服从党和国家事业发展全局安排，要在党和国家事业发展全局中进行。当前，新时代、新形势对思政课建设提出新任务、新要求，思政课改革创新要积极变革思维、开阔视野，既要有审视当今世界大势的宏阔视阈，也要有当代中国发展全局的战略思维，要自觉提高政治认识和站位，“要从坚持和发展中国特色社会主义、建设社会主义现代化强国、实现中华民族伟大复兴的高度”③科学谋划、深度推进思政课建设。思政课教学要在一个多维立体的视阈中“教育引导学生正确认识世界和中国发展大势；正确认识中国特色和国际比较，全面客观认识当代中国、看待外

① 《坚定不移沿着中国特色社会主义道路前进　为全面建成小康社会而奋斗——在中国共产党第十八次全国代表大会上的报告》，《人民日报》2012年11月9日。

② 同上。

③ 《中办国办印发〈意见〉深化新时代学校思想政治理论课改革创新》，《人民日报》2019年8月15日。

部世界”[①]，引导学生“辩证看待人类历史演进和国家发展进程中的成就与不足，通过生动、深入、具体的纵横比较”[②]，把理论讲清楚、把现实讲明白，引导学生“树立正确世界观、人生观、价值观，坚定对马克思主义的信仰，坚定对社会主义和共产主义的信念，增强中国特色社会主义道路自信、理论自信、制度自信、文化自信，厚植爱国主义情怀，把爱国情、强国志、报国行自觉融入坚持和发展中国特色社会主义事业、建设社会主义现代化强国、实现中华民族伟大复兴的奋斗之中。”[③]

二、格局拓展：深化新时代学校思政课改革创新的顶层设计

世界百年未有之大变局中的思政课建设有机遇也有挑战，党和国家事业全局中的思政课建设有地位也有使命。深化新时代思政课改革创新，首先要做好顶层设计，着力解决当前思政课建设中存在的“有的地方和学校对思政课重要性认识还不够到位，课堂教学效果还需提升，教材内容不够鲜活，教师选配和培养工作存在短板，体制机制有待完善，评价和支持体系有待健全，大中小学思政课一体化建设需要深化，民办学校、中外合作办学思政课建设相对薄弱，各类课程同思政课建设的协同效应有待增强，学校、家庭、社会协同推动思政课建设的合力没有完全形成，全党全社会关心支持思政课建设的氛围不够浓厚”[④]等诸多现实问题。为此，《意见》不仅在宏观层面提出全面加强党对思政课建设的领导，以整体性、系统化思维拓展思政课建设格局，还提出了具体可操作的体制机制和路径方法。

（一）坚持党对思政课建设的全面领导

历经百年，中国共产党几代领导集体始终坚守“为中国人民谋幸福，为中华民族谋复兴”的初心，坚持把马克思主义与中国实际相结合探索革命、建设和改革的中国道路，实现了民族独立和解放、建立了社会主义制度、开辟了中国特色社会主义道路，中国特色社会主义进入新时代。“我们对共产党执政规律、社会主义建设规律、人类社会发展规律的认识和把握不断深入，开辟了中国特色社会主义理论和

① 《习近平在全国高校思想政治工作会议上强调：把思想政治工作贯穿教育教学全过程　开创我国高等教育事业发展新局面》，《人民日报》2016年12月9日。

② 同上。

③ 《中办国办印发〈意见〉深化新时代学校思想政治理论课改革创新》，《人民日报》2019年8月15日。

④ 同上。

实践发展新境界，中国特色社会主义取得举世瞩目的成就，中国特色社会主义道路自信、理论自信、制度自信、文化自信不断增强，为思政课建设提供了有力支撑。”①

一直以来，党中央始终坚持发挥对思政课建设的领导作用。在2016年召开的全国高校思想政治工作会议上，习近平总书记强调，“我们的高校是党领导下的高校，是中国特色社会主义高校。办好我们的高校，必须坚持以马克思主义为指导，全面贯彻党的教育方针。”2019年3月召开的学校思想政治理论课教师座谈会是党的历史上的首次专门会议，习近平总书记在讲话中再次强调，“党中央对教育工作高度重视。我们对思想政治工作高度重视，始终坚持马克思主义指导地位，大力推进中国特色社会主义学科体系建设，为思政课建设提供了根本保证”。此次《意见》提出“坚持党对思政课建设的全面领导，把加强和改进思政课建设摆在突出位置”，这是深化新时代思政课改革创新的首要原则，是思政课建设坚持正确政治方向和正确价值导向的根本保障。这里突出强调“全面领导”，是一个重大变化。《意见》第五部分“加强党对思政课建设的领导”具体提出三点明确要求：一是严格落实地方党委思政课建设主体责任；二是推动建立高校党委书记、校长带头抓思政课机制；三是积极拓展思政课建设格局。这意味着“党对思政课的领导，由宏观理念上的领导，进入了全面领导的新时代”②。思政课是为中国特色社会主义建设事业的建设者和接班人培育灵魂的特殊课程，《意见》提出“坚持思政课建设与党的创新理论武装同步推进，全面推动习近平新时代中国特色社会主义思想进教材进课堂进学生头脑，把社会主义核心价值观贯穿国民教育全过程”，这是将党的全面领导落到实处的重要原则和实际举措。

（二）积极拓展思政课建设格局

“思政课建设不是单兵作战，而是党的教育工作中的重要一环，既要放到中国特色社会主义建设事业的整体布局中予以谋划，在整个教育体系的设置中予以谋划，在人才成长的各个历史阶段予以谋划，以形成体系化的思政课建设体系。”③《意见》规定“中央教育工作领导小组要把思政课建设纳入重要议事日程”；明确了思政课建设的组织领导机构及其职责：“教育部、中央宣传部等部门要牵头抓好

---

① 《习近平主持召开学校思想政治理论课教师座谈会 强调用新时代中国特色社会主义思想铸魂育人 贯彻党的教育方针 落实立德树人根本任务》，《人民日报》2019年3月19日。

② 宋学勤：《坚持党的领导：以大历史观谋划思政课建设实践》，人民网2019年8月21日。

③ 同上。

思政课建设,中央军委政治工作部要指导抓好军队院校思政课建设。教育部成立大中小学思政课一体化建设指导委员会,加强对不同类型思政课建设分类指导。有关部门和各地要保证思政课管理人员配备,确保事有人干、责有人负”;为确保建设成效,一方面加强考核评价:“强化中考、高考、研究生招生考试对学生学习思政课的指挥棒作用,将思政课学习实践情况等作为重要内容纳入综合素质评价体系,探索记入本人档案,作为学生评奖评优重要标准,作为加入中国少年先锋队、中国共产主义青年团、中国共产党的重要参考”;另一方面加强实践教学的系统化建设:“坚持开门办思政课,推动思政课实践教学与学生社会实践活动、志愿服务活动结合,思政小课堂和社会大课堂结合,鼓励党政机关、企事业单位等就近与高校对接,挂牌建立思政课实践教学基地,完善思政课实践教学机制”;此外,还要“制定关于加快构建高校思想政治工作体系的意见,汇聚办好思政课合力。加大正面宣传和舆论引导力度,推动形成全党全社会努力办好思政课、教师认真讲好思政课、学生积极学好思政课的良好氛围”。如此形成的一个分工明确、全方位、立体化的思政教育大格局,为深化思政课改革创新提供了制度保障。

三、内涵式发展:深化新时代学校思政课改革创新的着力点

在 2016 年全国思想政治理论课教师座谈会上,习近平总书记提出:“要把统筹推进大中小学思政课一体化建设作为一项重要工程,推动思政课建设内涵式发展”,《意见》进一步作出原则性规定:“坚持问题导向和目标导向相结合,注重推动思政课建设内涵式发展,全面提升学生思想政治理论素养,实现知、情、意、行的统一”。可见,思政课建设内涵式发展是一个新命题,是深化新时代思政课改革创新的着力点。

(一)统筹推进大中小学思政课一体化建设

回顾审视思政课建设历程,一段时期以来,大中小学思政课建设基本上是“各管一段”,没有形成一体化建设的思路。建设重点集中在高校思政课,特别是“05”新课程方案实施的十多年来,中宣部、教育部在马克思主义理论学科设立、重点马克思主义学院建设、马工程教材编写、思政课教师队伍培训等方面出台了一系列支持政策,高校思政课建设逐步推进,取得显著成效。但是,与中小学思政课建设的割裂在一定程度上违背了教书育人的规律、思想政治工作的规律、学生思想品德发

展的规律和思政课建设的规律，制约了思政课“立德树人”的整体成效。因此，统筹推进大中小学思政课一体化建设是学生成长发展基本规律的内在要求，是思政课落实“立德树人”根本任务的必然要求。《意见》提出要“坚持思政课在课程体系中的政治引领和价值引领作用，统筹大中小学思政课一体化建设，推动各类课程与思政课建设形成协同效应。”落实这一原则的具体工作就是完善思政课课程教材体系：一是整体规划思政课课程目标。在大中小学循序渐进、螺旋上升地开设思政课，引导学生立德成人、立志成才，大学阶段重在增强使命担当；高中阶段重在提升政治素养；初中阶段重在打牢思想基础；小学阶段重在启蒙道德情感。二是调整创新思政课课程体系。加强以习近平新时代中国特色社会主义思想为核心内容的思政课课程群建设。在保持思政课必修课程设置相对稳定的基础上，结合大中小学各学段特点构建形成必修课加选修课的课程体系。三是统筹推进思政课课程内容建设。坚持用习近平新时代中国特色社会主义思想铸魂育人，以政治认同、家国情怀、道德修养、法治意识、文化素养为重点，以爱党、爱国、爱社会主义、爱人民、爱集体为主线，坚持爱国和爱党爱社会主义相统一，系统开展马克思主义理论教育，系统进行中国特色社会主义和中国梦教育、社会主义核心价值观教育、法治教育、劳动教育、心理健康教育、中华优秀传统文化教育。遵循学生认知规律设计课程内容，体现不同学段特点：研究生阶段重在开展探究性学习，本专科阶段重在开展理论性学习，高中阶段重在开展常识性学习，初中阶段重在开展体验性学习，小学阶段重在开展启蒙性学习。四是加强思政课教材体系建设。国家教材委员会统筹大中小学思政课教材建设，科学制订教材建设规划，注重提升思政课教材的政治性、时代性、科学性、可读性。国家统一开设的大中小学思政课教材全部由国家教材委员会组织统编统审统用等。

（二）坚持守正与创新相统一

在学校思想政治理论课教师座谈会上，习近平总书记指出：“思政课建设长期以来形成的一系列规律性认识和成功经验，为思政课建设守正创新提供了重要基础”，“推动思想政治理论课改革创新，要不断增强思政课的思想性、理论性和亲和力、针对性”。据此，《意见》明确提出，深化新时代思政课改革创新要“坚持守正和创新相统一，落实新时代思政课改革创新要求，不断增强思政课的思想性、理论性和亲和力、针对性”，并提出切实可行的措施加以落实：如“加大思想性、理论性资源供给。进一步建强马克思主义理论学科，为思政课建设提供坚实学科支撑。

深入研究坚持和发展中国特色社会主义的重大理论和实践问题，为增强思政课的思想性、理论性提供多角度学术支持”“加大思政课教研工作力度”“建立健全大中小学思政课教师一体化备课机制，普遍实行思政课教师集体备课制度，全面提升教研水平”“切实加强思政课课题研究和成果交流”“整体推进高校课程思政和中小学学科德育”等。

《意见》对思政课建设内涵式发展作出了系统设计和安排，接下来更要在深化思政课教学的改革创新上下功夫，要坚持“政治性和学理性相统一、价值性和知识性相统一、建设性和批判性相统一、持理论性和实践性相统一、统一性和多样性相统一、主导性和主体性相统一、灌输性和启发性相统一、显性教育和隐性教育相统一”①。思政课是讲政治、讲思想、讲理论的课，无论是内容创新、形式创新还是方法创新，最终都是要让学生入耳、入脑、入心。听得进去是入耳、深度思考才能入脑、理性认同才会入心。因此，思政课建设要着力打造有内涵的教学。一方面要着力于“思”。思政课教学对学生心灵的触动，不只是情感的打动，更是基于师生主体思考的思维互动和精神互通。习近平总书记提出思政课教师的“思维要新”，辩证唯物主义和历史唯物主义是科学的世界观，也是指导思政课教师创新课堂教学的方法论。教师备课不仅要吃透悟深教材内容，还要全面研判学情，科学把脉学生的需求和期待，精准施策以增强教学的针对性。课堂教学设计既要遵循教材体系的理论逻辑，也要符合学生的认知规律和接受特点，坚持问题导向，启发学生积极思考、自主发现问题，深度思考、分析解决问题，在师生的思辨讨论中水到渠成地得出结论。思政课教学不仅要用科学的理论为学生释疑解惑，引导学生树立正确的理想信念，也要培育学生理性、科学、客观、全面的思维品质，掌握正确的思维方法，提升分析、判断和选择能力，如此才会让学生“终身受益”。另一方面要着力丰厚文化内涵。思政课教学要汲取中华民族几千年来形成的优秀传统文化和中国共产党带领人民在革命、建设、改革过程中锻造的革命文化和社会主义先进文化的精神内核，丰富文化含量、提升文化品位，以文化人、以文育人，给学生心灵埋下真善美的种子。

---

① 《习近平主持召开学校思想政治理论课教师座谈会　强调用新时代中国特色社会主义思想铸魂育人　贯彻党的教育方针　落实立德树人根本任务》，《人民日报》2019年3月19日。

新中国高校思想政治理论课建设研究①

张天华②

[摘　要]新中国成立70年来，高校思想政治理论课建设取得诸多成效，但仍任重道远。坚持问题导向，从学科建设、队伍建设、教学改革和资源整合四方面总结和反思高校思想政治理论课建设的经验与问题，对推动新时代我国高校思想政治理论课的教学改革与创新有理论价值与现实意义。

[关键词]高校思想政治理论课；教学改革与创新

新中国成立70年来，党和国家根据我国各个时期的形势发展与要求，立足中国的发展实际、树立开放的视野和格局，从国家层面做好顶层设计，制定相关政策，出台相关办法，有效提升了高校思想政治理论课水平，加强和改进了高校思想政治理论课的理论建设和有益探索，成效显著。

一、新中国成立以来高校思想政治理论课取得的成效

（一）课程建设符合时代要求

新中国成立初期，高校思想政治理论课的内容主要是马克思主义基本理论和毛泽东思想。我国高校思想政治理论课课程体系的基本确立是在1952年10月，《关于全国高等学校马克思列宁主义、毛泽东思想课程的指示》中对各类高校思政课的设置和学时都进行了详细的规定。改革开放以来，我国不断开拓中国特色社

---

① 本文系2017年辽宁省社科基金重点项目（项目批准号：L17AKS001）。

② 张天华，渤海大学马克思主义学院教授。

会主义道路,并且取得了突破成就和发展,为了让大学生坚定社会主义信念,党中央要求在高校开设"中国社会主义建设"课程。党中央给予高度重视,并不断对高校思想政治工作和思想政治理论课建设指明方向,提出指导意见。特别是"85方案""98方案""05方案",都为高校思想政治理论课提供了明确指导路线。纵观新中国成立以来每次思想政治理论课课程调整,都是根据我国当时的经济发展情况进行的,对我国每一阶段的政治与经济发展都起到重要的推动作用,符合时代发展的本质要求。

(二)学科建设汇集多方力量

新中国成立以来,党和国家高度重视高校思想政治理论课建设。但在改革开放后较长一段时间内,思想政治理论课依然缺乏学科支撑,没有系统教材,长期处于边缘化,所以高校思想政治教育也没有取得显著成效。随着《中共中央关于进一步繁荣发展哲学社会科学的意见》《中共中央国务院关于进一步加强和改进大学生思想政治教育的意见》《关于调整增设马克思主义理论一级学科及所属二级学科的通知》等指导文件的先后颁布,我国高校思想政治理论课开始有了相应的学科支撑。近些年网络媒体快速发展,打破了原有的思想政治理论课模式,拓宽了思想政治教育的网络渠道,激发了广大青年学生的学习热情,全国各大高校通过网络平台分享精品课程实现资源共享,使高校思想政治理论课有了相应的网络平台支撑。多方力量正协同推进我国高校思想政治理论课的蓬勃发展。

(三)教学效果获得高度认可

新中国成立之初,高校思想政治理论课定位不够明晰,当时的环境复杂多变,以至于思想政治理论课的育人效果无法充分显现。近年来,"思想政治理论课建设长期以来形成的一系列规律性认识和成功经验,为思想政治理论课建设的守正创新提供了重要基础。"[①]基于党和国家对思想政治理论课的高度重视以及广大思想政治教育工作者的不断努力,高校思想政治理论课取得了相当快速的发展。首先,在教材方面,完成了全国统编教材,实施固定的教学课程,加强思想政治教育学科的专业性,使思想政治理论课达到稳定预期效果。其次,加大师资队伍建设,提高了思政课教师的科研能力和教学能力,加强了教师与学生之间的良性互动,使思

① 石云霞:《新中国70年高校思想政治理论课建设基本经验与未来展望》,《思想理论教育》2019年第9期。

想政治理论课摆脱了传统的灌输式教学,提升了大学生思想政治理论课的获得感。最后,通过会议以及相关制度,明确了思想政治教育工作的主体责任,确立了教育分工,奠定了思想政治教育工作的制度基础。全方位保障思想政治理论课的有效开展,得到了学生和社会的高度认可。

二、高校思想政治理论课建设的目标和任务

思想政治理论课主阵地就是高校,思想政治理论课的深入建设,必须要明确思想政治理论课的定位,有针对性地设定思想政治理论课目标,不断探索思想政治理论课的育人规律,为高校思想政治教育工作深入开展筑牢思想根基。

(一)在党的领导下贯彻全面育人

新中国成立后,迫切需要更多具有先进思想政治素养的人才投入国家建设,对于人才的需求越多,要求愈发严格。培育人才的主渠道即高校系统教育,高校是大学生从校园走向社会的缓冲地,是青年学生树立远大理想信念的坚强阵地,大学阶段是塑造青年学生世界观、人生观、价值观的重要阶段。思想政治教育的引导主要通过高校思想政治教育理论课来实现,高校主流意识形态建设关系到高校的育人方向,应充分发挥思想政治理论课的育人功能,把握主流意识形态,培养广大青年学生将个人理想与国家前途命运相结合,实现全面育人。因此,新时代高校思想政治教育应该在党的领导下,进一步发展其具体内涵,不断适应国内外形式的变化。高校思想政治教育理论课建设必须始终坚持贯彻党的领导,宣传社会主义核心价值观,贯彻党的教育任务。高校思想政治理论课要基于意识形态建设,加强学校党委统一领导,形成各部门齐抓共管的大思政格局,培养青年学生树立四个自信,树立远大理想信念,指引青年学生成为中国特色社会主义事业的建设者和接班人。

(二)在学科建设中实现协同创新

加强马克思主义理论学科建设和马克思主义学院建设,对思想政治理论课建设提供了重要的理论支撑。一方面,明确马克思主义理论学科的学科属性和定位,将课堂教学与学科建设进行有机结合。强化高校思想政治理论课与思想政治教育工作的顶层设计,确立马克思主义学院的研究方向,坚持问题导向原则,在实践教学过程中不断深化理论研究。加强学科基地建设,加强科研项目的资金投入,确立

学科带头人,完善学科梯队建设,提升学科队伍的科研能力,打造独具特色的思想政治教育“金课”。加强马克思主义学科建设,为思想政治理论课建设提供坚实的学科支撑和理论支持。另一方面,在学科建设的基础上,研究思想政治理论课的教学规律,完善校内外协同机制,实现多方协同创新,建立思想政治理论课与其他哲学社会科学课程之间的协调发展,实现其他专业课程与思想政治理论课同向同行、协同育人的目标。

(三)在队伍建设中坚持以人为本

思想政治理论课教师队伍建设与课程建设关系的实质,是如何使队伍建设适应课程建设的发展需求。把提升理论思维能力和教学科研能力作为队伍建设的重点,坚持以人为本的教育原则,提升队伍建设的针对性和有效性,为课程建设提供强大的队伍保障。树立育人与育师相结合的目标。一方面,教师是育人的主体,思想政治理论课是立德树人的核心课程,是铸魂育人的主渠道。党中央高度重视思政课教师队伍建设,充分说明了思想政治理论课教师的主力军作用。思政课教师在教学过程中树立以人为本理念,研究学生成长的重点难点问题。“以民主的态度建立开放型的师生关系重在良好的师生互动,教师的感染力促进学生”情感“获得感的形成”[①]。即教师的良好品德促进学生“行为”获得感的形成,同时提升思想政治理论课的针对性。另一方面,教师育人的前提是育己,教师队伍建设应将师德建设和业务提升相结合,教育者必须先接受教育,提升思想道德素养,提高科研教学水平,以建立一支德才兼备的高水平教师队伍为目标,充分发挥思想政治理论课育人主渠道的作用。

(四)在教学改革中加强资源共享

教学改革应以全面提升思想政治理论课的吸引力为目标,充分挖掘校内外有效资源,在课程改革中融入符合社会发展的新内容,增加适应学生需求的新方法。一方面,教学内容与时俱进,思想政治理论课的教学内容应随着社会的发展不断增添正确的科学的新内容,通过时政热点问题深入展开关于民族精神和时代精神的教学研究,培养学生树立社会责任意识。面对信息全球化的社会发展阶段,各种不良思潮随之而来,我们必须始终坚持马克思主义的指导地位,加强大学生主流思想

① 李昊婷:《新时代高校思想政治理论课获得感的生成机制与提升路径》,《思想教育研究》2019年第6期。

教育,发挥高校主流思想舆论效应。另一方面,教学方式因时而新,坚持灌输与启发相统一的教学方式,教学内容和方法要遵循大学生的成长成才规律,既要以教师为主导,也要尊重大学生的主体性,以高尚的情感感染学生,注重教学方式的可行性,采取互动式教学模式,利用新媒体途径激发学生的学习热情,将单调的理论知识尽可能转化为大学生乐于接受的新形式,不断增强思想政治理论课的吸引力。

三、高校思想政治理论课建设的创新与发展

(一)加强学科建设,明确理论依托

1. 深化马克思主义理论学科建设

学科建设是课程建设的基础,对课程建设发展至关重要。学科建设与课程建设是一个相互促进的关系。建立好马克思主义理论学科与思想政治理论课之间的互动关系,通过这种良性的互动过程,马克思主义理论学科和思想政治理论课可以实现双向受益。首先,必须要加深对思想政治理论课的学科理论支撑的马克思主义理论的认可度。思想政治理论课的教学内容来源于学科建设取得的理论成果。因此,加强马克思主义理论学科建设的重要基础之一就是不断深化马克思主义理论研究,这也是思想政治理论课构建的基础之一。其次,通过思想政治理论课建设,学科建设也随之不断发展。思想政治理论课教学过程中产生的重点难点问题能够为学科建设提供有效的研究方向。因此,高校应把学科建设的重点放在马克思主义理论学科建设上,坚持问题导向,从教学模式、教材体系以及人才培养模式多方面入手,构建科学完整的学科发展体系。思想政治理论课建设要紧跟时代步伐,紧扣时代脉搏,以学科建设指导理论研究和实践创新,与学科建设同步推进,共同推动思想政治理论课学科化、科学化、规范化和现代化发展。

2. 发挥马克思主义理论学科优势

马克思主义理论学科在高校人才培养中发挥着强大的育人功能。新时代的思想政治理论课建设必须结合各高校自身特色,推动马克思主义理论学科优先发展,不断形成以马克思主义理论为引领、相关理论学科为补充的学科支撑体系。一方面,发挥马克思主义理论学科的育人功能,制订符合高校人才培养的方案。根据学校的条件、区位优势,深入开展关于党建方面、思想政治工作及意识形态领域的重大理论和实践课题研究,彰显马克思主义理论学科回应复杂实际生活问题的能力。

规范本科生、研究生和博士生的具体培养方案,突出马克思主义理论学科对人才培养方面的优势。另一方面,发挥马克思主义理论学科对其他学科的支撑作用。马克思主义理论学科的发展不能局限于自身,应充分发挥它对其他学科的支持和带动作用,建立与其他学科协作交流机制,把马克思主义的立场观点方法贯穿渗透到其他学科各专业中。“实现专业课与思政课同向同行,形成协同效应,不仅仅指专业课与思政课并行不悖,更重要的是二者的融合发展,发挥协同育人的合力。”[①]发挥自身育人功能,提升马克思主义理论学科的引领力、渗透力,努力把马克思主义理论学科建设成为哲学社会科学的优势学科。

3. 加强马克思主义学院建设

马克思主义学院是宣传马克思主义理论的主要阵地,要把“姓马”原则融入到学科建设全过程,要把“在马言马”的鲜明导向和学院建设原则落到实处。马克思主义学院建设需要始终坚持“爱马”精神。一方面,在满足马克思主义学院发展需求的基础上,把增强对马克思主义学院的专项研究作为建设的重点。对于马克思主义学院发展状况进行定期调研,根据相关结果制订有针对性的顶层设计方案,以解决学院发展的关键问题。根据教育部要求,针对马克思主义学院相关需求,如人才引进、科研立项、资源配备等各个方面,应该给予全力的支持。另一方面,擦亮马克思主义学院鲜亮底色,充分发挥思想政治理论课的教学特色。将习近平新时代中国特色社会主义思想融入教材、课堂和学生头脑。全面提升思想政治理论课的思想性、理论性、针对性和亲和力。坚定的政治信仰是马克思主义学院全体师生应该坚守的原则,勇于同各种违反马克思主义理论的错误思潮进行长久的抗争,指引尽可能多的师生争当马克思主义理论忠实的传递者。把马克思主义学院建成研究马克思主义理论和人才培养的重要基地。

(二)强化队伍建设,保证教学质量

1. 引进高端教育人才

教师是人类灵魂的工程师,高校思想政治教育工作是以教师为主导、学生为主体的教育工作,在思想政治理论课建设过程中教师扮演着至关重要的角色。为保证高校稳步提升教学质量和教师队伍的素质,就需要引进高质量人才,配备足够的

① 汪琼枝:《思想政治教育全过程融入专业社会实践协同育人模式初探》,《思想理论教育导刊》2019年第8期。

专业教师，不断为人才梯队建设引入新鲜血液，全面保障思想政治理论课教学质量。首先，明确对高端人才的界定。他们不仅需要具备高学历和扎实的专业基础，更需要对其科研能力和教学能力进行全面系统的考核，更要对党忠诚，具有坚定的马克思主义信仰，具备与时俱进开拓创新的眼光和能力。在人才引进政策方面，不仅要给予一定的物质保障，更要注重教师的发展规划和情感归属。其次，要配齐补足思政课教师。高校应按照教育部规定，配齐思政课教师人员编制，保障教师数量与学生数量的比例均衡；实行青年教师导师制，以此带动青年教师业务水平快速提升，选聘具有丰富教学经验的优秀教师和党政干部等组建一支实力强大的兼职教师队伍，为高校思想政治师资队伍提供课外保障。

2. 完善教师培训体系

提升高校教师队伍的素质，不仅需要从根源上引进高端人才，更要加强现有教师队伍的专业培训，提高现有教师队伍的科研与教学能力，从而提升高校思想政治教育教师队伍的整体素质。“思政课有术、有学、有道，是政治性、学术性、专业性很强的课程，不亚于任何一门哲学社会科学课程，思政课教师要对自己的职业充满信心，努力肩负起时代赋予的使命，不辜负党和国家的期望和重托。”① 首先，要加强思政课教师的教学能力培养。作为新时代高校思想政治理论课教师，必须具备扎实的专业理论功底，能够将马克思主义理论有效融入自己的知识体系中，不断深入教学研究；定期举办教学研讨会，分享优秀教学经验，探索具有前景的教学新模式，培养思政课教师运用理论指导教学实践的能力。其次，要加强思政课教师的科研能力培养。集中学习研究最新的马克思主义学术理论成果，定期举办学术研讨会，进行课题研究，教师不仅是教书匠，更要成为研究者，不断培养教师开拓进取的精神，为思想政治理论课建设提供学术支撑。最后，要加强教师队伍团结协作能力的培养，教师之间要有团队协作精神，才能在日常工作中相互合作，互相启发，充分发挥集体智慧完成思想政治教育工作。

3. 提升教学考核标准

当前高校的教师考核评价机制比较单一，侧重于对科研成果的审查，相对忽视了对教学成果的测评。从而导致教师工作实施日趋功利化，当下的考核方式有碍于教学质量的提升，改革迫在眉睫。首先要明确“立德树人”和“以人为本”的教

① 佘双好：《抓好思想政治理论课建设的几个关键》，《社会主义核心价值观研究》2019 年第 2 期。

学理念,高校作为培育人才的主要场所,学生的成长成才是学校教育最主要的教育目标。教师以学生自身需求为出发点,在教学模式上寻求改变,为课堂注入活力,从而提升思想政治教育工作的质量。其次是在明确考核评价改革的方向之后,平衡教学成果考核在所有考核组成部分中的比重,更新评价体系。一是通过考核体系的实施,考察教师的道德水平、师风师德以及教学能力,在日常走访中,包括学生调查反馈和随机查课等形式,完成对教师综合能力的考核;二是通过考核机制来激励教师,不断提升自身的业务水平,包括科研能力和教学能力。通过调整考核体系中教师教学能力的比重,鼓励教师在投身科研的同时将更多精力投入课堂教学改革中。教学考核标准改革需要着眼全面,不能厚此薄彼,完善对每一个环节的细节要求。

(三)深化教学改革,打造实践平台

1. 深化教学内容研究

随着社会的不断发展,马克思主义理论学科的不断进步,思想政治教育的内容在原有的基础上应及时作出相应的更新和调整,传统的思想政治理论课的教学内容蕴含着马克思主义理论学科的精华,但也需要在新的时代背景下经过重新审视和考验。首先,应实现教材内容的现实转化,加强对教材内容的深度研究,系统把握思想政治教育五门理论课的内在联系,教材内容应避免重复,审视不同专业学生差异,做好内容上的衔接,吸收其他相关学科的理论成果,打牢教学内容的理论基础,打造符合学生发展规律的教材体系。其次,加强对现实问题的理论回应,将教学过程中的研究成果转化为教学内容的实践案例。既要深度挖掘理论基础,也要针对现实的时间问题作出回应,避免内容的失真,并在此基础上不断提高教学内容对学生的吸引力,明确思想政治理论课引导学生产生的获得感。将学生关注的思想政治教育重点难点问题纳入研究内容,使思想政治理论课既有历史感又有时代感。

2. 推动教学模式转变

思想政治理论课改革包括各要素和各环节的调整,是多种要素相互交融的有机体,推动教学模式转变,构建高校大思政格局,有效推进高校思想政治理论课建设。一方面,建立高校齐抓共管的大思政格局,是实现教学模式转变的重要途径。高校思想政治理论课教学是内外部各要素的总和,必须推动各要素之间协同发展,学校要以校园文化建设为基础,推动马克思主义学科建设和思想政治理论课教学

研究，整合教学资源，推动学科建设和教学改革。宏观层面把握强化思想政治理论课的总体设计和统筹，发挥思想政治理论课的育人优势，打造一体化的教学模式。加强与其他专业课之间的联系，使其他学科与思想政治理论课形成“协同效应”。另一方面，推动思想政治教育日常化，其实质是将理论知识与实践运用相结合为教育目标。引导学生把马克思主义理论转化为回应现实的能力，内化于心、外化于行。提升思想政治理论课教学的时效性，教学方式要贴近实际、贴近生活、贴近学生，促进课程改革与日常生活、社会实践相衔接。

3. 加强课程体系建设

“思想政治理论课程体系不仅是落实立德树人根本任务的主干渠道，也是帮助大学生树立正确世界观、人生观、价值观的核心课程，对新形势下加强和改进高校思想政治教育工作具有至关重要的作用。”①课程体系建设是思想政治理论课建设的一个重要环节，要紧跟时代发展，分别以教材体系、保障体系以及人才体系等方面为着眼点。首先，教材体系应符合学生成长规律和学习规律，尊重不同专业学生的认知差异，做好内容上的衔接，避免形成知识盲区；及时修订更新教材内容，充分吸取高校师生的意见和建议，对教材的框架结构、内容体系进行补充和完善。第二，在保障体系方面，加大投入力度，加强对马克思主义学院的建设，以及相关人才建设和组织领导能力的培育；在科研立项、人才培养以及评奖评优等方面优先保障思想政治理论课教师的权益，在人才培养过程中一定要不断强化思想政治理论课的地位，以保证思想政治理论课能够获得长足发展。第三，关于人才体系，教师聘用先决条件即判断其是否拥有优良的政治素养，以教学亲和力为重要标准，着力提升思想政治理论课教师的科研能力和教学能力，建立思想政治理论课专职教师任职资格制度，提升对专职教师的考核标准；思政课教师必须树立“立德树人”理念，将“立德树人”贯穿到思想政治理论课的课前、课中和课后的各个环节，实现全过程育人。

（四）优化教学资源，形成教育合力

1. 优化校园文化环境

环境对人的教育教化是潜移默化的。校园环境作为大学生学习的主要环境，

① 梁纯雪、眭依凡：《课程体系重构：基于增强思政理论课针对性和亲和力的调查和思考》，《中国高教研究》2018 年第 11 期。

时刻影响着学生的思想行为。思想政治理论课建设发展,离不开校园环境的配合和保障,校园环境既包括校园的人文环境,也包括硬件设施。首先,创建和谐的校园人文环境。校园的人文环境主要体现在广告栏、黑板报、广播台等,通过这些方式宣传社会主义核心价值观,加强宣导爱国主义教育,宣讲相关红色文化,用故事的方式吸引人,以榜样的力量感染人。能为思想政治教育工作补充部分内容,避免了课堂教学形式的单一和枯燥,达到润物细无声的效果。其次,配备现代化的硬件设施。新时代背景下,各种现代化技术层出不穷,只有配备现代化的校园设施,才能更好地利用现代化技术为思想政治教育服务。因此,尽可能对现有的老旧设备进行升级换代,及时对学生寝室、学校食堂、班级教室等具有思想政治教育功能的场所加大资金投入和技术支持,激发学生的关注度,增强思想政治教育的吸引力。

2. 强化家庭教育功能

家庭作为一个学生成长和受教育的重要单位,在培养孩子的道德水平、思想品质等方面扮演着重要的角色,也为高校思想政治教育工作做了有效的补充。父母作为主要家庭成员,他们的价值观念、道德准则都会直接影响孩子。在家庭教育层面加强思想道德教育,要求父母能够长期约束自己,提升自己的道德素质,规范自身在日常生活中的言行,从而引导子女能以更高的行为准则来要求自己。因此,了解和发现孩子成长过程中的问题,及时对孩子进行沟通疏解和教育引导,需要学校和家长建立起互联互通的交流关系,教师应和家长及时沟通,反映学生的在校情况,不仅可以使家长了解实时信息,也能配合学校对孩子及时给予教育引导。通过建立校内校外联通、老师家长并行的教育沟通的渠道,思想政治教育育人的"最后一公里"完成,实现课上课下、校内校外之间有机转化。最终建成可推广的一体化育人制度,打造了学校和家庭互动联通的育人机制。

3. 利用网络教学资源

随着网络时代的到来,手机和电脑作为重要的媒介将学生置身于复杂的网络世界中,信息的快速传播使网络媒体成为一把"双刃剑"。首先,学校既要利用好网络的宣传作用,杜绝不良的信息,建立完善的网络监督制度,搭建良好的校园网络平台,通过校园网站帮助学生过滤不健康的价值取向和不符合主流意识形态的内容,大力将符合社会主义核心价值观的正能量传播到学生的视野里。第二,一定要旗帜鲜明、立场明确,将弘扬社会主义核心价值观作为最主要的任务,通过网站信息发送等方式加强宣传,更要利用好各种网络平台激浊扬清。第三,高校要培养大学生正确使用网络媒体,加强师生互动,培养学生自主学习的能力,通过网络平台共享教学资源,了解更加全面的新闻信息和专业资源,弥补课堂教学的不足,发挥网络资源的优势,实现线上与线下协同推进。

高校意识形态安全的课程维度[①]

赵继伟[②]

[摘　要]从课程维度研究高校意识形态安全，主要从教师、学生、教材、课堂等层面展开。教师是影响高校意识形态安全的首要因素，学生是影响高校意识形态安全的关键因素，教材是影响高校意识形态安全的核心因素，课堂是影响高校意识形态安全的情景性要素。教师主导性发挥不够，学生主体性表现欠佳，教材建设存在问题，课堂供需矛盾突出，构成了课程视野中高校意识形态安全的现实挑战。要破除课程因素对高校意识形态安全的现实挑战，必须以课程改革创新助推高校意识形态安全。要在提升教师素质的基础上，加强教材编审，拓展课堂资源平台，打造各类"金课"，最终形成课程教学育人合力。

[关键词]高校意识形态安全；课程维度；教师素质；教材建设

高校意识形态安全是高校思想政治工作的重要方面，是指马克思主义在高校意识形态领域的指导地位稳固、对各种社会思潮的引领作用恒定，能够有效抵御各类消极影响因素的侵蚀，社会主义意识形态始终显示出强大的吸引力、凝聚力。从其内在结构上看，高校意识形态安全主要体现在解释层面、信仰层面和策略层面[③]，这意味着高校对意识形态有研究、教育和治理的主动权，牢牢掌握意识形态话语权，学生对马克思主义意识形态和社会主义核心价值观要认知、认同和接受。高校意识形态安全涉及面非常广，涵容宏观与微观、整体与局部、外部与内部、网上

---

① 本文系教育部人文社会科学研究规划基金项目"高校意识形态安全治理体系和治理能力建设研究"（15YJA710003）的阶段性成果。

② 赵继伟，湖北经济学院大学生思想政治教育评价中心主任、教授。

③ 陈国成：《网络宗教渗透对高校意识形态安全的影响》，《民族论坛》2017年第6期。

与网下，是一个复杂的系统工程。学术界对高校意识形态安全的研究已取得一些成果，对于其意义、挑战、治理、体系建构、网络安全、基本经验等研究相对集中，形成了较好的研究基础，笔者十分赞同。但这些研究多注重从宏观、整体上研究，尚缺少从微观、局部视角对单个影响因素的深化、细化研究。基于此，本文尝试从课程维度这一重要问题展开论述。

一、课程是影响高校意识形态安全的重要因素

课程是指"以课堂为渠道、以教材为载体的知识（理论）传递程序或进程"①，是理论与实践、显性与隐性的统一。课程的要素包括教师、学生、教材、课堂等，其中教师和学生是人的要素、教材和课堂是物的要素，但后者又是人的创造，所以，归根结底，课程总是人的课程。人是思想的载体，而意识形态是特定人群（一定社会集团或阶级）的思想体系，所以课程天然与意识形态相关联。从课程的发展史来看，工业革命之前的课程，由于意识形态占主导地位，可以说就是意识形态课程；工业革命之后的课程，尽管出现了分化，但意识形态也是必不可少的内容。其实，无论是斯宾塞的"什么知识最有价值"，还是阿普尔的"谁的知识最有价值"，都涉及意识形态。不同的是，前者认为科学知识最有价值，制订了以科学知识为核心的课程体系，但又认为科学在本质上是宗教的，反映了其资产阶级本性；后者则从批判视野明确指出课程的意识形态属性，认为既是"技术知识"也是意识形态。可见，课程中意识形态是始终在场的，那种视课程为"价值中立"、与意识形态无关的观点，不是无知，就是故意漠视。由于课程和意识形态的密切关联，使得课程成为影响高校意识形态安全的重要因素。

（一）教师是影响高校意识形态安全的首要因素

一方面，从职业的角度来看，教师是课程的发动者、组织者、主导者，是人类灵魂的工程师，培养什么人、怎样培养人、为谁培养人是教师必须明确的根本问题，也是教师必须坚守的根本价值立场。"对于课堂中教什么、能教什么和应当教什么这些问题的讨论不能想当然地等同于一些无关紧要的论述。"②"长期以来，

---

① 赵继伟：《"课程思政"：涵义、理念、问题与对策》，《湖北经济学院学报》2019 年第 2 期。

② ［美］迈克尔·W·阿普尔：《意识形态与课程》，黄忠敬译，华东师范大学出版社 2001 年版，第 2 页。

教师在课堂上使用教科书时都对教材进行过补充和修改。”[①] 思政课教师承担着马克思主义意识形态研究、教学、传播与实践的重任，是高校意识形态安全的主力军，在维护高校意识形态安全方面义不容辞。其他课程教师作为高校“立德树人”根本任务的承担者，也承担着教书育人的神圣职责，对课程内容的研究、取舍、态度，对学生潜移默化的影响，都浸润着特定的价值观，从而影响着高校意识形态安全。有学者指出，“高校某种意义上是党的意识形态工作的‘孵化器’，高校教师是党的意识形态工作的排头兵，要维护党和国家意识形态安全就必须重视高校和高校教师的作用和力量。”[②] 另一方面，不管自觉还是不自觉，教师作为社会成员，其日常言行举止、人际交往也会对高校意识形态安全产生一定影响。教师应充分认识和重视自身对高校意识形态安全的这种影响，真正做到在各方面都为人师表。

（二）学生是影响高校意识形态安全的关键因素

学生是课程的参与者、当事人，是高校马克思主义意识形态接受的主体。学生是未来社会主义事业的建设者和接班人，能否主动认知、认同马克思主义意识形态并最终对其产生信仰性接受，无疑对高校意识形态安全具有至关重要的影响。一方面，学生作为具有能动性的主体，总是基于自身经历、认知图式、现实需求，通过与教师之间的交流、沟通，来认识、理解、选择和接受马克思主义意识形态。有学者针对美国课程学习指出：“在学习知识过程中，学生也加入了具有自己阶级、种族、性别色彩的成分。学生也在选择性地接受这些合法知识，并对它重新解释，丢掉不需要的知识。”[③] 另一方面，随着信息网络技术的飞速发展，学生自主学习能力增强，获取知识的渠道更为多元、多样，知识面较以往学生宽得多，人类社会正逐步进入后喻文化时代。在后喻文化时代，“知识以解构、重构、反哺等多元化方式产生和扩散”[④]，扁平化的传播方式使教师的信息优先权不复存在，“弟子不必不如师”在很多知识领域出现，这既对社会分工意义上“师者”的能力素质提出了挑战，也

① ［美］M·阿普尔、L·克里斯蒂安—史密斯主编：《教科书政治学》，侯定凯译，华东师范大学出版社2005年版，第17页。

② 韩卉：《改革开放以来高校意识形态安全的基本经验》，《贵州社会科学》2018年第12期。

③ ［美］M·阿普尔、L·克里斯蒂安—史密斯主编：《教科书政治学》，侯定凯译，华东师范大学出版社2005年版，第17页。

④ 杨敏：《积极应对后喻文化时代教育挑战》，《人民日报》2015年10月30日。

在一定程度上使高校意识形态安全受到挑战。可见,必须充分认识学生的成长历程因素对高校意识形态安全的影响。

（三）教材是影响高校意识形态安全的核心因素

教材是课程知识和内容的载体,是教师与学生教学活动的中介,其承载的知识信息是教师和学生共同认识的对象。教材有广义和狭义之分,“狭义的教材主要指教科书”①。教材编写不是价值中立的,总是要围绕一系列原则和价值观进行选择和组织的,“大量课程知识的正式内容受到一致认同的意识形态的统治”②,所以说,教材编写总是要审视某一统治阶级对合法知识的理解。诚如有学者所言:“学校中的‘合法’知识是如何获得的?一般来说,他是通过我们极少关注的教材来实现的。”③“在确定‘用谁的文化去教育孩子’这个问题上,教科书起了很重要的作用。”④正因为如此,世界上很多国家都成立了专门的教材审批机构以确保意识形态安全。由于香港的通识课教材无须送审,教材不统一,没有标准答案,内容错漏百出,别有用心者可以利用教材误导学生、激化矛盾,有的教材由“占中”分子编写,煽动抗争,污名化“一国两制”,而改革开放40年的光辉历程没有写入教材,使得国家认同教育出现严重问题。因此,教材内容所寄寓的价值导向,对高校意识形态安全至关重要。

（四）课堂是影响高校意识形态安全的情景性要素

马克思指出:“空间是一切生产和一切人类活动所需要的要素。”⑤课堂作为课程教学进行的空间,是教学内容展示和传递的平台,同样是维护高校意识形态安全所需的要素。课堂分为理论课堂和实践课堂两种。理论课堂又叫分科课堂,常常指向于教室之内,又被称作第一课堂;实践课堂又叫生活课堂,常常指向于教室之外,其中校园相关场所常被称作第二课堂;校外相关社会实践平台被称作第三课堂。理论课堂和实践课堂是互补的,侧重点不同,各有优势,教师、学生以教材为中介发生思想沟通、情感交流、智慧启迪,都是通过这两种课堂进行的。课堂作为一

---

① 高凌飚:《教材评价维度与标准》,《教育发展研究》2007年第12期。

② [美]迈克尔·W·阿普尔:《意识形态与课程》,黄忠敬译,华东师范大学出版社2001年版,第65页。

③ [美]M·阿普尔、L·克里斯蒂安—史密斯主编:《教科书政治学》,侯定凯译,华东师范大学出版社2005年版,第29页。

④ 同上书,第1页。

⑤《马克思恩格斯文集》第7卷,人民出版社2009年版,第875页。

个场所、地域、平台，本来是沉寂的、没有生命的，但由于教师、学生和教材的加入，使其变得富有生气，具有了思想内容，成为一个充满了情感、态度与价值观的场域。课堂作为一个情景性要素，是课程的话语空间，构成了课程中师生之间的交流语境。课堂对高校意识形态安全起着潜移默化的影响，课堂环境的好坏，能够强化或削弱高校意识形态安全。

二、课程视野中高校意识形态安全的现实挑战

高校意识形态安全面临的现实挑战，既有全球化、市场化、网络化以及国内外敌对势力挑衅等外部影响，也有高校自身存在的一些现实问题。从课程的角度审视高校意识形态安全的现实挑战，也主要是从课程的构成要素去考量。

（一）少数教师主导性发挥不够

习近平总书记在全国高校思想政治工作会议上指出："高校教师要坚持教育者先受教育，努力成为先进思想文化的传播者、党执政的坚定支持者，更好担起学生健康成长指导者和引路人的责任。"[①] 对照这一要求，尚有部分教师存在一定差距：一是部分教师思想政治素质不高。有的教师重业务素质、轻思想政治修养，不注重思想理论武装，思想政治理论水平不高；有的教师受西方错误思潮影响，在大是大非问题上立场不够鲜明，甚至在课堂上讲授错误观点，口无遮拦、信口开河，与"课堂讲授守纪律、公开言论守规矩"的要求相背离，与思政课教师传导的观点相抵牾，对学生造成极坏的影响。二是部分教师不重视课程教学。有的教师重科研、轻教学，认为科研是实的、教学是虚的，导致教学业务素质差，站不稳讲台，使学生对其颇有微词。"亲其师，信其道"，教师的教学业务好坏，必然影响学生的选择性接受。三是部分教师育人理念有偏差。有的教师在课外不注重自身形象，为人师表作用发挥不够；有的教师育人意识不够，认为教好书就行了，育人是思政课教师的事，不注重对学生的思想引导，没有与思政课教师形成育人合力等。就思政课教师而言，也存在不少问题：有的教师受就业压力影响，仅将思政课教师作为谋生的职业，没有做到"在马言马、在马信马、在马行马"；有的教师不注重理论研究，自

① 《习近平在全国高校思想政治工作会议上强调：把思想政治工作贯穿教育教学全过程　开创我国高等教育事业发展新局面》，《人民日报》2016 年 12 月 9 日。

身对思想政治理论兴趣不浓、认识不深、理解不透，导致上课时照本宣科，讲不深、讲不透、讲不活，教学效果不佳；甚至有个别教师热衷于用西方的话语解读社会现实问题，有意无意地在课堂上传播错误思想观点，导致主流意识形态话语在课堂失守。这些现象的存在尽管为数不多，但由于教师课程主导性发挥得不够，使得课程育人效果不尽如人意，影响到高校意识形态安全。

（二）部分学生主体性表现欠佳

当前的在校大学生都是网络原住民，具有以往同龄学生所不具备的一些特点，加之前述后喻文化时代的流变，一部分学生参与课程的主体性比较低，课程育人效果大打折扣。一是隐性逃课现象严重。一些学生注重实际、精致利己，在学习上只关注自认为对自己有用的课程，对自认为无用的课程参与度极低。据调查，“除有 7.1% 的学生什么课堂都选择坐后排之外，有 60.6% 的学生选择思政课坐后排，有 19.8% 的学生选择专业课坐后排，另有 12.5% 的学生选择其他公共课课堂坐后排。”① 二是对思政课等意识形态属性强的课程不感兴趣。有的学生认为这类课程内容枯燥、太严肃，不如学点轻松的内容，让自己得到放松，追求娱乐至死，远离崇高。三是对课程内容浅尝辄止，不精耕细作。相当多的学生具有很强的网络依赖，是典型的信息人，在阅读时喜欢快餐文化，稍微长一点的内容都不愿意看下去，对于一些比较深奥的问题懒得去思考，动辄就在网上搜寻答案。他们对于课程内容也是这样，仅求一知半解，不愿深度参与、深度阅读、深度思考，很多学生仅仅沦为课程教学的看客和围观者。四是极少部分学生价值取向出现偏差。有的学生受求新求变的好奇心驱使，热衷于学习西方文化，而对中国优秀传统文化不熟悉，受西方“普世价值”观影响，崇尚所谓的“价值宽容、不问西东”。当前，学生中信仰宗教的人也日渐增多，增加了教育引导的难度。五是部分学生心理脆弱，容易出现应激反应。大学生正处于心理的断乳期，生理成熟而心智不够健全，容易出现心理问题，教师在教学时稍有不慎就会刺激到个别学生，导致在课程教学活动中与教师合作少而冲突多，因师生关系紧张而影响课程学习。此外，学生认为上不上课、如何上课是自己的事，自己有权选择和作出决定，这是其主体意识的表现，也是其参与课程主体性比较低的表现。这就出现了学生主体意识增强与参与课程主体性低之

① 赵继伟、骆心怡：《思想政治理论课大学生“坐后排”现象的实证研究》，《学校党建与思想教育》2019 年第 5 期。

间的矛盾悖论。需要指出的是,学生主体性表现欠佳,根子不在学生,影响因素很多,关键在于要对他们加强正确的教育引导。

(三)教材建设存在不足

教材作为师生课程教学的基本依据,其内容选择极其重要。毋庸置疑,新中国成立70年来,我们的教材建设取得了很大成绩。但是,在实现了教材的多样化和可选择性的同时,教材建设在一定时期也存在一些值得注意的问题。有学者指出,由于文化不自信,导致一段时间内教材编写存在某些"去革命""去红色"的现象、某种历史虚无主义出现,渲染中国封建传统而缺少中华优秀传统文化内容,也存在崇洋媚外的现象,甚至某些西方个人主义、西方自由理念的渗透,另外也有的教材内容涉及国家安全的问题。① 另有学者探讨了西方原版教材引进对高校意识形态安全的影响,指出西方原版教材是为西方资本主义意识形态服务的,是特定阶级的"自我修正",其词汇选择、语篇构造会展示出资本主义思想倾向,其材料选用是为西方资产阶级文化服务的,使用者在学习过程中容易受到西方意识形态的渗透,既会削弱高校意识形态话语权,又会侵蚀高校意识形态。② 有学者列举了马克思主义在某些哲学社会科学教材中缺失的表现:马克思主义在一些学科领域的教材中失去了基础理论地位;一些马克思主义教材遭到边缘化;某些学科教材对有关的错误思潮、错误观点不介绍、不分析、不批判,基本采取回避态度。③ 除此之外,有的教材还存在抄袭、拼凑、粗制滥造的问题。这些情况说明,教材的编写、选用、管理既存在不够规范的问题,又严重威胁着高校意识形态安全。

(四)课堂供需矛盾突出

课堂作为实施课程教学活动的场所,供给与需求一定要平衡,从集约利用资源的角度,既不能供大于求,也不能供不应求。随着国家经济社会高质量发展,课堂供给的状况大为改善,但与师生的需求相比,无论是理论课堂还是实践课堂,都还有一定的差距。就前者而言,由于受扩招、经费等因素的影响,有的学校教室供应

---

① 韩震:《教材编写的意识形态维度》,《课程·教材·教法》2019年第7期。

② 李小军、郭伟明:《西方原版教材引进对高校意识形态安全影响研究》,《广州大学学报》(社会科学版)2018年第5期。

③ 王红艳:《马克思主义在某些哲学社会科学教材中缺失的表现、原因和应对》,《思想理论教育导刊》2019年第7期。

量不足，为解决教学需求，有的学校采取压缩课时长度、缩短课间休息时间等折中办法，有的学校租用校外场所授课，使得师生奔波劳顿，影响课程教学效果。就后者而言，由于认识上的原因，很多学校将课堂仅理解为校内场所尤其是教室，不重视校外实践课堂建设，使得大多数教学活动都局限于学校之内，校外社会实践基地、实践教学基地、创新创业基地、实习实训基地等场所建设有较大缺口，使师生疏离社会大课堂，社会视野受到严重制约。另外，随着网络成为影响意识形态安全的最大变量，能否增强互联网思维，有效开辟和利用网络课堂，占领网络阵地，也成为摆在高校管理者与教师面前的一大挑战。

三、以课程改革创新助推高校意识形态安全

推动高校意识形态安全，既要系统推进，又要针对性优化。以课程改革创新助推高校意识形态安全，就是通过优化课程要素，祛除其制约因素以更好地发挥其对高校意识形态安全的影响。在影响课程的诸要素中，如果学生群体恒定的情况下，教师、教材和课堂就是变量，因此要推动课程改革创新，就要在提升教师素质的基础上，改变教材、课堂要素，打造各类“金课”，最终形成课程教学育人合力。

（一）提升教师素质

教师作为课程要素，是质和量的统一。质即素质，量即数量。要确保课程有效运作，教师的数量当然要充足，要按照要求配齐。但从高校意识形态安全的角度来看，教师的素质则更为根本。教师素质对高校意识形态安全具有双重影响，既会通过学生影响高校意识形态安全，又会直接影响高校意识形态安全，可见提升教师素质对于高校意识形态安全非常重要。

要提升教师素质，必须做到以下几点：一是坚持整体上提升。教师素质，内在包括提升教师的思想政治素质、业务素质和健康素质等，这些素质相辅相成，都对课程系统功能产生影响。因此，各高校党委教师工作部和教务部门要制订符合校情的统一方案，将提升教师素质作为一个整体来抓，促进教师的各类素质稳步提高。二是坚持有重点提升。整体上提升，不等于齐头并进。就当下而言，按照习近平总书记提出的有理想信念、有道德情操、有扎实学识、有仁爱之心的“四有”好老师标准，提升教师素质，重点就在于提升其思想政治素质和业务素质。诚

如习近平总书记所指出的，“教师要时刻铭记教书育人的使命，甘当人梯，甘当铺路石，以人格魅力引导学生心灵，以学术造诣开启学生的智慧之门。”[①]就思想政治素质和业务素质而言，更要强调思想政治素质，因为高校教师学历都很高，专业素质都很强，之所以出现课程主导性发挥不够的现象，主要是思想政治素质不高引起的。因此，“要加强师德师风建设，坚持教书和育人相统一，坚持言传和身教相统一，坚持潜心问道和关注社会相统一，坚持学术自由和学术规范相统一，引导广大教师以德立身、以德立学、以德施教。”[②]有重点提升，还可以抓住一些特殊教师群体，如重点抓好年轻教师、“海归”教师、民办院校教师、对外合作办学教师以及问题突出的相关学科专业教师，以进一步增强提升的针对性。此外，教育部组织的“马工程教材培训”，也要将各专业教材的意识形态维度挖掘出来，以此提高教师的思想政治素质。三是在落实规章制度中提升。相关规章制度尤其是中央文件，是提升教师素质的刚性要求和根本依据，必须认真贯彻落实。例如，中央文件强调要“提升教师思想政治素质，加强思想政治工作，建立中青年教师社会实践和校外挂职制度，加强师德师风建设，增强教师教书育人的责任担当。要完善教师评聘和考核机制，增加课堂教学权重，引导教师将更多精力投入到课堂教学上，完善教师职业道德规范，实施师德‘一票否决’。”[③]对此，各高校一定要落实好。

（二）加强教材编审

教材编写是国家事权，必须体现国家意志。[④]针对教材存在的意识形态安全隐患，必须在国家教材委员会的统一规划与领导下，系统加强对教材编审的管理。一是各地各高校尽快建立和加强负责教材编审的管理机构。各省级教育行政部门可依托或挂靠高教处、思政处（社科处）建立专门负责教材意识形态审查的管理部门，各高校也可依托党委教师工作部和教务部门设立负责教材意识形态审查的专门机构。二是加强教材研究与编写。鼓励一线教师根据时代要求和学生特点做好教材研究，吸纳优秀教师尤其是青年教师充实到教材编写队伍中，逐渐改变教材内

---

① 中共中央文献研究室：《十八大以来重要文献选编》（中），中央文献出版社 2016 年版，第 9 页。

② 《习近平在全国高校思想政治工作会议上强调：把思想政治工作贯穿教育教学全过程 开创我国高等教育事业发展新局面》，《人民日报》2016 年 12 月 9 日。

③ 《中共中央国务院印发〈关于加强和改进新形势下高校思想政治工作的意见〉》，《人民日报》2017 年 2 月 28 日。

④ 韩震：《教材编写的意识形态维度》，《课程·教材·教法》2019 年第 7 期。

容陈旧、时代性不强、语言生硬枯燥、形式单一等老问题。三是严格贯穿马克思主义立场观点方法，加快建设中国特色哲学社会科学专业核心课程教材，对于意识形态属性较强的教材要由国家统一规划、编写、审查与使用。四是要规范哲学社会科学教材选用，尤其是严格对原版教材引进与使用的管理，坚决杜绝引进不利于高校意识形态安全的教材。五是切实做好“马工程教材”尤其是思政课教材的编写与修订工作，及时融入习近平新时代中国特色社会主义思想。就思政课教材而言，必修课由国家教材委员会组织统编统审统用，地方或学校开设的选修课由各地负责审定，要“注重提升思政课教材的政治性、时代性、科学性、可读性”。[①]六是认真落实教材编审的意识形态工作责任制。对教材编写、引进、审定、使用各环节要严格监督检查，对出现的涉及危害高校意识形态安全的问题要零容忍，坚决严格按照相关要求予以追责和处理。

（三）优化课堂平台

要改变传统的课堂观念，树立大课堂观，将第一课堂、第二课堂、第三课堂都建好。第一课堂、第二课堂是校内课堂，分别是理论教学场所与课外活动场所；第三课堂是校外课堂，指向于校外社会实践基地、实习实训基地、实践教学基地等。课堂平台建设是硬件与软件的统一、内涵建设与外延建设的统一、现实课堂与虚拟课堂的统一。就校内课堂来看，当下大多数高校对第一课堂、第二课堂都非常重视，教学楼和其他教学场地建设得都非常气派，尤其是很多教学楼都装有空调设备。其硬件设施可以说是一流的，但这是外在的，属于外延建设的范畴。课堂作为课程教学的情境性资源与要素，既需要硬件方面的便利，更需要软件方面的人性化，要以其丰富的内涵影响学生。所以，校内课堂的优化，重点要做的是人性化的考虑，注重文化环境氛围的营造，注重在细节上的考量，增强人文关怀，为师生提供更便利的、人性化的服务。就校外课堂来看，无论硬件还是软件，都是许多高校的弱项，尤其体现在校外课堂数量不足，不能满足课程教学要求，许多高校都限于在校外某单位挂个牌子，仅起到装点门面的作用，建设与维护却跟不上。为此，高校要坚持开门办学，将校内小课堂和社会大课堂相结合，将政、社、产、学、研相结合，主动就近与相关党政机关、村镇社区、企事业单位等对接，保持常态化联系，共建共享优质校外课堂，完善各类课程实践教学机制。另外，各高

① 《中办国办印发〈意见〉深化新时代学校思想政治理论课改革创新》，《人民日报》2019年8月15日。

校还要充分利用网络信息技术，建立类型多样的网络课堂，将线上课堂与线下课堂结合起来。

（四）打造各类“金课”

“金课”是当前课程建设中的一个热词。“金课”是一个形象称谓，顾名思义，即含金量高的课程。所谓含金量高，即内容、形式、效果都达到“高阶”要求的示范课程。打造“金课”，是提高教学质量和教学效果的必然要求，也是更好实现课程育人的内在要求。无论是思政课还是专业课都要打造“金课”，通过打造“金课”，将学生吸引到课程教学中来，发挥各类课程协同育人的合力。

思政课打造“金课”，就是“不断增强思政课的思想性、理论性和亲和力、针对性”①，努力把思政课建设成学生真心喜爱、终身受益、毕生难忘的优秀课程。要打造思政“金课”，就需要继续加大对思政课的思想性、理论性资源供给，加大教研工作力度、精准把握思政课教学内容，大力推动思政课教学方法改革，提高思政课的科技含量，使思政课“硬”起来、“实”起来、“活”起来、“火”起来。另外，还要深入挖掘党史资源、地方资源和校本资源，开设系列思政类选修课，建立必修课加选修课的课程体系，满足不同专业学生对思想政治理论的差异性需求，增强思政课教学内容供给的针对性。

专业课打造“金课”，除符合金课的其他要求之外，从确保高校意识形态安全的角度，还要按照中央“整体推进课程思政”②的要求，深度挖掘各门课程中蕴含的思想政治教育资源，既解决好与思政课的相互配合问题，又解决好与中小学德育学科的相互衔接问题，打造课程思政“金课”。课程思政是大学生思想政治教育的子系统，是通过深度挖掘高校专业课程所蕴含的教育资源（或承载的教育信息）而发挥其育人作用的教育实践活动。打造课程思政“金课”，需要明确课程思政的各课程是与思政课相互配合的课程，是与思政课相互支撑的课程，是与思政课同向同行的课程，是与思政课合力育人、形成协同效应的课程。因此，打造课程思政“金课”，就需要教师在配合、支撑、同向同行、合力、协同上做文章，不能把专业课完全上成思政课，而是将课程中的教育元素挖掘出来巧妙地展示给学生，将教师自己的人格魅力呈现出来潜移默化地影响学生，使学生在不知不觉中受到教育，达到“润

① 《中办国办印发〈意见〉深化新时代学校思想政治理论课改革创新》，《人民日报》2019年8月15日。

② 同上。

物细无声”的效果。需要特别指出的是，由于课程思政属于思想政治教育，而思想政治教育是一门科学，不是任何其他学科教师都可以做的，在“深度挖掘”时候要发挥思政课教师的导向作用，“推动建立思政课教师与其他学科专业教师交流机制”，“坚持思政课在课程体系中的政治引领和价值引领作用”①。

① 《中办国办印发〈意见〉深化新时代学校思想政治理论课改革创新》，《人民日报》2019年8月15日。

新时代办好思想政治理论课的根本遵循

林慧平 ①

[摘 要]中国共产党历来重视思政课建设。在革命、建设和改革的各个历史时期，我们党都在各级各类学校开设不同类型的思政课。新中国成立初期，中央政府把开设思政课看成体现社会主义本质特征的要求、与旧社会学校根本区别的标志。改革开放以后，作为一门必修课，思政课成为青年思想政治理论教育的主渠道。党的十八大以来，习近平总书记在多次会议上深刻回答了事关学校思想政治理论课建设的一系列重大理论和实践问题，为推进新时代思想政治理论课建设指明了方向、提供了根本遵循。

[关键词]新时代；思想政治理论课；根本遵循

新中国成立70年来，思想政治理论课始终受到党和国家领导人的高度重视，毛泽东、邓小平、江泽民、胡锦涛和习近平等同志对此都有一系列重要论述。尤其是党的十八大以来，以习近平同志为核心的党中央对思政课的重视与关切更是前所未有。从全国高校思想政治工作会议到学校思想政治理论课教师座谈会，从宏观把握到具体指导，习近平总书记的相关重要论述不仅为新时代思想政治教育工作提供了根本遵循，而且为教好思想政治理论课提供了精神动力。

一、科学定位思想政治理论课教育目标

思想政治理论课自上而下由中央教育行政机构负责编制、实施和评价，各级各

---

① 林慧平，苏州大学马克思主义学院副教授。

类学校都必须开设。思想政治理论课具有统一性、权威性和意识形态性等特征，承担着对青年进行系统的马克思主义理论教育和思想品德教育的重要任务。在全国高校思想政治工作会议上，习近平总书记不仅强调了思想政治工作的重要性，而且明确了思想政治理论课的重要地位。他指出：思想政治教育的目标就是紧紧围绕培养什么样的人、如何培养人以及为谁培养人这个根本问题；必须坚持正确政治方向，把立德树人作为中心环节，把思想政治工作贯穿教育教学全过程，实现全程育人、全方位育人。

新时代思想政治理论教育虽然面临新的时代课题和历史任务，但在“培养什么人，怎样培养人”这一问题上具有内在的一致性。一方面，在教育的首要问题“培养什么人”上，习近平总书记明确提出要“培养社会发展、知识积累、文化传承、国家存续、制度运行所要求的人”①，这也是各国关于培养教育青年的普遍要求；“我们的教育必须把培养社会主义建设者和接班人作为根本任务，培养一代又一代拥护中国共产党领导和我国社会主义制度、立志为中国特色社会主义奋斗终身的有用人才”②，这是我国各级各类学校的共同使命，是我国社会主义教育的本质核心，是推进世界一流高校建设的指导思想。另一方面，在“怎样培养人”上，习近平总书记也在青年应该学习什么、怎么学习以及共产主义青年团应当怎样培养青年这三个方面提出了明确要求。第一，青年要自觉运用马克思主义武装头脑；③第二，青年既要读万卷书又要行万里路，把视线投向国家发展的航程，到艰苦的基层去锻炼自己；④第三，共产主义青年团作为党和政府联系青年的桥梁和纽带，也肩负着培养中国特色社会主义事业建设者和接班人的根本任务，青年团必须把巩固和扩大党执政的青年基础作为政治责任。⑤

习近平总书记强调，思想政治理论课是思想政治工作的主渠道和主阵地，在大中小学循序渐进、螺旋上升地开设思想政治理论课非常必要，是培养一代又一代社会主义建设者和接班人的重要保障。在学校思想政治理论课教师座谈会上，

---

① 习近平：《在北京大学师生座谈会上的讲话》，《人民日报》2018年5月3日。

② 《习近平在全国教育大会上强调：坚持中国特色社会主义教育发展道路　培养德智体美劳全面发展的社会主义建设者和接班人》，《人民日报》2018年9月11日。

③ 中共中央文献研究室：《习近平关于青少年和共青团工作论述摘编》，中央文献出版社2017年版，第38页。

④ 同上书，第55页。

⑤ 同上书，第61、62页。

习近平总书记又指出：思想政治理论课的作用不可替代；思想政治理论课是落实立德树人根本任务的关键课程；要从培养德智体美劳全面发展的社会主义建设者和接班人的高度来认识思政课的重要性；要从坚持和发展中国特色社会主义事业、实现中华民族伟大复兴的高度来认识办好思政课的重要意义。这些重要论述，是对新时代思政课教育目标的科学定位，也是新时代思政课建设的方针和指南。

二、高度重视思想政治理论课教育教学

当今时代，中国青年的知识需求呈现出多样化多层次的特点，不同于以往的历史阶段，新时代思想政治教育的时代主题是为实现中华民族伟大复兴的中国梦而奋斗。党的十八大以来，以习近平同志为核心的党中央全面加强党对教育工作的领导，狠抓思想政治教育不放松。无论是全国高校思想政治工作会议，还是全国教育大会，无论是考察基础教育，还是视察高等学校，习近平总书记在各种场合所作的关于教育的重要讲话，始终将“立德树人”作为教育的中心环节，把思想政治理论课放在重要位置。习近平总书记多次强调，“坚持立德树人”，“把立德树人的成效作为检验学校一切工作的根本标准”，“立德树人关乎党的事业后继有人，关系国家前途命运”，着眼于党和国家事业发展全局，习近平总书记从培养中国特色社会主义建设者和接班人的战略高度，对加强学校思想政治理论课建设作出了一系列重要部署。

2016 年 12 月，在全国高校思想政治工作会议上，习近平总书记专门提及高校思想政治理论课教学问题，他指出：要把思想政治工作贯穿教育教学全过程；要坚持不懈传播马克思主义科学理论，抓好马克思主义理论教育，为学生一生成长奠定科学的思想基础；用好课堂教学这个主渠道，办好思想政治理论课。2018 年 5 月，习近平总书记在北京大学考察时强调“马院姓马，在马言马”，高校马克思主义学院要为巩固马克思主义在意识形态领域的指导地位，推动马克思主义进校园、进课堂、进学生头脑，发挥应有作用。2019 年 3 月，习近平总书记主持召开学校思想政治理论课教师座谈会并发表重要讲话，对思政课和思政课教师的地位作用、目标任务、职责使命、工作要求以及思政课教师队伍建设、思政课改革创新等，作出了系统而深刻的阐述，为新时代学校思政课建设指明了方向。习近平总书记特别强调，各级党委要把思想政治理论课建设摆上重要议程，抓住制约思政课建设的突出问题，

在工作格局、队伍建设、支持保障等方面采取有效措施。党中央专门召开学校思想政治理论课教师座谈会，共谋思政课改革创新与未来发展，这在新中国成立70年教育事业发展史上尚属首次，足见以习近平同志为核心的党中央对思政课的高度重视。

青少年阶段是人生成长的关键时期，是世界观、人生观、价值观形成和确立的时期，需要正确的引导和培养。新时代思想政治理论课要聚焦青年这个中心，围绕青年、服务青年，坚持不懈传播马克思主义科学理论，全面推进习近平新时代中国特色社会主义思想进教材、进课堂、进头脑，帮助青年筑牢理想信念，掌握科学的世界观和方法论，引导学生增强“四个自信”，厚植爱国主义情怀，把爱国情、强国志、报国行自觉融入坚持和发展中国特色社会主义事业、建设社会主义现代化强国，实现中华民族伟大复兴的奋斗之中。

三、积极推进思想政治理论课改革创新

新中国成立70年来，随着我国社会主义市场经济建设的发展，改革开放的持续深入，复杂的国内国际形势都对马克思主义理论教育提出了尖锐的挑战，为了使马克思主义理论教育能够真正入心、入脑，思想政治理论课就必须根据新时代社会环境和大学生思想实际的变化不断进行改革，不断探索课程建设和教学的新形式、新规律、新内容、新方法和新举措，唯有改革创新才是思想政治理论课保证其吸引力和实效性的有效途径。

党的十八大以来，全国大中小学的思政课建设形成了一系列规律性认识和成功经验，但仍然存在不同程度的形式化、表面化、理论与现实脱节等问题，突出表现为，部分思政课教师自信不足，教学亲和力和针对性不够，各类课程与思政课同向同行的协同效应发挥不充分等。2019年3月，在学校思想政治理论课教师座谈会上，习近平总书记根据思政课建设面临的以上突出问题作了鞭辟入里的分析，强调推动思政课改革创新，既要遵循思想政治工作规律、教书育人规律和学生成长规律，也要掌握思想政治教学规律。同时，思想政治理论课教师既要在教学方式方法创新上下功夫，更要在教学内容创新上下功夫；不断增强思政课的思想性、理论性、亲和力和针对性。他提出，推动思政课的改革创新，必须坚持“八个相统一”。

一是“政治性与学理性相统一”。思政课兼具政治性与科学性的双重属性，要

将政治性建立在严密的科学性基础之上,通过透彻的学理分析回应学生,以彻底的思想理论说服学生,以真理的力量引导学生。二是“价值性和知识性相统一”。思政课兼具价值引领和知识传授的双重功能,要以丰厚的知识支撑,传导先进的价值理念,寓价值引导于知识传授之中。三是“建设性和批判性相统一”。处理好思政课教学“立”与“破”的关系,思政课教师要强化思想引领,引导帮助学生树立正确的世界观、人生观和价值观,确立为建设中国特色社会主义而奋斗的政治方向;同时还要引导学生对鱼龙混杂的思想观点进行甄别,过滤净化,批判各种错误思潮,匡正除邪,增强学生抵制各种错误观点侵蚀的能力,解决学生的思想困惑。四是“理论性和实践性相统一”。思想政治教育强调知行合一、内化于心、外化于行,思政课教师要将思政小课堂与社会大课堂有机结合。五是“统一性和多样性相统一”。思政课在内容上既要坚持马克思主义在意识形态领域的指导地位,又要吸收多元文化精华;在方法上既要遵守基本的教学规范,落实统一的教学目标,又要创新教学方法,因地制宜,因时制宜,因材施教。六是“主导性和主体性相统一”。既要发挥教师在教学中的主导作用,又要发挥学生自觉学习的主体性作用。七是“灌输性和启发性相统一”。理论教育需要从外部灌输,更需要启发性教育,要创新理论话语表达,多采用启发式、体验式、互动式教学方法,让学生在启发感悟中提升理论认知和思想境界。八是“显性教育和隐性教育相统一”。要实行直接、外显的有形教育与间接、内隐的无形教育的结合,实行思想政治教育主干道和多渠道的结合,开发和运用其他渠道的思想政治教育功能,推动思政课同信息技术的高度融合,增强时代感和吸引力。这“八个相统一”是习近平总书记在对思想政治工作规律、教书育人规律和学生成长规律科学把握基础上作出的阐述,言简意赅,深刻隽永,反映了思政课教育教学的内在规律,指明了思政课改革创新的发展方向。

四、大力加强思想政治理论课教师队伍建设

教师是塑造灵魂的工程师,是学生成长成才的引路人。2013 年 11 月,在对高校思想政治理论课的重要批示中,习近平总书记指出,“思政课必须办好,而办好思政课,关键在教师。”

长期以来,全国思政课教师在思想政治教育战线上兢兢业业、乐于奉献、奋发有为,教师数量迅速增长,结构不断优化、整体素质日益提升,习近平总书记对此

给予了充分肯定，认为他们“可信、可敬、可靠、乐为、敢为、有为”。同时，习近平总书记在多次会议上又从不同角度对思政课教师提出新要求，他鼓励教师要做“四有”好老师，即“有理想信念、有道德情操、有扎实学识、有仁爱之心”。他要求教师做“四个引路人”，即“学生锤炼品格的引路人”“学习知识的引路人”“创新思维的引路人”“奉献祖国的引路人”。他对思政课教师提出了“六要”要求，即“政治要强、情怀要深、思维要新、视野要广、自律要严、人格要正”。这些要求既是衡量新时代思政课教师授课水平的重要标准，也是思政课教师提升素质和水平的努力方向。习近平总书记的重要讲话深刻回答了什么是思政课好老师、怎样成为思政课好老师这两个根本性问题，为加强新时代思政课教师队伍建设指明了方向。

思政课教师肩负着立德树人的根本任务，使命光荣，责任重大，要深刻领会，正确把握“六个要”的新要求，不断提高自身素质。“政治要强”，要求思想政治理论课教师具有坚定的政治信仰、政治立场，具有敏锐的政治判断力，高度的政治鉴别力，在大是大非面前保持清醒头脑，引导学生增强“四个自信”，成为中国特色社会主义伟大事业的建设者和接班人；“情怀要深”，要求思想政治理论课教师要有深厚的家国情怀、仁爱情怀和宽广胸襟，以真情感化学生，以真爱教育学生，引导学生在党和人民的伟大实践中增强社会责任感，积极投身新时代建设；“思维要新”，要求思想政治理论课教师要把掌握辩证唯物主义和历史唯物主义作为看家本领，要根据新时代的要求和学生认知规律与接受特点，不断创新思想教育思维方式，引导学生辩证地看问题，学会正确的思维方法；“视野要广”，要求思想政治理论课教师要有宽广的知识视野、历史视野、社会视野、国际视野，引导学生善于从世界和人类历史发展的视角分析和看待问题，正确认识自己所承担的时代责任和历史使命；“自律要严”，要求思想政治理论课教师要严于律己，堂堂正正做人，踏踏实实做事，言行一致，课上课下一致、网上网下一致；“人格要正”，要求思想政治理论课教师要有堂堂正正的人格，做好学生的表率，用真理的力量感召学生，成为学生喜欢的人。

习近平总书记还从不同角度论述了办好思政课所具备的坚实基础和充分条件，明确指出，“办好思想政治理论课关键在教师，关键在发挥教师的积极性、主动性、创造性”，鼓励教师增强信心，振奋精神，“理直气壮开好学校思想政治理论课”。他强调“让有信仰的人讲信仰”，思政课教师要成为“有信仰的人”，要树立马克思主义的信仰；要“认真研究马克思主义理论的教育规律，努力成为马克思主义理论的教育家”。这些重要论述，明确了思政课教师的职责使命和努力方向。

新中国高校思想政治理论课建设回顾与展望

——基于文化的视野

周君才　黄晓利①

[摘　要]新中国成立70年来,高校思想政治理论课在课程设置、教材建设等方面,始终牢牢把握思想政治教育的文化使命、切实坚守马克思主义的文化品格、注重提升思想政治理论课的文化实效,走出了一条具有中国特色的建设之路。在新的历史时期,进一步加强和改进高校思想政治理论课建设,需要从文化视角来认识课程、建设课程,正视课程建设中的文化疏离现象,协调课程建设的文化冲突问题,注重课程建设的“生活世界”文化构建。

[关键词]高校思想政治理论课建设; 文化审视; 文化进路

文化是人特有的本质规定性,也是人类社会独特的本质规定性。这种本质规定性是以人和人类的实践活动呈现出来的。教育作为人和人类的一种重要的实践活动方式,其本质也必然是一种文化的活动。作为大学生思想政治教育的主渠道和主阵地,思想政治理论课是通过对马克思主义文化的传承和践行,引导大学生对社会主义先进文化的价值和意义进行的文化建构。鉴于课程的文化属性,从文化的角度来理解和分析新中国成立以来高校思想政治理论课建设的发展历程,可以更好地总结经验教训,推动思想政治理论课建设,提升教学实效性。

①　周君才,西南医科大学马克思主义学院副教授; 黄晓利,西南医科大学马克思主义学院党总支书记、教授。

一、新中国成立以来高校思想政治理论课建设的发展历程

从新中国成立起，党和政府就高度重视文化育人工作，把高校思想政治理论课建设列入了重点工作日程，决定“用新民主主义的、科学的、大众的、反帝反封建的文化，用马列主义观点和方法，代替国民党反动统治时充满唯心论、机械论以至封建买办法西斯主义的反动思想。”①此后，在总结苏区、解放区思政教育工作经验和学习借鉴苏联高校思想政治教育模式的基础上，我们开始了新中国高校思想政治理论课的建设之路。70年来，党和政府根据社会形势、时代特征和主要任务的变化，在高校思想政治理论课课程设置、教材建设等方面不断探索创新，走出了一条具有中国特色的建设之路。

（一）新中国成立以来高校思想政治理论课课程设置变化

新中国成立70年来，高校先后开设了20多门思想政治理论课主干课程。既有主要讲授马克思主义三大组成部分（哲学、政治经济学、科学社会主义）的“老三门”课程时期，又有主要讲授马克思主义理论、中国革命、中国社会主义建设的“新三门”课程时期，还有分为马克思主义理论教育和思想品德教育的“两课”课程时期，以及综合马克思主义原理、中国化马克思主义成果、国史和思想道德四大版块教育、四门主干课程的“思想政治理论课”时期。这种课程设置的变化既与时代的变化有关，也与新中国文化自觉、文化建设和马克思主义中国化等文化发展因素密切相连。

70年来高校思想政治理论课主干课程设置变化大致情况如下表：

70年来高校思想政治理论课主干课程设置变化

时间	主干课程	变化情况
1950年	社会发展史、新民主主义论、政治经济学	初步创建
1951年	辩证唯物论和历史唯物论、新民主主义论、政治经济学	改“社会发展史”为“辩证唯物论和历史唯物论”
1953年	辩证唯物论和历史唯物论、中国革命史、政治经济学、马克思列宁主义基础	改“新民主主义论”为“中国革命史”，增开“马克思列宁主义基础”

① 郭凤志：《德育文化论》，中国社会科学出版社2008年版，第113页。

（续表）

时间	主干课程	变化情况
1954 年	辩证唯物论和历史唯物论、中国革命史、政治经济学、马克思列宁主义基础、社会主义经济建设	开设“社会主义经济建设”，另外，“时事政策和思想道德教育”常态化
1956 年	马克思列宁主义基础、中国革命史、政治经济学、辩证唯物主义与历史唯物主义	停开“社会主义经济建设”
1957 年	社会主义教育	停开四门课程
1958 年	马克思列宁主义基础、政治经济学、辩证唯物主义与历史唯物主义	恢复三门课程
1959 年	中共党史、社会主义、哲学、政治经济学	课程全面恢复
1961 年	中共党史、马克思列宁主义基础（或马克思列宁主义概论）、政治经济学、哲学	“形势与任务”成为必修课
1964 年	形势与任务、中共党史、马克思主义哲学、马克思主义政治经济学	分为马列主义基础理论和时事政策两类课程
1966 年	毛泽东著作	课程体系受到冲击，面目全非，名存实亡
1978 年	辩证唯物主义与历史唯物主义、政治经济学、中共党史、国际共产主义运动史	理科可以开设“自然辩证法”
1980 年	中共党史、马克思主义政治经济学、哲学	文科加开“国际共产主义运动史”，试开“科学社会主义”
1986 年	中国革命史、中国社会主义建设、马克思主义原理、世界政治经济和国际关系、法律基础、大学生思想道德修养	分为马克思主义理论课和思想品德课两类，简称“两课”
1998 年	马克思主义哲学原理、马克思主义政治经济学原理、毛泽东思想概论、邓小平理论概论、当代世界经济与政治、思想道德修养、法律基础	其中，2003 年“邓小平理论概论”改为“邓小平理论和‘三个代表’重要思想概论”
2005 年	马克思主义基本原理概论、毛泽东思想、邓小平理论和“三个代表”重要思想概论、中国近现代史纲要、思想道德修养与法律基础	其中，2008 年“毛泽东思想、邓小平理论和‘三个代表’重要思想概论”改为“毛泽东思想和中国特色社会主义理论体系概论”

上表只是反映了高校思想政治理论课主干课程设置的概貌。这一方面是由于文理科、专业、层次等差异，学生实际学习的课程以及总教学时数等方面有一些不

同。例如，在1950年，一年制和二年制专修科、二年制专科学校只开设“新民主主义论”一门课程，三年制专科学校、理工农医等专门学院开设“新民主主义论、政治经济学”两门课程，其他类型的学校就三门课程“社会发展史、新民主主义论、政治经济学”都开设。[①] 当然，课程设置区别的标准，改革开放以前为文理科、专业、层次等，而改革开放以后就只体现在层次（专科、本科）上面了。因此，有些文科开设的课程也列入了主干课程。另一方面是由于非主干课程和选修课程没有列入统计。例如，形势政策课（开始设置时名称为“形势与任务”课）自课程开始设置后，一直是各专业各层次的大学生的必修课（大多每周一次两个学时），但一般没有归类在思想政治理论课主干课程中。还有“思想道德”和“法律基础”在非主干课程时，没有列入统计，但实际上在成为主干课程以前就已经开设一段时间了。而“当代世界经济与政治”则经历了从必修课到选修课的变化。

（二）新中国成立以来高校思想政治理论课教材建设变化

新中国成立70年来，高校思想政治理论课教材建设大体经历了以讲授提纲和参考书为主，以讲义、苏联教材、政治著作为主，以自编教材为主，以示范教材为主和以统编教材为主的发展历程。从教材体系的初步建立，到自编教材的大量涌现，再到统编教材的最终确立，教材体系建设与时俱进、不断完善。教材体现着文化育人的实质内容，教材变化既反映了教材建设的“教育学意义”上的不断成熟，也反映了主流文化的时代价值和趋向。这种变化蕴含着“当下”文化建设的最新成就，也蕴含着对“未来”文化发展的理想期许。当然这种“当下”与“未来”是随着时代发展而不断变化的。

1. 教材体系的初步建立

从1950年到1956年教材建设的成就主要是拉开了教材建设的序幕，确立了教学提纲、讲义和教学参考书等，开始引进苏联教材，确保高校思想政治理论课教学的顺利进行。从1950年到1951年，“新民主主义论”“政治经济学”“辩证唯物论与历史唯物论”（社会发展史）等教学大纲先后出版，其中包括一些苏联版本的教学大纲。《新民主主义论》（毛泽东）、《中国新民主主义革命史》（胡华）、《辩证唯物主义和历史唯物主义》（斯大林）等政治著作是基本教参书。1954年《中国现

① 教育部社会科学司组编：《普通高校思想政治理论课文献选编（1949—2008）》，中国人民大学出版社2008年版，第13、14页。

代革命史讲义》(何干之)出版后,部分高校也先后出版了一些课程的讲义,但多为本校使用。到1956年,"马克思列宁主义基础""中国革命史""政治经济学""辩证唯物主义与历史唯物主义"课程的教学大纲(初稿)出版。四门课程使用最多的教材分别为《苏共党史简明教程》《中国现代革命史讲义》《政治经济学教科书(苏联版)》《辩证唯物主义与历史唯物主义讲稿(苏联专家克列讲稿版)》。

2. 自编教材的大量涌现

从1957年到1984年,教材建设大体上经过了毛泽东著作教材、苏联教材、自编教材的历程。本土化教材的大量出现是这一时期教材建设的亮点。1957年,高校的四门思想政治理论课停开,开设《社会主义教育》课程,"教材以毛主席的'关于正确处理人民内部矛盾的问题'为中心教材,同时阅读一些必要的马克思列宁主义经典著作、党的文件和其他文件。"① 1958年和1959年课程恢复,教材以毛泽东著作、马恩著作和苏联教材为主要内容。1961年教育部曾出台一个"教材编选计划(草案)",计划1961年7月底编写完成,② 但直到1962年都没有完成。因此,1962年教育部在教科书选用方面建议:《哲学》可选用《辩证唯物主义历史唯物主义》(艾思奇主编),《政治经济学》可选用《政治经济学》(于光远、苏星主编),《中共党史》选读毛泽东著作、刘少奇讲话、胡乔木《中国共产党三十年》以及其他公开出版的党史著作③。

1964年,课程和教材贯彻"少而精"原则,原有教材作为参考和补充,主要的教材内容为毛泽东著作、总路线和重大政策、报刊社论和反修文章等。④1970年高校复课后,"设置:以毛主席著作为基本教材的政治课"⑤。1978年,是"从目前高等学校准备使用的许多种讲义中推荐一些较好的,以应各校急需。"⑥到了1979年,"高校政治理论课教材一般由各校教师自行编写,或由部分院校教师协作编写,或采用'文化大革命'前出版的教材"⑦。1980年,教育部规定,"各校可选用教育部

① 教育部社会科学司组编:《普通高校思想政治理论课文献选编(1949—2008)》,中国人民大学出版社2008年版,第31、32页。

② 同上书,第45页。

③ 同上书,第45页。

④ 同上书,第51页。

⑤ 同上书,第55页。

⑥ 同上书,第72页。

⑦ 同上书,第77页。

推荐的教材,亦可根据教育部制订教学大纲,自编教材。"[①]尽管各种自编教材存在"大同小异,质量不高"等问题,但自编教材的大量涌现,是一种有益的探索,为教材建设积累了大量经验。

3. 统编教材的最终确立

统编教材的确立是一个从"推荐使用、省市统编到国家统编"逐渐发展的过程,也是加强教材管理、提升教材质量的结果。1985年,"中央决定成立全国马克思主义思想理论课教材编审委员会",加强教材管理和建设,统筹规划"教材编辑及审定、教学参考资料的研究"。[②]并在1986年到1988年间,编写了必须遵循的全国性课程教材示范性大纲,也编写了《中国社会主义建设》试用教材,评审推荐了一批高质量的自编教材作为全国试用教材。国家教委规定,全国通用的教材,必须由国家教委组织编写、审定,或者由国家教委推荐使用。在此期间,一些省、市分别组织专家进行了本省、市统编教材的编写工作,出版了一大批省、市教材。

对于这些教材,国家教委分别于1991年和1992年发文表示,"应组织人力进行检查清理,对质量较差的教材应明令停止使用"[③],"要严格教材审批制度,制止多头编写教材等现象"[④]。1994年,全国性的思想政治教育专业课程教材编写委员会组建,开始启动整套课程新教材(12本)的编写。1998年,中宣部、教育部规定,"除经教育部批准进行教材编写改革的试点学校外,各高等学校都不再自编'两课'教材,所需教材从教育部或本省推荐教材中选用。"[⑤]

从1998年到2005年期间,国家组织编写了大量的示范性教材,并加大了对省编教材、示范教材的评审和监管工作力度,在此基础上还积极推动教学参考资料、多媒体教学软件、音像教材等的建设工作,教材建设工作进一步得到完善。2005年,4门必修课列入"马工程"重点教材,由中宣部、教育部统一组织编写,中央政

① 教育部社会科学司组编:《普通高校思想政治理论课文献选编(1949—2008)》,中国人民大学出版社2008年版,第87页。

② 同上书,第108页。

③ 同上书,第140页。

④ 李梁:《新中国成立以来高校思想政治理论课教材建设的探索历程和基本经验》,《思想理论教育导刊》2010年第1期。

⑤ 教育部社会科学司组编:《普通高校思想政治理论课文献选编(1949—2008)》,中国人民大学出版社2008年版,第185页。

治局审定。2006年开始，高校思想政治理论课4门主干课程进入了全国统编教材的时代。与此同时，立体化教材体系建设不断推进，成效显著。

二、新中国成立以来高校思想政治理论课建设经验的文化审视

在教育活动中，“课程不仅是人类文化传承的工具和载体，而且课程本身就是一种文化，是一种独特的教育学化和人学化的文化，具有‘为’的活动性和‘为人’的价值性特征。”①新中国成立70年来，高校思想政治理论课建设尽管经历过挫折，存在着一些不足，但几十年来在文化育人方面的成绩是有目共睹的，在对大学生进行马克思主义教育、世界观人生观价值观的正确引导方面发挥了重要的作用。在这一过程中，高校思想政治理论课既表现为一种体现社会主义价值观、被党和人民选择的文化，也表现为文化监管者（党和政府）、文化传承人（思政课教师）、文化传承者（大学生）以课程为载体的文化实践活动。

（一）牢牢把握思想政治教育的文化使命

只要是课程就具有其特定的文化使命。这是课程设置、存在和发展的本体论依据。设置高校思想政治理论课就在于其有着特定的文化使命。列宁指出，“没有革命的理论，就不会有革命的运动。”②当无产阶级取得和掌握国家政权以后，要想顺利地进行社会主义建设，就必须把无产阶级从文化压迫和文化贫乏中解放出来，建立无产阶级文化，用革命的理论去武装人民。这是思想政治教育特定的文化使命。

对此，毛泽东在新中国成立后指出，“随着经济建设的高潮的到来，不可避免地将要出现一个文化建设的高潮。中国人被人认为不文明的时代已经过去了，我们将以一个具有高度文化的民族出现于世界。”③但是帝国主义、封建主义、官僚资本主义“不愿工农在政治上抬头，也不愿工农在文化上抬头。”④这也就是说，新中国的社会建设、社会主义事业、文明中国人和具有高度文化的中华民族，是建立在

① 王攀峰：《学校课程的文化学诠释》，《教育学术月刊》2015年第5期。

② 《列宁选集》第1卷，人民出版社1995年版，第311页。

③ 《毛泽东文集》第5卷，人民出版社1996年版，第345页。

④ 《毛泽东选集》第2卷，人民出版社1991年版，第704页。

对国民的"先进文化"（主要是马克思主义文化）的教育，对"旧文化"（主要是封建文化）的肃清，与"敌对文化"（主要是资产阶级文化）的斗争等文化建设的基础之上的。这是一个长期的过程，关系到中国社会主义政权的稳定和发展，关系到社会主义建设的成败。这一使命是新中国成立初期高校思想政治理论课建设的神圣使命，至今仍然是高校思想政治理论课建设的价值和意义所在，以及为之奋斗的目标所在。

1949 年的《共同纲领》中指出，"中华人民共和国的文化教育为新民主主义的，即民族的、科学的、大众的文化教育。人民政府的文化教育工作，应以提高人文化水平，培养国家建设人才，肃清封建的、买办的、法西斯主义的思想，发展为人民服务的思想为主要任务"，"给青年知识分子和旧知识分子以革命的政治教育"。① 2019 年 3 月 18 日，习近平总书记强调，"办好思想政治理论课，最根本的是要全面贯彻党的教育方针，解决好培养什么人、怎样培养人、为谁培养人这个根本问题。"可见，一直以来高校思想政治理论课就是在进行一种马克思主义的文化构建（新中国成立初期为新民主主义文化性质，社会主义改造完成后为社会主义先进文化性质），一种对腐朽的封建主义、异化的资本主义的文化肃清，一种对大学生世界观、人生观、价值观的文化洗礼。尽管随着时代的发展，文化构建、文化肃清和文化洗礼的具体内容有一些差异，但新中国成立 70 年来建设先进文化，用先进的文化去武装大学生的使命担当，始终如一。正是由于高校思想政治理论课建设对这种文化使命始终如一的坚持，保证了课程建设的正确政治方向，推动了课程建设的不断发展和完善。

（二）切实坚守马克思主义的文化品格

毛泽东指出，"领导我们事业的核心力量是中国共产党。指导我们思想的理论基础是马克思列宁主义。"② 习近平总书记在庆祝中国共产党成立 95 周年大会上的讲话中也指出，"在坚持马克思主义指导地位这一根本问题上，我们必须坚定不移，任何时候任何情况下都不能有丝毫动摇。"③ 思想政治理论课是新中国成立

---

① 教育部社会科学司组编：《普通高校思想政治理论课文献选编（1949—2008）》，中国人民大学出版社 2008 年版，第 1 页。

② 《毛泽东文集》第 6 卷，人民出版社 1999 年版，第 350 页。

③ 习近平：《在庆祝中国共产党成立 95 周年大会上的讲话（2016 年 7 月 1 日）》，《人民日报》2016 年 7 月 2 日。

以后总结和借鉴革命时期和苏联发展的经验而发展起来的有别于旧式教育的新式课程，具有鲜明的马克思主义意识形态特色。这是社会主义大学本质特征的体现。70 年来高校思想政治理论课建设始终坚持马克思主义的文化品格，丝毫不动摇地坚持马克思主义的指导地位，坚持用马克思主义及其最新发展成果的理论、观点、立场和方法教育大学生，培养下一代。

70 年来，党和国家一直重视高校思想政治理论课建设工作，中宣部、教育部等部委直接负责指导，既保证了党对高校思想政治理论课建设的领导，也保证了马克思主义在高校思想政治理论课的指导地位。这是 70 年来搞好高校思想政治理论课建设的一条重要经验。新中国成立初期，高校就逐步开设了思想政治理论课，开始对广大青年学生进行马克思主义教育。1949 年 12 月 30 日，钱俊瑞在第一次全国教育工作会议上作报告时指出，“进行政治与思想教育”，就是要“提倡和鼓励马克思列宁主义世界观和毛泽东思想的学习。”[①] 此后，高校思想政治理论课始终坚持以马克思主义教育为工作主线，用马克思主义理论武装大学生头脑，把马克思主义教育贯穿于课程建设的全领域和全过程。

这种对马克思主义的文化品格的坚守，还表现在课程建设中对马克思主义与时俱进理论品质的体现。课程建设及时地吸收马克思主义中国化的最新成果，切实做到最新成果及时进教材、进课堂、进头脑。1997 年党的十五大，邓小平理论被确立为党的指导思想。1998 年，中共中央宣传部、教育部下文，高校开设了《邓小平理论概论》课。2002 年党的十六大，“三个代表”重要思想被确立为党的指导思想。2003 年，教育部规定《邓小平理论概论》课程名称调整为《邓小平理论和“三个代表”重要思想概论》课，课程增加“‘三个代表’重要思想”教学内容。2007 年党的十七大，把科学发展观写入党章（2012 年党的十八大确立为党的指导思想）。2008 年“毛泽东思想、邓小平理论和‘三个代表’重要思想概论”课程名称调整为“毛泽东思想和中国特色社会主义理论体系概论”，增加了“科学发展观”的教学内容。2017 年党的十九大，习近平新时代中国特色社会主义思想写入党章，被确立为党的指导思想。“毛泽东思想和中国特色社会主义理论体系概论”课教材体系结构进行了较大调整，增加了“习近平新时代中国特色社会主义思想”的教学内容。

---

① 教育部社会科学司组编：《普通高校思想政治理论课文献选编（1949—2008）》，中国人民大学出版社 2008 年版，第 4 页。

（三）注重提升思想政治理论课的文化实效

2019年3月18日，习近平总书记在学校思想政治理论课教师座谈会上强调，思想政治理论课是落实立德树人根本任务的关键课程，是培养一代又一代社会主义建设者和接班人的重要保障，作用不可替代。要高度重视思政课建设，抓住制约其发展的突出问题，采取有效措施，把思政课办得越来越好。为了更好地指导和推进高校思想政治理论课建设，提升和检验课程教学的文化实效，党和国家在每一个阶段都有关于思想政治教育的实效标准。

新中国成立初期，《共同纲领》提出了"培养国家建设人才""发展为人民服务思想""爱祖国、爱人民、爱劳动、爱科学"的目标。20世纪50年代，毛泽东明确指出，"没有正确的政治观点，就等于没有灵魂"，"我们的教育方针，应该使受教育者在德育、智育、体育几方面都得到发展，成为有社会主义觉悟的有文化的劳动者。"[①] 改革开放以后，邓小平提出了培养"面向现代化、面向世界、面向未来"的"有理想、有道德、有文化、有纪律"的"四有"新人目标。在庆祝清华大学建校90周年大会上，江泽民对青年学生提出了"五个成为"的目标要求。2016年，习近平总书记在视察中国科技大学时，对大学生提出了做"有理想、有追求，有担当、有作为，有品质、有修养"的"六有"要求。这些目标围绕着"培养什么人、怎样培养人、为谁培养人"这个根本问题，通俗易懂地回答了高校思想政治理论课建设的实效标准问题。

70年来思想政治理论课建设一直在不断探索提升教育实效性的路径和方法。首先，不断探索和完善课程制度的文化建设，确保高校思想政治理论课教学的实效性。《教育法》《高等教育法》《教育部关于全国高等学校马克思列宁主义、毛泽东思想课程的指示》《关于进一步加强和改进思想政治理论课建设的实施意见》等一系列法律法规和文件的颁布，为高校思想政治理论课建设和教学确立了规范和标准，对搞好高校思想政治理论课建设起了良好的规范和导向作用。其次，不断探索和创新课程教学文化，在打造学生真心喜爱、终生受益的课程教学方面取得了不小的成绩。从新中国成立初期开始，高校思想政治理论课教学就一直坚持采取理论联系实际的教学方法。从教育与生产劳动相结合，到与社会主义建设和改革开放实践相结合，创造了诸如实践教学、社会实践、志愿者活动、爱国主

① 《毛泽东文集》第7卷，人民出版社1999年版，第226页。

义基地教育、微视频、情景剧等许多理论与实际相结合的课程教学方面的好方法和好模式。

三、进一步加强和改进高校思想政治理论课建设的文化进路

从人的视角去看待和解读,就会发现高校思想政治理论课的文化亲缘性。从文化的视角去看待和解读,更容易发现高校思想政治理论课建设背后的深层内涵,更好地总结经验、找到短板,推进课程建设。因此,进一步加强和改进高校思想政治理论课建设,应从文化视角来认识课程、建设课程,正视课程的文化属性,在坚持已有成功经验的基础上,进一步挖掘课程的文化内涵,提升课程的文化活力,建构课程与文化之间的水乳交融关系。

(一)正视课程建设中的文化疏离现象

当前,主宰高校的文化是一种理性主义性质的文化。理性主义本来是以技术理性和人本精神作为其奔跑的两个轮子。但技术的不断发展和巨大成功,“大大提高了经济、政治、文化事业的生产率。结果:生活标准也相应得到提高。与此同时并基于同样理由,这一合理的事业产生出一种思维和行为的范型,……科学—技术的合理性和操控一起被熔接成一种新型的社会控制形式”。① 由此,技术理性文化不断侵蚀人本精神的地盘,在现代社会取得了支配性的地位,高校也未能幸免于难。尽管对人本精神的呼唤和复兴努力从未停止,但仍然没有能够动摇技术理性文化在高校的强势地位。技术理性文化笼罩下的高校课程建设,往往表现为一种片面强调知识而忽略文化的课程知识论哲学话语体系和运作机制。

这种知识论哲学也影响着高校思想政治理论课,导致了课程与文化的疏离现象,形成了知识偏好的课程观。由此,整个高校思想政治理论课教学体系高度关注的是马克思主义的理论、命题和概念等知识的学习和讲授,注重的是世界观、人生观、价值观的理论知识点。由于理论知识点是通过符号系统来进行展现的,这种偏好很容易导致课程教学陷入表面化的符号表述和抽象化、机械化的知识学习。这种课程的文化疏离,导致课程远离了马克思主义产生、发展和使用的现实情境,远

① [美]赫伯特·马尔库塞:《单向度的人》,刘继译,上海译文出版社 1989 年版,第 131 页。

离了学生生活的日常经验系统。高校思想政治理论课所蕴含的使命和力量的文化精神被形式化、边缘化，既不利于学生理解马克思主义背后丰富的意义世界，还容易导致课程缺乏吸引力，也不利于对学生进行社会主义核心价值观的引导和健康人格的塑造，导致难以提升课程教学的实效性。

人离开文化就不再是人。课程离开文化，就会缺乏人文底蕴和精神活力。从文化的视野来看，高校思想政治理论课的课程目标、课程内容、课程实施、课程评价等都是马克思主义文化的反映和设计。课程的意义和价值不仅仅是马克思主义基本原理、基本观点等知识的展示和宣讲，还包括了对整个“人的意义世界”的马克思主义文化的熏陶和建构。因此，必须正视高校思想政治理论课建设中存在的文化疏离现象，从“记忆、理解”的知识性学习转向“意义、行为”的文化性塑造。要把课程看成人类发展的文化讨论和学习，把教学作为大学生自我的文化审视和文化完善，把教学过程当作师生之间的文化对话。要注重课程的文化之根、文化精神、文化要素、文化主体和文化认同等要素。在马克思主义的文化生成中去建设课程、完善教学、文化育人，把重点从知识的传授和学习转向为文化的熏陶和建构，提升文化育人的效率和效果。

在这里，我们要注意反思高校思想政治理论课建设中出现的一些“文化装点”现象。近年来，为了应对高校思想政治理论课的文化疏离问题，特别是增强课程教学的吸引力问题，各种形式的“文化装点”（如引入快餐文化的元素）出现在了严肃的思政课教学课堂上，夸张的表现形式、甜腻的心灵鸡汤等教学方式时有出现。作为一种教育教学改革的尝试，本意还是为了探索如何更好地提升高校思想政治教育的有效性，因此态度是值得肯定的。但是，这些尝试大多停留在表面，只是一种“文化装点”，没有深植于课程的文化本质，难免容易陷入哗众取宠的泥潭。毕竟这种“文化装点”，虽然可以迎合大学生对于课程的“新奇”“热闹”“鸡血”等外在需求，可以应付院系或学校对于课程建设和课程教学的特色成果需求，也取得了一些效果，但我们必须意识到形式毕竟只是形式，这种喧嚣和热闹并没有真正解决课程建设中的文化游离状态。而且，我们还必须意识到这种形式蕴含着一定的危险，容易把大学生引入肤浅的、非理性的心理价值状态。显然，只有形式与内容有机融合，形式才具有真正的价值和意义。对于高校思想政治理论课而言，适当的“文化装点”是可以的，但本质上我们还是需要一种内生的文化融合，而不是单纯的形式上的“装点”。大学生的文化生成是一个长期的过程，需要我们持续的努力，切忌急功近利。

（二）协调课程建设中的文化冲突

高校思想政治理论课课程的文化价值不是于现实文化无涉的“臆想之物”，也不是可以无视于其他文化的“一厢情愿”。目前，高校思想政治理论课建设存在着一些偏差。一是忽略了马克思主义的实践文化特性，仍片面关注于马克思主义理论的基本知识点的讲解。使用的语言、案例等没有及时更新，没有及时对“当下现实”进行回应，存在与现实文化脱离的现象。二是无视马克思主义的斗争文化特性，片面化地理解课程的统一化的含义和要求。为了“统一化”而回避矛盾，无视马克思主义与其他文化之间的斗争现实，对于现实生活中急需澄清的重大问题和现象予以技术化处理或予以回避，对大学生关注的热点问题和现实困惑视而不见。

高校思想政治理论课建设必须始终坚持马克思主义的指导地位和社会主义办学方向，这一点是不容置疑的。但是我们必须意识到多种文化并存是当今世界的常态，文化之间前所未有的交流碰撞，甚至摩擦冲突，也是一种常态。现实世界还有很多非马克思主义、非社会主义的思想和思潮。这是高校思想政治理论课建设的现实境遇。这是不容回避，也无法回避的。正是因为国外、社会上、大学生中存在着非马克思主义、非社会主义的思想和观点，现实生活中存在着马克思主义、社会主义与非马克思主义、非社会主义思想和思潮的激烈交锋，才更需要我们建设好思想政治理论课，办好思想政治理论课。

2014 年 3 月 27 日习近平总书记在联合国教科文组织总部发表演讲时指出，文明因交流而多彩，文明因互鉴而丰富。文明交流互鉴，是推动人类文明进步的重要动力。在思想政治理论课建设中，不同大学生的价值观会有所差异，各种思潮与马克思主义也有诸多不同。这种差异和不同，必然会在思想政治理论课中导致文化间的误解、冲突，甚至是对抗。但是，这种误解、冲突和对抗所带来的并不一定是消极的后果。相反，这种文化间的误解、冲突和对抗，也是一种文化间的交流和互鉴。在这一过程中，马克思主义的真理性才能够真正体现，大学生中存在的各种非马克思主义思想才能得到真正澄清或消除，社会上存在的各种思潮才能被“看见”和分析。由此，高校思想政治理论课的价值才能得到更好地彰显，大学思政课教育才会更有活力、更有效力。

因此，在高校思想政治理论课建设中，我们必须秉持一种开放、包容的心态和眼光，坚持马克思主义指导地位，不忽略无视文化冲突，不害怕畏惧文化批判，不拒绝排斥文化交流互鉴,积极回应大学生的关切,积极应对各种文化冲突,在现实语境中去丰富和丰满高校思想政治理论课的“血肉”。

（三）注重课程建设中“生活世界”的文化构建

“我们要使人性变得完美,不是靠消除人性,而是要为人性添加一些超越自身的东西,并指引它瞄准比自身更高的目标。”① 高校思想政治理论课作为立德树人的关键课程,关注的是大学生的人性(德性),以人的自由而全面的发展作为“为人性添加的超越自我的东西”,通过对“为人类求解放”的马克思主义学说的学习,引导大学生追求自我、民族、国家、人类的“更高的善”。这种对大学生人性更完美的训练,不是要把大学生从其人性生长的“生活世界”中剥离出来,而是要消除其人性恶的滋生土壤,从而进入纯粹的“理想世界”。这种“生活世界的”剥离,既违反了马克思主义的实践性特征,也无视了大学生作为活生生的人的现实,最终的结果必然导致思想政治理论课成为一种无意义的学习。

从表面来看,思想政治理论课是不存在与“生活世界”的远离的。但事实却并非如此简单。从教材来看,思想政治理论课的教材一旦确定,它就已经成为“过去”,成为“完成”,成为“静止”。而这与大学生生活的当下、未来和变化,形成了鲜明的对比。而且教材严密的逻辑体系、独有的话语体系,很容易演化为一种不容大学生质疑和批判的权威和强制,从而阻碍课程体系与大学生“生活世界”的沟通和交流。从知识来看,知识虽然是对人类经验的概括和抽象,源于现实生活世界,但知识的抽象化特点显然与现实生活世界的具象化是有距离的。因此,我们在高校思想政治理论课的建设过程中必须注重教材理论知识与实践经验的融合,注重教学过程“生活世界”的融入,切实打破课程、教材和教学的狭隘壁垒,进入广阔的“生活世界”场景。

高校思想政治理论课作为立德树人的课程,离不开“生活—人”这个文化圈子。生活世界、活生生的人是课程赖以存在和发展的现实土壤。文化育人本来就是一种人化过程,是一个大学生在“生活世界”中的文化价值观的生成、发展过程。高校思想政治理论课作为一种文化,源自生活世界,又高于生活世界。通过把知识理论融入大学生的生活经验,高校思想政治理论课建立起了课程与大学生、大学生与他者之间的沟通和对话的桥梁。通过作用于大学生的日常生活世界,对生活世

① [英]约翰·亨利·纽曼:《大学的理想》,徐辉等译,浙江教育出版社2001年版,第1页。

界的经验、事物和现象等进行分析和净化，可以更好地引导大学生去追求那个“人之所以为人的意义世界”，从而实现对“生活世界”的超越。

高校思想政治理论课建设的“生活世界”文化构建，需要我们倡导一种面向生活的课程文化观，采用人本化的教学模式，提倡生活化的教学观。在课程的生活土壤中追寻其本真的意义和肩负的使命，促进课程与大学生的真正结合，实现马克思主义“真理世界”与大学生“生活世界”的完美统一。

总之，回顾过去的奋斗历程，是为了更好地开辟未来。新中国成立70年来，高校思想政治理论课建设尽管经历过曲折，但也取得了不俗的成绩，积累了宝贵的经验。这些成绩和经验是我们开辟高校思想政治理论课建设美好未来的坚实根基。在建设中国特色社会主义的道路上，高校思想政治理论课建设任重道远，需要我们在已有建设成就的基础之上，认真总结经验教训，积极应对各种挑战，正视不足，补齐短板，抓住机遇，开拓进取，不断创新思路和方法，才能进一步增强课程的吸引力和感染力，让大学生真心喜爱、终身受益。

论互联网时代高校思想政治理论课的改革创新①

王家斌②

[**摘　要**]近年来,互联网迅猛发展,深刻改变了大学生群体的求知途径、思维方式、价值观念和生活生存方式。互联网与思想政治教育的深度融合已成未来高校思想政治理论课改革创新的重要趋势。在多元多样多变的互联网时代,尤须深入剖析高校大学生网络生活的新特点,探究思想政治理论课教学的新挑战,深化思想政治理论课教学研究,进一步创新教学方式方法,打造一支综合素质过硬的思想政治理论课教师队伍,引导学生扣好人生第一粒扣子,有效克服碎片化、娱乐化、图像化弊端,让互联网切实为思想政治理论课改革创新服务,促进新时代大学生全面发展、健康成长。

[**关键词**]互联网时代;高校思政课课堂教学;课程改革创新

互联网时代背景下,网络社会思潮相互交锋,网络信息纷繁复杂、良莠不齐。大学生几乎处于无人不网、无日不网、无处不网的状态。互联网作为一种特殊的工具,潜移默化地影响着当代大学生的认知习惯、思想观念、价值取向,从而对高校思想政治理论课(以下简称思政课)提出了许多新挑战。"互联网+"让教育由封闭走向开放,给思政课教学带来了诸多新机遇。高校要敢于站在互联网的风口,主动回应青年大学生的问题和困惑,以教育信息化支撑和引领教育现代化,推动思想政治教育传统优势同信息技术高度融合,进一步推动思政课改革创新,不断增强思政

① 本文系作者主持的全国党校(行政学院)系统重点调研课题(中共中央党校办公厅发〔2018〕19号,序号:158);中央社会主义学院统一战线高端智库课题"新时代中华民族共同体认同建设研究"(课题编号:ZK20190113)的阶段性研究成果之一。

② 王家斌,大连理工大学马克思主义学院博士研究生,中共中央党校2018年访问学者。

课的思想性、理论性和亲和力、针对性，以及思想政治教育的时代感和吸引力，促进大学生的全面发展和健康成长。

一、现实表征：互联网时代高校大学生网络生活的新特点

互联网时代，网络已经成为高校师生学习、工作和生活中必不可缺的一部分，全面渗透到教育教学的各个领域。深入了解大学生群体在网络新时代的学习、生活特点和思想现状是深化新时代思政课改革创新的重要前提，更是提高思政课教学针对性和实效性的关键所在。中国互联网络信息中心（CNNIC）在北京发布的第42次《中国互联网络发展状况统计报告》显示，截至2018年6月30日，我国网民规模达8.02亿，普及率为57.7%；手机网民规模达7.88亿，网民中使用手机上网人群的占比达98.3%。在大学校园网络无处不在，已经成为大学生群体生活的必需品。大学生在享受网络带来的方便、快捷时，也必须警惕网络对其学习、生活产生的不良影响，做到趋利避害。

（一）大学生群体进入“读屏时代”“手指时代”，网络依赖症加剧

随着无线网络、智能手机、平板电脑的日益普及，当代大学生能够随时随地地“网络在线”，及时交换、传递各种信息。大学生的思想行为往往表现为感性化、浅表化、视觉化的感官刺激，系统性、批判性的理性思维能力亟待提高。此外，大学生作为网络的直接使用者，互联网已经成为其人际交往、生活学习和发表个人言论的重要渠道，更是展示自我才华和张扬个性的重要窗口和便利平台。调查显示：“随时随地随手上网，使得大学生相对充裕的个人时间日益碎片化，日均上网时长明显增加。68.5%的大学生每天上网3小时以上，其中7小时以上重度使用者占比达16.6%，可谓沉浸在网络世界中不能自拔。88.8%的大学生自认为有网络依赖症，其中‘较为依赖’及‘严重依赖’者占45.2%。”[①]起床刷微博、睡前聊微信、上课看“人人”、看“领英”，大学生机不离手，无处不网、无时不网，边听课边玩手机也成为很多大学课堂的“另一道风景”，这便是部分当代大学生进入“读屏时代”“手指时代”网络生活的真实写照。

① 周波等：《培养高素质“数字公民”——大学生网络素养调查报告》，《光明日报》2015年4月3日。

（二）价值观趋于多元，出现马克思主义理论信仰危机

网络社会思潮风起云涌，文化冲突碰撞此起彼伏，部分大学生早已迷失精神家园，出现马克思主义理论信仰危机。“互联网 +”理想信念是人们心灵的净化器，是凝心聚力的黏合剂。[①] 互联网上充斥着海量的数据信息、良莠不齐的社会思潮、纷繁复杂的文化生态，深刻影响着当代大学生群体的思想观念和行为方式。大学生虽然在“象牙塔”里学习和生活，但是网络能让他们的交际范围、关注焦点扩展到世界的每一个角落。不同国家、不同民族的意识形态、价值观和信仰在网络空间里相互碰撞、彼此交锋，很多大学生对新鲜事物充满好奇心、对未知事物充满求知欲，再加上网络中的自由度远超现实，于是他们在虚拟世界中放纵自我，满足自己的及时需求，进行个体情绪宣泄，又受到新左派、新自由主义、民主社会主义、历史虚无主义等社会思潮的冲击和影响，导致集体感、责任感、相互尊重意识甚至法律意识不断弱化。这既是部分大学生世界观、人生观、价值观“三观不正”的反映，也是马克思主义理论信仰缺失和信仰危机的具体体现。

（三）以娱乐为主，兼顾交流和学习

大学生活崇尚个性化，网络时代有的学生利用网络资源，博览学术资料，为争取继续深造和拿奖学金打下坚实基础；有的网上开“淘宝店”赚点生活费用；也有的沉迷于游戏不能自拔。有调查显示，当代大学生上网的主要目的在于娱乐，所占比例最高；其次为学习和网上聊天交友。由此可见，更多大学生是将互联网作为休闲娱乐工具。而网络信息的无序性、随机性往往使大学生在搜集信息时，容易变得无从选择、迷失自我，还浪费时间。同时，很多大学生在学习的过程中对网络信息的过度依赖导致其思维日益迟钝、意志渐趋消沉，对思政课学习的主动性和积极性也逐渐消失殆尽，这在很大程度上又成为高校思政课很难吸引学生兴趣的一大原因，降低了思政课教育教学的实效性。

二、实践鉴戒：互联网时代高校思政课面临的新挑战

互联网时代背景下，网络信息技术迅猛发展、云计算技术日益成熟、智能终端全面普及。网络信息传播的途径和形式日益多元化、复杂化，对高校思政课的主渠

① 张莉：《理想信念教育视域下大学生法治观培育》，《思想理论教育导刊》2016 年第 4 期。

道地位造成了一定冲击，很多高校的思政课仍然存在到课率低、学生低头率高、教师与学生互动度低等诸多问题，大学生边听课边玩手机的情况更是不容回避。

（一）课堂教学作用被弱化、抵消

当代高校大学生群体不断接受海量信息，在潜移默化中受到各种网络社会思潮和形形色色价值观的影响。大学生群体社会阅历少、心智不够成熟，对虚拟网络世界中的非马克思主义甚至反马克思主义的各种观点，以及恶意攻击和造谣诈骗的垃圾信息，还有被扭曲、夸大暴露于公众视野之下的各种社会矛盾，都无法作出正确的价值判断。而很多先入为主的错误观念，使得高校思政课所传导的积极信息受到抵制，课堂教学效果大打折扣，课堂教学作用被严重弱化和抵消。

（二）方式不当、主体不明

传统的思政课教育以“课堂、教师、教材”为中心，主要是教师进行面对面的授课、讲解，学生被动接受，课堂氛围也相对枯燥无味。久而久之，大学生对思政课就会失去兴趣，甚至产生抵触情绪，严重影响了授课的预期效果和预期目标。而进入“互联网 +”时代，思政课理论教学可以利用网络渠道，实现双向互动或多向交流，学生获得信息的质量和数量都有所提升，还可以自主选择感兴趣的内容进一步学习和领会。但是，网络上充斥着各种不良的社会思潮，不同的国家、地区和民族价值观可以最快的速度输送到世界的各个角落，尤其是大学校园。而思政教学对一些重大社会问题和现象不能及时作出回应，也不能最快地给予真理性和客观性的分析。而且，当前很多高校思政课教师还是过于强调教师的主导作用，忽视学生的主体地位，在教学上还是简单化、公式化、填鸭式的讲授与灌输，有效供给不足。于是就会出现：“教师上面讲、学生下面玩等诸多上课机不离手的‘低头族’”。

（三）教师权威面临挑战

“互联网 +”时代，手机、平板等各种移动终端设备走进校园，越来越多的大学生携带各种电子设备进入课堂，随时随地享受互联网带来的便利。在这种全新的网络学习模式下，学生在教师授课过程中遇到疑问时直接在“百度”“谷歌”轻轻一划，便能略知一二。当代大学生喜欢快节奏的信息获取方式，他们擅长快速处理信息，反感传统授课模式，喜欢主动学习而不是被动接受。教师作为传道、授业、解惑者的权威地位受到挑战，有些教师放不下布道者的架子，不用心去倾听网络信息时代大学生群体的内心声音，不了解学生的精神需求，也就很难有的放矢地引导学生。这样，教师的知识权威、新型师生关系会不断考验着传统教师的承受能力。

（四）互联网时代思想政治教育亟待从无序走向有序

在价值多元、信息爆炸、新生代成长、新媒体崛起的互联网时代，高校思政课教育网上网下呈现出有序无序错综复杂的状态。互联网已经深度融入大学生的学习工作生活中，成为其获取信息、表达诉求、沟通交流的重要工具和渠道。在这种背景下高校思政课教育成为一个更加复杂多变的系统，涉及教育、教学、管理、服务、引导等诸多方面，既需要多元教育主体介入，又需要拥抱互联网浪潮，与时俱进地整合网上网下教育资源、教育内容，不断更新教育方式方法和载体。大到思政课教育教学系统、教师队伍系统、管理服务系统、教材课程系统以及相关的实践活动系统等，小到课堂教学、“第二课堂”、“网络课堂”、调查研究等。这一系列具有不同思政教育职能的教育形式，只有以井然有序、各守其位、相互支撑的有序状态，才能做到不相互扯皮掣肘，形成教育合力，充分发挥网络思想政治教育与传统思想政治教育两种模式合力协同育人的整体最优功。但是，我们发现，现实中有序和无序的网上网下教育教学错综复杂、交叉出现又同时存在于高校思想政治教育中，这必然使思想政治教育效果大打折扣。

三、改进路径：互联网时代高校思政课改革创新的对策思考

“互联网 +”时代，当大学生群体借助网络平台在知识层面与理论课教师进行对话、交流时，很多教师的知识优势越来越不明显。“90 后”“00 后”的大学生思想活跃，关注现实、关注热点，但还没有形成稳定成型的价值观念。受到各种网络文化和社会思潮的影响，面对他们强烈的表达欲望和思辨精神，高校思政课如何不断改进传统思政工作方式和教学模式，从而实现网络与高校思政教育深度融合，全面提高思政课质量和水平，引领大学生坚定马克思主义理论信仰，培养他们成为担当民族复兴大任的时代新人，这是一个需要持续探讨的问题。

（一）课堂教学要把握时代脉搏，回应时代诉求

把握时代脉搏，把新思想转化为新内容。“互联网 +”时代，世界文化多样化发展的趋势不可逆转，一个多元、丰富的世界文化格局初见端倪。实践证明，我们对共产党执政规律、社会主义建设规律、人类社会发展规律的认识和把握不断深入，

为新时代的思政课建设提供了坚强有力的思想资源；中国特色社会主义理论和实践发展开辟出新境界、中国特色社会主义取得举世瞩目成就，为新时代的思政课建设提供了取之不竭的现实案例；中国特色社会主义道路自信、理论自信、制度自信、文化自信不断增强，为新时代的思政课建设提供了源源不断的信念支撑①。越来越多的高校大学生通过网络参与文化建设，借助微博、微信等多媒体平台进行文化交流和文化创造。这就要求高校思政课教师顺应网络化、信息化的时代大潮，做到因事而化、因时而进、因势而新。高校思政课教师要紧紧围绕"时代新声"，重视调查研究当代大学生所思所想所行，在准确把握和讲授习近平新时代中国特色社会主义思想上锤炼好真功夫，搭建复合多维的教学体系，把互联网作为传播先进文化、进行核心价值观培育、丰富大学生群体精神文化生活的新阵地、新平台，推动习近平新时代中国特色社会主义思想进学术、进学科、进课程、进培训、进读本、进头脑，为高校思政课课堂教学注入新动力，开辟新领域。

回应时代诉求，把鲜活的新时代讲得更鲜活。习近平总书记指出，要重视思政课的实践性，把思政小课堂同社会大课堂结合起来②。大学阶段既是大学生塑造道德价值观念的重要时期，又是步入社会前的关键缓冲期。思政课教学要坚持问题导向，推进思政小课堂与社会大课堂的深度融合互动，在回应时代诉求的过程中破解大学生的成长困惑、青春迷茫，帮助大学生扣好人生第一粒扣子，与时俱进增强大学生的道路认同、理论认同、情感认同，引导其成长为"守初心、担使命"的时代新人。当前，大学校园各种网络社会思潮和价值观不断交锋、碰撞。在某些网文中，充斥着刻意否定中华文明、歪曲党史国史的现象；在一些微博微信圈内，质疑党的领导、诋毁国家形象、丑化革命英雄的言论更是屡见不鲜。③面对这种现象，我们必须高度重视和警惕，理想和信仰的呼唤应该成为时代的诉求，更应该作为高校思政课教学的责任和使命。当前，高校思政课课堂教学要顺应互联网时代潮流，自觉站在互联网的风口下，推动传统课堂教学和网络新媒体的融合发展，强化互联网思维，给高校思想政治教育插上科技的翅膀，在网络学习空间中设置时事热点讨论话题，引导大学生参与讨论，各抒己见，在回应时代诉求的讨论、辩论中把握大学生思想动态的方向，引导大学生透过现象看本质，激发大学生深入思考问题，整合

① 王宏舟：《在时代发展的潮流中推进思政课建设》，《中国教育报》2019年8月19日。
② 魏华：《把思政小课堂同社会大课堂结合起来》，《光明日报》2019年8月1日。
③ 陈定家：《网络空间的历史虚无主义症候》，《红旗文稿》2016年第7期。

价值观念，切实帮助大学生增强中国特色社会主义道路认同、理论认同、情感认同，引导其成为担当民族复兴大任的时代新人。

（二）坚持主导性与主体性相统一，探索“智能化、数据化、个性化”思政教学模式

坚持主导性与主体性相统一，明确高校思想政治的教育主体和主体教育。习近平总书记在主持召开学校思想政治理论课教师座谈会时指出，要坚持主导性和主体性相统一，思政课教学离不开教师的主导，同时要加大对学生的认知规律和接受特点的研究，发挥学生主体性作用[①]。这就要求我们在思政课教学中重视教师主导地位而不是“教师中心论”，重视学生主体地位而不是“学生中心论”。随着网络社会的崛起，网络传播活动通过打破信息传递通道中的既有秩序，重塑了话语权分布格局，冲击着人们的固有观念，使传统教育模式中主、客体泾渭分明的格局被打破：从教育主体的角度看，要从“教授治学”向“师生共治”转变，学生在大学教育和高校管理中的作用不断被激发；从教育对象角度看，前喻文化时代、并喻文化时代向后喻文化时代过渡，“文化反哺”的现象更加突出[②]。网络信息时代，高校思政课教学要改变“填鸭式政治理论说教”，把“学生被动听”转变为“让学生主动说”，采取形式多样、生动活泼，融理论性、趣味性、情感性于一体的方式方法，使大学生真正参与到教学活动中，对其进行“人生指导”“灵魂教育”式的思政课教学。网络信息时代，高校思想政治教育必须科学引领各种网络思潮和声音，打破传统思想政治教育的主体和客体、内容和形式的划分，加快形成家庭、学校和社会各个教育主体和网络空间等教育场域的“全环境育人”合力，进而实现马克思主义理论话语体系对大学生成长的精神引领，使中国特色社会主义话语权在当代大学生群体中得以确立。

充分利用好网络学习空间，探索“智能化、数据化、个性化”思政教学模式。互联网与当代大学生的学习、生活、实践密不可分，高校思政课教师愈发感觉互联网时代背景下的大学生变得更“聪明了”，教师的部分观点往往得不到赞同甚至遭到学生的质疑和反驳，教学缺乏威信力和说服力，而思政课的灵魂与生命

① 阿勒泰·赛肯：《正确认识思政课中教师主导与学生主体的统一》，《光明日报》2019 年 8 月 2 日。

② 参见：美国社会学家玛格丽特·米德在《文化与承诺》一书中，将人类社会划分为“前喻文化”“并喻文化”和“后喻文化”三个时代。在“前喻文化”中，晚辈主要向长辈学习；在“并喻文化”中，晚辈和长辈的学习都发生在同辈人之间；而“后喻文化”，则是指长辈反过来向晚辈学习。

力在于说服力和信赖度。只有将高校思政课教学内容与复杂的社会现实结合起来，创造更多具有时代气息的教育活动，才能更好地引导大学生运用马克思主义的立场、观点和方法，科学有效地解释复杂的社会现象，引导其网络言行，切实提高思政课的亲和力、感染力和说服力。

互联网时代背景下的思政课教学，首先面对的就是浩瀚如烟的网络学习空间、丰富的知识建构，它超越了单纯的虚拟空间概念，无限扩大了当代大学生的求知问道时间和空间，可以满足大学生即时的个性化学习需求。教师、大学生、家长、管理者甚至社会公众均可实质性地进入网络学习空间，与大家深度互动、高效沟通、有效协同。高校思政课教师要积极借助“互联网＋思政教育”，从思政课教学方式变革入手，关注大学生群体的学习需要、求知动机，探索“智能化、数据化、个性化”的思政课教学模式，为大学生提供更加丰富的思政课课程，实现“师生互动、生动活泼、可亲可近”的思政课教学效果。“智能化、数据化、个性化”思政课教学模式具有多元化、高质量网络学习支撑的特点，是大学生学习知识，增长智慧的良好模式，有助于教学相长、师生共同成长。具体模式如下图所示。

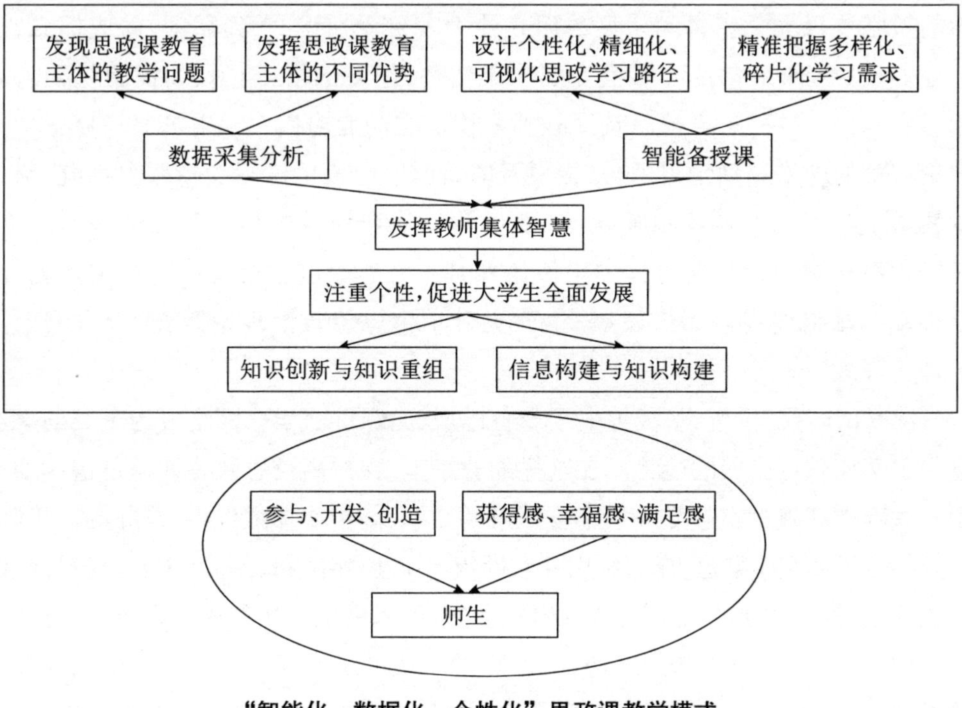

“智能化、数据化、个性化”思政课教学模式

（三）坚持培养高素质专业化思政课教师队伍，抢占网上网下学习空间理论高地

教师是立教之本，兴教之源。2019 年 3 月，习近平总书记在北京主持召开学校思想政治理论课教师座谈会时强调，“办好思想政治理论课关键在教师，关键在发挥教师的积极性、主动性、创造性”。理想信念并不是空中楼阁，它需要扎实的根基、深厚的理论修养。互联网时代的思政课绝不是教条式的死记硬背，而是要学会用马克思主义的立场、观点、方法去分析学习工作生活中的现实问题。“互联网 +”时代，很多高校教师自身知识权威受到挑战。如今的大学生大都是“90 后”“00 后”，他们是“数字原住居民”一代，从呱呱坠地开始就生活在一个无所不在的网络世界，网络就是他们的生活，有不懂的“百度”一下就能知道个大概，他们无时无刻不在用信息技术进行交流和互动。所以，高校教师要从以下几方面做起：第一，高校教师要确立自身作为“学习者”的身份，回归真实本性，突破旧的、传统的教育教学观念和方式，按照“政治要强、情怀要深、思想要新、视野要广、人格要正”的新要求，坚持与时俱进，不断更新教育理念，锤炼自我，切实打造一支可信、可敬、可靠，乐为、敢为、有为的思政课教师队伍。第二，高校思政课教师的教学要以大学生喜闻乐见的形式让大家接受知识、学到真理、养成信念，引导他们增强“四个自信”，厚植爱国主义情怀，把爱国情、强国志、报国行融入血脉、融入灵魂。第三，高校思政课教师要积极主动为当代大学生搭建马克思主义理论教育的网络互动学习平台，提供及时、便捷、全面的学习支持服务系统，努力做大学生学习的引导者和服务者；既要深入浅出地讲授马克思主义基本理论，又要积极推进习近平新时代中国特色社会主义思想进教材、进课堂、进头脑，注重推动思政课建设内涵式发展，全面提升学生思想政治理论素养，抢占网上网下理论高地。

互联网时代，手机、平板等电子设备已成为教具或学具，网络成为重要的学习途径是学校教育发展的趋势。在这样的背景下，探讨高校思政课如何创造性地利用互联网提高教学实效是一个不可回避的话题，高校要加强校内、校际沟通机制，畅通师生互动交流渠道，充分利用互联网组建师生网络互动平台，创新高校思政课文化体系，挖掘关乎人民群众利益的社会热点，积极推介典型人物事迹，丰富理论教学内容。江泽民同志也曾强调：“科学的本质就是创新。创新是一个民族进步的灵魂，是一个国家兴旺发达的不竭动力。整个人类历史，就是一个不断创新、不

断进步的过程。没有创新,就没有人类的进步,就没有人类的未来。”①高校理论课教师要敢于在课堂教学中创新内容、创新形式,通过开设各种专题网站、主题论坛、在线学习讨论小组等方式,乐于学习网络新媒体技术,勇于运用网络新媒体技术,多关注国内外社会动态,及时更新教学内容,结合时政热点,以大学生为主体进行探究式、案例式教学,引导大学生合理利用手机一起学习、探讨。这些形式不仅可以活跃思政课课堂氛围,提升教学的趣味性、知识性,还能促进学生更好地理解和掌握马克思主义理论基础知识,最终使课堂讲授有的放矢、直抵人心,增强大学生思政课的“获得感”。

(四)坚持守正和创新相统一,构建高校网上网下思政教育协同育人机制

多样中突出主导,坚持守正和创新相统一。大学阶段是大学生人生的“拔节孕穗期”,同时又是世界观、人生观、价值观形成的关键时期,打牢思想基础,筑牢思想阵地,尤为重要。网络技术可以打破传统教育中的地域、时间限制,为大学生的思想政治教育学习提供开放的环境和充足的学习资源,更有利于大学生个人发展。第一,思政课教师要善于拥抱互联网,充分利用网络及时了解和掌握大学生的个性需求和思想变化,有针对性地进行沟通交流,将网络上的思想政治教育内容制作成视频、音频、文字相结合的多媒体课件,使单调枯燥的传统思想政治教育内容变得生动形象,提高思想政治教育对大学生的吸引力。第二,高校要积极落实新时代思政课改革创新要求,创新课堂教学、社会实践等网下思想政治教育方式,切实增强思政课的思想性、理论性和亲和力、针对性。比如,把社会主义核心价值观以大学生喜闻乐见的方式放到网络宣传、网络文化、网络服务中,建设社会主义核心价值观的网络传播阵地。使主旋律、正能量和先进文化占领网络阵地,为高校大学生营造良好的网上舆论环境,集聚网上舆论正能量,同时为高校在教书育人、生产劳动、爱心公益、科研发明、创新创造、志愿服务和勤工俭学等活动中涌现出来的榜样师生提供一个宣传渠道和展示平台。

促进高校思想政治教育增加有序、减少无序发展,构建好网上网下协同育人体系。一是要紧紧围绕社会主义核心价值观整合无序教育,充分发挥课程、科研、实践、文化、网络、心理、管理、服务、资助、组织等方面工作的育人功能,让学生内化于心,外化于行,切实构建起“十大”有序育人体系。比如,积极开展文明宣传活动,

---

① 《江泽民文选》第3卷,人民出版社2006年版,第103页。

实施网上网下宣传相结合，通过网络互动让更多师生加入文明创建行动工程。网下可以通过组织开展中华优秀传统文化挖掘与保护工程的活动，发挥博物馆、党史陈列馆等文物的育人作用，推进党史教育普及化常态化，增强师生的国家认同感、归属感。二是加快整合高校网上网下教育资源和教育内容，加强主流意识形态的宣传教育，抢筑网络思政教育阵地，努力形成网上网下协同育人的良好局面，推动网上网下思想政治教育耦合协同，形成良性互动的教育局面。

四、结　语

千里之行，始于足下。当下高校思想政治教育如何借助“互联网＋”解决好培养什么样的人、怎样培养人、为谁培养人这个根本问题，更好地发展、创新，已经成为新时代思政课改革创新面临的重大理论课题和实践课题。习近平总书记在主持学校思想政治理论课教师座谈会上指出，高校是思想政治教育的前沿阵地，思政课教师必须及时感知、反思这些新挑战和新机遇，把网络融入到理论教学当中，与大学生在网络空间形成常态性的对话沟通机制，主动探寻互联网与思政课课堂教学形成良性互动的方式和途径，打造出当代大学生真心喜爱、终生受用的灵魂工程课，完成立德树人、塑造大学生健康道德人格的使命。互联网时代背景下高校思政课改革创新绝非朝夕之功，空喊口号、好高骛远不行，盲目蛮干、大而化之也不行。高校教师必须充分尊重大学生在网上网下学习的主体性地位，善用“网言网语”“微言微语”，使互联网与思想政治教育深度融合、良性互动，既“抓眼球”又“触灵魂”，既有“意义”又有“意思”，切实引导好大学生的“知、情、意、行”，让思政课的精髓，内化于心、外化于行，让网络这个“最大变量”变成“最大正能量”，切实促进新时代大学生全面发展、健康成长。

基于“雨课堂”的“马克思主义基本原理概论”教学改革与探索

徐　羿　张　璟①

[摘　要]“雨课堂”借助于微信小程序和公众号，以更加便捷、高效的方式实现了线上与线下相结合的混合式教学，具有资源整合能力强、教学实施手段多、教学数据采集全、师生互动多元通畅等新特点，为新时代思想政治理论课教学改革提供了新的解决方案。因此，探索基于“雨课堂”的“马克思主义基本原理概论”课教学改革方案，既是促进教学理念转型，实现“教学相长”的重要途径，也是开启“原理课”智慧课堂改革的有益探索，更是促进教学效果提升，响应习近平总书记对思想政治理论课课程改革创新提出的具体要求，打造军队院校“金课”的重要尝试。

[关键词]马克思主义基本原理概论；雨课堂；教学改革；混合教学模式

2019年，习近平总书记在学校思想政治理论课教师座谈会上强调，“思想政治理论课是落实立德树人根本任务的关键课程”，“是培养一代又一代社会主义建设者和接班人的重要保障”，“推动思想政治理论课改革创新，要不断增强思政课的思想性、理论性和亲和力、针对性。”“马克思主义基本原理概论”课（以下简称“原理课”）作为思想政治理论课的主干课程，是思想政治教育的主阵地和主渠道，也是学生学好思想政治理论课，确立正确的世界观、人生观、价值观，坚定对马克思主义的信仰、对社会主义和共产主义的信念的重要基础。但由于“原理课”涉及面广、

---

① 徐羿，陆军工程大学政治工作系马克思主义原理教研室副主任，讲师；张璟，陆军工程大学政治工作系马克思主义原理教研室讲师。

概念抽象、不易理解，为保证教学效果，在课程改革创新中，必须始终以习近平总书记提出的“八个相统一”为基本遵循，以混合教学模式的探索构建为牵引，充分发挥课堂主渠道的作用。因此，在前期课程建设的基础上，我们依托陆军工程大学校级优质课程建设项目，积极探索基于“雨课堂”的“马克思主义基本原理概论”课教学改革，并取得了一定的经验与成果。

一、基于“雨课堂”的“原理课”教学改革的总体设计

本课程教学遵循政治理论教学规律、学生认知规律、情感实际和接受习惯等，紧紧围绕什么是马克思主义、为什么要始终坚持马克思主义、怎样坚持和发展马克思主义等重大问题，以认识人类社会发展规律为主线，以阐述马克思主义世界观和方法论为重点，充分体现习近平总书记的新思想新要求新论断，通过将正确的教学理念、合理的教学内容、现代化教学手段和多样化教学方法进行有机统一，帮助学生深刻认识马克思主义的当代价值，坚定对马克思主义的信仰、对社会主义和共产主义的信念，培养学生观察当代世界的宏大视野、透视时代风云的锐利目光、展望未来世界的长远眼光和战略定力，使学生自觉将马克思主义基本理论作为政治底色和看家本领。

（一）建立教学内容实时更新的运作机制

根据新修订的教学大纲和新的人才培养方案需求，立足国家“马克思主义理论研究和建设工程重点教材”，创新“因势施教、因群施教、因业施教、因材施教”的教育方式，利用“雨课堂”提供的丰富教学参考，精心打造教学资源、制订教学计划、编制教学内容，充分体现习近平总书记对发展马克思主义作出的原创性贡献，体现党的十九大提出的新思想、新观点、新战略、新举措，最终形成知识要点脉络勾勒、重点难点微课讲解、题库建设丰富多样、案例材料紧跟时代、时事热点及时解读的多维教学体系，并通过混合教学模式呈现给学生。同时，通过每周定期组织业务日活动，对党的创新理论和习近平总书记的最新讲话精神及时跟进，深入解读，实现第一时间进入教学体系。

（二）制订学为主体的教材体系编订计划

本课程教学重点是马克思主义的基本立场、基本观点、基本方法，而对于由此所涉及的许多概念、人物、历史事件以及有关的专业知识等，由于篇幅所限，并未在

教材中涉及,课堂有限的时间也会集中突出讲授重点,但这些内容对于学生深入理解掌握原理有很大帮助。计划在深入学情调查的基础上,编写一本符合学生视角、适用自主学习的教学辅导用书,通过提供理论扎实、内容丰富的教学资源,帮助学生熟练掌握知识点,形成知识脉络,建立知识体系;编写一本紧跟时事热点,满足学生思想空间拓展的应用性用书,提升学生抽象思维能力和应用原理解决现实问题的能力。结合在线资源,最终形成围绕马克思主义理论研究和建设工程重点教材《马克思主义基本原理概论》的辅助教材、延伸阅读教材、网络教材等,构成立体化教材体系,进一步提升教学的针对性、时效性和吸引力、感染力。

(三)实现整体参与的交往式教学方法

充分发挥“雨课堂”的教学统计和在线交流等功能,激发学生参与教学的热情。通过适时开展答疑解惑、及时进行教学反馈、实时推送热点话题等灵活多样的交互手段,关注课堂以外学生的思想动态,并进行正面的引导和干预,以此充分发挥政治理论课的思想教育阵地作用,让政治理论课突破时空限制,从课堂进入学生的日常生活,实现课上对课下的多维渗透,让政治理论课教师真正成为学生身边理论上的先行者、灵魂上的工程师、生活中的好朋友。

(四)基于分工负责的团队成员配置方式

设置以教授为主导的内容优化组,以教授多年丰富的教学经验和扎实的理论功底为基础,全面梳理课程知识点,针对“雨课堂”混合教学模式的特点改编教学实施方案和教案课件,实现教材体系校本化、教学内容符合混合教学的要求;设置以中青年教学骨干为核心的教法改革组,以教学骨干一线教学的调研情况为起点,根据学情变化和教材要点,探索适合“雨课堂”的混合教学模式,尝试通过灵活运用交互式、启发式、探究式和研讨式等多种方法,使教学目的和教学手段达到一致性;设置以年轻教师为主体的素材建设组,以年轻教师良好的资源整合能力为保证,收集与教学内容相关的教学素材,如音频、视频和电子文档资料等。并将教授、教学骨干、年轻教师进行传帮带分组,确保细化分工、责任到人,加速教师队伍素质整体提升。

(五)实行多元一体的考核评定体系

通过“雨课堂”全面的教学统计,将学生作业成绩、测试成绩、课堂表现、专题小论文等过程性评价要素按比例计入形成性成绩,结合终结性考核成绩,探索以素质教育为牵引的课程考核模式。具体如下图所示。

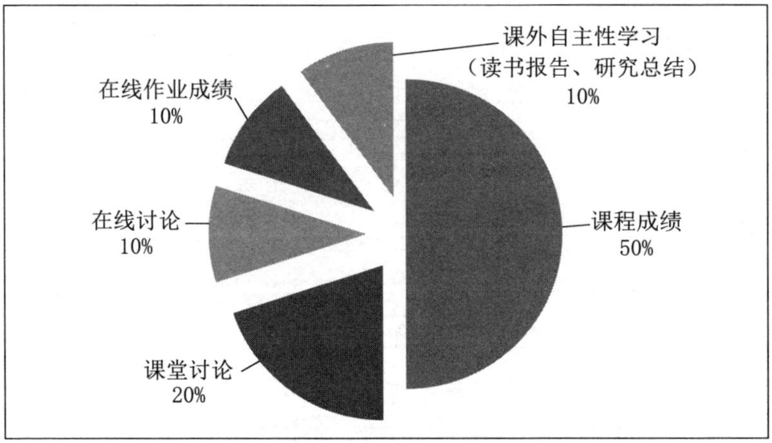

“原理课”多元一体的考核评定体系示意图

二、基于“雨课堂”的“原理课”教学内容改革方案

教学内容改革紧紧围绕什么是马克思主义、为什么要始终坚持马克思主义、怎样坚持和发展马克思主义等重大问题，充分体现习近平总书记对发展马克思主义作出的原创性贡献。

一是优化组合教学内容，强化核心概念和理论逻辑的讲授。把科学理论体系、教材内容体系有机转化为教学内容体系，既体现整体性系统性要求，又突出科学性、先进性要求。帮助学生掌握“马克思主义是科学的理论，创造性地揭示了人类社会发展规律；马克思主义是人民的理论，第一次创立了人民实现自身解放的思想体系；马克思主义是实践的理论，指引着人民改造世界的行动；马克思主义是不断发展的开放的理论，始终站在时代前沿”等要点，深化对马克思主义立场、观点和方法的认识，帮助学生自觉用马克思主义科学理论武装头脑，把理想信念建立在对科学理论的理性认同上，进一步坚定马克思主义信仰，坚定社会主义必然胜利的信念。

二是立足于马克思主义中国化的最新成果。紧跟、实跟、严跟党的理论创新步伐，帮助学生深刻领会习近平新时代中国特色社会主义思想是马克思主义中国化最新成果，是当代中国的马克思主义、21 世纪的马克思主义，是党和国家必须长期坚持的指导思想。深刻理解这一思想不仅创造性地运用了马克思主义基本原理，而且为马克思主义基本原理注入了新的时代内涵和中国特色，并以中国的实践经验和理论概括丰富和发展了马克思主义的基本原理。

三是坚持理论联系实际，注重学生知识和能力的结合。坚持理论与实践相结合的原则，引导学生广泛接触社会、了解社会，在面对社会现实中不断反思，学会将理论真正运用到实践，提升其分析问题、解决问题的能力，真正理解我们现在面临的时代课题，深刻把握世界发展走向，认清中国和世界发展大势，不断增强学生的政治认同、思想认同、价值认同和情感认同。

四是以教学牵引研究，以研究促进教学。加强科研团队建设，以深化教学内容研究为根本旨向，以团队科研规划为重要抓手，以个人研究特长为基本保障，形成特色鲜明、重点突出、分工明确、布局合理的科研团队，加强对重大理论与实践课题的研究，并及时将研究成果引入课堂，使课程教学与理论研究良性互动。

三、基于“雨课堂”的“原理课”教学实施方案

针对“原理课”知识点多、教学资源分散、教学层次广、教学期班大等客观困难，在前期“原理课”网络课程和SPOC建设的基础上，将原有的混合教学模式进一步优化，使之更加适应新的教学大纲和人才培养方案，提高“原理课”教学实效。

（一）基本思路

以“雨课堂”为载体，突出以核心知识点为中心组织教学、以学以致用为手段强化能力培养、以创新能力为动力优化教学过程，采取动态优化的教学策略，灵活运用问题式教学法和翻转课堂等教学形式，强调“基础概念靠自学、核心知识重讲解、课堂教学高效率、学习资源要保障、作业习题有反馈、自主学习练能力”。通过丰富多样的教学手段、全面权威的在线资源、实时跟踪的理论热点、特色突出的实践平台，深度融合师生有机互动、教学效果同步测试、课堂教学竞赛等要素，以课前、课中、课后三个时间段的学习规律为依据，打造线上线下有机结合、优势互补的“原理课”混合教学模式。基于“雨课堂”的“原理课”混合教学模式示意图如下图所示。

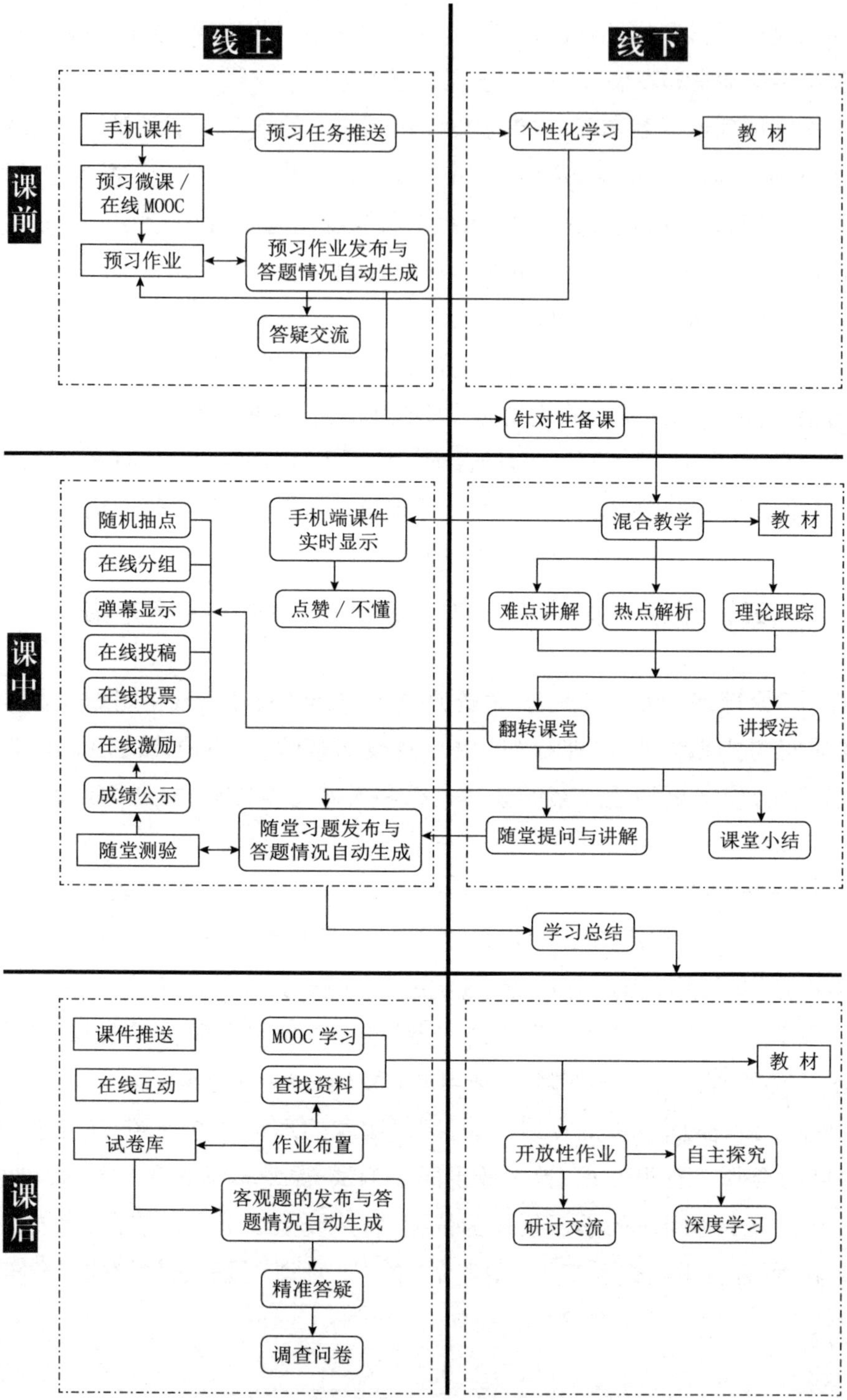

“原理课”混合教学模式示意图

（二）实施方案

2019 年上学期，以陆军工程大学通信工程学院的学生四队两个期班为试点，探索开展基于“雨课堂”的“原理课”混合教学模式教学。

1. 课前导学：聚合离散知识，开启精准教学

在当前知识爆炸的时代，学生通过网络获取信息的途径更加便捷也更加多元，但由于互联网传播的特点，知识多以碎片化为主。通过一定的预习任务推送，既让学生在信息检索过程中拓宽知识面，同时培养学生在面对海量知识时，能自主筛选、聚焦，形成独立观点的能力。对于教师来说，通过预习和习题的推送，掌握学生预习的客观评价指标数据，并据此掌握学生的自学情况和知识储备情况，及时调整授课知识点的安排，还能在课上有针对性地设计教学活动，达到精准教学的目的。具体过程如下：教师首先在“雨课堂”网页版或手机端的课程选项中选择“我要开课”选项，创建所授课程及班级，并将课堂代码发给学生加入班级。学生加入班级后，按照相关提示完善自我信息，完成第一次学情调查，以便教学的实施及教学效果的观察。在每节课课前，教师根据教学进度将下节课重点知识内容、课上将重点讨论分析的案例、慕课课程及网络相关视频等，也可由教师自己配音讲解，以手机课件的形式通过“雨课堂”推送给学生，学生可以通过手机端对自己预习时不懂的知识点加以标记，便于教师掌握学生预习的情况，同时也便于学生期末或日后的复习。教师还可以布置一定的预习作业以检验学生预习情况，一般以客观题为主。

2. 课中研学：离散知识结构重组，灵活手段激发兴趣

课前导学注重聚合，课中研学凸显知识体系。尤其是“原理课”，一些概念和知识点，虽然高中就已经学过，但往往只知其然而不知其所以然。在本科阶段的“原理课”教学，重点是掌握知识点之间的逻辑脉络，以及在面对具体现实问题的分析时如何运用原理。只有这样，才符合习近平总书记提出的思想政治理论课循序渐进、螺旋上升地开设的具体要求，才能把“熟知”变为“真知”，将抽象的原理内化为自己解决实际问题的“法宝”，这就对教师呈现知识、解读原理、引导讨论的技巧提出了更高要求。在课堂教学中，具体过程设计如下：学生通过微信扫码进入“雨课堂”教学后，可通过手机同步查看大屏幕课件，不懂的地方可以“哪里不懂点哪里”，实现学生学习的精准化。“雨课堂”会将数据同步反馈给教师，教师可在第一时间查看所授知识点的掌握情况，适时调整讲课进度和重难点的讲解；学生还可以进行课堂投稿，在教师提问或讨论等环节，发送图片及文字，教师可选择

性地投放于大屏幕，这种做法对于学生主动参与课堂互动具有很好的激励作用和示范作用；教师根据教学设计，就某一案例讨论随机设置学生分组，学生可在线完成讨论并提交，教师可选择性地展示于大屏幕上，较之传统教室中只能前后左右几名学生进行分组讨论，大大突破了空间的限制，充分培养学生的合作探究能力；在主题发言、课堂讨论、视频播放等环节，教师开启弹幕互动，给予每位学生平等参与课堂的机会，寓教于乐，开启传统的“原理课”的“B 站”模式。另外，为防止学生上课过程中退出“雨课堂”，教师一方面可设置随机点名，通过大屏幕滚动式点名，“随机抽奖式”的点名回答问题方式可以很好地激发学生回答问题的积极性；另一方面可针对所授内容，进行随堂测验，并设置时间节点，测验成绩可以实时投屏，帮助教师掌握学生的学习情况，提升学生的学习专注力。多数学生表示，“雨课堂提供丰富多样的形式，师生能够更好地参与课堂，过去那种举手发言十几次才能被点到一次的情况再也没有了，活跃的课堂氛围更是让打瞌睡成为‘奢望’。”

3. 课后习练：深度学习内化知识，自主探究提升能力

思想政治理论课的学习，与专业课程学习的最大区别在于所学理论不仅仅停留在知识层面，还要成为正确的世界观、人生观和价值观的内在催化剂。基于此点考虑，课后的习练更多地凸显出锻炼学生深度学习、自主探究的能力。具体过程如下：教师根据教学数据，评价本次授课教学效果，并通过“雨课堂”发布少量习题检测和巩固课堂教学，并根据教学专题推送开放式作业，在作业批阅过程中，以评语形式将课堂有效延伸。针对回答情况较好、特色鲜明的作业，既可以发至讨论区进行讨论，也可推送至课上讲评。课堂、课前与课后相关资料将永久保存于学生和教师的手机端“雨课堂”平台，便于学生随时随地地学习与复习，同时便于教师对教学情况随时随地地掌握。

四、基于“雨课堂”的“原理课”教学改革的重要意义

（一）促进教学效果提升，打造军校“金课”的重要尝试

课程是教育最微观的问题，但解决的是教育最根本的问题，是体现“以学生为中心”理念的“最后一公里”，更是落实“立德树人”成效根本标准的具体化、操作化和目标化。“原理课”教学一直是“老大难”问题，如何在念好马克思主义“真经”的基础上，既做到“真佛只讲家乡话”，又做到与时俱进，讲好新时代的中国故

事，阐释好马克思主义中国化的最新成果，是教学改革中的重点和焦点。尤其是在互联网时代，作为手机原住民的“90后”“00后”军校大学生，他们具有广泛的信息获取途径，几乎所有的课堂教学内容都可以通过网络获取，这就对教师课堂教学的方式方法提出了更高的要求。而通过“雨课堂”可以实现多种教学模式的应用，课前学生一般能够通过自学掌握一些基本的知识要点，而在实际教学环节，课堂则变成了 dialogue、critical 甚至是 debate，学生在学习的过程中，在教师的引导下，通过对知识点的主动探究，形成以问题、知识背景和社会热点等内容为导入的知识构建图景，从而使学生对“原理课”知识的来龙去脉和整体逻辑理解得更为深刻。在课后习练中，通过设置一些“高阶性、创新性、挑战度”、需要学生跳一跳才能够得着的问题，培养他们运用基本原理解决复杂问题的综合能力和高级思维。从试点期班的整体情况来看，学生对“原理课”的学习兴趣有了较大提高，课堂“打瞌睡”现象不再需要刻意提醒；同时学生学习的问题意识增强，课前课中和课后积极主动思考，与教师的教学互动增多，知识的掌握情况也更佳。

（二）促进教学模式变革，开启“原理课”智慧课堂改革的有益探索

“雨课堂”全景式的教学数据采集为教学大数据的形成提供了一手资料，当基于“雨课堂”的“原理课”混合教学模式全面展开之时，不同期班、不同专业、不同年级的教学数据可以为教学改革提供更多依据。而随着人工智能、大数据等智能信息技术的快速发展，用智能信息技术构建智能、高效的新型智慧课堂则成为教学改革新的突破点。智慧课堂未来的发展方向是以促进学生核心素养发展为宗旨、以“智能化”为核心进行系统优化升级，构建 AI 赋能、体系优化的智慧教学生态体系，创设网络化、数据化、交互化、智能化的学习环境，将系统功能从“支持课堂教学为主”向“支持学生个性化学习”转变；从“教学信息化”向“信息化教学”转变；从“移动终端”向“智能终端”转变。① 当教学数据的采集开始涵盖学生在课堂教学过程中的生理数据和心理数据时，教学的可针对性进一步加强，教学评价的方式也将更加客观。未来可以畅想，改革仍需务实。我们不能等着智慧课堂、智慧教室的建成再进行改革，而是应该立足当下轻便易行的“雨课堂”，积极探索行之有效的混合教学模式改革经验，为下一步“原理课”智慧课堂改革打下良好的基础。

---

① 刘邦奇：《智慧课堂的发展、平台架构与应用设计》，《现代教育技术》2019 年第 3 期。

（三）促进教学理念转型，实现教学相长的重要途径

在“互联网+”时代，教育已经通过信息技术和各种互联网平台与互联网产生了深度融合，并逐渐形成了新的教育秩序和教育生态，对教和学的变革产生了深层次的推动。① 基于“雨课堂”的“原理课”混合教学模式，从根本上说就是对新的教学理念的贯彻与执行，也必将在不断地教学实践中进一步推动教学理念的变革与创新，进而不断实现“教学相长”。

首先，基于“雨课堂”的“原理课”教学有助于提升教师教学过程中的创造性。传统意义上的“原理课”不仅授课模式单一、知识陈旧，一些教学案例往往十几年都不变，教师在备课的过程中也会表现为“吃老本”，懒得创新。“雨课堂”的使用将极大地简化传统意义上的教学要素准备，即教师的传统备课将会被压缩（但这并不是说不需要这些教学基本要素，相反，这仍旧是课堂授课的前提），“雨课堂”的混合教学模式更要求教师有很好的教学设计能力，即在熟练掌握教学内容的基础上，不断根据学生学习的情况“伺机而动”，在教学手法上不断“推陈出新”，因此，这也要求教师必须不断关注教学内容的更新变化，及时补充新的教学案例。

其次，基于“雨课堂”的“原理课”教学更加偏重于培养学生在学习过程中怎样学习的能力。在当今知识大爆炸的时代，知识获取会越来越简单，但是知识获取并不等于能力提升，对知识的筛选、理解和领悟内化的能力将会显得尤为重要。“原理课”教学不再强调过去简单的知识传授，而更多的是让学生通过运用“雨课堂”实现自身阅读和领悟能力的提升。因此，在教学过程中，教师不仅要自身习得这种阅读筛选知识和领悟知识的能力，还要将这些知识和能力教给学生，帮助他们获得学习的能力。

① 谭维智：《不教的教育学——“互联网+”时代教育学的颠覆性创新》，《教育研究》2016年第2期。

新时代高校思想政治理论课“有效教学”亟待破解的“三对矛盾”①

刘　顺②

［摘　要］思政课教学在中国特色社会主义新时代这一新的历史方位下，机遇前所未有，但挑战同时存在。新时代并不意味着“担子轻了、水到渠成”，反而预示着“新的征程、担子更重”，新时代唯有实现再创业和新作为，才能不负时代。为了防止新方位下思政课教学出现“内卷化效应”，有必要给予重视并努力破解影响其“有效教学”的三对矛盾：一是泛娱乐化“形式”与学理化“内容”之间的矛盾；二是定性阐明与定量说理之间的矛盾；三是讲授中国故事与树立世界眼光之间的矛盾。

［关键词］新时代；高校思政课；有效教学；“三对矛盾”

一、问题的提出

毛泽东曾在《反对党八股》一文中指出：“什么叫问题？问题就是事物的矛盾。哪里有没有解决的矛盾，哪里就有问题。”③中国特色社会主义进入新时代，高等教育的很多重要领域和关键环节特别是高校思政课建设都发生了深刻的历史性变革、取得大量备受关注的历史性成就，也将产生深远的历史性影响。据教育部

---

① 本文系教育部示范马院项目“如何理解爱国主义与爱社会主义的一致性”（16JDSZK052）、2018年上海海事大学顶级期刊论文培育项目。

② 刘顺，上海海事大学马克思主义学院讲师，担任CSSCI刊物《中国地质大学学报（社科版）》特约匿名审稿人。

③ 《毛泽东选集》第3卷，人民出版社1991年版，第839页。

2017年“高校思政课教学质量年”大调研显示，超过90%的大学生为思政课“点赞”，明确表示“课有所益”和“学有所得”。但实事求是地讲，基于毛泽东“问题发现意识”的逻辑，思政课教学仍然面临着一些有待破解的结构性矛盾或张力。

“人类认识世界和改造世界的过程就是发现问题、解决问题的过程。”①在新时代这一崭新的历史方位下，就思政课一线教学而言，我们仍需保持居安思危、审慎思考的能力，秉持自觉的“问题意识”，因为新时代并不意味着思政课教学“担子轻了、水到渠成”，反而预示着“新的征程、担子更重”，“新时代更呼唤新作为”。思政课在新的历史起点上再出发，仍需积极重视教育学理论中的“有效教学”（effective teaching）理念，在总结现有经验基础上“直指矛盾、破解问题”。我们认为，新时代“有效教学”仍然内隐着某些结构性矛盾，它们在本质上折射出思政课“供给侧”与“需求侧”之间的微妙张力，“刀刃向内”厘清并破解这些矛盾，对推进思政课教学的动力变革、效率变革和质量变革颇为紧要，也至关重要。

二、泛娱乐化“形式”与学理化“内容”之间的矛盾

当前包含课堂APP、弹幕、直播和VR/AR等在内的声光电新（融）媒体技术正雨后春笋般地引进课堂、走近学生，尤其是一批贴上“网红明星”“段子手”和“灵魂佛系”标签的青年教师也惊喜地涌现课堂。不难理解，思政课建设在教学形式上进行了大量颇具创新意蕴的“现象级”探索。但客观讲，在教学形式“成绩惊艳”和“令人鼓舞”的背后，也隐藏着一对有待破解的矛盾，处理好这对矛盾，不但对教学形式创新没有阻力反而能成推力。

首先，“为了新而新”，思政课教学局部出现“泛娱乐化”倾向。近来，为应对互联网特别是智能手机的普及对到课率和抬头率的空前冲击，部分高校开始鼓励一线思政课教师采取媒介化、趣味化和网络化等新潮式教学策略。特别是占比更大的青年教师为了“匹配学生口味”和“迎合学生评教”以获得可期的工作绩效和职称评审前置条件，也乐于采取“轻松诙谐”“心灵鸡汤”“表演说唱”甚至“黑色幽默”之类的教学风格。这些新颖的教学方法对于“几乎无时不在线”互联网土

① 中共中央宣传部编：《习近平新时代中国特色社会主义思想三十讲》，学习出版社2018年版，第330页。

著居民的95后大学生而言，相当“对路子”。本无可厚非。但目前某些高校为了“博眼球”“曝光度”和“影响力”，以期引来外围的不断关注和资源支持，正推波助澜甚至怂恿“绑架”思政课教师过度“为了新而新”，不惜采取社会上正蔓延的“泛娱乐化”教学手段。可以说，此情况在不同高校不同程度地存在着[①]。思政课“泛娱乐化”倾向就是“以形式统领内容”，在本质上是碎片化时代“娱乐至死”思潮对课堂严谨教学的恣意侵蚀和曲意解构，也是对“立德树人”教育根本任务的方向性误读。这股风，若不刹住，“破窗效应”难免出现。

其次，“泛娱乐化”教学形式的随意性和空心化，潜在地消解了马克思主义理论学科“学理化”教学内容的逻辑性和严肃性。尽管今天思政课课堂上不同程度地存在着政治性和理论性“强供给”、思想性和人文性“弱供给”的现象，但也绝不应该滑向另一个极端，成为某些人“泛娱乐化”思政课堂的理由。“泛娱乐化”教学形式最突出的特点，就是为了最大化地追求包括学生抬头率和参与度在内的显性教学GDP，就试图“镇住场子”和“牵引注意力”以制造全程欢快的课堂气氛，自觉地把“以学生为中心”变通为“以学生抬头率为中心”“以娱乐学生为手段”，把本应该逻辑完整的教学体系蓄意肢解为条块分割、只服务于“满足学生偏好”且方便自身演绎的若干教学点。他们认为学生“感官”和“感性”所需要的，尤其是涉世未深的青年学子对大千世界的各种“好奇”和“猎奇”，就等同于思政课教学的基本任务和重点难点。更有甚者，有些人把象牙塔内的思政课课堂当成了社会上浮夸的名利场，媚俗化和庸俗化了马克思主义理论学科。

这种缺乏理论滋养、思想内涵和精神营养的教学行为，显然窄化了思政课作为思想传播主渠道的根本任务，也矮化了其学理深度。我们知道，思政课担负着“坚持不懈传播马克思主义科学理论，抓好马克思主义理论教育，为学生一生成长奠定科学的思想基础”的神圣使命，也应具有正确的意识形态属性。某些教师刻意迎合部分学生的偏好以获取他们的“好评”，出现课堂氛围娱乐化、教学内容随意性局面[②]，尽管课堂上笑点频出、欢乐不断，但学生却呈现出“课上热闹—课后忘掉—心灵无感”的貌合神离状态，显然背离了设置和建设思政课的初心和使命。“泛娱乐化”倾向所折射出来的教学设计随意性和教学内容空心化，造成本应该依托马

① 艾四林：《以学好为导向　解决思想政治理论课教与学的矛盾》，《北京教育》（德育）2016年第1期。

② 杨军、和亚飞：《把立德树人作为高校思想政治理论课改革的中心环节》，《红旗文稿》2016年第24期。

克思主义理论学科来展开讲授的学理深度明显不够、意识形态导向并不精准、社会主义核心价值观也很模糊，更把“培养什么样的人、如何培养人、为谁培养人”这个根本问题冲淡和稀释了。诸如此类手法，不管有多少粉丝、引来多少媒体关注，都有值得商榷之处，因为课堂上娱乐化的“形式”只能为讲授严谨的学理化“内容”服务，而不是相反的颠倒。

最后，立足“内容为道”的思政课“形式创新”才能真正具有可持续性和生命力。“内容为王道”，尽管看似老生常谈，但却历久弥新，仍然蕴含着科学道理。因为一部真正具有社会影响力的高质量影片，拼的从来都不仅仅是几个大牌演员撑场或脑洞大开的豪华场面，而沁人心脾、抓人灵魂的“壮美剧情”或“完美故事”才是其引起共鸣共情和占领票房的硬实力。“理论只要说服人，就能掌握群众；而理论只要彻底，就能说服人。”① 对于思政课教学而言，无优质精当的马克思主义理论内容体系，作支撑的教学手段创新、教学方法改革和教学形式重塑，都是缺乏核心硬实力的无源之水和空中楼阁。在这里，并不是刻意拔高教学内容而贬低教学形式。

事实上，形式和内容之间是辩证统一关系，二者缺一不可，但是内容却是本体和基石，正如马克思所言“形式必然从内容中产生出来；而且，形式只能是内容的进一步的发展”②。在经济要素多元化、智能网络泛在化和文化跃迁多轨迹的背景下，理性地创新思政课教学方式势在必行。正如习近平总书记指出的：“要运用新媒体新技术使工作活起来，推动思想政治工作传统优势同信息技术高度融合，增强时代感和吸引力。”③ 显然，思政课不是不要新技术、排斥新手段，也不是不能采用轻松诙谐的教学方式，当然也并非意味着思政课教学领域就不能出现“明星网红”，而是说抛开内容建设而孤谈形式创新的“泛娱乐化”倾向，万万要不得。臆想仅仅依靠教学手段翻新而遮蔽学科意识和目标导向的“网红思政风”④，本身就是对思政课教学规律和学生成长规律的浑然盲知，属于“本领恐慌”，必将大浪淘沙、难免昙花一现。因此，思政课教学绝不应该在“泛娱乐化”的道路上渐行渐远、背离初心，唯有提高格调、立足优质内容的形式创新，才能够真正走得远，具有持久生命力。

---

① 《马克思恩格斯文集》第 1 卷，人民出版社 2009 年版，第 11 页。

② 《马克思恩格斯全集》第 40 卷，人民出版社 1982 年版，第 11 页。

③ 《习近平在全国高校思想政治工作会议上强调：把思想政治工作贯穿教育教学全过程　开创我国高等教育事业发展新局面》，《人民日报》2016 年 12 月 9 日。

④ 陈志强：《“思政网红”不能只追求“红”》，《解放日报》2017 年 1 月 17 日。

三、定性阐明与定量说理之间的矛盾

就目前整体教学行为而言，思政课课堂上从观点到观点的定性阐明仍然占不小比例，实证化、数据化的定量说理略显不足，即在挖掘并用好具有较强说服力的现实素材方面仍有不小空间。尽管思政课在属性上依然属于一种“思想体操课”，不可能像数学和物理那样去做可视化证明，但若缺乏摆事实、讲道理的定性阐明充斥着课堂，势必会损耗思政课建设多方努力的实际效果。症结就在于，“共产党不靠吓人吃饭，而是靠马克思列宁主义的真理吃饭，靠实事求是吃饭，靠科学吃饭”①，思政课“有效教学”更是如此，离不开科学说理。

其一，目前思政课教学中的定性阐明仍然较多，定量说理反而略显不够。思政课在教学出发点上本该是让学生“真心喜爱、终身受益”的正能量课程，但令人遗憾的是，在不同地区、不同高校、不同程度上存在着这样一种让人揪心的“逆现象”，即思政课时常被一些学生戏称为最枯燥无聊、缺乏思想滋养的“刷学分必修课”，在某些朋友圈或论坛上甚至被标记为“翘课率和后排入座率‘双高’”“入眼率和入耳率‘双低’”的政治洗脑课。显然，这些占比未必高的学生的犀利、尖刻的说法不一定客观准确，但也能从侧面反映出他们对思政课日益增长的更高期许与不平衡不充分的现实教学供给之间的矛盾。这说明思政课教学在思想引领和境界提升方面还不够走心，有些教师更是简单化地把思政课上成高冷的政治报告课，在很大程度上说明思政课内容供给尚存不少结论先行式的价值灌输，娓娓道来、理据结合、润物无声的定量说理，仍有欠缺。事实上，在轰然到来的后真相时代，以纯粹价值灌输为底色的课堂，不管你的结论多正确，只要缺乏“完美剧本”的严密支撑和逻辑佐证，即“讲道理”脱离“讲故事”，都难使学生产生参与感、享有获得感，更勿奢谈课堂幸福感。

其二，思政课教学定性阐明很有必要，但建立在定量说理基石上的定性阐明则更为清晰、更加有力。思政课从其内涵来讲蕴含“四重性”，它既有政治性、理论性，又兼具思想性、人文性。因此，它既是一种道德知识教育课、思想启迪课，更是一门理论体系完备且意识形态导向明确的社会主义政治课。四门思政课尽管开设

① 《毛泽东选集》第3卷，人民出版社1991年版，第835—836页。

目的各不相同，但至少有一个教学目标是相通的，就是设想通过有史有论、有物有思的立体化授课，使青年学子不断增强“四个自信”，自觉做好新时代中国特色社会主义的建设者和接班人。鉴于此，思政课的定性阐明非常重要，就是要向学生开宗明义地阐明只有中国共产党和中国特色社会主义而非别的什么党和什么主义，才能使中国实现从站起来到富起来再到强起来的接续转变。特别是在当前包括新自由主义在内的多种反马克思主义和非马克思主义思潮借助互联网于某些领域时而兴风作浪的环境下，向新时代大学生一针见血、正本清源地直接阐明我们党的发展道路、政治主张和政策取向等，并无不妥。

问题是，旗帜鲜明地亮剑并没有错，但要“亮”的“有理”，才能“亮”的更加“有力”，二者并不矛盾。说理教育法是思政教育的基本方法[①]，而目前有些教师习惯“政治正确”地讲几句马克思、恩格斯原话、引几段领导人讲话、抬高调门就认为完成了任务。显然，这是对思政课教育规律的偏解和误读，因为尽管定性阐明很重要，但唯有建立在定量说理基础上的定性阐明才能真正“以理服人”而非“压人”。对此，毛泽东曾在《关于正确处理人民内部矛盾的问题》一文中有着深刻洞见，“凡属于思想性质的问题，凡属于人民内部的争论问题，只能用民主的方法去解决，……说服教育的方法去解决，而不能用强制的、压服的方法去解决”[②]。这就是中国共产党思想政治教育史中重要的说理教育法。仅有直白的定性告知，而无内容完备、论证翔实的定量说理，久而久之受众就会头脑空洞，觉得这样的课堂像是某个领导者在“发号施令”和“布置任务”，心中的困惑和不解难免就会增多。效果可想而知。所以，定性阐明的确必要，但以定量说理为基础的定性阐明，才能更加有力、更为清楚。

其三，打通定性阐明和定量说理之间的教学梗阻“最后一公里”，才能真正抓住学生的灵魂。我们生活中常讲的“理直气壮”，就是说“理直了才可能气壮”，反之，“你若无理，气如何壮得了起来”。同理对于思政课教学而言，尽管我们已在这方面作出了很多努力，但仍需要协调好“理直”和“气壮”的微妙关系[③]，即思政课教学在不同程度上仍夹杂着定性阐明和定量说理之间梗阻“最后一公里”的实际问题。值得注意的是，当前不少思政课课堂有个通病就是“一生动就无聊，一深刻

① 潘莉：《论说理教育法的作用机制》，《教育研究》2014 年第 1 期。

② 《毛泽东文集》第 7 卷，人民出版社 1999 年版，第 209 页。

③ 陈锡喜：《理直气壮　咨政育人》，《思想理论教育导刊》2015 年第 7 期。

就无趣”，“一生动就无聊”就是说有些思政课教师“秀出十八般武义”把课堂打造得很生动有趣、热闹非凡，但学生久而久之就“发现了其套路”，觉得虽有笑点但直抵灵魂深处的东西却乏善可陈，显得“没意思”；“一深刻就无趣”是讲某些思政课教师玄奥深沉，授课从理论到理论，概念和范畴层出不穷、应接不暇，虽说自身演绎得“顺理成章”，但受众却难以跟上其思路，导致无法深入浅出、达臻思想互动，所以学生就觉得无聊。

其实，以上两种情况的问题根子，就在于没有理顺思政课教育规律中的“虚”和“实”、“知”和“信”、“有意义”和“有意思”的关系，也即定性阐明和定量说理之间客观存在着的“教学梗阻”问题。思政课对学生的影响不可能像“拉上电闸就来电”那样立竿见影，而是一个循序渐进的动态轨迹，即按照“素材摄入—认知嬗变—思想进阶—境界提升”依序递进。因此，思政课教学要想打通定性阐明和定量说理之间的教学梗阻，就不妨采取“讲故事”穿插着“讲道理”、“讲道理”联动着“讲故事”的授课形式，自觉遵循价值判断和事实判断相统筹、经验描述和科学论证相协调的教学范式，以期解决“教师供给侧”和“学生需求侧”信息不对称所形成的结构性张力。在这种意义上，要想有效解决教育部陈宝生部长在调研中提到的“思政课人到了心没有到”现象、让思政课有趣不“高冷”、真正抓住学生的灵魂的问题，我们认为，在转换教学范式中逐步打通定性阐明和定量说理之间的教学梗阻“最后一公里”，不失为一个可尝试、可探索、可完善之举。

四、讲授中国故事与树立世界眼光之间的矛盾

或许有人觉得，在改革开放持续40多年、中国较好联动世界的境遇下，讲授中国故事与打开世界视野之间的张力已经不复存在，但对于思政课“有效教学”而言，却仍是个不容遮蔽的真问题。可以说，尽管“你中有我、我中有你”的经济全球化大势正在把人类前所未有地“团结在一起”，但只要人类社会尚存在“两种制度”，那么意识形态内在差异就不会消亡。“意识形态决定文化前进方向和发展道路，对于一个政党、一个国家、一个民族的生存发展至关重要。”①因此，在讲授中国

① 中共中央宣传部编：《习近平新时代中国特色社会主义思想三十讲》，学习出版社2018年版，第212页。

故事和打开世界视野之间，就必须拿捏好和把握准意识形态导向和政治方向，否则思政课教学就容易偏废其一进而影响课堂效果。

一方面，在意识形态导向层面，如何处理好讲授中国故事与树立世界眼光之间的张力关系，真切地考验着思政课教学的课堂智慧。思政课尽管也是一门具有人文性的哲学社会科学课程，但它在任何时候都蕴含着明确的意识形态属性，要“让学生领会中国化马克思主义的实践价值、中华优秀传统文化的智慧力量、中国特色社会主义发展的时代意义”①。在这个意义上，它与一般的哲学社会科学课程相比又在定位上存在着显著区别。这种区别落实到讲授中国故事与打开世界视野关系时尤其要注意，同样需要“进行具有许多新的历史特点的伟大斗争”。

今天是“一个世界、全球两制”，尽管时代的主题依然是和平与发展，但两大阵营潜在的根本利益对峙在很长历史时期内将不可能消除，这就是为什么资本主义性质的美国对数量上并不占优势的社会主义（倾向）国家总是貌合神离，在核心利益和重大关切问题上时常搞“双重标准”。而且，尽管我们重视人类共同价值、积极倡导构建人类命运共同体、推进“一带一路”倡议惠及沿线国家和世界人民、推动新型全球化以改善全球福祉等普惠性“中国方案”频出，但是一些西方国家却经常“揣着明白装糊涂”，在某些场合刻意制造和渲染“中国威胁论”，他们除了不动声色地把利益攥在手里，还掣肘了中国的正当性发展。因此，资本主义集团和社会主义集团不可能真正“利益相通”，意识形态本质差异是不可能轻易消除的。可以说，“无论是哪个阶级、哪种制度、哪个领导者，如果忽视或拒斥意识形态，必然会受挫折跌跟头，甚至会导致江山易手，改旗易帜”②。基于以上考量，思政课课堂教学如果纯粹地讲授中国故事或打开世界视野或把二者同步穿插着讲述，都并非不好把握，其实“难点痛点”就在于，如何为生长于和平年代的青年学子既讲透内容本身，又让他们在坚定中国特色社会主义“四个自信”的基础上，润物无声地体悟出21世纪马克思主义和世界社会主义蒸蒸日上的“东方曙光”。这些都真切地考验着思政课教师的课堂智慧。

另一方面，“矛盾也能成动力、潜力和魅力”，思政课教学要建构以立足中国故事来打开世界眼光和利用国际视野来讲中国故事的正反馈链。上文已述，思政课

① 顾海良：《高校思想政治教育的新境界》，《中国高等教育》2017年第18期。

② 张志丹：《意识形态功能提升新论》，人民出版社2017年版，第1页。

教学在讲授中国故事和彰显世界视野之间存在着张力，即如何正确把握和平衡好其背后的意识形态导向。当然，二者之间的张力也能顺势转化为思政课有效教学的重要动力、后续潜力和精彩魅力，因为在它们之间有一块“灰色地带”，倘若能在该区域内站稳脚跟、让学生明白时代大势并铸牢共产主义信念，则反过来会为思政课教学注入一股强劲暖流。当前，在思政课教学领域仍局部存在这样两种较为偏颇的现象，一种是把有限的课堂时间都花在了讲授所谓中国故事上，而或有意或无意地忽视了“山的另一坡”即同期的世界样态，导致中国与世界缺乏横向对比，难免会框定学生的问题视域，反而不利于中国故事的真正讲好；另一种是有些思政课教师的眼睛，不但在研究上习惯盯着西方“与西方接轨”，而且在课堂上也“言必称西方”，在其授课思维中好像只有西方发达国家的才是世界主流的、西方标准才是世界标准。

事实上，以上两种现象都没有抓住并利用好中国故事与世界视野之间的微妙张力。为此，不妨首先以立足中国故事来打开世界视野进行组织教学，在某种意义上真正讲清楚并传播好中国故事就能为打开世界视野提供充分准备，因为“你讲的好”同时“别人喜欢听”才能有助于世界传播，而实现后者的过程就是积极了解世界、打开世界视野的过程。习近平总书记指出：“要加强国际传播能力建设，增强国际话语权，集中讲好中国故事。”①思政课教师讲好中国故事，尤其要阐释好马克思主义中国化的经典故事、当代中国马克思主义理论创新的现代故事、改革开放40年的革故鼎新故事和中华5000年的文明故事，也就是说四门思政课要从课程立意和不同维度讲清楚中国特色社会主义道路的历史选择和现实发展、阐明中华民族伟大复兴中国梦的时代背景和深远内涵、发掘好中华优秀传统文化的内在气度和思想魅力、讲好中国特色大国外交方针的核心理念和政策主张等。

然后利用国际视野来讲中国故事进而升华课堂教学。中国是世界坐标中的中国，我们很多经实践检验过的成功发展理念源于中国但属于世界、基于中国历史但能引领世界发展的未来。所以在思政课课堂上，一定要激发学生“站到世界地图前”看待中国的发展故事，“世界那么大、问题那么多”，中国应该有所作为，“我们不能当旁观者、跟随者，而是要做参与者、引领者”，“在国际规则制定中发出更多

① 《习近平谈治国理政》第2卷，外文出版社2017年版，第333页。

中国声音、注入更多中国元素”①。这种世界视野对思政课教学颇有启发，也对我们思政课教师提出了新时代的更高要求。站位妥当、立意鲜明、融通中西的思政课才能真正吸引住个性多元的现时代大学生。基于此，我们认为，思政课教学不妨建构以立足中国故事来打开世界视野和利用国际视野来讲中国故事的正反馈链，在中西贯通和内外联动中实现合力育人、立体化育人。

五、结　语

中国特色社会主义进入新时代，思想政治理论课教学也要在这一新的历史方位下，接力实现新的变革、新的作为和新的跨越，才能不辜负这个之于中国的特别时代。邓小平曾指出："要教育人民，必须自己先受教育。要给人民以营养，必须自己先吸收营养。"②以此而言，广大思政课教师要进一步苦练内功、以奋斗者只争朝夕的昂扬姿态，做好马克思主义理论学科研究、推进思政课教学规律研究、深化青年学生成长规律研究，遵循"因事而化、因时而进、因势而新"要求，为高校思政课有效教学和思政工作伟大事业贡献自己的一份独特力量。"工夫在诗外"，课堂教学"立德立言，无问西东"，与广大一线思政课教师共同努力。

① 《习近平谈治国理政》第2卷，外文出版社2017年版，第100页。

② 《邓小平同志论坚持四项基本原则反对资产阶级自由化》，人民出版社1989年版，第25页。

队伍建设研究

新时代高校思想政治理论课教师素质之我见①

梁　丽　孙成聪②

[摘　要]党的十八大以来，习近平总书记对思想政治教育工作作出一系列的重要论述，其中在学校思想政治理论课教师座谈会上强调"办好思想政治理论课关键在教师"，对思想政治理论课教师提出希望。因此，在新时代探讨高校思想政治理论课教师的素质，对于提升高校思想政治教育效果具有重要现实意义。高校思想政治理论课教师只有具备良好的政治素质、精湛的业务素质、强烈的创新精神等，才能够完成时代赋予思想政治理论课教师的使命，才能更好地完成立德树人的任务。

[关键词]思想政治教育；思想政治理论课教师；立德树人

大学生思想政治教育是一项复杂的系统工程，又是一个与时俱进的过程。党的十八大以来，习近平总书记站在国家繁荣、民族振兴、教育发展的战略高度对思想政治工作作出顶层设计，他在同北京大学师生座谈时指出："要把立德树人的成效作为检验学校一切工作的根本标准，真正做到以文化人、以德育人，不断提高学生思想水平、政治觉悟、道德品质、文化素养，做到明大德、守公德、严私德。要把立德树人内化到大学建设和管理各领域、各方面、各环节，做到以树人为核心，以立德为根本。"③这是我们党对高等教育的根本问题"培养什么人、怎样培养人"的时代

---

① 本文系2018年度辽宁中医药大学教学改革研究项目"践行社会主义核心价值观视域下高等中医院校中青年教师人文精神培养研究"（项目编号：LNZYJG2018101）的阶段性成果。

② 梁丽，辽宁中医药大学马克思主义学院教授；孙成聪，辽宁中医药大学马克思主义学院硕士研究生。

③ 习近平：《在北京大学师生座谈会上的讲话》，《人民日报》2018年5月3日。

性回答。“教师是人类灵魂的工程师，承担着神圣使命。传道者自己首先要明道、信道。高校教师要坚持教育者先受教育，努力成为先进思想文化的传播者、党执政的坚定支持者，更好担起学生健康成长指导者和引路人的责任。”①2019年3月18日习近平总书记在学校思想政治理论课教师座谈会上强调，办好思想政治理论课关键在教师，关键在发挥教师的积极性、主动性、创造性。思政课教师，要给学生心灵埋下真善美的种子，引导学生扣好人生第一粒扣子。并提出六项综合素养：政治要强、情怀要深、思维要新、视野要广、自律要严、人格要正。习近平总书记的重要论述为切实加强和改进新时期大学生思想政治教育工作指明了方向，为提升高校思想政治教育骨干力量之一的思想政治理论课教师的能力提供了路径。在2019年8月发布的《关于深化新时代学校思想政治理论课改革创新的若干意见》中也指出，“要建设一支政治强、情怀深、思维新、视野广、自律严、人格正的思政课教师队伍。增强教师的职业认同感、荣誉感、责任感。”因此，在新时代探讨思想政治理论课教师的素质具有重要意义。

一、新时代高校思想政治理论课教师应具备的素质

（一）良好的思想政治素质

高校思想政治理论课教师是习近平新时代中国特色社会主义思想、中华优秀传统文化的研究者、宣讲者，社会主义意识形态和社会主义和谐文化的传播者，中国共产党执政的坚定支持者。这就要求广大教师要有良好的政治素质：一要坚定信仰马克思主义理论，坚定信仰党的创新理论；二要自觉履行党的理论宣传员的职责。马克思主义理论在不断地发展，党的理论始终在与时俱进地不断创新，这就决定了理论学习和传播是一个永无止境、持续创新的过程。在新时代，首先，要求广大思政课教师要深入领会习近平新时代中国特色社会主义思想的丰富内涵，准确把握它的精髓、理论渊源与实践基础、历史地位与指导意义。其次，要在大是大非面前保持政治清醒，自觉履行党的理论宣传员的职责。结合时代的发展利用新媒体技术讲好思想政治理论课，承担起用习近平新时代中国特色社会主义思想

① 《习近平在全国高校思想政治工作会议上强调：把思想政治工作贯穿教育教学全过程　开创我国高等教育事业发展新局面》，《人民日报》2016年12月9日。

"铸魂育人"的神圣职责。

(二)良好的职业道德素质

苏联教育学家乌申斯基提出"在教育中一切都应当以教育者的人格为基础……只有人格才能影响人格的发展和形成,只有性格才能形成性格。"[①] 师德是教师的灵魂,是搞好思想政治理论课教学,引导大学生树立正确的世界观、人生观、价值观的核心。教师的道德情操、智慧才华、意志品格、仪表神态、言谈举止等都时时影响和陶冶着学生,这就要求教师要有事业心和责任感,要在本职工作中尽职尽责,以饱满的精力和积极的工作态度投入到教学中,把"教"与"行"统一起来。在施教过程中要注重人文关怀、以人为本。思政课教师在弘扬主旋律、传递正能量时,应该尊重学生、关爱学生,及时把握学生思想状态,对学生循循善诱、严格要求。教师良好的职业道德素质潜移默化地影响着大学生的品德形成,能使学生提高学习的兴趣,增强学生的学习信心。

(三)精湛的业务水平

高校思政课教师担负着培养实现中华民族伟大复兴的建设者和可靠接班人的引路人的职责。在经济全球化高速发展的今天,思想政治理论课教师的业务素质体现在以下三方面。

一是有深厚的理论功底。通过各种途径进行理论学习,弄懂弄通马克思主义基本理论,把握贯穿其中的立场、观点和方法,不断研究、吸取中国共产党人在重大理论与实践方面取得的新成果,并融入到教学中去。通过各种途径深入研读马克思主义经典著作,特别是习近平新时代中国特色社会主义思想,深刻领会、把握贯穿其中的立场、观点和方法,不断汲取我国改革开放实践中取得的成就,并融入到教学中去,将我国人民丰富多彩的实践成果与教材内容紧密相结合,在教学实践中不断提升自身理论素养与水平,坚定"四个自信"。

二是在实施教学过程中对教材进行深入细致的研究,把握好它的内容、结构,理出知识点,包括基本概念、原理、重点与难点,有针对性地组织安排教学内容,做到因材施教。当前应对 2018 年版统编教材加强集体备课,把握好新版教材的内容、结构,厘清所讲教材的基本概念、原理、重点与难点。习近平总书记指出:"学生获取知识的途径固然很多,但课堂学习更具基础性和系统性。高校要履行人才

① [苏联]巴拉诺夫等:《教育学》,李子卓等译,人民教育出版社 1979 年版。

培养的职责，首先，教师要回归课堂、用足用好课堂。三尺讲台虽小，但立德树人责任重大。广大教师要敬畏讲台、珍惜讲台、热爱讲台，把更多时间和精力投入到课堂教学中，认认真真讲好每一堂课。”① 在教学过程中，教师是教育的主体。“尽管在思想政治教育的各种研究中，关于主体客体的‘主客二分法’‘双主体说’‘主体与主导说’‘主体间性’等各种说法甚嚣尘上，但是在思想政治理论课课堂上，教师一定是起主导作用的。”② 在教育部2017年启动的思政课听课大调研中，据部分思政课教指委专家实地调研后的反馈信息表明，其中的共性问题之一是：思政课教师不能有效地驾驭课堂氛围和秩序，应用启发式、分享式、情境式教学的艺术还不够；比照教育部的高线要求，省属（市属）高校的相当一部分思政课教师还没有练就“一身本领”。③ 笔者认为，提升教育教学能力当前应重点在对2018年版统编教材集体备课基础上开展细致的教学研究，精心设计教学环节。要根据学生实际情况，在课程导入、理论阐释、问题讨论、案例分析、观看视频、作业布置等教学环节精心设计，选择大学生乐于接受的方式，努力探索有效的教学方式，营造和谐活跃的课堂氛围，促进教材体系转化为教学体系。

三是汲取哲学社会科学和自然科学相关知识，调整和优化自己的知识结构，将马克思主义理论寓于学生感兴趣的丰富多彩的新知识中。当代大学生思维活跃、爱好多、兴趣广泛，其人生观、价值观、生活方式、习惯等都易受外部环境的影响，当今互联网时代微信、社交软件等新媒体广泛应用，大学生获取信息速度快，更易受自由主义、历史虚无主义、享乐主义、拜金主义等不良社会思潮直接或间接的影响，这给思想政治理论教育提出了新挑战。思政课教师要不断学习中华优秀传统文化、心理学、管理学等学科知识，优化知识结构。如思政课教师可以充分利用大学生特有的话语风格、表达习惯、喜闻乐见的形式，如微博、微信等，与他们沟通，加强师生互动。思维要新，通过慕课、微课程等新型教育模式调动学生的学习热情和积极性，注重提升思想政治教育的亲和力，满足学生的成长发展需要。

---

① 张艳：《高校教师思想政治教育研究》，西南大学博士学位论文，2013年。

② 郭婉绯：《高校思想政治理论课教师履行人才培养职责思考》，《天津中德应用技术大学学报》2018年第1期。

③ 周凯、朱健：《发挥“择优资助计划”在思政课质量和水平攻坚战中的重要支撑作用》，《中国高等教育》2017年第11期。

(四)强烈的创新精神

这是思想政治理论课教师素质构成的重要内容。在全面建设小康社会的今天,我国亟须培养专业基础牢固、知识广博,且富有创新意识及创新精神的人才,这对思想政治理论课教师也提出了更高的要求。基于此,首先,思想政治理论课教师要有强烈的创新意识和创新精神,具有广阔的视野和勇于创新的勇气,要重视自身素质的培养。其次,要求教师进行创新性教学。要重视培养大学生的创新能力、实践能力和创业精神,提高大学生的人文素质和科学素质。最后,要建立健全有利于大学生学习特性和个性发展的、培养其创新思维的考核制度。

(五)仁爱之心

2014年教师节时,习近平总书记同北京师范大学的师生代表座谈时就如何做一名好老师提出了新要求,即:要有理想信念、有道德情操、有扎实学识、有仁爱之心。仁爱是我国儒家文化思想的核心要义,从孔子的"泛爱众,而亲仁"到孟子的"亲亲而仁民,仁民而爱物"。[①] 从主张以一颗爱人之心去处理、规范社会人际关系到主张爱的范围从人拓展到物,对亲人、社会、国家、物都保持一种恰当有差之爱的秩序,深刻诠释了仁爱的内涵。仁爱,一般的释义是宽仁慈爱;爱护、同情的感情。笔者认为,对高校思政课教师而言,仁爱就是爱自己、爱本职工作、更爱学生,对国家、社会和人民尽职尽责。在施教过程中要爱学生,关心学生,要尊重学生的主体地位,又要考虑学生的个体差异。在课堂教学中建立平等、和谐、愉悦的师生关系,用爱心感染每位学生,要尊重学生、理解学生、欣赏学生,发现每位学生身上的闪光点,做学生的朋友,与学生同忧、同乐,多了解学生的思想与生活实际。要承担起新时代赋予的立德树人任务。要努力营造民主开放、宽容交流的师生关系,把这种情感传递给学生,提高大学生的综合素质。

二、提高高校思想政治理论课教师素质的基本途径

(一)强化广大教师的政治意识和责任心

高校思想政治理论课育人的使命,要求教师必须有政治意识,所谓的政治意识就是指认识到所从事的职业是塑造灵魂、坚定方向、培育道德和健全人格的综合性

① 朱熹:《四书章句集注》,中华书局2012年版,第49、370页。

育人职业。要求广大思想政治理论课教师要认真研读习近平新时代中国特色社会主义思想，牢固树立四个意识。责任心就是把热爱中国共产党、热爱社会主义祖国的热忱化为实际行动，对教学要认真负责，上好每一堂课，正确处理好科研和教学之间的关系，积极参加集体备课活动，精心准备课件，用大学生喜闻乐见的形式讲好每一节思政课。

（二）不断完善师资管理运行机制

高校坚持以人为本，首先，要以教师为本，尊重教师，尊重人才。高校应不断改革与完善师资管理运行机制，加强自身环境建设，积极营造一个政策宽松、学风优良、尊重知识、尊重人才的“软环境”；建立优胜劣汰的竞争机制、物质与精神奖励相结合的激励机制，完善考核评价体系，形成有利于思想政治理论课教师成长的氛围；学校在思想政治理论学科建设、学术交流、社会实践、教师的进修培训等方面给予政策性支持。同时还应该逐步完善教师退出机制，建立教师能上能下、能进能出的制度，优化教师队伍结构，全面提高教师队伍的综合素质。

（三）注重实效，广泛开展教师培训工作

各级主管部门本着全面规划、规范管理、普遍提高、重点培养的原则建立思想政治理论课教师培训体系。通过举办骨干教师培训班和青年教师的岗前培训，以及出国考察学习、访问学者等形式，加大对思想政治理论课教师的培养力度，全面提升他们的素质，充分发挥他们教学生力军的作用。正如《关于深化新时代学校思想政治理论课改革创新的若干意见》指出的，要鼓励思想政治理论课教师到全国重点马克思主义学院和高水平师范类院校参加教学研修活动，鼓励思想政治理论课教师积极参加国内调研，在深入了解党和人民伟大实践中汲取养分、丰富思想。

（四）提升师资队伍的人文素质

教师是实施教育目标的主体，一支高素质的教师队伍对推动学校建设能起的作用无疑是巨大的。思想政治理论课教师的人文素质直接影响着其授课的水平。首先，思想政治理论课教师必须具有较高的素质，在语言上、行动上要处处以身作则，注意言传身教，不仅在道德、修养、人品、学识上成为大学生的表率，还要在仪表、风度、气质方面成为学生的典范。其次，教师应具有机智的教育思维方式。面对当下教育对象的多样化、众多独特的思维方式和教育过程中出现的问题，更要求教师具有熟练的教育行为技能，要深入研究“怎么教？”“怎么学？”等教育问题；

要根据学生即时即景的需求，灵活地运用各种教学手段为学生服务。

（五）创新教学方法，提高课堂教学的针对性和实效性

教师要精心设计教学方式，尝试创新课堂教学方法。如课堂讲授、师生讨论、学生演讲、案例教学、辩论赛、校友访谈、社会调查、心理游戏、爱国主义影片观摩、校园访谈、社会调查、心理游戏、爱国主义影片观摩、校园DV创作、网络讨论、课前新闻发布、社会实践等十余种课堂教学方法。把这些教学方法穿插到各课程中，广泛调动学生参与课堂教学的积极性、主动性，并运用现代多媒体手段。课堂讲述生动有趣，学生就乐于接受，容易入耳、入心、入脑，进而提高课堂教学的针对性和实效性。

“善之本在教，教之本在师。”高校思政课教师的水平直接影响着思政课主渠道作用的发挥，影响大学生对马克思主义理论、习近平新时代中国特色社会主义思想的掌握与认同。因此，我们要不断完善思政课教师队伍的建设。学校党委要坚持把从严管理和科学治理结合起来，制订相应制度关心关爱思想政治理论课教师队伍。如积极营造一个有利于思政课教师队伍培养发展的环境，要改变针对基层、针对教师形式繁多的填表、考核；建立合理、有效的教育评价机制，减少不必要的课件、演讲等注重形式的比赛，积极引导思政课教师回归课堂、立足三尺讲台，讲好课，关心关爱学生，采取有效措施增强思政课教师的责任心、事业心，引入问责机制，对责任心不强的管理者、教师要问责；继续完善思政课教师队伍建设，强化这支队伍的整体素质提升，更好地担当起立德树人的职责。因此，高校思想政治理论课教师应该结合新时代发展的需要，不断提升自身的政治素质、业务素质、创新水平等，完成好思想政治理论课教师的使命和任务，不断为国家输送合格的中国特色社会主义接班人。

新时代思想政治理论课教师的素养与教学

柳青华①

[摘　要]政治强、情怀深、思维新、视野广、自律严、人格正、高度的理论自信、深厚的专业素养、良好的道德修养和人格魅力是思想政治理论课教师的基本素养。不断提升思想政治教育专业理论水平，提升思政课政治和学理、价值和知识、建设和批判、理论和实践、统一和多样、主导和主体、灌输和启发、显性和隐性的统一，把握青少年成长规律、认知规律，注意方式方法，进行课堂创新，不断增强思政课的思想性、理论性、针对性和亲和力。

[关键词]新时代；思想政治教育；教师素养

立德树人，教师是关键。严把教师聘用考核政治关，严格教师资格和准入制度，加强教师的思想政治工作，使他们成为先进思想文化的传播者、党执政的坚定支持者，担起学生健康成长指导者和引路人的责任。教师是人类灵魂的工程师，是人类文明的传承者，承载着传播知识、传播思想、传播真理、塑造灵魂、塑造生命、塑造新人的时代重任。思想政治工作是学校各项工作的生命线，要精心培养和组织一支会做思想政治工作的政工队伍。坚持马克思主义指导地位，贯彻习近平新时代中国特色社会主义思想，坚持社会主义办学方向，落实立德树人的根本任务，坚持教育为人民服务、为中国共产党治国理政服务、为巩固和发展中国特色社会主义制度服务、为改革开放和社会主义现代化建设服务，扎根中国大地办教育，同生产劳动和社会实践相结合，培养担当民族复兴大任的时代新人，培养德智体美劳全面发展的社会主义建设者和接班人。习近平总书记在学校思想政治理论课教师

①　柳青华，渭南师范学院马克思主义学院副教授。

座谈会上的重要讲话对新时代学校思政课的地位和作用、办好思政课的根本保证和基础条件、党对思政课教师的要求以及思政课改革创新的原则等重要问题做了深刻阐述。

一、思想政治理论课的重要性

思想政治理论课是立德树人的关键课程，是学生思想政治教育的主渠道、主阵地。习近平总书记强调，“办中国特色社会主义教育，就是要理直气壮开好思政课，用新时代中国特色社会主义思想铸魂育人，引导学生增强中国特色社会主义道路自信、理论自信、制度自信、文化自信，厚植爱国主义情怀，把爱国情、强国志、报国行自觉融入坚持和发展中国特色社会主义事业、建设社会主义现代化强国、实现中华民族伟大复兴的奋斗之中”，“思政课教师，要给学生心灵埋下真善美的种子，引导学生扣好人生第一粒扣子”，点亮理想的灯，照亮前行的路。

处于世界百年未有之大变局和中华民族伟大复兴的战略布局的特定历史时期，思政教育关系着培养什么人、怎样培养人、为谁培养人的根本重大问题。十九大报告指出，“世界正处于大发展大变革大调整时期，和平与发展仍然是时代主题。世界多极化、经济全球化、社会信息化、文化多样化深入发展”，社会转型时期，人们自主意识增强，利益多元化，不同群体间的矛盾、对抗性矛盾呈现上升趋势，突发事件增多，负面社会心态蔓延，海量庞杂、良莠不齐的思潮或现象涌现。大学生正处在人生发展的重要时期，世界观、人生观、价值观还未完全形成，面对以上一系列问题，他们的思想会受到相当的冲击和困扰。“青少年阶段是人生的‘拔节孕穗期’，生理和心智逐渐健全，思维进入活跃阶段，最需要精心引导和栽培。”思想政治理论课不仅仅是一门知识课、一门通识课、一门原理课，还是一门塑造青年学生世界观、人生观、价值观的大课程。关乎我们的国民教育和培养社会主义建设者、接班人的重大问题。“思想政治理论课是落实‘立德树人’根本任务的关键课程，思政课作用不可替代，思政课教师队伍责任重大。”①

中华民族伟大复兴的中国梦和中国特色社会主义伟大事业，需要一代又一

① 《习近平主持召开学校思想政治理论课教师座谈会　强调用新时代中国特色社会主义思想铸魂育人　贯彻党的教育方针　落实立德树人根本任务》，《人民日报》2019 年 3 月 19 日。

代优秀的青少年接续奋斗。思想政治理论课担负着培养担当民族复兴大任的时代新人、德智体美劳全面发展的社会主义建设者和接班人的重大使命。“少年智则国智，少年强则国强”；“少年雄于地球，则国雄于地球”。思政课还承担着青少年学生“答疑解惑”“人生导航”的作用，责任重大。因此，要提升教师思想政治素质；培养四有老师（理想信念、道德情操、扎实学识、仁爱之心）；建立中青年教师社会实践和校外挂职制度；加强师德师风建设，严把招聘入职人员的思政素质关和双重考察，把思政要求纳入教师聘用合同；强化青年教师理想信念教育和海归教师的国情教育、岗前和在职培训、传帮带，明确教书育人责任担当；成立高校党委教师工作部，完善教师评聘和考核机制。以政治标准为首位，严格教师资格和准入制度，探索教师定期注册制度；在年度考核、职务（职称）评聘、评优奖励中，坚持思政表现和课堂教学质量首要标准；增加课堂教学权重，克服职称评聘唯学历、论文、留学经历倾向；完善教师职业道德规范，把师德规范要求融入人才引进、课题申报、职称评审、导师遴选等评聘和考核各个环节，实施师德“一票否决”。

二、思想政治理论课教师的核心素养

办好思想政治理论课关键在教师。教师是人类灵魂的工程师，思政课教师是工程师中的工程师。习近平总书记强调，“办好思想政治理论课关键在教师，关键在发挥教师的积极性、主动性、创造性。”成为一名好老师，“要有理想信念、要有道德情操、要有扎实学识、要有仁爱之心”。新时代的思想政治理论课教师，必须不断强化政治素质，有崇高的政治信仰，坚定的教育信心，丰厚的理论知识，勤奋的工作态度和爱生如子的情怀，始终保持家国情怀，活学活用马克思主义理论，拥有宽广的知识、国际和历史视野，严于律己，人格高尚，给学生心灵埋下真善美的种子。坚持教书和育人相统一，言传和身教相统一，潜心问道和关注社会相统一，学术自由和学术规范相统一。

（一）政治强

“在选择职业时，我们应该遵循的主要指针是人类的幸福和我们自身的完美。”①

① 《马克思恩格斯全集》第1卷，人民出版社1995年版，第459页。

“意识形态工作是党的一项极端重要的工作。”①作为思想政治理论课教师，需具备各方面的素养，其最根本的、第一位的要求，是“学习研究宣传马克思主义”，以马克思主义为指导，传播马克思主义科学理论，用习近平新时代中国特色社会主义思想武装头脑，站稳政治立场，笃定信仰马克思主义。邓小平说，“我坚信，世界上赞成马克思主义的人会多起来的，因为马克思主义是科学。它运用历史唯物主义揭示了人类社会发展的规律。封建社会代替奴隶社会，资本主义代替封建主义，社会主义经历一个长过程发展后必然代替资本主义。这是社会历史发展不可逆转的总趋势，但道路是曲折的。”②从国际环境看，不仅当前社会主义处于低潮，而且在今后相当长的时期，社会主义将始终面临资本主义的包围，只能在资本主义处于支配地位的国际政治经济秩序中进行抗争、谋求发展。因此，思政课教师要牢牢掌握意识形态工作领导权和话语权，强化并切实发挥马克思主义学科的引领作用，坚持课堂讲授守纪律、公开言论守规矩，管好阵地，守好底线，决不给错误思想任何舞台，决不能出现大的意识形态事件和舆论旋涡；要守好高校论坛、讲座、报告会和研讨会关口，依法管理境外非政府组织在高校的活动，防范校园传教，防范敌对势力渗透，既守住底线，筑牢防止各种错误思潮“抢滩”、防止西方价值观“松土”的堤坝，又主动发声，亮明中国优秀传统文化和革命文化、社会主义先进文化的旗帜，亮明社会主义核心价值观的旗帜。

思政课教师是广大青年学子认识党组织、认识共产党人的一个特殊“窗口”。思政课教师的党性修养强，我们党在青年人中间的威信就高、号召力就强。“广大教师要始终同党和人民站在一起，自觉做中国特色社会主义的坚定信仰者和忠实实践者，忠诚于党和人民的教育事业，自觉把党的教育方针贯彻到教学管理工作全过程，严肃认真对待自己的职责。要注重加强中国特色社会主义理论体系的学习，加深对中国特色社会主义的思想认同、理论认同、情感认同，不断增强道路自信、理论自信、制度自信，积极引导学生热爱祖国、热爱人民、热爱中国共产党。……做中国特色社会主义共同理想和中华民族伟大复兴中国梦的积极传播者，帮助学生筑梦、追梦、圆梦，让一代又一代年轻人都成为实现我们民族梦想的正能量。”③

① 《习近平谈治国理政》第1卷，外文出版社2018年版，第153页。

② 《邓小平文选》第3卷，人民出版社1993年版，第382—383页。

③ 习近平：《做党和人民满意的好老师——同北京师范大学师生代表座谈时的讲话》，人民出版社2014年版，第5—6页。

（二）情怀深

思政课不是“唯知识型”的课堂，要充满情感的交融。马克思主义旨在实现每个人的自由、全面发展，要使学生感受到马克思主义的伟大之处，使其产生情感上的共鸣与认同。邓小平说，“我是中国人民的儿子，我深情地爱着我的祖国和人民”。习近平总书记指出，“好老师心中要有国家和民族，要明确意识到肩负的国家使命和社会责任。”“有了为事业奋斗的志向，才能在老师这个岗位上干得有滋有味，干出好成绩。”①“对马克思主义的信仰，对社会主义和共产主义的信念，是共产党人的政治灵魂，是共产党人经受住任何考验的精神支柱。”②当前，我们处在多元、多样、多变的价值话语场域，新时代思政课教师要想真正触动学生的心灵，必须深悉马克思主义真理并结合学生生活实际、思想实际、情感实际，坚定地感悟传播马克思主义的科学真理，彰显马克思主义真理的感召力，力求在学生心灵埋下真善美的种子。

（三）思维新

这就要求思政课教师能够将科学的理论知识、通过信息加工处理，采用各种形式呈现出来，让学生真正认同、理解，并能够解决问题。也就是“思想政治理论课教师要以教材为教学基本遵循，在教材体系向教学体系转化上下功夫，真正做到融会贯通、熟练驾驭、精辟讲解。”③把握时代的前沿性、思想上的深度性、解读过程的严谨性、语言上的生动性、知识储备上的丰富性和组织课堂的有效性，通过打开思路、创新方法，真正把思政课上好。

（四）视野广

要求思政课教师坚持总体意识，从整体性视野出发，围绕马克思主义的主轴对其理论框架与内在逻辑加以阐释；从更宽阔的视域出发，主动地介绍同时期的不同理论，在比较和分析中阐释马克思主义。

（五）自律严

要求思政课教师课上课下一致、网上网下一致，弘扬主旋律，传递正能量。以

---

① 习近平：《做党和人民满意的好老师——同北京师范大学师生代表座谈时的讲话》，人民出版社2014年版，第5、7页。

② 《十八大以来重要文献选编》（上），中央文献出版社2014年版，第80页。

③ 中共中央宣传部、教育部：《关于进一步加强高等学校思想政治理论课教师队伍建设的意见》（教社科〔2008〕5号）。

教材为依托,遵循教材的理论逻辑主线和编写思路,把握教材的主要内容和基本观点,并透过教材把握隐含于教材背后的理论。根据学生的接受状况,围绕主题、突出重点、灵活地讲读教材,将教材内容生活化、情景化、信息化,使教学既符合国家要求也顺应学生发展需要,体现出教学内容的系统性、完整性、科学性和规范性,体现出教学活动的时代性、针对性和生活性。

(六)人格正

2016年,习近平总书记在全国高校思想政治工作会议上强调,"高校教师要坚持教育者先受教育,努力成为先进思想文化的传播者、党执政的坚定支持者,更好担起学生健康成长指导者和引路人的责任。"用高尚的人格感染学生,自觉作为学为人的表率,为人师表,正己修德,自觉践行社会主义核心价值观;用坚定的政治立场感染学生。思政课教师是国家意识形态的直接执行者,要树立高尚的人生观和价值观,坚定马克思主义信仰,用高尚的道德示范学生;做学生的楷模,严格做人,自尊、自律、自信,成为值得学生信赖和尊敬的人。思想政治理论课要靠真理征服人心,要靠教师的人格魅力感召人心,触及灵魂。正人者,先正己。其身正,不令而行;其身不正,虽令不从。有人格,才有吸引力、感召力。文以载道,"亲其师,才能信其道。"有信仰、有情怀、有担当,讲品位、讲格调、讲责任,树立高远的理想信念、良好的道德品德、高尚的思想情操,以德立身、言传身教,为学生做出人格表率,以自己的人格魅力感染和影响学生。有了高尚人格的示范、感召和引领,其所承载的理想信念就会"随风潜入夜"般地嵌入学生的心灵深处,在学生心里种下真善美的种子。

三、讲好思想政治理论课,必须做到"八个统一"

课堂是立德树人、铸魂育人的主渠道主阵地,推动思想政治理论课改革创新,要坚持"八个统一"。"八个统一"为思想政治理论课改革创新指明了方向,是思想政治理论课改革创新的基本遵循。

(一)政治性与学理性相统一

1. 政治性

思想政治理论课最本质的特征是政治性,政治性是思想政治教育的首要属性。"学校是意识形态工作的前沿阵地,不是象牙塔,也不是桃花源。""高校不是真空地带，甚至是第一线。”思想政治理论课教师，必须具备较高的政治素质，坚定正确的政治方向，始终忠实于党的教育事业，始终与党中央保持高度一致，具有高度的政治敏锐性和政治鉴别力。“思想政治理论课教师必须坚持正确的政治方向，热爱马克思主义理论教育事业，具有良好的思想品德，有扎实的马克思主义理论基础和相应的教学水平、科研能力。”①“坚持党性原则、强化责任。高校思想政治工作者必须切实担负起政治责任和领导责任，提高领导水平，增强驾驭能力，敢抓敢管、敢于亮剑，做到守土有责、守土负责、守土尽责。”②严格课堂教学纪律，坚持“学术研究无禁区、课堂讲授有纪律、公开言论守规矩”。所有教育教学活动都不得出现违背党和国家大政方针、违背宪法法律、危害国家安全、破坏民族团结等言行。完善高校课堂教学管理办法，健全课堂教学考核、教材使用、教学过程督导制度，落实校领导和教学督导听课制度。对顽固坚持违法、有害观点、不听教育劝阻的，要视情节调离、解聘；对散布反动言论、编写制作政治性非法出版物或从事非法活动的，要依纪依法严肃处理。加强思想文化阵地规范管理。坚持“谁主办、谁负责；谁审批、谁监督”原则。党委统领管理论坛报告会审批，对场地、人员、内容等各个环节严格把关，落实“一会一报”“一事一报”制度。依法管理境外非政府组织在校活动，建立境外资金准入管理制度和风险评估机制。严禁在校传播宗教、发展教徒和组织宗教活动。加强高校哲学社会科学成果发布管理。加强校报校刊、校内广播电视和学校出版社规范管理。加强图书馆订购境外书报刊和学术文献数据库、接受捐赠境外出版物的管理。规范各类社团管理，社团成立和年度检查制度，挂靠社会组织备案制度。

坚定信仰、明辨是非，牢牢站稳政治立场，自觉地从政治高度看问题、办事情，用正确舆论导向引导青年学生。从世界百年未有之大变局，从建设社会主义现代化实现中华民族伟大复兴的格局中来看待思想政治理论教育。培养一代又一代拥护中国共产党领导和我国社会主义制度、立志为中国特色社会主义事业奋斗终生的有用人才。

---

① 中共中央宣传部、教育部：《关于进一步加强高等学校思想政治理论课教师队伍建设的意见》（教社科〔2008〕5号）。

② 中共中央办公厅、国务院办公厅印发《关于进一步加强和改进新形势下高校宣传思想工作的意见》，新华社，2015年1月19日。

2. 学理性

毛泽东指出:“共产党不靠吓人吃饭,而是靠马克思列宁主义的真理吃饭,靠实事求是吃饭,靠科学吃饭。”①思政课,涉及经济、政治、文化、生态、党建等各个方面,涉及党史、国情、社情、社会主义发展史;要跟上国内外变化很快的形势;学生会提些尖锐、敏感的问题,往往还涉及一些深层次的理论问题,讲清楚、讲透彻、回答好很不容易,有很多因素;国家的制度、理论、路线发生波动,对思政课也产生影响,都对思政课教师提出更高要求。习近平总书记指出,“思政课,讲好不容易,要求高。”它要求思政课教师必须具备渊博的知识,用马克思主义世界观和方法论来认识问题、分析问题和解答问题;还要具备扎实的理论功底,拥有丰富的知识储备和科学严密的逻辑,才能真正讲得理直气壮,达到“水到渠成”的效果。

(二)价值性与知识性相统一

1. 价值性

思想政治教育培养人的德性,要为人生赋值、为社会定型、为国家和民族立心,培养中国特色社会主义事业的合格建设者和可靠接班人,以社会主义核心价值观为灵魂和导向,“人生的扣子从一开始就要扣好”。十九大报告指出,“建设具有强大凝聚力和引领力的社会主义意识形态,使全体人民在理想信念、价值理念、道德观念上紧紧团结在一起”,“加强爱国主义、集体主义、社会主义教育”。另外,“树立和坚持正确的历史观、民族观、国家观、文化观,增强做中国人的骨气和底气”②。注重在价值传播中凝聚知识底蕴、注重在知识传播中强调价值引领。

2. 知识性

思想政治理论课是综合性学科。在马克思主义支撑下,运用多学科知识,进行价值教育。系统学习和深刻领会马克思主义,熟练运用马克思主义基本原则和立场观点方法,分析研究和解决现实问题,对时事政治进行有逻辑性和说服力的解读。认真开展马克思主义基本理论和社会现实问题研究,紧跟理论前沿,掌握理论研究最新动态,及时掌握理论发展前沿问题,寓价值引导于知识传授之中。习近平总书记指出,“老师始终处于学习状态,站在知识发展前沿,刻苦钻研、严谨笃学,

---

① 《毛泽东选集》第3卷,人民出版社1991年版,第835—836页。

② 《习近平谈治国理政》第1卷,外文出版社2018年版,第162页。

不断充实、拓展、提高自己”。[①]

（三）建设性与批判性相统一

1. 建设性

马克思主义中国化的历程，就是中国共产党人在革命、建设和改革各个时期，以问题导向，回答和解决中国的时代问题，不断创新、实践突破的历程。毛泽东思想回答了在中国这样一个经济文化落后的国家，武装斗争夺取政权、进行社会主义革命和社会主义建设的问题。邓小平理论回答了什么是社会主义、怎样建设社会主义。“三个代表”重要思想回答了建设什么样的党、怎样建设党。科学发展观回答了实现什么样的发展、怎样发展。习近平新时代中国特色社会主义思想回答了新时代坚持和发展什么样的中国特色社会主义、怎样坚持和发展中国特色社会主义。

高校思想政治工作存在不足，尚需提升马克思主义理论学科建设水平。如全课程育人的有效机制尚未形成，网络意识形态的主动权和话语权有待增强，教师思想政治工作存在不同程度短板，课堂和各类思想文化阵地管理还存在薄弱环节，高校党委主体责任落实存在层层递减的情况。另外，思政工作内容供给不足，思政课教学效果不佳，理论与现实脱节，教材过于理论化。教师和辅导员素质能力有待提升，教学方法途径陈旧，教书育人“两张皮”。学校家庭社会资源供给不足，未形成全员全过程全方位育人局面。

2. 批判性

近年来，在全球化影响下，新自由主义、历史虚无主义、民主社会主义、“普世价值论”、宪政民主主义、“新闻自由”、公民社会、新左派、复古主义、民粹主义等错误思潮，都试图对中国进行“和平演变”。它们利用互联网、其他传媒及新式宗教进行文化渗透，制造“中国威胁论”和“中国崩溃论”，利用话语霸权进行文化扩张与渗透。思政课教师要立场坚定，直面各种错误观点和思潮，旗帜鲜明地予以批判，引导学生全面客观地认识中国和世界。

（四）理论性与实践性相统一

1. 理论性

马克思指出，“理论只要说服人，就能掌握群众；而理论只要彻底，就能说服

① 习近平：《做党和人民满意的好老师——同北京师范大学师生代表座谈时的讲话》，人民出版社2014年版，第9页。

人。所谓彻底,就是抓住事物的根本。"① 对此,思政课教师在讲授课程时,要以高度的理论勇气和深刻的理论洞察力归纳马克思主义的重大问题;用理论阐释现实问题,将现实问题升华为理论。

2. 实践性

思政课教学的实效性和评价标准就是学生将理论运用于实践取得的成效。马克思指出,"问题就是公开的,无畏的,左右一切个人的时代声音。问题就是时代的口号,是它表现自己精神状态的最实际的呼声"。② 以问题导向,不断发现问题,直面重大问题、疑难问题与根本问题,如唯心主义的历史意义、经济决定论、剥削问题、人民群众与个人、资本主义新变化、落后国家建设社会主义的艰巨性、共产主义实现等问题,对此,思政课教师要用马克思主义基本原理说明问题、解释问题,解决问题;自觉地描述、解释、应用和追问问题,研究青年文化、青年心理,服务学生。落实到行动上,就是教书和育人相统一,言传和身教相统一,潜心问道和关注社会相统一,学术自由和学术规范相统一,知行合一、以知促行、以行求知,面向实际、深入实践,严谨务实,苦干实干。

(五)统一性与多样性相统一

1. 统一性

对每一位专业课教师开展"课程思政"教学,做到门门有思政,人人讲育人,全员育人、全过程育人、全方位育人。统筹专业教育与思政课,各类课程和思政课相互配合,宣传思想文化,校园媒体联盟,全员、全课程有机结合。各门课守好一段渠、种好责任田,同向同行,效应协同。

2. 多样性

针对学生群体的多样性以及当下网络时代的多元性,思政课教师在授课时要做到贴近实际、贴近对象、贴近具体,紧密联系新时代的伟大实践,合理运用启发式、参与式、互动式、案例式、研究式等教学方法,启发学生思考,引导学生实践,在社会实践中化知识为智慧、化理论为方法、化规范为德行,实现立德树人的目标。

---

① 《马克思恩格斯选集》第1卷,人民出版社1995年版,第9页。

② 《马克思恩格斯全集》第40卷,人民出版社1982年版,第289—290页。

（六）主导性和主体性相统一

1. 主导性

思政课教学是一个在不断解决新问题、新矛盾的实践中发展提高的过程。“推进马克思主义中国化时代化大众化，建设具有强大凝聚力和引领力的社会主义意识形态，使全体人民在理想信念、价值理念、道德观念上紧紧团结在一起。”①“培育和践行社会主义核心价值观”“加强思想道德建设”“加强社会心理服务体系建设，培育自尊自信、理性平和、积极向上的社会心态。”②在这个过程中，思政课教师要起到主导作用，坚持马克思主义的指导，充分发挥马克思主义理论研究和宣传教育；关注学生的需要和个体发展，变成学生学习的引导者；强化社会主义因素，增加教育的现代性因素，挖掘中华优秀传统文化养分。让学生树立起对马克思主义的科学信仰，真学、真懂、真信和真用马克思主义。

2. 主体性

要加大对学生的认知规律和接受特点的研究，发挥学生主体性作用。思政课教师要以马克思主义为指导，以人民为中心，关心学生、深入学生，掌握大学生思想道德状况及其思想品德发展规律，了解大学生成长中的思想困惑和价值需求，从中提炼大学生关注和困惑的主要现实问题，服务学生。真正发挥学生主体性作用，引导学生发现问题、分析问题、思考问题。

（七）灌输性与启发性相统一

1. 灌输性

《共产党宣言》指出，“共产党人不屑于隐瞒自己的观点和意图。”所以，思政课教师要用理论逻辑的力量去感染学生、说服学生。这就要求思政课教师具有深厚的理论修养和很高的学术造诣，善于解疑释惑，善于把科学理论运用于实践之中。

2. 启发性

要求思政课教师要有扎实的理论功底、深厚的知识底蕴，对现实社会和学生思想特点深入了解和研究，有敏锐的感悟力、洞察力和较强的说服力，与学生平等交流、坦诚相待。明确教学的目的和要求，和课程内容紧密统一，注意学生与环境的

---

① 习近平：《决胜全面建成小康社会　夺取新时代中国特色社会主义伟大胜利——在中国共产党第十九次全国代表大会上的报告》，人民出版社2017年版，第41页。

② 同上书，第49页。

和谐互动，激发学生的求知欲，及时总结经验。

（八）显性教育与隐性教育相统一

1. 显性教育

学校教育培养人的最重要、最有效阵地是课堂；学校教育培养人的最关键载体是教师在课堂的教学活动；课堂是主干道。教育三要素缺一不可：知识传授、能力培养和价值引领。所有课堂都要强化改进育人功能，把我们想说的与大学生想听的结合起来，把“大水漫灌”与“精准滴灌”结合起来，把大道理变成小故事，让大学生想听爱听。四门思想政治理论课加形势与政策课，系统开展马克思主义理论教育教学，价值引领，是显性教育。讲授马克思主义世界观和方法论，帮助学生把握马克思主义，正确认识人类社会发展的基本规律。讲授马克思主义基本原理与中国实际相结合的历史进程，反映马克思主义中国化的系列理论成果，帮助学生系统掌握马克思主义中国化理论成果的重要思想和基本原理，坚定走中国特色社会主义道路。讲授中国抵御外来侵略、争取民族独立、推翻反动统治、实现人民解放的历史，帮助学生理解国史、国情，领会是历史和人民选择了马克思主义，选择了中国共产党，选择了社会主义道路。讲授社会主义建设者和接班人应当具备的思想道德素质和法治素养，帮助学生成长为担当民族复兴大任的时代新人。帮助学生从内心深处真正认同党的领导、我国的政治制度和发展道路；具有国家意识，维护国家利益，有国情观念，维护民族团结，具有国际视野；坚定文化自信，维护语言文字，拥有民族历史文化、革命传统和时代精神；具有公民人格，身心健康，守法平等，诚信尽责，自强合作。

2. 隐性教育

通识教育课、公共基础课等综合素养课程与哲学社会科学、自然科学的专业教育课程是隐性教育。在培育人的综合素养过程中浸润牢铸理想信念。制订综合素养课程建设价值观标准；建设好一批理念信念教育品牌课程；形成总体实施方案，编制具体课程教学指南。凸显哲学社会科学的社会主义意识形态功能，形成总体实施方案，选取三门到四门课程开展试点，编制试点课程教学指南，开展效果评价。注重科学思维和职业素养教育，形成总体实施方案，选取二门到三门核心课程开展试点，编制试点课程教学指南，开展效果评价。从专业课程的既有教学内涵逻辑中挖掘育人的价值功能，形成全社会支持高校思政工作合力。宣传、理论、新闻、影视、文艺、出版等部门和企事业单位要坚持弘扬主旋律，营造良好的舆论氛围。全社会要为大学生专业实习和社会实践创造条件，健全毕业生的就业、创业扶持体系。动员社会各方力量，帮助大学生解决实际困难。优化校园周边治安环境，严厉打击各种刑事犯罪活动。依法加强对学校周边文化娱乐、商业经营活动的管理。各级党政机关、社会团体、企事业单位、街道、社区、村镇要积极配合，构建学校、家庭、社会“三结合”教育网络，形成学校教育、家庭教育、社会教育相互配合、协同育人的工作合力。

更加注重以文化人、以文育人，广泛开展各类社会实践，使大学生在实践体验中，经风雨、长见识。作为明道、信道、传道的思政课教师，对法律法规的模范遵守、对科学理论的不懈追求、对崇高理想的执着坚守，这些高尚的人格力量会直接感染学生。“隐性教育以间接或无形的形式，尊重学生的主体性、主动性和创造性，唤起学生的主体意识，鼓励学生通过自己的实践，分散进行，于教学中、于管理服务中，于大众传播及社会环境之中，不知不觉，影响学生的思想价值观念。把抽象的理论寓于具体问题的解决中，通过各类活动不断地将思想政治原则内化为自己的思想道德信念，转变为行为习惯。它形成学生的独立思考和创造能力，培养学生的独立人格，提高学生的参与程度，使学生由消极被动地接受转变为积极主动地自我教育。”①

此外，还要以校内资源为基础，充分开发校史展览馆、资料阅览室、校园媒体、文化活动中心等机构和场所的实践育人功能；运用体验型思政课实践教学模式，运用现代化教学手段，把演讲、辩论、讲座、比赛等多种形式融入课堂教学，以一定的理论为指导，有目的性地创设情境。结合重大历史事件、重要纪念日、民族传统节日等，科学设计教育主题，以大学生喜闻乐见的形式，开展各种教育活动。

① 柳清华、李富贵：《渗透性思想政治教育》，《价值工程》2011年12月28日。

新时代思想政治理论课教师要树立和提升教育威信

周治华　邱再辉[①]

[摘　要]新时代要理直气壮开好思政课,落实于思政课教师的思想和行动上,就是要把课程自信转化为教学自信,理直气壮地树立和提升教育威信。教育威信对于思政课教师具有特殊的意义,是思政课教师落实立德树人根本任务、担当"传道者"使命、做好学生"引路人"的需要。思政课教师要按照习近平总书记的要求,在全员育人、全过程育人、全方位育人中始终乐为、敢为、有为,努力成为政治上可靠、教学上可信、人格上可敬的"人师"。

[关键词]新时代;思想政治理论课教师;教育威信

习近平总书记在学校思想政治理论课教师座谈会上指出,"我们办中国特色社会主义教育,就是要理直气壮开好思政课""思政课作用不可替代,思政课教师队伍责任重大"。思政课是立德树人的关键课,思政课教师担当着培养一代又一代社会主义建设者和接班人的重大责任。理直气壮开好思政课,落实到广大思政课教师的思想和行动上,就是理直气壮地上好思政课,把课程自信转化为教学自信,树立和提升教育威信。思政课教师在学生心目中可信、可敬、可靠,才能乐为、敢为、有为,给学生心灵埋下真善美的种子,引导学生扣好人生第一粒扣子。因而,学习贯彻落实习近平总书记重要讲话精神,有必要重拾"教育威信"这样一个并不新颖、甚至在一些人看来已经过时的话题,思考新的时代条件下在"三全育人"格局

① 周治华,上海师范大学马克思主义学院副教授,哲学博士;邱再辉,上海师范大学马克思主义学院硕士研究生。

中思政课教师树立和提升教育威信何以必要、何以可能。毕竟,正如苏霍姆林斯基所说的,教学工作中应当避免两种危险的倾向——“或者采取无原则的迎合、迁就、放任自流的态度(这种做法最终导致漠不关心),或者以简单粗暴和滥用权力来取代威信”[①],这对于正视现实的思政课教师来说并不是过时的告诫。

一、正视思政课教师教育威信仍显不足的现实

威信是指个人或者组织在他人心目中以及社会舆论中所形成的威望和信誉。树立威信,意味着引起或维系一种心理上积极的反应态度,亦即使自己受到较为广泛的认可、尊敬和信赖,从而拥有对于他人的影响力、号召力和约束力。教育威信是教育教学活动中客观存在或者应当发生的道德心理效应,体现着教育者与社会公众、尤其是教育对象之间的特定关系。从广义上来说,教育威信的主体既可以是教育的组织者,也可以是教育的实施者;既可以是教师群体,也可以是教师个人。[②]我们这里说的思政课教师的教育威信,主要指的是教育实施者层面上的教育威信,它既是思政课教师作为整个教师群体中一个特殊小群体的威望和信誉,也是每一个思政课教师个体在学生心目中受到的尊敬和信赖。

教育实施者的威信如何,显然与教育的组织者有着紧密的关系。党和国家历来重视教育,积极倡导和推进全社会尊师重教的风尚。党的十八大以来,习近平总书记对思想政治工作高度重视,先后主持召开全国高校思想政治工作会议、全国教育大会、学校思想政治理论课教师座谈会等重要会议并发表重要讲话,将培养中国特色社会主义建设者和接班人作为一项重大战略任务,对此提出了一系列明确要求,作出了一系列重要部署,为加强学生思想政治工作指明方向,推动学校思想政治理论课建设持续加强。我国各地各级各类学校采取多种措施加强思政课教师队伍建设,广大思政课教师爱岗敬业、勤奋工作、勇于创新,取得明显的成绩,涌现出一大批有影响、有魅力、受学生尊敬和信赖的优秀思政课教师。

从整体上看,思政课教师作为一个特殊的教师群体,在学生心目中的地位和威望也有了显著的提升。但是,从新时代新形势对于教育和学习提出的新的更高要

---

① [苏联]苏霍姆林斯基:《教育的艺术》,肖勇译,湖南教育出版社1983年版,第33页。

② 王正平:《教育伦理学》,人民教育出版社2019年版,第258页。

求来看,从思政课发挥立德树人关键作用的责任担当来看,思政课教师教育威信仍显不足,维护和增进思政课教师教育威信还有诸多方面的改进空间。

(一)有的学校对思政课重视不够、政策落实不到位,导致思政课教师被边缘化,面对学生底气不足、声音不响

就一个学校而言,一门课程越受管理者重视,这门课程的授课教师也就越有话语权和影响力。从这个意义上说,思政课教师的教育威信与其承担课程的重要性仍然是不成正比的。我们的教育是中国特色社会主义教育,培养的是德智体美劳全面发展的社会主义建设者和接班人。思政课是彰显中国特色社会主义教育根本属性的核心课,是落实立德树人根本任务的关键课,是国家在师资队伍、教材供给、课时安排等方面统一规定、严格保障的必修课。照理说,担任如此重要课程教学任务的教师应该享有更高的教育威信。然而,现实情况并非如此。在一些地方或学校,教育管理者认识不足,重视不够,相关政策落实不到位。例如,在一些地方的中小学,思政课没有按国家规定的标准落到实处,被当作可有可无的"搭头课""让路课";在升学压力的影响下,思政课甚至直接改头换面变成了教师"加塞"补课、学生做作业的集中时段。还有一些农村地区的中小学,中小学思政课没有安排专职的任课教师,大多由语文、数学等学科教师兼任。在一些高校,思政课在政策保障、教师结构、授课条件、课程设置、课时安排等方面都与中央的要求存在着不同程度的偏差;思政课教师与专业教师相比,职称晋升、科研立项、提高待遇等方面往往被边缘化。一项针对思政课教师的调查显示,认为"学校领导不够重视""政策落实不到位"占40%之多,更有近60%的受访者"希望上级主管部门督促学校为思想政治课教师成长提供更好的政策环境"。[①] 思政课说起来重要,做起来次要甚至不要,这比从来不说其重要,更让思政课教师自觉人微言轻,在学生面前底气不足、腰板不直,教学上不愿为,也不敢为。

(二)有的思政课教师逢迎取悦学生,课堂教学娱乐化、浅表化,遗失了思想政治教育工作者应有的自信和自重

习近平总书记在全国高校思想政治工作会议上的讲话中指出,广大教师要敬畏讲台、珍惜讲台、热爱讲台,把更多时间和精力投入到课堂教学中,认认真真讲好每一堂课,用好课堂教学这个主渠道。敬畏讲台、珍惜讲台、热爱讲台,讲好每一

---

① 李永贤:《关于高校思政课师资队伍建设的调研报告》,《国家教育行政学院学报》2014年第4期。

堂课，这是思政课教师履行职责使命的必然要求，也是其树立和提升教育威信的基本路径。公允地说，一段时期以来，广大思政课教师在深化课堂教学改革、创新教学形式、激发课堂活力等方面努力让学生"真心喜欢、终身受益"，成效是有目共睹的。当然，不容否认的是，也有一些思政课教师只在"喜欢"上下功夫，不太关心学生的喜欢是否"真心"、是否"终身受益"。例如，为了提升课堂"抬头率"和教学互动，有的老师把有限的教学时间过多地用于组织活跃氛围的活动，搞笑段子、"心灵鸡汤"满堂飞，一味追求"抓人眼球"的热闹效应和愉悦学生的效果。有的思政课教学目标和课程性质定位不准、认识不够，片面降低教学难度以迎合学生，教学内容碎片化、缺乏深度，不能贯通历史和现实，理论联系实际牵强附会，教学浮于表面，蜻蜓点水、浅尝辄止。这样的思政课教学表面看来是以学生为中心，实质上割裂了内容与形式的关系，看似互动多、参与性强、热热闹闹，但入脑入心不够；模糊了教育与娱乐的界限，不能很好地释疑解惑，难以深入解决学生思想深处的问题，不是对处在人生"拔节孕穗期"的青少年精心引导和栽培，不能给学生留下深刻的学习体验。这样的思政课教师，表面看来受学生欢迎，但缺失了讲台上本应有的严肃、严谨、庄重、认真，也就是说"有失身份的"，因而在学生心目中很难树立起真正的教育威信。

（三）有的学生在实用主义观念的影响下，应付敷衍思政课，缺失了对于思政课教师的敬重之情与向学之心

思政课承担着文化传承、价值引领、品德养成的重要职责，具有其他课程不可替代的作用。这种不可替代的作用是在宏观层面、从培养担当民族复兴大任的时代新人、培养德智体美劳全面发展的社会主义建设者和接班人过程中显现出来的。但具体到个人层面，思政课的作用是长期的、潜在的，并不像其他课程那样即可见效、立竿见影，因而在一些注重升学、就业的家长、教师看来是不重要的，甚至是可有可无的。这些家长和教师自觉、不自觉地把急功近利的实用主义观念传递给学生，导致他们以草率应付的心态对待思政课。中小学阶段，思政课相比于语、数、外等课程，升学考试不"拉分"，往往被一些学生当作"副课"，只要死记硬背、突击学习就可以了。这种错误认识如果在中小学没有得到妥善地纠正，就会固化为一种对于思政课的偏见。进入大学，知识性、技能性的专业课程不仅与考级、考证、以及将来的就业联系在一起，而且是使人增长见识、掌握本领的；但思政课不仅在这些方面毫无"用处"，还是不得不接受的公共必修课。这就使一些大学生更容易强化

本来就存在的偏见,进而产生抵触和逆反排斥的情绪,课堂上提不起精神,课后作业敷衍了事。学生对思政课缺乏价值认同和课程热情,思政课教师也就很难激发起他们的敬重之情和向学之心。

二、认清思政课教师树立和提升教育威信的必要性

教育威信是"威"与"信"的有机统一。"有威则畏,有信则乐从,凡欲服从者,必兼备威信。"有权威,才能被信从。苏霍姆林斯基说,"教育领域中最细致,又最缺乏研究的一个问题,是人对人的权威问题,是年长者对年轻者的权威问题。"在他看来,教育权威是教师所拥有的"最要紧、最普遍、包罗一切、同时又是最锐利和不安全"的教育手段。[①] 尽管如此,即便是在一个倡导教育民主、师生平等的现代社会,权威的存在以及对于权威的崇敬和信赖仍然是教育活动发生发展的必要前提。汉娜·阿伦特认为,在儿童的培养和教育领域中,权威在其最宽泛的意义上既是一种"自然必然性",也是一种"政治必要性"。这是因为,儿童一方面唯有仰靠父母或其他成人的看护才能成长,另一方面有赖于成人将其引进对于他们来说是陌生的文明世界。[②] 权威或威信对于所有教育者来说必不可少,对于承担思想政治教育使命的思政课教师来说也尤其必要。

(一)思政课教师树立和提升教育威信,是落实立德树人根本任务的需要

国无德不兴,人无德不立。进入新时代,坚持中国特色社会主义教育发展道路,坚持社会主义办学方向,必须落实立德树人根本任务,培养德智体美劳全面发展的社会主义建设者和接班人。立德树人,就是要回归教育的本质功能和真正价值,把人作为教育的根本对象,把育人作为教育的根本目的。要成才,先成人,要成人,先立德。立德不同于知识和技能传授,不只是一个理智过程,更是一个塑造灵魂、塑造生命、塑造新人的情感过程。一个教师越有教育威信,就越容易唤起学生积极的情感体验,也就越能够引导学生养成品德。思政课是全面贯彻党的教育方针、落实立德树人根本任务的主干渠道和核心课程。在玛格丽特·米德所谓的"后喻文化"时代里,思政课教师作为知识拥有者和传授者的威信也许会

① [苏联]苏霍姆林斯基:《给教师的一百条建议》,周蕖、王义高等译,天津人民出版社 1981 年版,第 249 页。

② [美]汉娜·阿伦特:《过去与未来之间》,王寅丽、张立立译,译林出版社 2011 年版,第 87 页。

消解，但维护和强化思政课教师作为道德诠释者和示范者的威信不仅是可能的，也是必要的。有必要的“威”，才有约束力；有充分的“信”，才有感召力。因此，坚持立德树人，继承和发展中华民族崇德重德的优秀传统文化，走出重智育轻德育、重授业轻育人的误区，不能不树立和提升思政课教师的教育威信。思政课教师享有教育威信、并且有比其他课程教师享有更高的威信，是落实立德树人根本任务的必然要求，也是把立德树人内化到学校建设和管理各领域、各方面、各环节的重要体现。

（二）思政课教师树立和提升教育威信，是担当“传道者”使命的需要

韩愈在其名篇《师说》中认为，“师者，所以传道授业解惑也。”传道是教师的首要职责，在中国古代社会更是教师安身立命的根本。师之所以为师，乃是因为其闻道先于他人；“从而师之”，实质上是从而“师道”。因而，“道之所存，师之所存也。”既然“道”的传播和传承需要通过“师”来完成，那么，“重道”必须“尊师”，“尊师”就是“重道”。教师有尊严、有威望，才能传道，而社会才能实现用“道”来化民成俗的目的。在2016年的全国高校思想政治工作会议上，习近平总书记将高校教师称为“传道者”，强调传道必须首先明道、信道。我们今天所传之“道”当然不是韩愈所说的“道”，而是马克思主义之道、中国特色社会主义之道。“道”的内涵尽管与时俱进，但“尊师”与“重道”之间的紧密关联仍然是存在的，“师严然后道尊，道尊然后民知敬学”的教育规律仍然是有效的，中华民族尊师重道的优良传统也是不能丢的。因此，思政课教师作为传马克思主义之道、明中国特色社会主义之道最主要、最直接的承担者，毫无疑问应当具有较高的威信。思政课教师有较高的威望和信誉，学生才能“尊其师”“听其言”“信其道”，“道”才能入脑入心，才能增强中国特色社会主义道路自信、理论自信、制度自信、文化自信，立志成为为中国特色社会主义事业奋斗终生的有用人才。

（三）思政课教师树立和提升教育威信，是做好学生“引路人”的需要

德国哲学家雅斯贝尔斯说，教育是极其严肃的伟大事业，“对于权威的信仰首先是教育的唯一来源和教育的实质”①。因而，无论什么样的教育都“需要学生具有对绝对真理和寻求真理的引路人——教师的敬畏之心”。没有权威，抑或教师由于没有威信而不能发挥引路人的作用，一个处于成长期的人即便“掌握了渊博的

① ［德］雅斯贝尔斯：《什么是教育》，邹进译，三联书店1991年版，第8页。

知识，成为语言和思维的主人，但他却仍处在被弃置的空无一物的可能性空间，在这个空间里只有虚无紧紧尾随着他。”的确，处在人生“拔节孕穗期”的青少年，最需要精心引导和栽培，否则很可能无所顾忌、无所不为，无从知晓应该追求什么、应该做什么。思政课教师担负着引导学生树立正确的人生观、价值观和世界观的重任，对于学生而言亦友亦师，既要做陪伴学生成长的“同路人”，更要做走在他们前面的“引路人”，引导他们扣好人生的第一粒扣子，给学生心灵埋下真善美的种子。因此，思政课教师不能没有“引路人”所应有的威严，也不能缺失“引路人”的号召力和感染力。

综上所述，在崇尚教育民主、讲究师生平等的现代社会，我们可以批判“师道尊严”承载的封建等级观念，但不应该从“师尊生卑”的一个极端走向“生尊师卑”的另一个极端，这更不意味着教师、尤其是思政课教师不再需要树立教育威信。思政课教师需要树立教育威信，但不是以教师的权利、强制和惩罚使学生低首慑服，不是造就一种外在的、使学生避而远之的威逼力量，更不是回到“师为上，学为下，师为主，学为从，师为尊，学为卑”的师生关系，而是要以学识、智慧和人格使学生心悦诚服，从而成为一种影响和改变学生思想行为的感召力量。这显然是对思政课教师提出了更高、更具挑战性的要求。

三、把握思政课教师树立和提升教育威信的恰当路径

教育威信是教师在其教育教学活动中建立起来、同时又是为其教育教学所必需的影响力，因而教师被赋予的职业身份，以及与这种身份相关的教育权力、社会地位、文化观念构成了教育威信得以形成的现实基础和客观条件。因此，树立和提升思政课教师的教育威信，一方面要弘扬尊师重教的社会风尚，提高教师的政治地位、社会地位、职业地位，让教师享有应有的社会声望；另一方面要在工作格局、队伍建设、支持保障等方面落实思政课建设标准，学校党委书记、校长要带头走进课堂，带头推动思政课建设，带头联系思政课教师，为思政课教师树立和提升教育威信提供良好的校园生态。

当然，教师被赋予的教育权利和社会地位，并不必然保证其获得学生的尊敬和信赖。教育威信的树立和提升，关键在教师如何发挥积极性、主动性、创造性。正如马卡连柯反复强调的那样，“威信是要自己来创造的，要利用生活中的任何机会

来树立威信。"[①]"威信只能由责任感产生出来,一个人应当对自己的工作负责,如果能负起责任,这就是他的威信。"[②]广大思政课教师要按照习近平总书记的要求,政治要强、情怀要深、思维要新、视野要广、自律要严、人格要正,教育教学上乐为、敢为、有为,努力成为政治上可靠、教学上可信、人格上可敬的"人师"。

（一）"在马信马""在马言马",做到政治上可靠

旗帜鲜明地讲政治是思政课教师的鲜明本色,也是他们发挥立德树人关键作用、赢得学生爱戴和尊敬的根本条件。"让有信仰的人讲信仰,善于从政治上看问题,在大是大非面前保持政治清醒"[③]。思政课教师要"在马信马"。传道者要先明道、信道,要解决真懂真信的问题,选择了从事思想政治理论教学工作,就要认真学习、真心相信自己所讲授的课程。思政课教师要在学懂学深弄通悟透上下功夫,体认马克思主义的科学性、真理性和正义性,不断提高思想觉悟和理论水平。理想信念坚定,才不至于精神上"缺钙",才能十分挺拔地站在讲台上。心中有对马克思主义的笃定信仰、有对中国特色社会主义的坚定信念、有对中华民族伟大复兴中国梦的强大信心,才有塑造灵魂、温暖灵魂、影响灵魂的感召力,引导学生树立正确的世界观、人生观和价值观。思政课教师要"在马言马"。马克思主义者从不掩饰自己的立场和原则,从不屑于隐瞒自己的观点和意图。思政课教师将真诚信仰付诸行动,就是善于用马克思主义的观点方法发现问题、分析问题和解决问题,既理直气壮地传播正能量,又旗帜鲜明地与各种错误思想作斗争。在纷繁复杂、思潮多元的社会里,能够时刻保持政治上的清醒,敢于发声、勇于亮剑,能够帮助学生划清是非界限、澄清模糊认识,才有充足的底气做学生的引路人。

（二）学有所专、教有所长,做到教学上可信

思政课是政治性与学理性相统一的课程。思政课教师树立教育威信不能靠读文件、讲官话,要靠扎实的理论功底、渊博的专业知识、严谨的治学态度、过硬的教学能力,"以透彻的学理分析回应学生,以彻底的思想理论说服学生,用真理的强大力量引导学生"。不学无以为教,学不深不足以言教,学不专不足以赢得威信。思政课教师不仅要钻研马克思主义理论,还要积极学习各种相关学科的知识。"思

① 吴式颖等编:《马卡连柯教育文集》,人民教育出版社1985年版,第148页。

② [苏联]马卡连柯:《论共产主义教育》,刘长松等译,人民教育出版社1957年版,第310页。

③ 《习近平主持召开学校思想政治理论课教师座谈会 强调用新时代中国特色社会主义思想铸魂育人 贯彻党的教育方针 落实立德树人根本任务》,《人民日报》2019年3月19日。

想政治理论课内容具有高度综合性的特点，它涉及哲学、政治学、经济学、传播学等学科内容，需要整体协同教学内容，有术、有学、有道，融政治性、思想性、专业性于一体，其学术含量不亚于任何一门哲学社会科学学科。”①思政课教师的专业性，不仅体现在知识渊博、视野宽广、触类旁通，还要有自己的研究方向。做到潜心问道与关注社会相统一，在重大理论问题和实践问题上有独到见解，在思想引领和价值引导上有高超方法。思政课教师“通过‘理论’的‘知其然’，上升到‘思想’上的‘知其所以然’，达到‘政治’上的‘知其所必然’”②，给学生留下深刻的学习体验，才能在知识传授上讲活、讲透、讲得专业，让学生信服；才能寓价值观引导于知识传授之中，善于将教学内容转化为育人养料，让学生信赖。

（三）严于律己、修身立德，做到人格上可敬

孔子说：“其身正，不令而行；其身不正，虽令不从。”思政课教师树立教育威信，要在“身正”上下功夫，铸造为人师表的人格魅力。习近平总书记明确指出：“有人格，才有吸引力。亲其师，才能信其道，要有堂堂正正的人格，用高尚的人格感染学生、赢得学生。”③人格上可敬，首先要严于律己，表里如一。在学生面前，教师的言行风范是最直接、最生动的“活教材”。苏联教育家加里宁曾说：“教师的世界观，他的言行，他的生活，他对每一个现象的态度，都这样或那样的影响着全体学生……可以大胆地说，如果教师很有威信，那么，这个教师的影响就会在某些学生身上永远留下痕迹。”④思政课教师要严格自律，珍惜名节和操守，做到课上课下一致、网上网下一致、言传与身教相统一。人格上可敬，还要取法乎上、见贤思齐，不断提高道德修养，提升人格品质。立德树人，先立己“德”，要把教书育人和自我修养结合起来，做到以德立身、以德立学、以德施教、以德育德。思政课教师要锤炼道德品质，台上有正位、心中有正气、笔下有正魂，在全员育人、全过程育人、全方位育人中自觉弘扬主旋律，积极传递正能量，把崇善向德的追求体现在课堂上、渲染在教学中、融化在生活中，教人求真、求善、求美，成就学生敬仰的高尚人格。

---

① 高国希：《大中小学思想政治理论课一体化建设的思考》，《思想理论教育》2019 年第 5 期。

② 陈锡喜、刘伟：《论高校思想政治理论课建设性和批判性的统一》，《思想理论教育》2019 年第 5 期。

③ 《习近平主持召开学校思想政治理论课教师座谈会　强调用新时代中国特色社会主义思想铸魂育人　贯彻党的教育方针　落实立德树人根本任务》，《人民日报》2019 年 3 月 19 日。

④ ［苏联］加里宁：《论共产主义教育和教学》，陈昌浩等译，人民教育出版社 1957 年版，第 177 页。

新中国高校辅导员队伍建设的历史进程、总体趋势与经验启示

耿　品①

［摘　要］高校辅导员是开展大学生思想政治教育的骨干力量，是高校学生日常思想政治教育和管理工作的组织者、实施者、指导者。新中国成立70年来，高校辅导员队伍建设先后经历了初步建设与曲折发展、恢复重建、科学化发展、专业化与职业化发展、新时代的内涵式发展几个阶段。70年间，高校辅导员队伍的属性定位、政策规定、管理模式、工作方式、发展动力等方面发生了明显变化，呈现出政治性与科学化结合、法治化保障、标准化管理、高效团队构建以及强调整体环境合力的发展趋势。总结70年来高校辅导员队伍建设的基本经验，主要在于坚持把党委重视、政策支持作为队伍建设的根本保障，坚持把政治首位、德才兼备作为选人用人的基本标准，坚持把服务学生发展与促进自身发展相结合作为队伍建设的基本路径，坚持把传承与创新的统一作为队伍发展的基本动力等。

［关键词］高等学校；辅导员队伍；主要历程；总体趋势；基本经验

高校辅导员是开展大学生思想政治教育的骨干力量，是高校学生日常思想政治教育和管理工作的组织者、实施者、指导者。新中国成立70年来，高校辅导员队伍建设适应国家发展的需要，适应高等教育发展的需要，适应高层次人才培养工作的需要，在继承和探索中创建，在建设中继续探索，在创新中发展壮大，队伍整体素质和影响力不断提升。在新的历史起点上，回顾高校辅导员队伍建设的历史进程，深刻把握队伍建设的总体趋势，认真总结队伍建设的历史经验，对促进新时代高校

---

① 耿品，北京科技大学马克思主义学院博士生。

辅导员队伍建设、推动思想政治教育学科发展具有重要的理论意义和现实价值。

一、高校辅导员队伍建设的主要历程

新中国成立以来，高校辅导员队伍建设尽管经历了一些曲折发展，但是在党和国家的高度重视与大力支持下，高校辅导员队伍建设始终沿着正确的方向积极有序发展，一支"政治强、业务精、纪律严、作风正"专兼结合的高校辅导员队伍已经形成并向着新的台阶迈进。

（一）高校辅导员队伍初步建设与曲折发展阶段（1949—1976年）

1949年中华人民共和国的成立开启了中国历史的一个新纪元，中国高等教育事业发生了历史性的转变，高校思想政治工作、特别是高校辅导员队伍建设日益受到重视。新中国成立前中国共产党在军政干部院校实行的"政治指导员"制度为1949年后高校辅导员队伍建设提供了重要参考。1951年，政务院批准的《关于全国工学院调整方案的报告》提出，要有准备地试行政治辅导员制度，设立专人担任各级政治辅导员。[①]1953年，清华大学试行"双肩挑"的政治辅导员制度，挑选学习成绩优良、觉悟较高的党团员学生担任辅导员，这一举措在高校辅导员队伍建设史上具有开创意义。1961年，中共中央批准试行的《教育部直属高等学校暂行工作条例（草案）》，规定在一、二年级设政治辅导员或班主任，逐步培养和配备一批专职的政治辅导员。[②]1964年，中共中央批转高等教育部党组《关于加强高等学校政治工作和建立政治工作机构试点问题的报告》，建议二、三年内配齐班级的专职政治工作干部。[③]1965年，高等教育部政治部通知各直属高等学校，迅速建立政治部，并大力充实政治工作干部队伍，同年制定了《关于政治辅导员工作条例》。这些报告、条例的制定以及相关机构、人员的落实，意味着高校辅导员制度基本成型。正当这一制度成型并可以继续深化发展之时，社会大环境的突变影响了辅导员队伍建设的发展。1966年至1976年，"文化大革命"对高等教育以及高校思想政治工作造成了严重冲击，高校辅导员队伍建设也遭受挫折。纵观1949年至1976年这一阶段，高校辅导员队伍在探索中初步建设，既有开创性的成绩，也有令

① 《关于全国工学院调整方案的报告》，《人民日报》1952年4月16日。

② 中共中央文献研究室：《建国以来重要文献选编》第14册，中央文献出版社2011年版，第519页。

③ 《中华人民共和国教育大事记（1949—1982）》，教育科学出版社1984年版，第362页。

人遗憾的挫折。

（二）高校辅导员队伍的恢复建设与发展阶段（1977—1983 年）

1978 年十一届三中全会召开，党的工作重心实现转移，各个领域开始拨乱反正。高校党建和思想政治工作重入正轨，高校辅导员队伍迅速恢复与重建。1978 年，《教育部关于讨论和试行全国重点高等学校暂行工作条例（试行草案）的通知》明确指出，为了加强思想政治工作，在一、二年级设政治辅导员，从专职的党政干部、政治理论课教师和其他青年教师中挑选有一定政治工作经验的人担任。①1980 年，教育部、共青团中央印发《关于加强高等学校学生思想政治工作的意见》的联合通知，指出为加强学生的思想政治工作，必须建立一支坚强的、有战斗力的政治工作队伍。突出强调要建立政治辅导员制度，规定了政治辅导员不仅要做学生思想政治工作，也要坚持业务学习，有的还要担负一部分教学任务。②1980 年底至 1981 年初，中共中央书记处听取教育部党组的 4 次情况汇报，专题讨论了高校的思想政治工作，明确指示重建思想政治工作队伍。1981 年在北京召开的全国学校思想政治教育工作会议强调指出，高校党政领导干部、政治工作干部、教师要立场坚定、旗帜鲜明、理直气壮地抓思想政治工作。③ 这一阶段，高校辅导员制度重新恢复与建立，高校辅导员队伍建设不断完善与加强。

（三）高校辅导员队伍的科学化建设发展阶段（1984—2003 年）

20 世纪 80 年代"思想政治工作科学化"命题的提出，推动高校辅导员队伍建设快速进入科学化轨道。1984 年，教育部批准在 12 所院校设置思想政治教育专业，决定采取正规化的方法培养大专生、本科生、第二学士生等各种规格的思想政治工作专门人才。④ 同年，教育部批准清华大学等 6 所高校开办思想政治教育专业第二学士学位班，培养高校思想政治工作骨干。1987 年，国家教育委员会印发《关于思想政治教育专业培养硕士研究生的实施意见》的通知，决定从 1988 年开

---

① 《加强和改进大学生思想政治教育重要文献选编（1978—2014）》，知识产权出版社 2015 年版，第 3 页。

② 同上书，第 6 页。

③ 李德芳、李辽宁、杨素稳：《中国共产党思想政治教育史料选编》，武汉大学出版社 2009 年版，第 368 页。

④ 《加强和改进大学生思想政治教育重要文献选编（1978—2014）》，知识产权出版社 2015 年版，第 23 页。

始招收硕士研究生。[①]1990年,正式设立思想政治教育专业硕士点。1996年,正式设立马克思主义理论与思想政治教育学科博士点。创设专业、建设学科是高校辅导员队伍建设史上的标志性事件,开辟了成规模、正规化培养思想政治教育专门人才的有效途径。

为解决不同时期高校辅导员队伍建设存在的问题,党中央、教育部还连续出台相关文件,例如,1987年中共中央作出《关于改进和加强高等学校思想政治工作的决定》、1995年国家教育委员会颁布试行《中国普通高等学校德育大纲》、2000年中共教育部党组印发《关于进一步加强高等学校学生思想政治工作队伍建设的若干意见》等。这些规章制度涵盖了高校辅导员的岗位职责、人员激励、工作交流等内容,为辅导员开展工作、成长发展提供了较充分的保障,有力推动了辅导员队伍建设,辅导员队伍的质量与水平明显提高。

（四）高校辅导员队伍的专业化与职业化建设发展阶段（2004—2012年）

进入21世纪,中国高等教育呈现出从精英教育向大众化教育转变的趋势,辅导员队伍建设与高等教育发展、人才培养需求之间的不适应随之产生。这种环境因素的改变也推动着高校辅导员队伍政策的新发展与建设路径的新拓展。2004年,中共中央、国务院下发的《关于进一步加强和改进大学生思想政治教育的意见》(“16号文件”)强调“辅导员、班主任是大学生思想政治教育的骨干力量”,文件还根据新形势新要求对高校思想政治工作人员的选拔、培养和管理机制等作出具体规定。[②]2005年,教育部颁布的《关于加强高等学校辅导员班主任队伍建设的意见》,不仅强调做好高校辅导员的选聘配备、培养培训等工作,而且鼓励和支持一批骨干长期从事辅导员工作,不断向职业化、专家化方向发展。[③]2006年,在上海召开的全国高校辅导员队伍建设工作会议强调,要鼓励专职辅导员成为思想教育、心理健康教育、职业生涯规划、学生事务管理等方面的专门人才,推动一批优秀辅导员向职业化发展。[④]特别是教育部出台的《普通高等学校辅导员队伍建设规

① 《加强和改进大学生思想政治教育重要文献选编（1978—2014）》,知识产权出版社2015年版,第85页。

② 同上书,第269页。

③ 同上书,第283、284页。

④ 《陈至立在全国高校辅导员队伍建设工作会议上强调:与时俱进 采取措施 着力建设一支高水平的高校辅导员队伍》,《人民日报》2006年4月29日。

定》(“24号令”),对高校辅导员的角色定位、工作要求与职责、配备与选配、培养与发展、管理与考核等作出详细规定与说明[①],为高校辅导员队伍建设提供了全面的指导与可靠的保障。在纲领性文件的指导下,各地各部门也出台了许多促进辅导员队伍发展的好政策,基层思想政治教育工作者感慨迎来了辅导员队伍建设的春天。而从队伍建设历史视角来看,这一阶段高校辅导员队伍建设的鲜明特点还是辅导员专业化与职业化理念的提出和工作的推进。

(五)高校辅导员队伍建设的内涵式发展阶段(2012年至今)

2012年,中国共产党第十八次全国代表大会召开,选举产生了以习近平为总书记的新的党中央领导集体,中国特色社会主义进入新时代。新时代、新任务、新要求、新征程,高校辅导员队伍建设也进入新的发展阶段。党中央高度重视意识形态工作和思想政治工作队伍建设,2013年召开了全国宣传思想工作会议、2016年召开了全国高校思想政治工作会议并印发了《关于加强和改进新形势下高校思想政治工作的意见》、2018年召开了全国教育大会、2019年召开了学校思想政治理论课教师座谈会等,这些都是党中央推进思想政治工作的重大举措,也有力地推进了高校辅导员队伍建设工作。一系列文件、报告对高校辅导员队伍建设提出了新任务、新要求,为新时代高校辅导员队伍建设指明了方向。在构建新时代思想政治教育大格局的实践中,着眼于辅导员队伍建设的长效机制构建,高校辅导员队伍建设更加注重质量提升与内涵发展。例如,2013年中共教育部党组印发的《普通高等学校辅导员培训规划(2013—2017年)》对高校辅导员的培训内容、培训任务、保障措施等作了规定。[②]2014年教育部印发的《高等学校辅导员职业能力标准(暂行)》,详细规定了高校辅导员的职业要求、能力标准。[③]2017年教育部修订的《普通高等学校辅导员队伍建设规定》(“43号令”),进一步明确了高校辅导员的要求与职责、配备与选聘、发展与培训、管理与考核等。[④]2017年教育部党组印发的《高校思想政治工作质量提升工程实施纲要》,明确提出一系列建设高校思想政治工作

① 《加强和改进大学生思想政治教育重要文献选编(1978—2014)》,知识产权出版社2015年版,第344页。

② 同上书,第591页。

③ 同上书,第660页。

④ 《普通高等学校辅导员队伍建设规定》,政府网,2017年9月29日。

队伍的新举措。[1]新时代，党和国家对高校思想政治工作的重视程度前所未有，各地各部门各高校落实中央文件要求的工作力度非常之大，推动着高校辅导员队伍建设向着更加注重政治素质提升、标准化管理、精细化举措的大方向发展。而这一阶段高校辅导员队伍建设的总体特征还是注重高质量、标准化的内涵式建设与发展。

二、高校辅导员队伍建设的发展趋势

70年来，党和国家给予高校辅导员队伍建设特别的重视与支持，高校辅导员队伍建设也取得了显著的成效。总体来看，高校辅导员队伍建设几十年的发展演变呈现出五个方面的趋势。

（一）从强调政治性到专业化，再到政治性与科学化的结合趋势

高校思想政治工作必须由素质优良的辅导员队伍来开展，否则其生命线的作用就难以发挥。如何建成素质高、能力强的高校辅导员队伍始终是难以回避的问题，因为不同发展阶段对辅导员的素质内涵、能力要求是变化的。从新中国成立至改革开放初期，高校辅导员队伍建设虽然也有多方面的要求，但是对政治素质特别重视，突出强调高校辅导员队伍的政治性，这与当时的社会大环境、大背景是一致的。随着改革开放进程的启动和发展，尤其是针对当时党和国家干部队伍年龄老化，知识、精力、专业结构不能适应社会主义现代化建设需要的实际情况，我们党把"革命化、年轻化、知识化、专业化"作为新时期党的干部政策的指导方针。在反思"文化大革命"中，思想政治工作从经验到科学的转变也成为一种时代的呼唤。所以，自改革开放至党的十八大，我们在高校辅导员队伍建设方面许多的制度制定、政策设计与科学化、专业化是紧密联系在一起的。例如，设立思想政治教育专业、设立不同层次研究生培养的学位点、组织编写教材与培训资料、设立"本硕博"连读的专业人才培养体系、设立高校辅导员培训研修基地以及三级培训体系、推动心理咨询与就业指导等领域的职业资格证书制度等，都是辅导员队伍专业化建设的体现。强化科学化支撑、专业化发展对高校辅导员队伍建设无疑是必要的，但是，一些地方、一些学校在推进辅导员队伍发展的措施或活动中偏重知识性、专业化的

[1] 《中共教育部党组关于印发〈高校思想政治工作质量提升工程实施纲要〉的通知》，教育部官网，2017年12月5日。

倾向客观存在，这种偏离与高校人才培养目标、与社会大环境的发展变化是不一致的。中国特色社会主义进入新时代，对时代新人的素质要求、尤其是思想政治素质的要求比以往更高，这样一种新变化也对高校辅导员队伍建设提出了新要求。新时代高校辅导员队伍发展既要适应我国政治发展的新变化，又要更加遵循思想政治教育的基本原则和科学规律。因此，作为一种螺旋式发展，高校辅导员队伍建设再次纳入政治性与科学化结合的轨道。近些年，我们对辅导员的思想政治素质、尤其是理想信念等方面的强调，对遵循思想政治工作规律、教书育人规律、学生成长规律的强调等，均是这种新趋势的表现。

（二）从政策的不稳定到稳定化，再到法治化保障的趋势

党和国家围绕如何加强高校辅导员队伍建设所进行的顶层设计，最直接的表现形式就是制定一系列的政策规定，为高校辅导员队伍建设指明方向、勾勒蓝图、提供保障。政策有变动性是正常的，但是，一段时间内保持政策的稳定性对于事物的发展是必需的。纵观高校辅导员队伍建设的历史，第一个阶段虽然在制度创建方面有突破性贡献，但是，政策的不稳定性也是其特征。例如，新中国成立后，虽然最终出台了一些文件来规定高校辅导员的地位、作用、工作内容等，但是高校辅导员队伍建设政策是变动的、对应的组织管理机构也是不稳固的，有时刚提出要建，其后不久又发文撤销。1965 年高校辅导员制度整体成型，但是“文化大革命”的爆发又马上影响队伍发展，高校辅导员队伍建设事实上处于一个政策中断期。这些均反映了政策的不稳定性。改革开放后，伴随着拨乱反正的进程，高校辅导员队伍建设得以恢复与发展，其后，以中共中央、国务院或相关部委名义陆续出台了一系列高校辅导员队伍建设相关政策文件，有力地保障了高校辅导员队伍建设，这一系列政策也体现了队伍建设的稳定性。“中央 16 号文件”颁发后，高校辅导员队伍建设又迈上一些新台阶。党中央文件当然具有权威性，但是，从我国依法治国的战略出发，法治化是更持久的保障手段。教育部“24 号令”首次将高校辅导员队伍建设由政策引导上升到法律法规层面；“43 号令”不仅使高校辅导员队伍建设更加完善和科学，而且再一次强化了对此内容的法治化保障。新时代中国更加强调全面依法治国，可以预见，高校辅导员队伍建设的法治化保障将更受重视，也会更加完善。

（三）从粗放式管理到科学化管理，再到标准化管理的趋势

强化高校辅导员队伍管理，是保持队伍稳定性与工作有效性的重要保障。70

年来,高校辅导员队伍管理是一个适应环境变化、循序渐进的过程。在第一个发展阶段,高等教育的规模很小,大学生学习、生活、就业等事务辅导要求相对单纯,难度也远比现在要低。这种环境或背景下的学生辅导是相对粗放式的,而辅导员队伍建设中的管理也是相对粗放式的。改革开放以后,我国的高等教育迅速发展,大学生不仅规模扩大,而且面临的问题远比过去复杂,对辅导的需求更多更高。这种环境或背景下,高校辅导员队伍建设的思路、方式必然要调整。与高校辅导员队伍专业化与职业化建设相适应,"双重领导"体制建立健全,"双重身份"管理体制不断落实。一方面,与辅导员队伍建设和管理相关的部门组成管理机构,具体明确队伍建设的分工责任,制订各个建设环节的规章办法,协调执行过程,畅通落实渠道,为辅导员队伍的工作条件和发展空间搭建有效的政治平台,提供良好的资源环境。[①]另一方面,将高校辅导员队伍同时纳入教师队伍与党政干部队伍,在职责任务、职称评聘、职务晋升、管理考核等方面严格规定,管理制度更具科学化与可操作性。宏观来看,这一阶段队伍管理的理念或依据还是参照人事管理或人力资源管理的原则和方式,走的是一条科学化管理之路。在这条"科学化"管理之路上,近些年又出现一种新的趋势——标准化管理。例如,教育部主管部门制定辅导员管理相关政策时推出了许多标准化的措施(辅导员职业能力标准、各类辅导员培训或发展中心评价考核标准等),许多高校在辅导员年度考核、岗位聘用等活动中也在运用一些量化的或标准化的手段。标准化本身并非直接解决高校辅导员队伍建设的重大问题,但是,标准化管理这种趋势是对大学生辅导活动规范化、精细化的一种必然反应。

(四)从经验型到个人专业化,再到高效团队构建的趋势

高校辅导员队伍建设既与辅导员个体相关,也与基层单位辅导员团队相关,特别是在辅导员的角色实践中,既有个体角色行动,也有团队角色行动。纵观高校辅导员队伍发展历史,第一阶段主要依靠经验型角色行动,也就是说,辅导员本身没有接受过系统的专业化训练,解决工作中的相关问题主要依靠经验的"知识"而非学理的知识。进入第二阶段后,尤其是思想政治教育专业独立设置后,学科发展成为辅导员队伍发展的支撑,辅导员的培养越来越注重专业化,辅导员的选拔越来越倾向专业化,当然,这种初期的专业化最终还是个体的专业化——强调辅导员个人

① 张再兴:《高校辅导员队伍建设理论与实践》,人民出版社 2010 年版,第 228 页。

的专业素养与专业发展。而近些年，辅导员队伍建设进一步发展，即由个人专业化升级为团队建设。辅导工作的实施固然需要个体专业化，但是，面对越来越复杂多样的辅导需求，单一的个体专业化还是难以满足的，这样在基层单位（如学生工作办公室或工作组）就需要一个合作型团队来应对挑战。我们也看到，一些基层单位出现辅导员角色的多样化，例如，出现了党建辅导员、学业辅导员、就业辅导员、心理咨询员、科技创新辅导员等的分工协作，它强调的是整体的配合，整合各自专长来形成高效团队，而这种高效团队将成为队伍建设的一种新趋势。

（五）从外力推动到内部合力形成，再到整体环境合力效应的趋势

高校辅导员队伍建设需要动力，而实践中的动力包括外力推动和内力驱动两种类型。在不同时期，高校辅导员队伍建设的主要驱动力是不同的。高校辅导员队伍的创立源于社会性需求和政治性要求，也就是说源于外生动力。早期高校辅导员队伍建设举措主要表现为制定相关政策、下发相关文件、颁布发展规划、搭建锻炼平台、划拨专项经费等外力因素。外力推动有一定优势，不仅可以调动行政资源、人力资源和物力资源，还可以大范围地统一行动。但是，外力推动毕竟只是外因，要真正发挥实效，还要充分调动高校辅导员的积极性与能动性，推动高校内部辅导员工作系统的协同配合，即形成高校育人内部合力。高校内部有着多支思想政治工作队伍，在全员育人、全过程育人、全方位育人的高校思想政治教育格局中，高校辅导员队伍需要与其他学生工作相关队伍加强协调、紧密配合，才能切实发挥大学生思想政治教育骨干力量的作用。① 从强调外力推动到内部合力形成，应该说还是在校园内部做文章，而近年辅导员队伍建设的视野更大了，其显著特征就是强调社会大环境的建设和优化。特别是高校思想政治工作大会、全国教育大会等强调大环境的建设，强调做好高校思想政治工作，家庭、学校、政府、社会都有责任，家庭是人生的第一所学校，家长是学生的第一任老师。② 这种变化，不仅是在试图统筹协调原本分散在政府、教育、企业、共青团、工会、妇联以及其他社会组织中的资源，也是在推动形成一种环境合力。因此，作为高校辅导员队伍建设的新趋势，依靠整合环境因素发挥合力效应的举措将会更加明显。

① 张再兴：《高校辅导员队伍建设理论与实践》，人民出版社 2010 年版，第 149 页。

② 《习近平在全国教育大会上强调：坚持中国特色社会主义教育发展道路 培养德智体美劳全面发展的社会主义建设者和接班人》，《人民日报》2018 年 9 月 11 日。

三、高校辅导员队伍建设的基本经验

新中国成立以来,高校辅导员队伍建设取得了长足发展、发生了深刻变化、积累了丰富的经验,总结这些经验,可以为新时代加强高校辅导员队伍建设提供有益启示。

(一)始终坚持把党委重视、政策支持作为队伍建设的根本保障

“我们的高校是党领导下的高校,是中国特色社会主义高校。”[①]坚持党的领导是高等教育的根本遵循,也是高校辅导员队伍建设的根本原则。从高校辅导员队伍建设的历史进程来看,坚持党委重视、获得政策支持是高校辅导员队伍建设的必然选择。新中国成立初期,为加强党对高校思想政治工作的领导,建立政治辅导员制度,这种制度就与党组织、党的事业密切联系在一起。“文化大革命”期间“踢开党委闹革命”,导致辅导员队伍建设遭遇挫折,这从反面证明了党委领导的重要性。十一届三中全会之后,高校思想政治工作重新得到党和国家的重视,在实践中不断巩固党委统一领导、各部门齐抓共管的格局。高校辅导员队伍建设内容与措施的涵盖面更广、规范更加明确、针对性更强、支持力度更大。作为党委重视的具体体现,不断出台的支持高校辅导员进行专业学习深造、参与培训研修、实践拓展、海(境)外交流的政策直接推动了辅导员队伍的发展。虽然辅导员队伍建设会越来越重视专业化、职业化路径,但是坚持党委重视、获取政策支持仍会长期存在,仍是最可靠的保障。

(二)始终坚持把政治首位、德才兼备作为选人用人的基本标准

坚持政治首位、德才兼备的选人用人基本标准,是贯穿高校辅导员队伍建设的主要历程,是高校辅导员队伍建设的另一个主要经验。“政治首位”是辅导员岗位属性的必然要求,我国高校辅导员的工作内容不只是事务管理或心理咨询,而是以思想引导与价值塑造为首要任务,这就必然要求在辅导员选拔中坚持政治首位标准。“德才兼备”其实是人才培养标准、干部选拔标准在辅导员选拔中的具体运用,尤其是在高校,辅导员德才兼备才能有效发挥示范带动作用。在辅导员队伍建设初期,清华大学“双肩挑”政治辅导员制度中要求的“又红又专”选拔原则,就是这

---

① 《习近平谈治国理政》第2卷,外文出版社2017年,第377页。

一标准的具体体现。在新时期辅导员队伍建设中,“政治强、业务精、纪律严、作风正”这一提法不仅强调高校辅导员队伍过硬的思想政治素质和核心工作能力,而且强调政治能力与业务能力的结合。新时代高校辅导员队伍建设呈现出标准化的趋势,对辅导员选拔、培训等要求和规定进一步细化,不仅要求辅导员具备较高的政治素质和坚定的理想信念,而且要求辅导员必须具备从事思想政治工作相关学科的宽口径知识储备、具备较强的工作能力等,这仍是政治首位、德才兼备选人用人基本标准在辅导员队伍建设中的一种体现。今后,能否坚持政治首位、德才兼备标准,吸引最优秀人才持续地从事辅导员工作仍然是队伍建设的关键。

(三)始终坚持把服务学生发展与促进自身发展结合作为队伍建设的基本路径

发展是硬道理,这一原则同样适用于高校辅导员队伍建设。把辅导员队伍建设好、发展好,这里的“发展”包括两个层面的含义:一个是辅导员队伍自身的建设和发展,另一个是辅导员工作对象——学生的成长和发展。处理好两个发展的关系对于辅导员队伍建设而言至关重要,因为只偏重一方、忽视另外一方的做法都会带来辅导员队伍建设的问题。纵观70年来辅导员队伍的建设,我们始终坚持把服务学生发展与促进自身发展结合作为一条基本经验。辅导员工作历来是辛苦的,但正如蒋南翔论及“双肩挑”辅导员制度时所指出的是“大有出息的负担”[①]。因为辅导员队伍的建设要始终坚持“使用和培养相结合”的原则,要坚持选拔好、使用好、培养好的统一。70年来,通过辅导员工作的历练,已经成长出一大批优秀人才,其中既有党和国家领导人,又有各行各业的领导和骨干人才,这就是坚持这一原则产生的良好社会效果。在辅导员队伍建设中,尤其是新时期辅导员队伍建设中,一些人出现认识偏差,只顾自身发展而忽视服务学生发展,甚至出现把辅导员岗位当作“跳板”现象。而从70年来辅导员队伍建设的主流来看,服务于学生成长发展的需要始终是队伍建设的价值导向。不同阶段、不同时期辅导员工作的内容有所不同,但是工作任务主要还是按照党的教育方针、通过辅导活动促进大学生成长发展。辅导员能力发展也好、职业化与专业化发展也好,归根结底还是要服务于大学生成长发展,即服务于培养德智体美劳全面发展的社会主义事业建设者

---

① 林泰、彭庆红:《清华大学政治辅导员制度的特色及其发展》,《清华大学学报》(哲学社会科学版)2003年第6期。

和接班人。继续坚持走“服务学生发展与促进自身发展结合”的建设之路,高校辅导员队伍建设必然会不断持续发展、更有组织活力。

（四）始终坚持把传承与创新的统一作为队伍持续发展的基本动力

纵观70年来辅导员队伍的发展,传承与创新始终是高校辅导员队伍发展的基本动力。辅导员队伍建设需要传承,因为只有在传承中,保持一定的惯性,队伍建设才能延续、成果才能不断积累。辅导员队伍建设更需要创新,因为时代在变化,环境在改变,具体任务不断更新,这就需要我们不断与时俱进、改革创新,通过创新获取队伍建设的新途径、新动能。高校辅导员队伍建设中的传承主要是弘扬优良传统,包括队伍建设的根本原则、根本方向、基本制度、基本组织架构、长期有效的工作方式等。在这些基本要素方面的中断、动摇或是简单地否定,必然带来辅导员队伍建设受挫和受损的。而在辅导员队伍建设进程中,不能“因事而化、因时而进、因势而新”,也是对党和国家教育事业、对高校人才培养工作的极端不负责任。传承之外,创新也一直是辅导员队伍建设的重要动力,职业化、专业化相对于过去的经验型是创新,法治化、标准化相对于过去的不稳定政策支撑是创新,职业能力大赛、辅导员年度人物评选也是新时期的创新高招,至于各地各高校辅导员队伍建设中的具体创新举措更是层出不穷。新时代高校辅导员队伍建设的机遇更多,但要求更高、挑战也更大,只有继续坚持传承与创新的统一,这支队伍才会更有吸引力、凝聚力、组织力、战斗力,才会在时代新人培养事业中发挥更大作用。

后 记

为庆祝中华人民共和国成立70周年，深入贯彻落实习近平新时代中国特色社会主义思想和党的十九大精神，清华大学习近平新时代中国特色社会主义思想研究院、教育部人文社科重点研究基地清华大学高校德育研究中心、北京高校中国特色社会主义理论研究协同创新中心（清华大学）、清华大学马克思主义学院、大连海事大学马克思主义学院于2019年10月12日在大连联合举办“第九届全国思想政治教育高端论坛——新中国70年思想政治教育的回顾与展望研讨会”。大连海事大学党委书记郑少南，辽宁省政府新闻办主任刘忠和，辽宁省教育厅高校工委副书记、副厅长李庆才，清华大学党委副书记向波涛等出席论坛开幕式并致辞。大连海事大学党委副书记许民强主持开幕式。

来自清华大学、北京大学、中国人民大学、兰州大学、中山大学、南开大学、同济大学、东北大学、大连理工大学、华东师范大学、大连海事大学、中国社会科学院大学、中共中央党校（国家行政学院）、西南大学、中央财经大学、首都经贸大学等130余所高校和《教学与研究》《学校党建与思想教育》等期刊的340多位专家学者出席论坛。

与会专家学者们认真学习领会习近平总书记在全国高校思想政治工作会议、全国教育大会、学校思想政治理论课教师座谈会、庆祝中华人民共和国成立70周年大会上的重要讲话精神，通过主题发言、小组讨论、大会交流等形式，围绕“习近平总书记关于思想政治教育的重要论述研究”“新中国70年思想政治教育的历史进程、成就经验与发展规律研究”等议题，进行了思想交流与理论探讨，在观点的碰撞与交锋中相互启发、相互促进，深化思考认识，达成诸多共识。

为进一步加强学术交流与探讨,扩大理论传播与影响,特在收到的 170 多篇会议投稿中精选 30 余篇结集出版。本书的出版得到了教育部人文社科重点研究基地清华大学高校德育研究中心的经费支持。在本书编审过程中,清华大学艾四林教授、吴潜涛教授确定了本书的整体思路与结构框架,并审定全稿;牟世晶博士做了相关文字编排工作。人民出版社对本书的出版给予了大力支持。在此一并表示感谢。

由于时间仓促,组编者水平有限,不足之处在所难免,恳请广大读者批评指正。

责任编辑：刘智宏　毕伶丽　王　欣

图书在版编目（CIP）数据

深化新时代学校思想政治教育改革创新研究：第九届全国思想政治教育高端论坛论文集萃 / 艾四林，吴潜涛主编．—北京：人民出版社，2022.3
ISBN 978 - 7 - 01 - 024122 - 7

Ⅰ.①深…　Ⅱ.①艾…　②吴…　Ⅲ.①高等学校—思想政治教育—中国—文集　Ⅳ.① G641-53

中国版本图书馆 CIP 数据核字（2022）第 017747 号

深化新时代学校思想政治教育改革创新研究

SHENHUA XINSHIDAI XUEXIAO SIXIANG ZHENGZHI JIAOYU GAIGE CHUANGXIN YANJIU

——第九届全国思想政治教育高端论坛论文集萃

艾四林　吴潜涛　主编

人民出版社 出版发行

（100706　北京市东城区隆福寺街 99 号）

环球东方（北京）印务有限公司印刷　新华书店经销

2022 年 3 月第 1 版　2022 年 3 月北京第 1 次印刷

开本：710 毫米 ×1000 毫米 1/16　印张：25.5

字数：436 千字

ISBN 978 - 7 - 01 - 024122 - 7　定价：76.00 元

邮购地址 100706　北京市东城区隆福寺街 99 号

人民东方图书销售中心　电话（010）65250042　65289539

版权所有・侵权必究

凡购买本社图书，如有印制质量问题，我社负责调换。

服务电话：（010）65250042